KB172420

인문고전 깊이읽기

# Shakespeare: Anatomy of Human Nature

by Osook Kweon

Published by Hangilsa Publishing. Co. Ltd., Korea, 2016

# 셰익스피어

연극으로 인간의 본성을 해부하다

권오숙 지음

한길사

# 인문고전 깊이읽기 20

셰익스피어
연극으로 인간의 본성을 해부하다

**지은이** 권오숙
**펴낸이** 김언호

**펴낸곳** (주)도서출판 한길사
**등록** 1976년 12월 24일 제74호
**주소** 10881 경기도 파주시 광인사길 37
**홈페이지** www.hangilsa.co.kr
**전자우편** hangilsa@hangilsa.co.kr
**전화** 031-955-2000~3 **팩스** 031-955-2005

**부사장** 박관순 **총괄이사** 김서영 **관리이사** 곽명호
**영업이사** 이경호 **경영담당이사** 김관영
**편집** 백은숙 원보름 안민재 노유연 김광연 신종우
**마케팅** 윤민영 양아람 **관리** 이중환 문주상 이희문 김선희 원선아
**디자인** 창포 **CTP출력 및 인쇄** 천일문화사 **제본** 대흥제책

제1판 제1쇄 2016년 4월 22일
제1판 제2쇄 2016년 12월 12일

값 20,000원
ISBN 978-89-356-6850-2 04100
ISBN 978-89-356-6163-3 04100 (세트)

**스트랫퍼드-어폰-에이번**

스트랫퍼드-어폰-에이번에 있는 셰익스피어 생가 앞에 세워진 표지판이다.
런던에서 자동차로 약 1시간 반을 가면 워릭셔 주 남부에 이 도시가 있다.
인구는 채 2만 5천 명이 되지 않으나 매년 50만 명 이상이 방문하는
세계 최대 문학 순례지 중 하나다.

**로열 셰익스피어 극장**
스트랫퍼드-어폰-에이번에서 활동하는 로열 셰익스피어 극단(RSC)은
로열 셰익스피어 극장과 스완 극장 두 곳을 소유하고 있다.
사진은 로열 셰익스피어 극장이다.

**셰익스피어 생가**
셰익스피어 생가 뒷마당에서 열린 셰익스피어 체험 행사다. 이곳에서는
방문객들에게 간단한 셰익스피어 극공연을 제공한다.

## 셰익스피어와 법률

『헨리 6세』에서 잭 케이드가 이끄는 무리들이 반란을 일으킨다.
그 무리 중 한 명인 백정 딕은 가장 먼저 "변호사를 몰살하자"고 주장한다.
셰익스피어는 작품 속에서 '법'의 문제를 많이 논하는데
그 가운데 딕의 이 대사가 가장 유명하다.
셰익스피어 기념품점에 잔뜩 쌓인 마그네틱에서 그 명성을 실감할 수 있다.

"지금부터 수많은 세월이 지난 후세에
우리의 숭고한 장면은 얼마나 자주 되풀이되며 상연될 것인가.
지금 존재하지도 않은 나라에서, 존재하지도 않는 언어로."

『줄리어스 시저』

# 셰익스피어

연극으로 인간의 본성을 해부하다

차례

# 영국의 르네상스 시대, 천재작가를 낳다

✣ 시대 배경과 작가의 생애

## 엘리자베스 여왕의 강력한 국가

셰익스피어는 엘리자베스 1세(Elizabeth I)의 튜더 왕조와 제임스 1세(James I)의 스튜어트 왕조가 걸쳐진 시대에 극작 생활을 했다. 튜더 왕조기에 영국의 정치체제는 중앙집권적인 절대왕정이었다. 장미전쟁을 치르는 동안 정치적 혼란을 겪은 영국인들은 강력한 군주를 원하게 되었다. 이런 사람들의 소망을 바탕으로 튜더 왕조는 강력한 전제군주제를 실시했다. 앙드레 모루아(André Maurois)는 『영국사』(Histoire d'Angleterre)에서 다음과 같이 묘사한다.

왕은 이제 중세의 왕처럼 정신(廷臣)과 자리를 함께하는 기사 같은 존재가 아니라 멀리 떨어져 있는 신비의 존재, 즉 전제군주가 되었다.[1]

마르쿠스 헤라르츠 2세, 「엘리자베스 1세」,
1592, 런던, 영국 국립 초상화 미술관 소장

30년간 계속된 장미전쟁은 귀족들의 지위에 심각한 영향을 주었다. 이 전쟁으로 많은 영주가 전사하거나 토지를 몰수당했고 독자적인 군대와 정치적 권력을 상당 부분 상실했다. 세습 귀족 세력의 약화는 왕권강화에 긍정적인 영향을 미쳤다.

헨리 8세(Henry VIII)와 그의 두 번째 왕비 앤 불린(Anne Boleyn) 사이에서 태어난 엘리자베스 여왕은 여섯 번 결혼한 아버지가 낳은 여러 자식 사이에서 생명을 위협하는 고비를 수차례 넘기고 25세에 튜더 왕조의 다섯 번째 군주로 즉위하게 된다. 이 '처녀여왕'(Virgin Queen)이 1558년에 즉위하여 1603년까지 장기 집권하면서 영국은 정치적으로 안정되고 국력이 강화된다.

엘리자베스 1세는 아버지 헨리 8세가 자신의 어머니와 결혼하기 위해 로마 가톨릭 교회와 결별하고 세운 영국 국교회의 확립을 꾀하고 로마 가톨릭교와 신교를 억압하여 종교적 통일을 추진했다. 그리고 화폐제도를 통일하고, 빈민구제법을 시행하는 등 여러 가지 경제정책을 단행하여 번영을 꾀하였다. 중상주의 정책을 실시해 해외무역을 적극 권장하였으며 동인도 회사를 설립하고 북아메리카에 버지니아 식민지를 설립하여 식민정책의 기초도 확립했다. 대외적으로는 1588년에 스페인의 무적함대라 불리는 아르마다호를 무찔러 해상주도권도 장악했다. 때문에 이 시기 영국 국민들은 자긍심과 애국정신에 도취되어 있었는데 국민들의 이러한 감정은 초기에 쓰인 셰익스피어의 사극에 잘 표현되어 있다.

또한 이때는 영국 '르네상스'라고 불리는 문예부흥기였다. 이탈리아에서 이미 14세기에 시작된 르네상스 운동이 영국에서는 약 2세기 늦게 시작됐다. 이 시기에 영국은 고전 경험론의 창시자인 프랜시스 베이컨(Francis Bacon) 같은 위대한 사상가와 에드먼드 스펜서(Edmund Spencer), 필립 시드니(Philip Sydney) 같은 시인, 그리고 셰익스피어를 포함해 토머스 키드(Thomas Kyd), 크리스토퍼 말로(Christopher Marlowe), 벤 존슨(Ben Jonson) 같은 극작가를 많이 배출했다.

이 시기에 오비디우스(Ovidius), 베르길리우스(Vergilius), 세네카(Seneca), 플루타르코스(Ploutarchos) 같은 고대 그리스와 로마 작가들의 고전 작품들이 대거 영역(英譯)되었다. 셰익스피어 시대 작가들은 이 고전 작가들을 대단히 칭송했으며 그들의 작품을 훌륭한 글쓰기의 모범으로 삼았다. 특히 세네카는 당대 영국의 극작가들에게 지대한 영향을 미쳤다. 셰익스피어도 이들 작가에게서 많은 영향을 받아 그들의 작품을 원전으로 삼아 극을 쓰기도 했고, 그들의 극작 스타일을 모방했으며, 작품 곳곳에서 자주 인용하기도 했다.

이와 함께 몽테뉴(Montaigne)의 『수상록』(Essais)을 비롯한 프랑스 산문과 이탈리아 소네트 같은 새로운 문학 형태도 영국에 소개되었다. 몽테뉴의 『수상록』은 셰익스피어의 비극 속 염세주의에 많은 영향을 주었고, 셰익스피어는 토머스 와이엇

(Thomas Wyatt)과 서리 백작(Earl of Surrey)이 영국에 소개한 소네트를 한층 더 발전시켜 소네트의 대가가 되었다.

## 사회적 대변혁기: 중세 봉건주의에서 근대 자본주의 시대로

영국 르네상스 시기에는 교육, 종교, 과학 분야가 획기적으로 발전하고 다른 나라와 문화 교류가 급진적으로 늘어났다. 또한 인쇄술이 도입되어 지식과 교육이 널리 퍼졌다. 이와 함께 그동안 정설로 받아들인 많은 주장에 대해 의심과 회의가 일어났다. 시어도어 스펜서(Theodore Spencer)는 이런 사회적 현상에 대해 다음과 같이 설명한다.

> 모든 엘리자베스 시대의 사고의 틀이요, 기본 양식이던 우주적·자연적·정치적 질서에 대한 믿음이 의심으로 금이 가고 있었다. 코페르니쿠스는 우주 질서에 의심을 품었고, 몽테뉴는 자연 질서에, 그리고 마키아벨리는 정치 질서에 의문을 제기했다. 그 결과는 엄청난 것이었다.[2]

이렇듯 이 시대에는 절대 진리라 여기던 것에 대해 과감하게 도전하고 새로운 주장들을 했다.

또 이때는 농업 중심의 봉건사회에서 상업과 무역을 중시하는 근대 상업자본주의 시대로 전이되면서 '근대'(modern)가 시작된 때이기도 했다. 그리고 자본주의의 새로운 사상과 이에 입각한 새로운 사회질서가 싹트고 있었다. 르네상스 시기 영국 사회의 특징 가운데 하나는 신분이 세습되고 계급구조가 확고하던 봉건사회와 달리 신분 간 이동이 유동적이며 개인들의 노력 여하에 따라 자신의 계급이나 사회적 신분을 개선할 수 있고, 부와 권력을 창출할 수 있게 되었다는 것이었다. 따라서 기존의 계급 말고도 새로운 사회계층이 많이 생겨났다. 예를 들어 귀족과 자유농민(yeoman) 사이에 신사(gentleman)계급이 생겨났으며 주로 상업으로 치부한 자들이 몰락한 영주의 토지나 수도원에 속해 있던 토지를 구입하여 신흥귀족이 되었다.

신분제도뿐만 아니라 종교에 있어서도 대변화의 시기였다. 헨리 8세는 첫째 왕비와 이혼하기 위하여 로마 가톨릭교와 결별하고 영국 성공회[3]를 세웠지만 이후 군주마다 종교적 경향이 달라 군주가 즉위할 때마다 심한 종교적 박해와 수난이 일어났다.[4] 그로 인한 혼란은 가히 엄청난 것이었다. 1563년에 엘리자베스 여왕은 구교와 신교의 중용적 태도를 취하는 39조령(Thirty-Nine Articles)을 채택했다. 라틴어를 폐지하고 교황에 대한 순종을 거부하면서도 구교의 의식을 보존하려는 이 법령은 영국 국민들의 정서에 잘 맞는 것이었다. 하지만 당시 영국 사회에서 영국 국교회는 아직 뿌리를 깊숙이 내리지 못한 데 비해 국민들 다수가 1천여 년 동안 지속되어온 로마 가톨릭교도였다. 게다가 로마 교황청은 1570년에 엘리자베스 여왕을 파문하고 신하들에게 그녀의 명령에 복종하지 말라고 명령했다. 그래서 로마 가톨릭 교도들의 음모는 계속되었다.

## 튜더 왕조의 통치 이데올로기

이런 정치, 사회, 종교의 소용돌이 속에서도 당시 대부분의 사람들은 세상이 신의 섭리에 따라 질서 있고 조화롭게 움직인다는 중세 사상을 믿고 있었다. 즉 모든 존재가 거대한 상하 연쇄 관계로 질서정연하고 조화롭게 운행된다고 믿었다. 비평가 틸야드(E.M.W. Tillyard)는 『엘리자베스 시대의 세계관』(*The Elizabethan World Picture*)이라는 책에서 당대의 이런 믿음을 '존재의 연쇄성'(the great chain of being)이라는 말로 표현했다. 그런 세계관에서는 모든 현상계가 서열이 확고히 정해진 계급 구조로 형성되어 있다고 생각했다. 이 세상은 하나님이 최고의 위치에 존재하고 그 밑에 천사, 인간, 동물, 식물, 광물, 무생물 순으로 서열이 정해진 곳이었다. 신과 천사는 영적인 존재고 동물과 식물은 육체적인 존재며, 인간은 이성을 지닌 영적인 존재면서 동시에 육체적 본능의 지배를 받는 존재라는 이원성을 지녔다고 믿었다. 그러므로 인간은 천사 같은 미덕과 포악한 짐승 같은 본성 사이에서 균열을 겪을 수밖에 없는 존재였다. 다만 천사와는 달리 인간의 이성과 의지는 불완전한 것이어서 때때로 감정이 이성을 압도하게 되고 그로 인해 비극적 파멸을 겪기도 한다. 셰익스피어의 비극들은 바로 그런 인간들의 불완전함이 빚은 파멸을 그린 것이다.

인간의 세계에도 확고한 계급 서열이 존재하여 인간계의 최상층에는 군주가 있고 그 밑에 신하와 백성이 위치한다고 믿었다. 만약 누군가가 고정된 계급에서 이탈하여 질서를 파괴하면 사회 전체에 혼란을 초래한다고 생각했다. 또한 우주계, 동물계, 식물계에도 저마다의 위계질서가 있어 우주계에서는 태양이, 동물계에서는 사자가, 조류 중에서는 독수리가, 나무에서는 참나무가, 꽃에서는 장미가, 물고기 중에는 돌고래, 인체의 여러 기관 중에는 머리가 가장 상위의 존재라고 생각했다. 이로인해 태양, 사자, 독수리 등은 군주를 상징하는 은유적 '이미저리'(imagery)로 끊임없이 이용되었다. 이런 우주계, 자연계, 인간계는 상호 연결되어 있다고 생각했다. 그래서 자연계에 이변이 생기면 이는 인간계에 흉사가 생길 징조로 여겼으며 반대로 인간계에서 무질서가 발생하면 자연계와 우주계에도 무질서가 발생한다고 생각했다.

이런 중세의 질서관은 절대왕정을 추구한 튜더 왕조가 장미전쟁과 같은 역모와 혼란을 방지하고자 내세운 통치 이데올로기 가운데 하나였다. 즉 튜더 왕조의 군주들은 백성들에게 엄격한 위계 의식을 심어 자신들의 지배권을 견고히 하고자 이런 중세의 가치관을 고수한 것이다.

## 역설의 도시 런던

셰익스피어가 극작 생활을 하던 시절의 런던은 아름다움과 추함, 웅장함과 지저분함, 고상한 격식과 폭력이라는 상반된 모습을 모두 지닌 도시로 셰익스피어 주제 가운데 하나인 '역설'(paradox)을 잘 보여주는 장소였다. 화려하고 웅장한 성과 대저택, 멋진 의상으로 치장한 화려한 행렬이 있는가 하면 쥐들로 인해 페스트가 발생하곤 했다.

엘리자베스 여왕 궁정의 특징 가운데 하나는 화려한 의식과 사치를 좋아했다는 점이다. 런던 사람들은 화려한 가장 행렬을 자주 볼 수 있었으며 남녀 할 것 없이 귀금속을 몸에 지니고 값비싼 옷에 돈을 소비하는 사치 풍조가 심해 당대 작가들이 이를 풍자할 정도였다. 셰익스피어는 후원자나 친밀한 관계를 유지했던 귀족들을 통해 그들의 사치스러운 생활방식을 익혀서 『베니스의 상인』(*The Merchant of Venice*)에 나오는 귀족 청년 바사니오(Bassanio)나 『아테네의 타이몬』(*Timon of Athens*)의 주인공 타이몬에 그런 면모를 잘 담아내고 있다. 1598년에 존 스토(John Stow)는 『런던의 모습』(*A Survey of London*)이란 책에서 당시 귀족들이 수많은 수행원을 거느리고 행진했음을 알려준다.[5] 『리어 왕』(*King Lear*)에서는 리어 왕이 100명의 수행원을 거느릴 것을 고집하는데 이 또한 당시의 상황을 묘사한 것이다. 세습귀족들이 이렇게 방탕한 생활 끝에 파산하는 반면 근검, 절약, 성실, 금욕 등의 신조를 생활화한 청교도가 대다수를 이룬 신흥 부르주아 계급은 무역과 상업으로 치부할 뿐만 아니라 근검절약해 파산한 귀족들의 토지나 수도원의 땅을 사들여 점점 세력을 늘려가고 있었다.

무엇보다 당시의 모순을 가장 잘 보여주는 장소는 템스 강이었다. 아름다운 유람선들이 떠 있는 낭만적 풍경이 무색하게 강에는 교수형을 당한 사람들의 시체가 떠다녔고, 다리에는 참수당한 사람들의 머리가 효시되었다. 당시 영국에서는 1년에 300명 이상이 교수형을 당했으며 반역죄와 같이 더 무거운 죄를 범한 자들은 참수형을 당했다. 모루아는 런던탑의 단두대와 스미스필드(Smithfield)의 화형장을 예로 들며 "공포감 없이 헨리 8세의 치세를 관찰할 수는 없다"고 적고 있다.[6] 이는 튜더 왕조의 군주들이 과시적인 공포정치를 행했음을 보여주는 말이다. 일례로 헨리 8세 시절, 가톨릭을 포기하기를 거부한 대법관 토머스 모어(Thomas More)와 존 피셔(John Fisher) 주교는 참수형을 당했고 그들의 머리는 런던교에 효시되었다. 엘리자베스 1세 시절에도 로마 가톨릭교 반란에 연루된 스코틀랜드의 메리 여왕이 참수형을 당했으며 엘리자베스 여왕의 호의를 누리다 반역을 음모한 에섹스 백작(Earl of Essex)도 런던탑에서 참수되었다. 교수형은 타이번에서 실시되었으며 참수형은 런던탑에서, 화형은 스미스필드에서 실시되었다. 사람들은 개떼가 기둥에 묶인 곰을 공격하는 '곰놀리기'(bearbaiting)를 구경하듯이 교수형을 구경하러 모여들었다고 한다.

## 암울한 제임스 1세(자코비언) 시대

엘리자베스 여왕 말기에 영국은 경제적 위기와 정치적 혼란에 빠지고 말았다. 스페인의 무적함대를 격퇴하느라 들어간 전쟁 경비 때문에 세금이 인상되었고, 흉작이 계속되었으며 지독한 인플레이션과 실업난을 겪었다. 1603년, 처녀여왕이었던 엘리자베스 1세는 결국 후손 없이 사망함으로써 정치적 혼란과 불안감을 야기했다. 당시의 국가 분위기에 대해 모루아는 다음과 같이 이야기한다.

여왕 말년에 영국군이 아일랜드 반란군에 패배하고 스페인이 영불 해협의 항구들을 점령하게 되어 비관론이 전국을 뒤덮었다. 햄릿의 우울증은 영국 국민의 공통된 감정이었고 셰익스피어는 관객의 감정을 극에 그대로 반영했던 것이다.[7]

엘리자베스 1세의 뒤를 이어 메리 여왕의 아들인 스코틀랜드의 왕 제임스 6세가 영국의 제임스 1세로 즉위했다. 그렇게 튜더 왕조가 끝나고 스튜어트 왕조가 시작되었다. 튜더 왕조에 대한 영국 국민의 자발적인 충성은 군주들의 공적 때문만이 아니라 그들이 등극하기 전에 경험했던 혼란과 불안 때문이었다.

하지만 국력이 강해지고 나라가 부강해진 튜더 왕조 뒤에 등장한 스튜어트 왕조는 인기가 없었다. 등극 후 제임스 1세는 자신이 저술한 『바실리콘 도론』(*Basilikon Doron*)이란 정치책자에서 "국왕은 신이 내린 지배자"라는 왕권신수설을 강력히 주창하며 절대왕정을 추구하고 영국 국교회를 중심으로 종교적 통일을 이루려 시도했다.

하지만 제임스 1세가 통치할 때는 사회의 모든 양상이 엘리자베스 1세 시절보다 더 불안정하고 암울했다. 그는 왕권 강화를 꾀하며 사법·행정·교회제도의 개혁을 추진했지만 이미 세력이 강해진 신흥귀족들이 의회를 통해서 자신들의 의사를 왕에게 강요하는 실정이었다. 따라서 스튜어트 왕조에서는 왕권과 의회 세력이 첨예하게 대립하게 된다.

셰익스피어 작품도 엘리자베스 1세의 사망을 전후하여 극의 분위기가 크게 변한다. 나라가 안정되고 국력이 신장되던 여왕의 치세 동안에는 주로 즐거운 희극들을 썼지만, 여왕 말기인 1601년에 4대 비극의 하나인 『햄릿』을 쓴 것을 기점으로 제임스 1세 시대에는 주로 비극을 쓰게 된다. 희극도 이전의 즐겁고 유쾌한 희극들과 달리 어두운 극(dark comedy) 또는 문제극(problem comedy)을 주로 썼다. 제임스 1세 시대의 많은 사회적 긴장과 갈등은 셰익스피어의 위대한 극들이 탄생할 좋은 토양이 되어준 것이다.

## 미스터리에 둘러싸인 셰익스피어의 생애

셰익스피어는 세계 최고의 문호라는 명성을 누렸으나 그에 대해 남겨진 기록은 아주 단편적이고 불확실해서 셰익스피어의 삶은 수수께끼로 남아 있다. 기껏해야 그의 세례 기록이나 자녀들의 세례 기록과 사망 신고서, 그리고 동료 극작가들의 비방글 등만이 남아 있을 뿐이다. 그런 탓에 그의 생애는 주로 짐작이나 추측으로 전해진다.

셰익스피어는 1564년 4월 23일, 영국의 중남부지방인 워릭셔의 작은 마을 스트랫퍼드-어폰-에이번(Stratford-upon-Avon)의 유복한 중류계급 가정에서 태어났다. 그의 탄생일은 스트랫퍼드 교회에서 4월 26일에 세례받은 기록으로 추정한 것이다. 그는 부유한 상인 존 셰익스피어(John Shakespeare)와 메리 셰익스피어(Mary Shakespeare) 사이에서 8남매 중 셋째이자 장남으로 태어났다. 장갑 장사 또는 양모와 가죽상 등을 한 것으로 알려진 아버지 존은 한때 사업이 번창하여 시참사의원(alderman)을 거쳐 스트랫퍼드의 시장(bailiff)까지 역임했다.

셰익스피어는 마을의 라틴어 문법학교(Stratford Grammar School)에 다닌 것으로 추정되는데, 셰익스피어가 13세 되던 해에 가세가 기울어 더 이상의 교육은 받지 못했다.[8] 그러나 당시 스트랫퍼드의 문법학교가 라틴어 문학과 고전문헌에 대한 훌륭한 교육을 제공하여 셰익스피어는 그곳에서 성서는 물론이고 카토(Cato), 키케로(Cicero), 오비디우스, 베르길리우스, 호라티우스(Horatius), 테렌티우스(Terentius), 세네카 등 그의 작품에 지대한 영향을 미친 고전들을 배웠을 것으로 추정된다. 셰익스피어는 작품 속에서 130여 차례가 넘게 라틴어 문장을 쓰고 있지만 동료 극작가인 존슨은 그가 "라틴어는 조금 알고 그리스어는 거의 모른다"(little Latin and less Greek)고 조롱조로 말하기도 했다. 어쨌든 그의 작품 속에는 고대 그리스와 로마의 고전들에서 차용한 인유(引喩)가 셀 수 없이 많이 등장한다.

다음으로 남아 있는 확실한 기록은 1582년 11월 27일에 발행된 결혼증서다. 셰익스피어는 18세의 어린 나이에 앤 해서웨이(Anne Hathaway)와 결혼했다. 그녀는 이웃 마을 자작농의 딸이었고 그녀의 묘석 기록으로 추정해볼 때 셰익스피어보다 여덟 살 연상이었다. 그와 해서웨이는 장녀 수잔나(Susanna), 쌍둥이 남매인 햄닛(Hamnet)과 주디스(Judith) 3남매를 두었다. 그 가운데 아들 햄닛은 1596년에 11세의 어린 나이로 병사하는데, 그의 죽음이 『햄릿』을 비롯한 일련의 비극에 영향을 미쳤다고 주장하는 비평가도 있다. 그리고 셰익스피어 부부의 나이 차이가 많이 나는 데다가 결혼한 지 6개월도 안 되어 첫째 딸 수잔나를 출산했기 때문에 두 사람의 결혼에 대해 온갖 추측이 난무하다. 셰익스피어 극에 자주 등장하는 '맹목적인 사랑'이란 주제, 그리고 시집 『비너스와 아도니스』(Venus and Adonis)에

26

스트랫퍼드−어펀−에이번에 있는 셰익스피어의 생가

서 미소년 아도니스에게 매달리는 중년의 여신 비너스를 설정한 것 등이 어쩌면 그들 사랑의 영향을 받은 건지도 모른다.

쌍둥이의 세례 기록이 남아 있는 1585년부터 1592년까지 셰익스피어에 대한 기록은 전혀 남아 있지 않다. 그래서 이 시기를 '잃어버린 시기'(the lost years)라고 한다. 그가 토머스 루시(Thomas Lucy) 경이라는 사람의 공원에서 사슴을 밀렵해서 기소되어 스트랫퍼드를 떠났다는 설도 있고 그 사람을 비난하는 속요(俗謠)를 지어 기소되었다는 설도 있다. 그러나 언제, 왜 그가 스트랫퍼드를 떠났는지는 확실히 밝혀지지 않았다.

셰익스피어는 1580년대 후반부터 런던의 한 극장에 수습배우로 고용되어 활동했을 것으로 추정된다. 그의 이름은 동시대 극작가 존슨의 『10인 10색』(*Everyman in His Humour*), 『세이아누스』(*Sejanus*) 배우 목록에 포함되어 있고 1623년에 출간된 셰익스피어 첫 전집(제1 이절판, The First Folio)에 수록된 배우 명단에도 올라가 있다. 자신의 작품 중에서는 『햄릿』의 선왕 유령 역과 『좋으실 대로』(*As you like it*)에 나오는 늙은 하인 아담(Adam) 역을 한 것으로 되어 있다. 그로 미루어 볼 때 배우로서는 단역 배우에 불과했던 것 같다.

극작가로서의 셰익스피어에 대한 최초의 언급은 1592년에 대학 출신 극작가인 로버트 그린(Robert Greene)이 쓴 비방글이다. 그린은 임종을 앞두고 당시 런던의 어두운 단면을 그린 자전적인 팸플릿 「엄청난 후회로 사들인 서 푼짜리 지혜」(*Groats-*

*worth of Wit, bought with a Million of Repentance*)에서 극단의 신진
작가로 명성을 떨치고 있는 셰익스피어에 관해 다음과 같이 비
난하는 글을 썼다.

그렇소. 그자들을 믿지 마시오. 왜냐하면 우리의 깃털로 꾸
민 벼락출세한 까마귀가 배우의 탈을 쓴 호랑이의 심장으로
그대들의 최상의 것만큼 훌륭하게 무운시(無韻詩)로 뽐낼 수
있다고 생각하고 있으니. 그리고 그는 자신을 만능의 천재라
생각하여 자신만이 이 나라의 무대를 흔들 수 있다는 망상에
빠져 있소.[9]

여기에서 "배우의 탈을 쓴 호랑이의 심장"이라는 표현은 셰
익스피어의 작품 중 『헨리 6세』(*Henry VI*) 3부에 나오는 "여
자의 가죽을 쓴 호랑이의 심장"(제1막 4장 137행)이라는 대사
를 패러디한 것이고, "나라의 무대를 흔든다"(Shake-scene in a
country)라는 표현은 '셰익스피어'(Shakespeare) 이름을 이용한
말장난이다. 이것으로 그린이 말하는 "벼락출세한 까마귀"는
셰익스피어임을 알 수 있다. 그린의 이런 공격으로 보아 이때
이미 셰익스피어가 대학 출신 극작가들의 시샘을 살 만큼 인기
있는 극작가가 되었음을 짐작할 수 있다.

셰익스피어는 '궁내부 대신 극단'(Lord Chamberlain's Men)
이 설립되기 전까지는 리처드 버비지(Richard Burbage)나 에드

# GREENES,

## GROATS-VVORTH

### of witte, bought with a
million of Repentance.

**Deſcribing the follie of youth, the falſhood of make-
ſhifte flatterers, the miſerie of the negligent,
and miſchiefes of deceiuing
Courtezans.**

Written before his death and publiſhed at his
dyeing requeſt.

*Fælicem fuiſſe infauſtum.*

LONDON
Imprinted for William Wright.
1 5 9 2.

셰익스피어를 비방하는 글이 수록된 그린의 팸플릿
「엄청난 후회로 사들인 서 푼짜리 지혜」 표지

워드 앨린(Edward Alleyn) 극단을 위해 극을 썼고, 1594년에 '궁내부 대신 극단'이 만들어진 후로는 극단 전속 극작가 겸 극단 공동 경영자이자 배우로 활동하면서 약 20년 동안 38편의 극을 썼다.[10] 런던에 페스트가 창궐했던 1592년부터 3년 동안 극장이 폐쇄되자 셰익스피어는 두 편의 장편 설화시 『비너스와 아도니스』와 『루크리스의 겁탈』(*The Rape of Lucrece*)을 써서 젊은 귀족 후원자인 사우샘프턴(Southampton) 백작에게 헌사했다.

셰익스피어는 1595년에 궁내부 대신 극단의 공동 주주가 되었고 1596년에 세워진 글로브 극장의 공동 소유주 중 한 명이 되면서 치부하게 되었다. 그 덕에 1597년에는 고향에 뉴플레이스라는 대저택을 구입했다. 이 저택은 당시 그 마을에서 가장 좋은 주택이었다고 한다. 셰익스피어는 1610년경부터 스트랫퍼드에서 거주한 것으로 알려져 있는데 극단과의 관계를 끊지는 않았지만 1613년에는 완전히 작품 활동을 멈추었다. 셰익스피어가 은퇴 후 공적 생활을 한 기록이 전혀 없는 것으로 보아 뉴플레이스에서 평온한 여생을 보내다가 탄생일과 같은 날인 4월 23일에 53세의 나이로 생을 마감한 것으로 추정된다. 셰익스피어는 스트랫퍼드의 홀리 트리니트(Holy Trinity) 교회에 매장되었고 그곳은 지금까지도 세계 최대의 문학 순례지로 남아 있다.

셰익스피어가 죽은 지 7년 뒤인 1623년에 그의 극단 동료였던 존 헤밍(John Heminges)과 헨리 콘델(Henry Condell)이 그

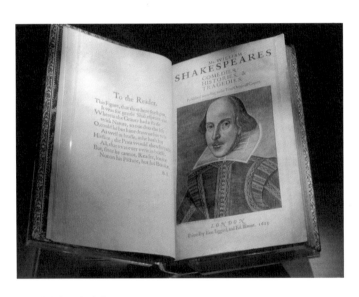

제1 이절판 표지 사진

의 희곡 전집을 발간했다. 이 전집을 제1 이절판이라고 한다. 가죽 장정을 한 큰 판형인 이 판본은 이미 나온 해적본인 제1 사절판과 무대본을 종합하여 만든 양질의 판본이다. 여기에는 극작품 36편과 『비너스와 아도니스』 『루크리스의 겁탈』 『소네트집』(Sonnets)까지 수록되어 있다. 『페리클레스』(Pericles)와 존 플레처(John Fletcher)와 공저한 『고귀한 두 친척』(The Two Noble Kinsmen)은 이 판본에는 수록되지 않았다. 『고귀한 두 친척』은 제2 플레처와 보먼트판(The Second Beaumont and Fletcher folio, 1679)에 처음 수록되었으며 『페리클레스』는 제3 이절판(1664)에 처음 수록되어 지금까지 셰익스피어의 작품으로 공인되고 있다.

## 당시의 연극계

셰익스피어를 제대로 이해하려면 당시의 무대구조와 공연 방식, 그리고 관객들의 기호 등에 대해 어느 정도 알아야 한다. 대중극작가로서 셰익스피어는 관객들의 기호와 반응에 민감할 수밖에 없었으며 당시 무대조건과 극장을 둘러싼 환경이 그의 극작에 많은 영향을 주었을 것이기 때문이다.

연극은 당시에 아주 인기 있는 유흥 가운데 하나였다. 그때 런던 근교에 산 사람들 가운데 15~20퍼센트가량 되는 사람들이 정기적으로 연극을 보러 다녔던 것으로 추측된다. 모루아는 헨리 7세 때에도 연극단체가 있기는 했지만 런던에서 극장이 확실한 위치를 차지한 것은 엘리자베스 시대부터였다고 말한다.[11] 왕실도 연극을 장려했고 런던 법학원의 법학도나 옥스퍼드, 캠브리지 대학의 학생들도 연극을 즐겼다. 이는 『햄릿』에서 극중극을 하기 전 햄릿이 폴로니어스(Polonius) 재상에게 공연을 한 적이 있다고 들었다고 말하자, 폴로니어스가 대학시절 줄리어스 시저 역을 했다고 대답하는 것을 통해서도 알 수 있다. 무엇보다도 상업성을 추구하는 상설대중극장이 생겨나면서 연극은 새로운 놀이문화이자 새로운 사회현상 중 하나가 되었다.

하지만 런던 시 당국과 청교도들, 견습생을 거느린 장인들은 연극을 곱게 바라보지 않았다. 걸인이나 불량배들이 꼬이는 극장은 치안이 취약하고 불법과 무질서가 난무하는 장소였으며, 위생적으로도 페스트 같은 전염병을 확산시킬 위험이 컸다. 또한 도제(徒弟)들은 연극에 유혹되어 생산에 차질을 빚기도 했다. 결국 런던 시 당국은 시내에 극장 건립을 허락하지 않았다. 대부분의 극장이 런던 치안판사들의 관할구역 밖인 템스 강 이남에 세워진 것은 바로 그런 이유 때문이다.


## 불안정한 배우의 신분과 검열제도

배우들은 부랑아로 분류될 만큼 대단히 불안정한 신분이었다. 당시 부랑아, 거지, 실업자, 매춘부 등은 런던의 브라이드웰

(Bridewell) 감화원 같은 집단 수용소에 수용되었다. 그래서 배우들은 고위 공직자의 후원을 받아 그들 집에 속한 하인으로 신분의 보장을 받아야만 자유로이 공연을 하러 다닐 수 있었다. 엘리자베스 여왕 시대에 셰익스피어가 속한 극단은 궁내부 대신이었던 헨리 케리(Henry Carey)의 후원을 받아 '궁내부 대신 극단'이라고 불렸다. 그러다 제임스 1세가 왕위에 오른 뒤에는 제임스 1세가 후원자가 되어 '왕의 극단'(King's Men)으로 승격되었다. 이 극단은 1590년대 중반부터 1642년 극장들이 폐쇄될 때까지 런던에서 가장 성공적인 극단이었다.

당시 모든 극장 공연작은 공연 전에 연희 담당관의 검열을 받아야 했다. 본래 궁에서 공연하는 극들만 검열을 했지만 갈수록 검열이 강화되어 여왕은 모든 연극에 대한 검열을 명령했다. 그러다 보니 당대의 극작가들은 지배 이데올로기에 영합할 수밖에 없었고, 사회 풍자나 비난의 목소리는 비유적이고 우회적인 방식으로만 해야 했다. 연극을 둘러싼 이런 모든 여건, 즉 귀족계급의 후원과 국가기관의 검열, 그리고 대중의 상업적 요구 속에서 당대의 극장은 애매한 정치적 위치에 놓여 있었다. 이런 공연 환경은 셰익스피어가 정치적으로 일정 정도 보수성을 띠면서도 사회에 대한 풍자와 비판을 담아내는 역설적인 작품들을 쓰는 데 영향을 주었을 것이다.

## 남성으로만 구성된 극단과 소년 극단

당시에는 여자들이 무대에 서는 것이 허용되지 않았다. 그래서 모든 배우는 남자였으며, 여자 역은 변성기가 지나지 않은 소년들이 담당했다. 이런 무대 조건이 셰익스피어 극에 많은 영향을 주었다. 셰익스피어의 많은 작품 속에 아버지는 등장하지만 어머니가 등장하지 않는 것도 바로 이런 이유 때문이다. 또 희극 작품에서는 여자 주인공들이 남장(男裝)을 하는 에피소드가 많이 나오는데 결국 여자 역을 맡은 남자 배우가 남자 연기를 한 셈이다. 『안토니와 클레오파트라』(*Antony and Cleopatra*)에서 클레오파트라의 다음 대사를 통해 당대의 이런 무대 환경을 알 수 있다.

> **클레오파트라** 내 역을 맡은 빽빽거리는 애송이 녀석이
> 화냥년으로 분장을 해서 내 위엄을 욕되게 하는 꼴을
> 보게 될 것이다.
> (제5막 2장 218-20행)

『햄릿』에는 성인 극단이 소년 극단에게 밀려 인기를 빼앗긴 당대 극장계에 대한 논의가 나온다. 원래 소년 극단은 왕실에서 연극을 하도록 훈련받았다. 그러나 1576년부터 블랙프라이어스(Blackfrias)[12]에서 공연을 한 이후 여러 해 동안 성인 극단

과 경쟁 관계에 있었다. 차츰 성인 극단에 밀려 해체되자 소년 극단 배우들은 성인 극단에서 여자 역을 맡는 미소년 배우로 보충되었다. 여자로 변장한 미소년 배우들이 극 속에서 다른 남자 배우와 에로틱한 관계를 연기하는 상황은 젊은 청년을 미화하고 그를 향한 연정을 노래한 소네트들과 함께 셰익스피어를 둘러싼 동성애 논란의 한 축을 이루고 있다.

## 셰익스피어 시대의 관객

당시 연극 관객들은 공연의 성격에 따라 달랐다. 궁정, 왕실 귀족들의 저택, 법학원, 대학에서 하는 공연을 보러온 관객들은 대체로 교육받은 사람들이었다. 그러나 대중극장의 관객은 연극을 반대하는 청교도가 대다수인 중산층을 제외한 귀족이나 교육을 받지 못한 장인(匠人), 견습공, 농민, 상인과 매춘부 등 다양한 계층이었다. 이렇게 당시의 극장은 아주 지위가 높은 사람들부터 신분이 낮고 가난하고 무식한 관중들까지 여러 계층의 사람들이 모이는 장소였다. 관객의 층이 다양한 것도 셰익스피어만의 독특한 극이 탄생하는 데 영향을 미쳤다.

셰익스피어 극에는 지적이고 사변적인 내용도 있지만 무식한 관객들도 웃고 즐길 수 있는 소극(笑劇)적 장면들도 포함되어 있다. 특히 무대 주변에 서서 보는 싸구려 관람석을 차지하던 관객들은 대부분 극의 내용이나 어려운 대사는 이해하지 못하고 그저 단순한 우스갯소리나 농담만 즐기러 왔을 것으로 추정된다. 『햄릿』제3막 2장에는 햄릿이 배우들에게 연기에 대해 충고하면서 그런 관객을 비꼬는 대사가 나온다. 또한 셰익스피어 연극에는 종종 바보나 광대들이 등장하는데 더욱 지각 있는 관객들은 이들의 대사나 연기가 전체 극과 교묘하게 관련되어 있는 것을 눈치챘을 것이다. 그러나 지적이지 못한 관객들은 그들이 제공하는 익살, 춤, 노래, 곡예를 즐겼을 것이다. 셰익스피어 극에는 노래가 많이 포함되어 있고 『로미오와 줄리엣』 (Romeo and Juliet)의 첫 장면처럼 하인들이 상스러운 말을 하며 언쟁하는 장면, 햄릿과 래어티스(Laertes)의 기민한 검술 시합, 재치 있는 말장난 등이 포함되어 있는데 이것들은 모두 다소 지적 수준이 낮은 관객들이 즐길 수 있는 요소들이었다. 『햄릿』 이나 『헨리 4세』(Henry IV) 1, 2부처럼 당시 인기가 많던 극들은 심오한 철학적·정치적 문제에 대한 논의와 함께 자극적인 것을 원하는 관객을 위한 흥미진진한 행위와 볼거리가 섞여 있었다.

셰익스피어 극의 정치성이 모호할 수밖에 없었던 것도 이런 이유 때문이다. 지배세력과 피지배세력이 모두 모인 공간에서 셰익스피어는 정치적으로 중립적일 수밖에 없었을 테고 귀족들의 고급문화와 서민들의 민중문화가 뒤섞인 작품을 쓸 수밖에 없었을 것이다. 결국 그는 지배계층과 피지배계층의 정치적 위치에서 적당한 거리를 유지하며 애매한 태도를 취했다.

## 셰익스피어 극단의 본거지 '글로브 극장'

셰익스피어 극은 처음에는 '시어터'(The Theatre)라는 대중극장에서 공연되다가 1599년부터 '글로브 극장'(The Globe)에서 주로 공연되었다. 따라서 셰익스피어 극을 좀더 잘 이해하기 위해 글로브 극장의 구조나 규모, 성격 등에 대해서 알 필요가 있다.

'지구 극장'이라는 뜻의 글로브 극장은 1599년에 리처드 버비지와 커스버트 버비지(Cuthbert Burbage) 형제[13]가 세웠다. 런던 치안판사들의 관할구역 밖에 있었던 시 외곽 지역 사우스워크(Southwalk)에 세워진 글로브 극장은 8각형 모양이었으며 수많은 셰익스피어의 작품을 공연하는 본거지였다. 글로브 극장은 최대 3천 명이나 되는 관객을 수용할 수 있었고 런던의 대표적인 극장 네 곳 가운데 하나로, 규모가 큰 극장이었다. 글로브 극장은 1613년에 『헨리 8세』 공연 도중 이엉으로 만든 지붕 위에 대포가 떨어지면서 불이 붙어 소실되었다. 다음 해에 바로 재건되었지만, 청교도들이 정권을 차지한 뒤에 다시 철거되었다. 지금 남아 있는 글로브 극장은 1997년에 복원된 것이다.

연극을 위한 전용극장이 생겨나기 전에는 여인숙의 앞마당에서 주로 공연되었다. 그래서 글로브 극장은 여인숙 앞마당처럼 가운데 공터를 3층으로 된 객석이 둘러싸고 있다. 글로브 극장은 관객석 위만 이엉으로 엮은 지붕이 있고 가운데 부분은 뻥 뚫린 야외극장이었다. 공터 한쪽에 장방형의 무대가 객석 한복판까지 튀어나와 있고 그 무대를 둘러싼 마당은 싸구려 관람객(groundlings)들이 서서 보는 자리(pit)였다. 지붕이 있는 좋은 관람석에는 지위가 높은 귀족들이 앉았고 돈이 없는 가난한 사람들은 1페니(240분의 1파운드) 정도만 내고 무대 주변의 마당에 서서 극을 보았다. 그래서 셰익스피어 시대 극장은 관객과 배우의 공간이 철저히 분리되어 있는 요즘의 극장과 달리 관객과 배우의 관계가 훨씬 더 친밀했으며 현실과 연극 사이의 경계도 모호했다. 따라서 배우들의 방백도 현대 극장보다 훨씬 자연스럽게 받아들여졌다.

1603년에 셰익스피어가 속한 궁내부 대신 극단이 실내극장인 블랙프라이어스를 임대하면서 관객들이 분류되기 시작했다. 관람료가 더 비싼 사설극장이었던 블랙프라이어스는 좀더 수준 높은 고급 관객들이 찾았다. 공공극장의 입장료가 1페니에서 6실링(20분의 1파운드)이었는 데 비해 사설극장은 6펜스(40분의 1파운드)에서 반 크라운(8분의 1파운드)이었다고 한다. 사설극장은 수준이 높고 고상한 관객의 기호를 충족시키기 위해 더욱 정교한 배경이나 무대장치를 사용하였기 때문에 새로운 극적 실험 등을 할 수 있었다. 예를 들어 셰익스피어의 후기극 『폭풍우』(The Tempest)의 가면극이나 『심벨린』(Cymbeline)에서 주피터가 독수리를 타고 나타나는 장면 등은 정교한 무대장치를 요구했다. 셰익스피어는 이 극장의 고급 관객을 위

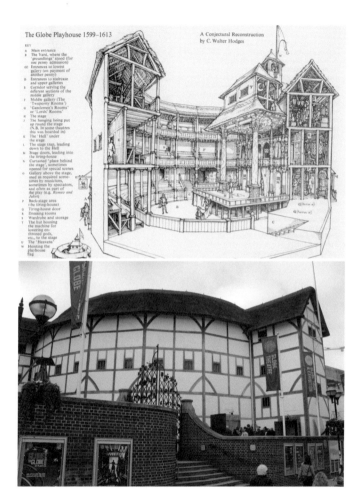

▲월터 호지스의 글로브 극장 가상도(1958)

▼1997년에 복원된 글로브 극장

해 로맨스 또는 희비극이라고 불리는 귀족적인 새로운 레퍼토리를 준비했다. 셰익스피어가 후기에 로맨스 장르를 쓴 이유는 바로 이런 극장의 변화 탓이었다. 처음에 이 극장은 셰익스피어 극단의 겨울철 공연장이었으나 야외극장의 인기가 점점 떨어지고 낮은 계층의 기호만 만족시키다 결국 사설극장에게 자리를 빼앗기고 만다.

## 관객의 상상력에 호소한 연극

셰익스피어 시대의 대중극장은 지금의 극장과는 여러 가지 면에서 많이 달랐다. 당시에는 지금처럼 멋진 무대장치가 없었고 정교하고 사실적인 무대배경도 없었다. 자연채광 외에는 다른 조명도 따로 없었다. 그래서 주로 오후 2시경인 밝은 대낮에 극이 공연되었다. 무대 뒷벽에 검은 천이 걸리면 비극을 공연하는 날이고 호화롭게 채색된 천이 걸리면 희극이 공연되는 날이었다.

당시의 연극은 이처럼 배경이 없는 탓에 주로 배우들의 대사를 통해 무대의 현장감을 살렸다. 다시 말해 사실적인 효과보다는 배우들의 대사로 관객의 상상력을 불러일으켰다. 예를 들어 당시 관객들은 화창한 대낮에 공연을 보면서도『로미오와 줄리엣』이 만나는 발코니 장면의 아름다운 밤을 상상해야 했고, 『리어 왕』의 폭풍우 장면을 상상해야 했다.『햄릿』과『맥베스』

(*Macbeth*)에는 일부러 밤의 분위기를 자아내도록 삽입된 대사들이 있고 『리어 왕』에는 폭풍우가 치는 궂은 날씨를 상상하게 하는 대사들이 삽입되어 있다. 『헨리 5세』(*Henry V*)에 나오는 프롤로그도 관객의 상상력에 호소한다.

> 부족한 점은 여러분의 생각으로 짜맞추어 보충해주십시오.
> 배우는 각기 천 명 몫을 하고 있다고 생각해주십시오.
> 머릿속으로 대군을 상상해주십시오.
> 저희들이 말에 대해 말하면 군마들이 당당하게
> 대지를 딛고 서 있는 광경을 보고 계시다고 생각해주십시오.
> (프롤로그 24-28행)

당시의 무대는 커튼과 배경이 없는 유동적 무대(Fluid Stage) 또는 가변적 무대(Plastic Stage)였기 때문에 장면의 변화도 훨씬 쉬웠고 장소도 자유롭게 바꿀 수 있었다. 당대의 그런 무대 특성 때문에 『안토니와 클레오파트라』는 42장이나 되는 장면 변화가 가능했고, 이집트와 로마를 넘나드는 장면을 지금 우리가 생각하는 것보다 쉽게 연출할 수 있었다. 무대장치가 빈곤한 대신 주로 화려한 의상으로 이를 보완했다.

헨리 앤드루스, 「캐서린 왕비의 재판」,
1831, 스트랫퍼드-어폰-에이번, 로열 셰익스피어 극단 소장

## 이 세상 모두가 연극 무대

글로브 극장 지붕에는 공연이 있는 날이면 헤라클레스가 자신의 짐인 지구를 짊어지고 있는 모습 위에 '이 세상 모두가 연극 무대'(Totus mundus agit histrionem)라는 라틴어 띠가 둘러져 있는 깃발이 내걸렸다. 플라톤 시대부터 유래된 이 사상은 당대 사람들에게도 그대로 수용되었으며 셰익스피어의 주요 주제 가운데 하나다. 즉 셰익스피어는 수많은 대사를 통해 우리의 인생을 한 편의 연극에, 우리 인간들을 배우에 비유하곤 했다. 특히 『좋으실 대로』에 등장하는 우울한 사색가 제이퀴즈(Jaques)가 인생은 7막으로 된 한 편의 연극이라고 말하는 대사는 매우 유명하다.

> **제이퀴즈** 이 세상은 하나의 무대
> 그리고 모든 남녀는 배우일 뿐
> 저마다 등장할 때와 퇴장할 때가 있고
> 한 사람은 여러 역을 맡게 되지.
> (제2막 7장 139-42행)

이렇듯 셰익스피어는 우리의 인생을 한 편의 연극에 비유하는 대사를 여러 작품 속에 반복적으로 담고 있다.

## 레퍼토리에 대한 극단의 끝없는 요구

상설극장이 설립되면서 순회공연 시대와는 달리 레퍼토리에 대한 끝없는 요구가 생겼고 이것은 영국 연극을 발전시키는 동인이 되었다. 알란 포제너(Alan Posener)는 이에 대해 다음과 같이 설명한다.

순회극단은 여러 장소에서 공연했기 때문에 한정된 레퍼토리로도 그럭저럭 해나갈 수 있었다. 그러나 상설극장에서는 관객을 끌어들이기 위해 언제나 새로운 극작품이 필요했다. ……관객들은 상당한 돈을 지불하는 대신 좋은 문학적 오락을 요구했다. 예술과 소비자 사이의 이렇게 완전히 새로운 관계는 엘리자베스 1세가 치세하는 동안 연극생산의 양과 질을 폭발적으로 발전시키는 주요 동인이 되었다.[14]

당시 연극은 대단히 인기가 있어서 극장마다 쉴 새 없이 새로운 연극이 공연됐다. 한 작품의 평균 공연 횟수는 10회가 넘지 않았다고 한다. 만일 한 극단이 성공적인 작품을 공연하면 경쟁극단에서는 극작가에게 비슷한 주제의 새로운 연극을 가능한 한 빨리 제공하도록 요청했다. 바다위(M.M. Badawi)는 이런 당대의 사정에 대해 다음과 같이 설명한다.

당시 런던에 있는 여러 극단 사이에서 치열한 경쟁이 벌어지고 있었으며, 끊임없이 증가하는 대중의 요구를 만족시키기 위해 극작가들은 최대한의 속도로 작품을 써야만 했는데 이러한 것이 엘리자베스 시대의 무대 조건이었다. 그 결과 자신의 작품 줄거리를 창안하는 극작가는 거의 없었다. 셰익스피어도 예외는 아니었다.[15]

결국 신속하게 레퍼토리를 늘리기 위해 두세 명의 극작가들이 합작하기도 했고 한 극장에서 성공한 작품과 비슷한 주제에 새로운 내용을 몇 가지 덧붙여 개작하는 일도 아주 흔했다. 예를 들어 셰익스피어의 『햄릿』은 1589년에 이미 런던에서 토머스 키드가 쓴 것으로 추정되는 『원(原)햄릿』이 공연된 것으로 알려져 있고 『좋으실 대로』는 토머스 로지(Thomas Rodge)가 쓴 목가적 낭만극인 『로절린드』(Rosalynde, 1590)를 각색한 것이다.

셰익스피어는 극단의 끝없는 요구를 만족시키기 위해 신화나 성경, 역사책뿐만 아니라 민담이나 전설 등에서 유명한 영웅 이야기나 군주들의 이야기를 빌려왔다. 또한 이미 선배작가들이 썼던 글들을 개작하여 올리기도 했다. 셰익스피어는 주로 그리스 로마 신화, 보카치오(Boccaccio)의 『데카메론』, 윌리엄 페인터(William Painter)가 번역한 지랄디 친디오(Giraldi Cinthio), 마테오 반델로(Matteo Bandello) 같은 이탈리아 작가들의 중세 로맨스, 플루타르코스가 쓴 『고결한 그리스인들과 로마인들의 생애』(*Lives of the Noble Grecians and Romans*, 일명 『영웅전』)와 라파엘 홀린셰드(Raphael Holinshed)가 쓴 『영국, 스코틀랜드, 아일랜드의 연대기』(*Chronicles of England, Scotland and Ireland*) 같은 책에서 줄거리를 빌려왔다. 특히 『줄리어스 시저』(*Julius Caesar*), 『안토니와 클레오파트라』 『코리올레이너스』(*Coriolanus*), 『아테네의 타이몬』 같은 로마와 그리스를 배경으로 한 극들은 플루타르코스의 『영웅전』에서, 『헨리 6세』 『리처드 3세』 『헨리 8세』 『맥베스』 『리어 왕』 『심벨린』 같은 작품들은 홀린셰드의 작품에서 빌려온 이야기다.

셰익스피어는 원전을 그대로 사용하는 경우가 거의 없었다. 빌려온 것은 이야기의 뼈대뿐이었고 원전을 자유롭게 압축, 생략, 추가, 혼합, 재배치하여 새로운 작품으로 만들어냈다. 역사극에서도 극적 효과를 위해서라면 역사를 자유분방하게 다루었다. 또 친숙한 이야기에 담겨 있는 관습과 고정관념을 깨뜨리는 방식으로 이야기를 재창조했다. 다시 말해 그는 익숙한 소재를 변화하는 당대의 시대상황과 사회현실에 맞게 다시 써서 새로운 인식과 사고를 유도한 것이다. 따라서 셰익스피어 극의 출처에 대한 연구에서 중요한 것은 셰익스피어가 그 출처를 얼마나 따르고 있는지가 아니라 어떻게 변형했는지를 살피는 것이다. 그가 고의적으로 출처에서 일탈할 때 왜 그랬는지를 탐구하는 것이 그의 예술에 대한 이해를 제공하기 때문이다.


## 극장을 둘러싼 끝없는 논쟁

당시 대중극장은 하루 2~3천 명의 관객을 수용하는 인기를 구가했지만 연극에 대한 논쟁은 끊이지 않았다. 그 가운데에서도 금욕적이고 도덕적이며 완고한 기질을 지닌 청교도들은 연극을 대단히 배척했다. 청교도들은 극장을 쾌락을 추구하는 자들이 모여 퇴폐와 풍기 문란을 조장하는 공간이라고 생각했다. 또한 부도덕함을 조장하고 견습공들을 생업에서 태만하게 만드는 악의 소굴로 여겼다. 또한 남자가 여자 역을 하고 저급한 배우가 신성한 왕 역할을 하는 것이 엄격한 사회질서를 어지럽힌다고 생각했다. 1583년 필립 스텁스(Phillip Stubbes)는 극장이 불러일으키는 도덕적 타락에 대해 다음과 같이 경고했다.


날마다, 시간마다, 낮이건 밤이건, ……음탕한 몸짓하며, 상스러운 말하며, 하하 호호 낄낄대고, 입 맞추고 꼭 붙어서 찧고 받고 하는 짓거리들이라니, 놀라울 뿐이다. 이런 방정하지 못한 구경거리를 본 다음에는 누구나 자기 짝을 찾아 ……은밀한 장소에서 만나가지고는 소돔 사람들과 같은, 아니 더 나쁜 짓들을 한다.[16]

그러나 청교도들이 연극을 배척한 더 중요한 이유는 주말에도 연극을 공연하면서 사람들이 교회에 가는 대신 극장으로 몰려들었기 때문이다. 그래서 청교도들이 세력을 잡은 공화정 시절에는 급기야 극장이 모두 폐쇄되었다.

셰익스피어의 낭만희극 중 『십이야』(Twelfth Night)에 등장하는 올리비아(Olivia)의 집사 말볼리오(Malvolio)에게는 청교도인의 전형적인 이미지가 담겨 있다. 그는 대단히 진지할 뿐만 아니라 꽉 막힌 도덕군자다. 그는 먹고 마시는 것과 같은 본능적 욕망을 천시하고 광대 페스테(Feste)를 비롯한 많은 이의 유머를 받아들이지 못한다. 매사에 너무 까다롭고 진지하며 잘난 척하는 그는 극 속 모든 이의 놀림감이 된다. 셰익스피어가 이렇게 말볼리오의 청교도적 속성을 비판하는 것은 연극과 같은 유희를 탄압한 그들의 폐쇄적인 사고방식 때문이다. 또 셰익스피어가 말볼리오를 극의 행복한 결말에서 철저히 제외시키는 것을 통해 당시 연극 무대와 청교도 사이의 팽팽한 긴장감을 느낄 수 있다.

그뿐만 아니라 연극의 찬반을 논하는 소책자 형식의 문헌도 많았다. 그 가운데 반연극 책자들(anti-theatrical tracts)은 극장을 "도시화에 따라 증가하는 실업자들의 집합소" "주일날 교회로부터 사람들을 꾀어내는 악마의 예배당" "이성 간 또는 동성 간의 문란한 만남을 조장하는 장소" "여성을 연기하는 소년, 왕을 연기하는 미천한 배우가 성적·계급적 정체성을 위반하여 사회질서를 위협하는 장소"라고 보았다.

특히 옥스퍼드 출신의 보수적인 청교도였던 스티븐 고슨(Stephen Gosson)은 1579년 희곡의 부도덕을 논한 「폐해 학교」(*The School of Abuse*)라는 팸플릿에서 희곡뿐만 아니라 그 당시의 예술을 전반적으로 공격했다. 그는 시와 연극이 인간에게 쾌락을 강조함으로써 악행을 조성하고 사회를 부도덕하게 만든다고 비난하면서 문학과 예술이 인간에게 유해한 것이라고 주장하였다. 아이러니하게도 고슨은 이 팸플릿을 당대의 저명한 시인이었던 시드니에게 헌사했는데, 시드니는 『시의 옹호』(*A Defence of Poetry*)라는 저술을 통해 고슨의 반문학적 태도에 반론을 폈다. 그는 이 책에서 문학의 사회적 유용성과 교훈성을 강조하고 문학을 철학이나 사학보다도 훌륭한 학문이라고 옹호했다. 또 문학의 역할을 모방에 국한하지 않았으며 시인의 상상력으로 새로운 자연이 창조된다고 주장했다.

반면 친연극적 책자들은 고슨과 반대로 당대의 연극들이 권선징악적 내용을 통해 신의 섭리의 정당함을 증명하고 개인 주체의 교화에 일조한다고 주장했다. 그 가운데 옥스퍼드 대학에서 법률을 공부했으나 후에 문학가가 된 로지가 고슨의 「폐해 학교」에 대한 답서로 쓴 『시, 음악, 연극 변호론』(*Defence of Poetry, Music, and Stage-Plays*, 1580)이 유명하다.[17] 연극을 둘러싼 이런 찬반 논쟁은 연극이 당대 영국에서 차지했던 비중이 매우 컸음을 보여준다.

# 1

## 문학계의 모나리자

『햄릿』

"사느냐 죽느냐, 그것이 문제로다.
가혹한 운명의 돌팔매와 화살을 참고
사는 것이 장한 일인가.
아니면 고통의 바다에 대항하여
무기를 들고 대항하다 죽는 것이
옳은 일인가."

『햄릿』

## 문학의 최고봉을 차지하다

4대 비극 가운데 가장 먼저 집필된 『햄릿』(1601)은 12세기경의 덴마크를 배경으로 중세 때부터 전해 내려오던 암렛(Amleth) 왕자의 전설을 소재로 한 것이다.[1] 1590년대 말 이를 소재로 한 극이 런던에서 공연되었다는 기록이 남아 있다. 이 극은 복수극 작가로 명성을 떨치던 선배 작가 토머스 키드가 쓴 것으로 추정되고 『원(原) 햄릿』이라 불린다.

아버지를 독살한 숙부, 자신의 남편을 살해한 시동생과 재혼한 어머니를 보면서 사변적이고 철학적인 젊은 왕자 햄릿은 삶의 회의와 냉소에 빠져든다. 비이성적인 본능과 욕망만 난무하는 이 세상에 환멸을 느낀다. 그런 햄릿에게 선왕의 유령은 복수의 짐을 부과한다. 하지만 햄릿의 복수는 끝없이 지연되고 그사이 부조리한 세상에 대한 햄릿의 명상은 계속된다. 변절자에게 둘러싸인 햄릿은 권력과 그것에 영합하는 인간들의 정치적 속성을 비꼬고, 인간들의 더러운 탐욕과 욕정을 역겨워하며, 모든 것이 변하는 이 세상에서 영원한 진리는 없음을 깨닫는다. 결국 햄릿이 자살 충동을 느끼는 순간, 그는 죽음 이후의 세계에 대한 사유에 빠져들고, 그런 사유는 죽음 앞에서 만인은 평등하다는 진실에 도달한다.

이 극은 엘리자베스 시대 유행하던 복수극의 형태를 띠고 있지만 햄릿의 광기 어린 말장난과 죽음에 대한 진지한 성찰이 담겨 20세기 실존주의극과 부조리극의 면모를 보이기도 한다.

『햄릿』은 셰익스피어의 4대 비극 가운데서도 최고의 작품으로 꼽힌다. 아니, 흔히 세계 문학사상 최고봉이라 불린다. 어쩌면 단순히 문학작품의 의미를 넘어선 상징적 특권을 누리고 있다고 말할 수도 있을 것이다. 국내에서도 이 작품은 특별 대우를 받아왔다. 여석기는 이에 대해 다음과 같이 설명한다.

> 『햄릿』만큼 '가장'이라는 부사가 많이 따라다니는 문학작품은 드물다. 아니, 없다고 해도 과언이 아니다. 가장 널리 알려진 작품, 가장 많이 상연된 극, 가장 많이 인용되는 텍스트, 그리고 많은 사람이 가장 좋아하는 작품 등등이다. 이는 단순히 영어권에 국한된 것이 아니다. 우리나라에서도 셰익스피어 작품 중 『햄릿』이 가장 먼저 번역 출판되었고(1922), 6·25 전쟁의 와중에서도 번역극 중 가장 먼저 공연되어 가장 많은 관객을 동원했다(1951). 남산드라마센터가 개관했을 때 (1963) 처음 공연된 작품도, 호암아트홀이 처음 택한 작품도 『햄릿』이었다.[2]

이 극이 이렇게 최고의 문학으로 추앙된 것은 아마도 인간의 가장 보편적인 질문인 죽음의 본질을 논의하기 때문일 것이다. 사변적인 햄릿은 숙부에 대한 복수를 지연하며 그동안 삶과 죽음이라는 근원적인 의문에 빠져든다. 죽음과 사후 인간의 운명에 대한 햄릿의 통찰은 시대를 초월하여 공감을 불러일으킨다. 그 예가 다음과 같은 대사다.

**왕** 햄릿, 폴로니어스는 어디 있느냐?

**햄릿** 식사 중입니다.

**왕** 식사 중이라고? 어디서?

**햄릿** 먹고 있는 게 아니라 먹히고 있는 중이지요.
  정치꾼 같은 구더기들이 모여서 그를 먹고 있습니다.
  구더기는 먹는 일에 있어서는 유일한 제왕이지요.
  인간은 자신이 살려고 모든 생물을 살찌게 합니다.
  그렇게 살이 쪄서는 구더기에게 먹히죠.
  살찐 왕이나 마른 거지나 모두 구더기의 식탁에 오르는
  두 가지 요리인 셈이죠.

  (제4막 3장 16-25행)

이는 숙부의 간신배 폴로니어스를 죽인 뒤 그의 시체의 행방을 묻는 왕에게 햄릿이 하는 답변이다. 생전의 삶이 어땠는지에 상관없이 죽으면 누구나 구더기 밥이 되고 마는 인간의 사후 운명을 논한다. 이런 허망한 인간 삶의 평준화는 다음 대사에서도 나타난다.

**햄릿** 사람은 너무 천한 쓰임새로 돌아가는구나, 호레이쇼!

그럼 알렉산더 대왕의 존엄한 유해도 추적하다 보면
어쩜 술 단지 마개가 됐을지도 모르는 일일세.
알렉산더 대왕이 죽어 땅에 묻힌다.
그래서 뼛가루로 변한다.
뼛가루는 결국 흙이 아닌가?
우리는 그 흙으로 진흙 반죽을 만들지.
그럼 그 진흙 반죽이 맥주통 마개가
될 수 있는 것 아닌가?
시저 황제도 죽어서 한 줌의 흙이 되면
바람벽의 구멍을 막는 처지가 될 수 있으렸다.
오, 온 천하를 떨게 하던 그 흙덩어리가 지금은
한겨울의 찬바람을 막기 위해 바람벽을 때워야 한다니!
(제5막 1장 196-208행)


  이 대사는 햄릿이 자신의 연인, 오필리아(Ophelia)의 무덤에
서 해골을 파내는 광대를 목격하고 또다시 죽음에 대한 상념에
빠져든 모습을 보여준다. 결국 세계를 지배하고 뒤흔들던 알렉
산더 대왕과 줄리어스 시저도 한낱 술통 마개가 되거나 바람벽
을 막는 흙이 되고 만다는 햄릿의 성찰은 인간의 사후 운명에
대한 날카로운 철학적 명상이다. 세계 문학사상 가장 유명한
구절인 "사느냐 죽느냐, 그것이 문제로다"로 시작되는 다음 독
백도 역시 죽음의 본질에 대한 탐구다.

**햄릿** 사느냐 죽느냐, 그것이 문제로다.

가혹한 운명의 돌팔매와 화살을 참고 사는 것이 장한 일인가.

아니면 고통의 바다에 대항하여 무기를 들고

대항하다 죽는 것이 옳은 일인가.

죽는 건 잠자는 것, 그뿐 아닌가. 잠이 들면 마음의 상심도,

육신이 물려받는 수천 가지 타고난 고통도 끝나는 법.

그것이 바로 모두가 바라 마지않는 마무리 아니던가.

죽는 건 잠자는 것, 하지만 잠이 들면 꿈을 꿀 수도 있지.

아, 그것이 바로 걸림돌이다. 우리가 이승의 고통을 버리고

죽음이란 잠을 잘 때 어떤 꿈을 꿀지 모르니 주저할 수밖에.

그 때문에 그리 오래 사는 재앙을 겪는 것이다.

(제3막 1장 56-66행)


이 독백은 생과 사의 본질적인 문제를 이해하려는 햄릿의 모습을 잘 보여준다. 자살 충동을 느끼는 순간 햄릿 특유의 사유에 빠져 죽음에 대해 진지하게 성찰하는 것이다.


## 비극을 부르는 성격적 결함

셰익스피어는 비극보다 희극 작품을 훨씬 많이 썼지만 비극 장르에서 최고의 걸작들을 남겼다. 그 가운데에서도 『햄릿』『리어 왕』『맥베스』『오셀로』(*Othello*)를 최고의 작품으로 꼽

토머스 로렌스 경, 「햄릿 역의 켐블」,
1801, 런던, 테이트 미술관 소장

아 4대 비극(The greatest tragedy)이라 부른다. 셰익스피어의 4대 비극은 고대 그리스·로마 시대의 비극처럼 운명이나 신탁에 의해서가 아니라 등장인물들의 성격적 결함으로 비극이 발생한다. 인간들의 제어할 수 없는 탐욕, 야망, 격정 등으로 인해 사회질서가 무너지고 등장인물들의 삶은 극심한 혼란에 빠져든다. 제1막 4장에서 햄릿은 인간의 본성 가운데 아주 사소한 결점이 가져오는 결과에 대해 다음과 같이 통찰한다.

> **햄릿** 개인들도 세상에 나올 때부터
> 타고나는 약점 같은 것이 있지.
> 인간의 탄생이 제 뜻대로 선택하는 것이 아니니
> 이거야 물론 당사자의 잘못이라고 할 수는 없네.
> 하지만 어떤 성질이 좀 지나쳐서
> 이성의 울타리를 허물기도 하고,
> 또는 어떤 습관이 너무 지나치면
> 세상 사람들이 말하는 올바른 태도에서 벗어나게 되지.
> 이렇게 선천적이든 후천적이든
> 결점을 하나씩 짊어진 사람들은
> 아무리 순수한 미덕을 많이 가지고 있다 해도
> 그 특수한 약점 때문에 세상 사람들의 눈에는
> 타락한 존재처럼 보이는 걸세.
> 고귀한 성품을 지닌 인물도 티끌만 한 결점 때문에

사람들의 미움을 받고, 세상의 악평을 받게 되는 거지.

(제1막 4장 23-38행)

이런 햄릿의 통찰은 셰익스피어의 비극 속 주인공 모두에게 적용된다. 리어 왕은 오랜 세월 왕으로 군림한 자의 '독선'과 '제어되지 않는 분노' 때문에, 맥베스는 권력에 대한 지나친 '야망' 때문에, 그리고 오셀로는 불같은 '질투심' 때문에 비극적 파국에 이른다.

햄릿의 경우는 너무 사변적이어서 결심을 행동으로 옮기지 못하는 '우유부단함'이 그의 성격적 결함으로 꼽힌다. 그는 아버지의 유령이 악령이 아닐까 의심하여 숙부가 아버지를 살해했다는 유령의 말을 확인하기 위해 극중극을 준비한다. 극중극을 보고 비틀거리며 퇴장하는 숙부의 모습을 보고 그는 선왕 유령의 말이 진실이었음을 확인한다. 더 이상 복수를 주저할 명분이 사라지자 의연히 복수를 단행하겠다는 결의를 다진다. 바로 그 순간 참회의 기도를 올리는 숙부를 발견한 햄릿은 복수할 절호의 기회를 얻지만 또다시 복수를 지연한다. 숙부가 참회하고 있을 때 그를 죽이면 그는 천당으로 가게 될 것이고, 그렇게 되면 복수가 아니라 오히려 그에게 득이 되는 일을 해주는 것이라고 생각했기 때문이다. 숙부가 씻을 수 없는 사악한 짓을 행할 때 그를 처단하리라 다짐한다. 그러나 그 순간 햄릿이 복수를 하지 않음으로써 이후 본인은 물론 폴로니어스,

외젠 들라크루아, 「햄릿 아버지의 유령을 보다」,
1825, 크라쿠프, 야기엘로인스키 대학교 박물관 소장

오필리아, 거트루드(Getrude) 왕비, 래어티스 등이 무고한 죽음을 맞이하게 된다. 햄릿의 사변적이고 우유부단한 성격은 본인 자신뿐만 아니라 수많은 주변인을 죽음으로 몰아넣은 것이다.[3] 그래서 독일의 비평가 프리드리히 슐레겔(Friedrich Schlegel)은 이 극을 '사색의 비극'이라고 했다.

## 햄릿의 염세적 우울증

많은 비평가가 햄릿이 복수를 하지 못하고 지연한 이유에 대해 탐구해왔다. 그 가운데 셰익스피어 성격 비평의 대가로 꼽히는 브래들리(A.C. Bradley)는 햄릿이 복수를 지연한 원인이 우울증 때문이라고 말한다.[4] 햄릿은 숙부에게 살해된 아버지, 그런 숙부와 근친상간적 결혼을 한 어머니, 가장 믿고 의지하던 존재인 친구, 연인, 어머니가 햄릿의 속내를 캐내는 스파이로 동원되는 부조리한 상황에서 세상에 대한 극심한 환멸과 염세주의에 빠진다. 다음 독백은 이를 잘 보여준다.

**햄릿** 아, 너무나 더러운 이 육체. 차라리 녹고 녹아
　　이슬이나 되어버렸으면! 아니면 하나님이
　　자살을 금지하는 율법을 정하지 않으셨더라면!
　　아, 하나님. 하나님.
　　세상만사가 다 지겹고, 진부하고, 시시하며 쓸데없구나.

에이, 이 더러운 세상은 잡초만 무성히 자란 정원.

온갖 저속하고 속된 것들만 우글거리는구나……

겨우 한 달 만에…… 아예 생각을 말자.

약한 자여, 그대 이름은 여자로구나!

(제1막 2장 129-46행)

이렇게 햄릿의 첫 독백은 세상에 대한 회의와 죽음에 대한 동경으로 시작한다. 햄릿은 극 초반부터 검은 상복을 입고 어두운 표정으로 세상 모든 것에 냉소적 시선을 보낸다. 그래서 그는 왠지 무대 위의 다른 인물에게서 소외된 듯한 느낌을 준다. 그런 햄릿에게 숙부는 "왜 그렇게 얼굴에 구름이 잔뜩 끼었느냐?"(제1막 2장 66행)고 묻고 왕비는 "햄릿아, 그 밤처럼 시커먼 옷은 그만 벗어던지거라"(제1막 2장 68행)고 애원한다. 그는 덴마크 궁정에서 소외된 존재인 것이다. 마이클 망간(Michael Mangan)은 "검은 상복을 입고 나머지 대신들과 떨어져 한쪽에 입 다물고 있는 햄릿의 태도 자체가 조의와 반항을 동시에 암시하는 것"이라고 주장한다.[5]

햄릿은 자신의 비밀을 캐내려 궁정으로 온 친구 로젠크란츠(Rosencrantz)와 길던스턴(Guildenstern)에게 자신의 우울증 증상을 상세히 설명한다.

**햄릿**  ……난 요즘 무슨 까닭인지 모르겠지만 만사에

흥미를 잃고, 늘 해오던 운동에서도 손을 떼고
말았어. 이런 우울증이 심각하다 보니 이 멋진 세상도
황량한 곳(岬)처럼 느껴지고, 저 멋진 하늘닫집,
저것 보게. 우리 머리 위에 펼쳐진 저 찬란한 창공,
금빛으로 빛나는 별들이 아로새겨진 장엄한 저 하늘
지붕. 하지만 이것이 내게는 음란하고 유해한 독기가
서린 수증기 덩어리로만 보인단 말일세. 그리고
인간은 참으로 기묘한 걸작 아니겠는가. 이성은
얼마나 고귀하며, 능력은 또 얼마나 무한한가. 자태와
거동은 얼마나 반듯하고 찬양할 만한가. 행동은
천사와 같고 지혜는 신과 닮았으니. 이 세상
아름다움의 정수(精髓)요, 만물의 영장 아닌가. 하지만
지금 내겐 이 인간이 한낱 먼지로밖에 보이지 않는다네.
(제2막 2장 295-308행)

극 후반, 시체가 즐비한 무대. 뒤늦게 숙부에게 복수하고 래어티스의 독검에 찔려 죽어가는 햄릿은 선왕의 죽음처럼 자신의 죽음도 왜곡되어 전달될까봐 두려워한다. 그래서 호레이쇼 (Horatio)에게 끝까지 살아남아 자신의 이야기를 진실하게 전해달라는 마지막 부탁을 한다. 이 마지막 대사도 햄릿이 이 세상을 얼마나 염세적으로 바라보는지를 잘 보여준다.

**햄릿** 자네가 나를 마음속에 품은 적이 있다면

　　잠시 천상의 행복일랑 미뤄두고

　　이 험한 세상에서 고통 속에 숨을 쉬며

　　내 사연을 말해주게.

　　(제5막 2장 325-28행)


　고결한 청년 햄릿에게 이 더러운 세상에서 살아가는 것은 너무나 힘겨운 일이었다. 하지만 자살은 기독교에서는 금지된 범죄였다. 하루하루 고통 속에 숨을 쉬던 햄릿의 힘겨움이 위의 대사에 고스란히 담겨 있다.

　고대 그리스·로마 시대의 고전이 대거 번역되었던 이 시기에 특히 로마의 비극 작가 세네카는 영국 극작가들에게 많은 영향을 미쳤다. 이 시기 영국 극작가들이 즐겨 다룬 복수극도 세네카의 극에서 영향을 받은 것이다.[6] 『햄릿』도 세네카의 영향을 받아 복수극의 전통을 따르고는 있지만 셰익스피어는 햄릿의 행동을 단순한 복수의 차원을 넘어서 정신적 고뇌와 갈등으로 채웠다. 사색과 행동 사이에서 균형을 유지하는 햄릿의 명상에는 당대의 회의주의가 잘 드러난다. 셰익스피어 극 가운데 가장 긴 『햄릿』은 다른 어떤 극보다 등장인물의 마음속 생각, 즉 심리적 갈등을 독자에게 전달하는 독백의 비중이 크다. 그만큼 이 극은 햄릿의 우울한 내면세계를 치열하게 탐구했다고 볼 수 있다.

## 햄릿의 광기 연기와 말장난

숙부의 미소 뒤에 숨어 있는 비밀을 알게 된 햄릿은 숙부의 감시망을 피하기 위해 미친 척한다. 광기를 가장하기 위해 햄릿은 마치 헛소리하듯 말장난(pun)[7]을 한다. 햄릿의 말장난은 자신의 내면을 속이기 위한 일종의 언어적 가면이다. 폴로니어스는 이상해진 햄릿을 떠보기 위해 자기를 알아보겠냐고 물어본다.

> **폴로니어스** 햄릿 왕자님, 그간 안녕하십니까?
>
> **햄릿** 잘 지내오. 고맙소.
>
> **폴로니어스** 소신을 알아보시겠습니까, 왕자님?
>
> **햄릿** 알다마다. 그대는 생선장수 아니오?
>
> **폴로니어스** 잘못 보셨습니다.
>
> **햄릿** 그렇다면 그대가 정직한 사람이었으면 좋겠군.
>
> **폴로니어스** 정직한 사람이오?
>
> **햄릿** 그렇소. 이 세상 돌아가는 꼴로 봐서는 정직한 사람은 만에 하나 정도지.
>
> (제2막 2장 171-79행)

햄릿의 이런 엉뚱한 대답을 듣고 폴로니어스는 햄릿이 완전히 미쳤다고 생각하게 된다. 하지만 당시에 '생선장수'

(fishmonger)라는 말은 '뚜쟁이'라는 속된 의미도 지닌 단어였다. 따라서 햄릿이 그를 '생선장수'라고 부른 것은 자신의 속마음을 캐내려고(fish out) 딸까지 미끼로 사용하는 폴로니어스의 행동을 신랄하게 조롱하는 말장난이다. 또한 "이 세상 돌아가는 꼴로 봐서는 정직한 사람은 만에 하나 정도"라는 햄릿의 말은 자신의 사악한 범죄를 감추고 있는 숙부를 비롯하여 덴마크 궁정에 난무하는 위선적 행위를 꼬집는 것이다. 하지만 햄릿을 둘러싼 사람들은 그의 언어에 담긴 날카로운 비난의 칼날을 알아차리지 못하고 그저 미친 자의 헛소리라 치부한다.

제3막 2장에서 극중극을 보러온 클로디어스(Claudius)는 햄릿에게 "햄릿, 어찌 지내느냐?"(How fares our cousin Hamlet?, 제3막 2장 92행)고 안부를 묻는다. 이때 'fare'는 '지내다'는 뜻과 '먹다'는 뜻을 지닌 다의어다. 햄릿은 일부러 클로디어스의 의도에서 벗어나 이 단어를 '먹다'라고 해석하여 "카멜레온 요리로 잘 지냅니다. 저는 약속으로 꽉 찬 공기를 먹고 지냅니다"(Exellent, I'faith, of the chameleon's dish. I eat the air, promise-crammed, 제3막 2장 93-94행)라고 엉뚱한 대답을 한다. 이때 'air'는 상속자 또는 왕위계승자라는 뜻의 'heir'와 동음이의어다. 이 단어는 'promise-crammed'와 함께 쓰여 햄릿에게 왕위를 양위하겠다는 클로디어스의 공허한 약속을 비아냥거리는 말장난이다.

이런 햄릿의 말장난은 고정적이고 초월적인 의미작용에 반대하는 전복적 언어 행위로 의미작용의 유동성을 보여준다. 테리 이글턴(Terry Eagleton)은 햄릿의 말장난에 대해 다음과 같이 설명한다.

아버지의 유령처럼 유동적이면서도 셰익스피어의 어떤 광대 못지않게 빠른 햄릿의 수수께끼 같은 말은 상대를 속여 그를 제대로 파악하지 못하게 만든다. 그는 궁정의 권력 세력이 그의 내적 존재의 비밀을 알지 못하도록 가면을 바꾸고 기표가 빠져나가게 만든다.[8]

이런 언어적 가면을 쓴 그의 언어는 신랄하고 통렬해져 덴마크 궁정의 정치적·사회적·도덕적 부패를 비난한다. 필리파 베리(Philippa Berry)도 클로디어스 세력의 반항자이자 복수자로서의 햄릿의 역할은 마지막 순간까지 '행동'보다는 주로 말장난으로 사회의 정체성을 혼란시키는 '언어 행위'를 통해 수행된다고 주장한다.[9]

햄릿의 비난은 사실 그의 입을 빌려 셰익스피어가 당대의 정치 현실, 부조리한 사회상에 대해 가하는 날카로운 풍자로도 볼 수 있다. 셰익스피어는 많은 극 속에서 바보, 광인, 어릿광대의 가면을 쓴 등장인물들을 통해 당대 사회의 부조리함과 불공정성을 풍자하고 비판했다. 필리스 골페인(Phyllis Gorfain)은 "바보, 미치광이, 시인, 카니발 참가자, 배우들은 이치에 안 맞는 말을 하더라도 비난을 받지 않는다. 이들은 자신들 말의 의미에 대해 책임을 지지 않아도 되는 면책특권을 누리는 것이다"[10]고 말한 바 있는데 햄릿도 미치광이 가면을 써서 얻은 특권으로 무한한 풍자의 자유를 누리는 것이다.

햄릿의 말장난은 부조리한 세상에 대한 햄릿의 반응이기도 하다. 현대 부조리극에서 볼 수 있는 대화 단절현상을 우리는 이미 『햄릿』에서 볼 수 있다. 햄릿에게 언어는 더 이상 의사소통 수단이 아니라 세상을 등진 햄릿의 자기 유희적 세상읽기의 수단이요, 부조리한 세상을 읽어내는 특유의 사유적 수단이다. 따라서 그의 언어는 체계적이고 논리적인 발화일 수가 없으며 소용돌이치는 내면의 사고와 감정을 담아내는 광상시(狂想詩)가 된다.


## 입체적 인물들

햄릿은 거트루드 왕비의 침소에서 왕비의 부정한 행동을 비난하고 윽박지른다. 두려움에 사로잡힌 왕비가 살려달라고 외치자 휘장 뒤에 숨어 이들의 대화를 엿듣던 폴로니어스도 왕비를 구하라고 외친다. 햄릿은 휘장 뒤에 숨어 있는 자가 숙부인 줄 알고 저돌적으로 칼로 찔러 죽인다. 하지만 그는 사랑하는 여인 오필리아의 아버지이자 숙부의 간신배인 폴로니어스였다. 폴로니어스를 살해함으로써 햄릿은 비명횡사한 아버지의 복수를 수행하는 자에서 폴로니어스의 아들 래어티스의 복수의 대상이 된다. 이 행동으로 선인과 악인의 구별이 모호해지고 선과 악이라는 이항대립쌍이 햄릿의 한 몸에 녹아든다. 또한 지금까지 그토록 신중하던 햄릿은 이 장면에서는 무모할 정도로 성급한 모습을 보인다. 이렇게 양극단을 넘나드는 설정 때문에 햄릿이라는 캐릭터는 복잡하고 모호해진다. 셰익스피어는 햄릿의 극단적인 면모를 통해 모든 존재가 가변적이고 양면적인 속성을 지니고 있음을 보여준다.

이 극에서는 햄릿뿐만 아니라 클로디어스도 양면적 속성을 보여준다. 그는 형을 살해한 살인마고, 형수를 잠자리 상대로 삼은 색정광이지만 셰익스피어는 그를 철저한 악인으로 끌고 가지는 않는다. 그는 자신의 업보에 괴로워하고, 참회를 원하며, 형수를 단순한 욕정의 대상으로 여기는 것이 아니라 진정 사랑하는 것으로 그려져 있다. 왜 위험한 햄릿을 방치하느냐고 묻는 래어티스의 질문에 대한 답을 통해 거트루드 왕비를 향한 그의 사랑을 알 수 있다.

**왕** 거기엔 두 가지 특별한 이유가 있다.
자네가 보기엔 그 이유란 게 하찮게 느껴질지 모르나
과인에겐 매우 중대하다. 햄릿의 생모인 왕비는
햄릿 없이는 하루도 살 수 없다는구나. 또 나 역시
이게 내 장점인지 아니면 화근인지는 알 수 없다만,

왕비는 내 생명이며 내 영혼과 도저히 뗄 수 없는 사이다.
하늘의 별이 그 궤도에서 벗어날 수 없듯이
나도 왕비 없이는 살 수가 없구나.

(제4막 7장 5-16행)

또한 오필리아를 미끼로 햄릿의 속내를 캐내려는 폴로니어스
는 오필리아가 혼자 회랑에 있는 것을 의심받지 않도록 성경을
읽는 척하라고 시킨다. 그러면서 "이게 벌 받을 짓인지도 모르겠
지만 세상에 흔히 있는 수작이지. 경건한 표정으로 가면을 쓰고
악마의 본성을 사탕발림으로 감추는 짓은……"(제3막 1장 46-49
행)이라고 말한다. 이 말을 듣고 클로디어스는 양심의 가책을
느끼며 다음과 같이 말한다.

**왕** 과연 그렇다. 저 한마디가 내 양심을
아프게 채찍질하는구나. 분을 발라 단장한
창녀의 추악한 얼굴 바탕이라 한들 내 행실보다는
추하지 않으리라. 그럴싸하게 꾸민 말 뒤에 숨어 있는
나의 행실…… 아, 이 엄청난 업보가 너무도 무겁구나!

(제3막 1장 50-53행)

왕이 된 뒤 클로디어스는 시종일관 온화한 어투로 살인, 왕권
찬탈, 근친상간 같은 추악한 범죄를 은폐했다. 그는 햄릿을 자

신의 감시 하에 두려고 햄릿이 다시 독일로 공부하러 가는 것을
만류하면서 "이곳에 남아 나의 눈의 기쁨과 위안으로, 가장 귀중
한 신하요, 조카요, 아들로 있어다오"(제1막 2장 115-17행)라는
감언으로 자신의 저의를 숨긴다. 또 햄릿이 폴로니어스를 죽이
자 그를 영국으로 보내며 영국 왕에게 햄릿이 도착하는 대로
죽여버리라는 비밀문서를 보낸다. 그러나 햄릿에게는 그의 살
인 행위를 덮어주기 위해 도피시키는 것처럼 말한다. 망간은
클로디어스의 언행의 괴리를 "부드러운 벨벳 장갑 아래 숨겨진
강철 주먹"[11]에 비유했다. 하지만 위의 대사를 보면 클로디어스
는 자신이 위선의 말을 한다는 것을 잘 알고 있다. 특히 '꾸민
말'(painted words)이라는 표현은 클로디어스 언행의 특징을 정
확히 묘사한 것이다. 다음은 햄릿이 준비한 극중극을 본 뒤 클로
디어스가 양심의 가책을 느껴 참회의 기도를 올리는 대사다.


**왕** 아, 내가 저지른 죄의 악취가 하늘을 찌르는구나.

형제를 죽여 인류 최초의 저주를 받은 카인의 범죄,

내가 그 저주를 받는구나! 기도드리고 싶은 마음은 간절하나

정작 기도를 드릴 수 없다. 내 죄가 너무 무거우니

내 강한 의지도 꺾여버리는구나.

양다리를 걸친 사람처럼

어디서부터 시작해야 할지 몰라 망설이다가

아무것도 못 하고 마는구나.

이 저주받은 손에 형의 피가 엉겨 붙어 두꺼워졌다 할지
라도,
하나님이 자비로운 비를 억수같이 내려주셔서
눈처럼 희게 깨끗이 씻어줄 수는 없을까?
죄를 미리 막아주고 또 저지른 죄악은 용서해주는
이중의 공덕이 있기에, 바로 기도를 드리는 것 아닌가?
(제3막 3장 36-50행)

이 장면에서 천륜을 어긴 살인마 클로디어스의 이면을 볼 수
있다. 클로디어스의 가슴을 짓누르는 업보는 바로 인류 최초의
살인인 형제 살해의 죄다. 카인이 질투심에 사로잡혀 동생 아
벨을 살해했듯이 클로디어스는 형의 왕좌와 아내를 탐해 형을
살해하고 형수를 아내로 삼은 것이다. 비록 이 극 속에서 클로
디어스는 권모술수에 능하고 사악한 악인이지만, 셰익스피어
작품 속의 다른 악인들처럼 자신이 저지른 행동에 양심의 가책
을 느끼고 괴로워한다. 본능적 욕망에 굴복하여 형제를 살해한
자가 양심과 싸우며, 자신을 악으로 내몬 본능과 인간으로서의
본성 사이에서 갈등하고 고뇌하는 것이다.

이처럼 셰익스피어는 세상 모든 것을 이분법적으로 나누지
않고 늘 복잡하고 다양성을 지닌 것으로 분석한다. 햄릿이 로
젠크란츠, 길던스턴과 나눈 대화는 이런 셰익스피어의 시각을
잘 보여준다.

**햄릿** 도대체 자네들은 무슨 연유로

행운의 여신의 품에서 떨려 나와

이 감옥으로 오게 되었나?

**길던스턴** 감옥이라뇨, 왕자님?

**햄릿** 덴마크는 감옥이야.

**로젠크란츠** 그렇다면 이 세계가 모두 감옥이지요.

**햄릿** 이 세상이야말로 훌륭한 감옥이지.

그 안에 구치소도, 감방도, 지하 감방도 다 있지만,

아무리 그래도 덴마크만큼 지독한 감옥은 없을 걸세.

**로젠크란츠** 설마 그럴 리가 있겠습니까, 왕자님?

**햄릿** 그럼 자네들에겐 그렇지 않은가 보네. 하긴 원래

좋고 나쁜 것이 따로 있는 게 아니라 다 생각하기 나름

이니.

(제2막 2장 239-50행)


세상의 그 어떤 것도 애초에 좋고 나쁨이 정해지지 않았으며 각자 보기 나름이라는 이 대사는 햄릿의 해체적 사고를 보여준다. 나아가 이는 곧 모든 사물과 현상의 의미가 고정되었거나 본질적 가치가 있는 것이 아니라 해석자의 자의적인 해설이 있을 뿐이라는 셰익스피어의 열린 사고방식이다.

## 햄릿이 연출하는 극중극

클로디어스가 햄릿의 속내를 캐내기 위해 온갖 음모를 꾸미는 동안 햄릿도 숙부의 사악한 범죄사실을 확인하기 위해 궁리한다. 신중하고 사변적인 햄릿은 자신이 본 선왕의 유령이 "자신의 허약함과 우울증이 낳은 나쁜 망상"(제2막 2장 595-96행)일지도 모른다고 생각한다. 그래서 햄릿은 마침 덴마크 궁정에 도착한 비극 단원들에게 선왕의 죽음을 소재로 한 연극을 공연해달라고 주문한다. 햄릿은 감동을 주는 연극에는 죄지은 자들에게 자기 죄를 회개하게 하는 힘이 있다고 생각한다.

**햄릿** 내 언젠가
　　죄를 저지른 자가 연극을 구경하다가
　　그 진실한 장면에 감동해 그만 그 자리에서
　　자신의 죄를 모두 털어놓았다고 들은 적이 있다.
　　살인죄는 입이 없어도
　　스스로 그 죄를 실토한다고
　　하지들 않던가?
　　(제2막 2장 584-90행)

연극이 지닌 카타르시스의 효능을 논하는 이 대사는 연극 속에서 연극에 대해 논하는 전형적인 메타 연극적 요소다. 이외에도 이 극에서 셰익스피어는 연극에 대해 많은 논의를 한다.

햄릿이 숙부의 진실을 캐내기 위해 준비한 연극 제목은 「쥐덫」이다. 햄릿은 클로디어스의 비밀을 캐내는 데 치명적인 역할을 할 대사도 직접 만들어 삽입하고 배우들의 연기도 일일이 지도한다. 특히 배우들에게 과장하지 말고 자연스럽게 연기를 하라고 요구하면서 다음과 같이 연극의 목적을 논한다.

> **햄릿** 연극의 목적은 예나 지금이나 자연을
> 거울에 비추어 보이는 일이라고 할 수 있네.
> 옳은 건 옳은 대로, 그른 건 그른 대로 고스란히 비추어,
> 그 시대의 양상을 있는 그대로 보여주는 것이지.
> (제3막 2장 21–24행)

결국 이 극중극을 통해 햄릿은 클로디어스의 진실을 알게 된다. 클로디어스는 공연 도중 비틀거리며 일어나 퇴장함으로써 속내를 드러내고 만다. 유령의 말이 사실임을 확인한 햄릿은 복수의 의지를 확고히 다진다. 그리고 「쥐덫」이란 극중극은 위에서 햄릿이 말한 연극의 역할을 제대로 발휘한다. 연극을 통해 자신이 저지른 악행을 떠올린 클로디어스는 죄책감을 느끼며 참회의 기도를 한다.

이렇듯 연극 자체에 대해 많은 논의를 하는 이 극은 연극의 기능, 올바른 연기, 연극의 목적 등 극작가 셰익스피어의 자기

대니얼 매클리스, 「극중극 장면」, 1842, 런던, 테이트 미술관 소장

성찰적 요소를 담고 있다. 이외에도 『햄릿』에는 당대 연극계의 실정에 관한 메타극적 언급도 상당히 많이 나온다. 성인 극단이 아동 극단에게 밀려 인기를 빼앗긴 상황에 대한 언급도 그 가운데 하나다.

**햄릿** 지금도 옛날처럼 도시에서 인기가 여전한가?
　　지금도 사람들이 법석을 떨며 그렇게 따라다니는가?
**로젠크란츠** 아뇨, 요즘은 전혀 예전 같지 않습니다.
**햄릿** 어째서? 재능에 녹이 슬었나?
**로젠크란츠** 그런 것 같지는 않습니다. 예전처럼 열심히
　　하고 있지만, 요즘 들어서 소년 극단들이 새로 나타나서
　　서로 경쟁이라도 하듯 찢어지는 목소리로 고함을 꽥꽥
　　지르는데 그들이 굉장한 박수갈채를 한 몸에 받는답니다.
　　(제2막 2장 337-44행)

그런가 하면 제3막 2장에서는 배우들에게 연기에 대해 충고를 하면서 무식한 관객을 웃기려고 우스꽝스런 연기를 하는 자들을 비꼬는 대사가 나온다.

**햄릿** 아니, 더욱 철저히 고쳐야 해.
　　그리고 어릿광대 역도 대본에 없는 대사는
　　지껄이지 않도록 하게. 그 가운데는

얼마 안 되는 멍청한 관객들을 웃기려고
자기가 먼저 웃어 보이는 녀석들도 있지.
그렇게 웃으면서 녀석들은 연극의 핵심은
까맣게 잊어버리고 말지. 아주 기가 막힐 노릇이야.
(제3막 2장 38-44행)

당시 극장은 다양한 계층의 관객이 모이는 장소로 지적이고 유식한 관객과 무식하여 자극적인 연기에만 열광하는 관객이 뒤섞인 공간이었음을 이 대사를 통해 알 수 있다. 이렇게 셰익스피어는 이 극 속에서 다양한 메타드라마적 언급을 통해 극이라는 장르 자체에 대해서도 심오한 내적 통찰을 하고 있다.


## 햄릿의 연인 오필리아

오필리아와 햄릿은 로미오와 줄리엣처럼 "운명이 엇갈린 연인"(a star-crossed lover)이다. 그녀가 클로디어스의 간신배인 폴로니어스의 딸이기 때문이다. 또한 햄릿이 폴로니어스를 살해함으로써 그들의 운명은 비극의 정점으로 치닫고 만다. 그녀는 극 내내 아버지, 오라버니, 햄릿에게 끊임없이 순결, 정조, 정숙을 요구받는다. 불행한 여인 오필리아는 햄릿과의 관계를 청산하라는 아버지의 요구, 햄릿의 정욕의 화살로부터 순결을 지키라는 오라버니의 요구, 결혼하지 말고 수녀원에서 수절할 것을 강요하는 햄릿의 강압적 요구에 떠밀리며 방황하다 결국 미쳐 물에 빠져 죽고 만다. 남성들의 세계에 불어닥친 피비린내 나는 권력의 암투 속에서 하릴없이 희생되는 것이다.

오필리아는 햄릿의 맹세를 믿고 그의 사랑을 받아들이지만 아버지와 오라버니는 그런 그녀를 조롱한다. 오필리아는 수동적으로 아버지와 오라버니의 강요에 복종하면서 햄릿을 멀리하게 된다. 그녀는 자신을 억압하는 여러 가부장적 담론 속에서 자신의 감정이나 의견을 피력하지 못하고 그것들을 자신의 내면에 담아두는 소극적인 여성이다.

아버지가 시키는 대로 햄릿을 떠보기 위한 미끼가 된 오필리아는 그동안 햄릿에게서 받았던 여러 가지 사랑의 정표를 햄릿에게 돌려준다. 어머니의 성급한 재혼으로 여성의 정조에 대해 깊은 불신을 갖게 된 햄릿은 오필리아의 이런 행동을 또 다른 여성의 변절로 여긴다. 이로 인해 여성에 대해 극단적인 혐오감을 느낀 햄릿은 오필리아에게 수녀원으로나 가라고 고함치며 모진 경멸의 말을 퍼붓는다.

**햄릿** 당신네 여자들이 얼굴에 덕지덕지 화장을 한다는 건 익히 들어왔지. 하나님께서 주신 얼굴을 완전히 딴판으로 만들면서 말이야. 엉덩이를 흔들며 걷고, 혀 짧은 소리로 신의 창조물에 별명이나 붙이고 음탕한 짓을 하고도 모른 척 잡아떼지. 젠장. 도저히 참을 수 없어. 그게 날 미치게 만들었어. 이제 이 세상 연놈들을 결혼하게 해선 안 돼. 이미 결혼한 것들은 딱 한 쌍만 빼고 도리 없이 살려둬야지. 하지만 결혼 안 한 작자들은 그냥 살아가야 해. 어서 수녀원으로 가라고.

(제3막 1장 144-51행)

햄릿은 극 속에서 그 유명한 "약한 자여, 그대 이름은 여자로다"와 같은 대사를 자주 하며 여성을 비하한다. 이는 변절한 어머니에 대한 혐오감 때문이다. 그는 어머니의 변절을 전체 여성의 변절로 일반화하면서 오필리아를 비롯한 모든 여성에게 강한 혐오감을 표출한다.

연인의 손에 아버지가 죽고 마는 비극적 사건을 겪은 오필리아는 결국 미치고 만다. 그녀는 광기에 사로잡힌 뒤에 이성을 지닌 상태에서는 절대 입 밖에 내지 못했을 외설스런 노래를 부르면서 비로소 자신의 억압된 감정을 발산한다. 오필리아의 익사는 무대 밖에서 벌어지고 셰익스피어는 거트루드 왕비의 입을 통해 경제적으로 그 장면을 처리한다.

**거트루드 왕비** 그 애가 늘어진 버들가지에 올라가

그 화관을 걸려고 했을 때 샘 많은 은빛 가지가

갑자기 부러져서 오필리아는 풀로 만든 화관과 함께

흐느끼며 흐르는 시냇물 속에 빠지고 말았다는구나.

그러자 옷자락이 물위에 활짝 펴져 인어처럼

잠시 물위에 떠 있었다는구나. 그동안 오필리아는

마치 자신의 불행을 모르는 사람처럼,

아니 물에서 나서 물로 되돌아간 사람처럼

옛 찬송가 몇 소절을 부르더라는구나. 하지만 얼마 안 있어,

물이 스며들어 무거워진 그 애의 옷이 아름다운 노래를

부르고 있던 그 가엾은 것을 시냇물 진흙바닥으로

끌고 들어가 죽고 말았다는구나.

(제4막 7장 171-82행)

이 묘사는 너무나 생생하여 오필리아의 가련한 형상이 관객이나 독자들의 머릿속에 쉽게 떠오른다.

성(性)을 자각하지 못하고 세상을 떠난 오필리아는 순수와 순결의 정수로 여겨졌다. 오라버니 래어티스에게 "오월의 장미" "어느 시대에나 칭찬을 받을 여성의 귀감"이라고 찬사를 받던 그녀는 여성의 순결을 최상의 미덕으로 찬양했던 빅토리아 시대 사람들에게 인간 이상의 존재로 이상화되었다. 애나 제임슨(Anna Jameson)이 1832년에 출간한 『셰익스피어 여주인공들』(Shakespeare's Heroins)은 여성스러운 성품과 행실을 강조한 빅토리아 시대의 여성관을 담고 있다. 제임슨은 "궁정의 세계에서 나온 오필리아는 매우 사랑스럽고 완벽하게 순수한 모습

존 에버렛 밀레이, 「오필리아」, 1851~52, 런던, 테이트 미술관 소장

으로 지상을 떠돌면서도 여전히 천상의 숨결을 간직하는 세라핌(Seraphim)의 자태를 떠올리게 한다"고 설명한다.[12]

## 햄릿 vs 래어티스 vs 포틴브라스

아버지의 비명횡사와 사랑하는 여동생의 실성과 죽음까지 경험한 래어티스는 이 모든 비극의 원인이 된 햄릿에게 복수하겠다고 다짐한다. 이 극에서 래어티스는 햄릿과 비슷한 나이의 젊은이로 노르웨이의 포틴브라스(Fortinbras) 왕자와 함께 우유부단한 햄릿의 성격을 부각시켜주는 역할을 한다. 래어티스와 포틴브라스 왕자도 햄릿처럼 아버지를 잃었고 아버지의 원수를 갚으려 하지만 행동하는 방식에서 햄릿과 대조된다.

극 초반부터 래어티스는 햄릿과 극적인 대비를 이룬다. 래어티스는 새 왕의 즉위식이 끝났으니 다시 유학지인 프랑스로 돌아가고자 한다. 클로디어스는 이를 흔쾌히 허락한다. 그리고 나서 그는 독일로 다시 돌아가길 바라는 햄릿을 설득하여 덴마크 궁정에 남아 있게 한다. 그들의 유학지가 각각 프랑스와 독일이라는 점도 그들의 성향과 무관하지 않다. 실제로 햄릿은 대단히 사변적 인물인 데 비해 래어티스는 검술, 말타기 등의 기예에 뛰어난 인물로 묘사되어 있다.

아버지의 복수를 수행하면서 두 인물은 더욱더 대비를 이룬다. 영국 왕의 손을 빌려 햄릿을 죽이려던 계획이 실패로 돌아가자, 클로디어스는 복수심에 불타는 래어티스를 이용하여 햄릿을 제거하려 한다. 그는 검술시합을 통해 왕비나 백성들의 의심을 피하면서 햄릿을 제거할 계획을 세운다. 오로지 복수하겠다는 일념밖에 없는 래어티스는 검술시합에서 칼끝이 날카로운 검에다가 치명적인 독약까지 바르는 등 복수에 적극적인 면모를 보인다. 햄릿은 기도하고 있는 클로디어스를 죽이길 주저하는 데 비해, 래어티스는 교회 안에서라도 복수를 거행할 것이라고 단언한다.

포틴브라스 왕자는 자신의 선왕이 고(古) 햄릿 왕에게 빼앗긴 영토를 되찾아 아버지의 복수를 하고자 한다. 그런가 하면 명예를 위해서라면 실리를 따지지 않고 별 쓸모도 없는 조그만 땅덩어리를 차지하고자 수천 명의 병사를 이끌고 출정하기도 한다. 그런 포틴브라스 왕자의 행동은 햄릿에게 아버지에 대한 복수를 실행에 옮기지 못하는 자신을 돌아보고 자책하게 한다.

**햄릿** 대지와 같이 엄청난 실제 사례가 나를 채찍질하는구나.
　　수많은 병력과 엄청난 비용을 들인 저 군대를 좀 보라.
　　게다가 부대를 통솔하는 사람은 가냘픈 젊은 귀공자 아닌가.
　　그러나 그의 정신은 원대한 야망에 부풀어
　　예견할 수 없는 미래 따위는 비웃으며
　　한 번 죽으면 그만인 목숨을
　　운명과 죽음과 위험 앞에 내던지고 있지 않는가.

그것도 달걀 껍데기만 한 땅덩어리 때문에. 위대한 행위
에는

당연히 그만큼 뚜렷한 명분도 있어야겠지.

하지만 명예가 걸린 문제라면 한 오라기 지푸라기를 위해
서도

당당히 맞서야 한다. 그런데 도대체 나는 무슨 꼴인가?

아버님은 살해되고, 어머님은 더럽혀져

복수를 위해 이성과 정열이 터져나와야 할 처지인데도

잠꼬대 같은 소리만 하고 있지 않은가?

(제4막 4장 46-59행)


결국 햄릿은 죽기 직전 포틴브라스 왕자에게 덴마크 왕국의
대권을 물려주는 유언을 남긴다.

자칫하면 포틴브라스 왕자의 이야기나 폴로니어스 살해와
같은 곁이야기들을 별 의미 없이 삽입하여 극을 산만하게 만드
는 군더더기로 생각할 수도 있으나, 사실은 햄릿의 복수 지연
과 우유부단한 성격을 강조하기 위한 치밀한 극구조인 것이다.
그래서 새뮤얼 콜리지(Samuel Coleridge)는 셰익스피어의 극들
을 '유기적'이라고 평했다.

외젠 들라크루아, 「묘지에 있는 햄릿과 호레이쇼」,
1839, 파리, 루브르 박물관 소장

## 비극 속 희극: 무덤파기 광대 장면

무덤파기 광대들이 오필리아의 무덤을 파는 장면은 셰익스피어 비극에 종종 등장하는 '희극적 긴장완화'(comic relief)다. 두 광대는 무덤을 파면서 실없는 농담을 주고받기도 하고 노래도 부른다. 이들은 다른 등장인물들이 구사하는 정중하고 수사적인 언어와 대조적으로 수수께끼, 격언, 노래 등의 민중언어로 사회를 비난하기도 하고 풍자하기도 한다. 예를 들어 오필리아의 죽음에 자살로 의심되는 요소들이 있는데도 기독교식 장례 절차를 따르는 것은, 그녀가 고귀한 집안의 딸이기 때문이라며 당대의 신분차별 문제를 비난한다. 또 극이 진행되는 내내 말놀이의 주체 역할을 했던 햄릿은 이 장면에서 무덤파기 광대가 벌이는 말놀이 대상이 된다.

**햄릿** 이 사람아. 이건 누구의 무덤인가?
**무덤파기 광대** 제 것입니다.
……

**햄릿** 정말 자네 것 같군. 자네가 그 안에 들어 있으니.
**무덤파기 광대** 나리는 바깥에 계시니 나리의 것은 아니죠.
그 말에 거짓이 없으니 역시 제 것이죠.
**햄릿** 네가 무덤 속에 있으니 네 것이라는 말은 거짓말이다.
무덤은 죽은 자를 위한 것이지, 산 자를 위한 것이 아니거든. 그러니 네 놈은 거짓말을 한 것이다.

(제5막 1장 115-23행)

'거짓말하다'와 '-에 (누워) 있다'는 뜻을 지닌 다의어 'lie'를 복잡하게 사용하며 광대는 햄릿과 말장난을 벌인다. 이어지는 장면에서 광대는 계속 햄릿의 의도를 무시하고 엉뚱한 대답으로 일관함으로써 누구의 무덤인지를 알고 싶어하는 햄릿의 질문에서 빠져나간다.

또한 극 내내 햄릿이 숙고했던 많은 철학적 사고에 대한 재점검이 이루어지는 장면이기도 하다. 무덤파기 광대가 곡괭이로 땅을 파며 내던지는 해골을 보며 햄릿은 다시 죽음에 대한 상념에 깊이 빠져든다. 햄릿이 요릭(Yoric, 선왕의 궁정 광대)의 해골을 들고 죽음과 부패한 육체에 대해 명상하는 이 장면은 주플롯에서 다루던 죽음에 대한 사변을 새로운 시각에서 다시 제시한 것이다. 이렇듯 주플롯의 의미망과 밀접하게 짜인 희극적 장면을 통해 셰익스피어 극은 심각함과 웃음이 공존하면서 다양한 어조로 하나의 주제를 다룬다.

## 『햄릿』, 영원한 수수께끼

엘리엇(T.S. Eliot)은 『햄릿』을 '문학계의 모나리자'라고 평했다. 이 표현처럼 이 작품에는 풀리지 않는 수수께끼 같은 요소와 해석이 애매한 부분이 많다. 마이클 무니(Michael Mooney) 는 "거의 4백 년 동안 작품을 해석했는데도 아직도 햄릿은 이해할 수 없는 미스터리다. 우리는 헛되이 그의 마음을 캐내려 애썼다"고 평했다.[13] 햄릿의 복수가 지연되면서 극 진행이 너무 느리고 종종 산만하다는 느낌이 들 정도로 햄릿은 엉뚱한 명상에 빠져든다. 또한 폴로니어스 가족의 이야기, 젊은 포틴브라스 왕자 이야기, 연극에 관한 논의, 햄릿의 주문으로 배우들이 연기하는 트로이전쟁 이야기 등 극 진행을 방해하는 부차적 플롯도 많은 편이다. 그런데 이런 모호성은 작가가 다분히 의도한 것으로 보인다. 선왕의 죽음에 대한 복수라는 주요 스토리라인에서 벗어나는 이런 일탈들이 극을 단순한 복수극의 차원을 넘어 심리적이고 사변적인 극으로 승화시키는 것이다.

햄릿의 미스터리한 성격에 대한 비평의 역사는 길다. 독일의 대문호 괴테(Goethe)는 『빌헬름 마이스터 수업시대』(*Wilhelm Meister's Apprenticeship*)에서 햄릿을 빗대어 "가냘픈 꽃이나 자랄 수 있는 화분에 오크 나무를 심어놓은 격이어서 뿌리가 퍼지면 화분이 깨질 수밖에 없다"고 했다. 반면 영국의 낭만주의 시인이자 비평가인 콜리지는 햄릿을 "지나치게 감수성이 풍부하고 지나치게 시적이고 지나치게 사색적인 인물"로 규정했다. 엘리엇은 그 유명한 '객관적 상관물'이라는 비평 용어를 내세우며 이 작품을 '실패작'이라고 평가했다. 겉으로 드러난 사실에 비해 햄릿의 정서가 지나치고 햄릿의 혐오를 불러일으키기에는 거트루드 왕비가 미약하게 제시되었다는 것이 그의 평가다.

햄릿의 성격론과 함께 비평가들은 그의 복수 지연에 대한 의견도 다양하게 개진했다. 괴테는 햄릿이 "연약한 귀공자여서 비극의 주인공으로서 그에게 부과된 책무를 이행하는 데 부적격하다"고 생각했다. 콜리지는 햄릿이 "지나치게 섬세한 감성과 과다한 사색적 성향" 때문에 복수를 지연할 수밖에 없다고 주장했다. 윌리엄 해즐릿(William Hazlitt)은 "철학적 사변의 왕자가 사고에 잠식되어 행동의 동력이 마비되었다"고 주장했다. 찰스 램(Charles Lamb)은 "햄릿이 하는 일의 10분의 9는 자신의 도덕적 감정과의 거래이며 그 결과는 고독한 사색의 발로뿐"이라고 주장했다.

반면 브래들리는 햄릿의 복수 지연의 원인은 우울증 때문이라고 했다. 우울증에 빠진 햄릿은 "신경의 불안전성에 의하여 감정과 기분이 빠르고 극심한 변화를 겪게 되고" 조울증 탓에 그의 도덕적 본성은 움츠러들고 무기력해질 수밖에 없었다고 했다. 그러다 정신분석학자 지그문트 프로이트(Sigmund Freud)와 그의 제자 어니스트 존스(Ernest Jones)가 제기한 유명한 이론이 바로 '오이디푸스 콤플렉스'다. 햄릿은 아버지를 제거하고 어머니를 차지하고 싶은 무의식적 욕망이 있었는데 숙부가 아버지 제거라는 그의 소망을 실현시켜준 것이다. 따라서 햄릿은 아버지 살해에 대해 복수를 해야 한다는 의무감과 자신의 무의식 사이에서 딜레마를 느낀다는 것이 그들의 해석이다.

이처럼 햄릿이라는 인물은 너무 복잡하여 한마디로 설명할 수 없는 신비로운 인물이다. 때와 장소에 따라 다른 모습을 보이는 햄릿은 작품 속 다른 등장인물에게나 독자나 관객에게나 영원히 해독하기 어려운 인물로 남아 있다. 그에게는 이성과 열정, 선과 악, 숭고함과 저속함이 뒤섞여 있어 한 가지 모습으로 규정할 수가 없다. 바로 이러한 점이 햄릿의 매력이고, 많은 학자가 이 작품의 해석에 매달리는 이유다.

그러나 무엇보다도 이 극이 우리의 마음을 사로잡는 이유는 주옥 같은 대사들이 지닌 감동 때문이다. 생과 사를 관통하는 햄릿의 대사 한마디 한마디는 철학적 경구가 된다. 인간의 실존적 운명에 대한 숭엄한 명상이 보석 같은 언어로 표현됨으로써 『햄릿』은 세계 최고의 문학작품이 된 것이다.

로널드 가워 경, 「햄릿」,
1888, 스트랫퍼드-어펀-에이번, 뱅크로프트 가든

# 2

## 부조리한 세상에 대한 랩소디

『리어 왕』

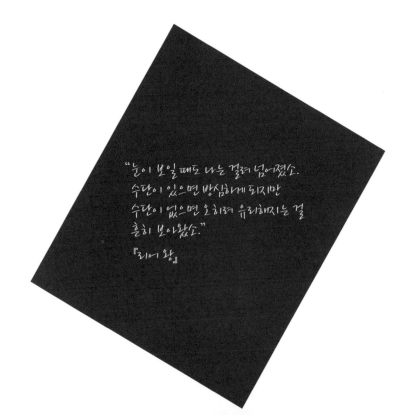

"눈이 보일 때도 나는 걸려 넘어졌소.
수단이 있으면 방심하게 되지만
수단이 없으면 오히려 유리해지는 걸
흔히 보아왔소."

『리어 왕』

## 천륜이 무너진 부조리한 세상

『햄릿』과 『리어 왕』은 모두 천륜이 무너지고 인륜이 사라진 부조리한 세상을 그리고 있다. 그래서 두 작품에는 공통점이 많다. 『햄릿』에서 동생 클로디어스는 형을 죽이고 왕권을 차지한다. 그리고는 형수를 잠자리로 끌어들인다. 『리어 왕』에서 리어 왕의 두 딸은 아버지의 권력과 재산을 나눠 받은 뒤에 늙고 힘없는 아버지를 박해한다. 글로스터 백작(Earl of Gloucester)의 야심에 찬 서자 에드먼드(Edmund)는 권력과 재산을 위해 형을 음해하여 쫓아내고 리어 왕 편을 드는 아버지도 왕의 둘째 딸 부부에게 밀고한다. 리어 왕의 두 딸은 유부녀지만 젊은 야심가 에드먼드에게 반한다. 큰딸은 에드먼드에게 자기 침대의 현 주인인 올버니 공작(Duke of Albany)을 죽이고 자신의 침실을 차지해달라고 애걸하는 연서를 보낸다. 결국 동생에게 이 남자를 빼앗길 상황이 되자 질투심에 눈이 멀어 동생을 독살한 뒤 자결한다.

그야말로 막장드라마다. 사람들은 권력과 재산에 눈이 멀었고, 걷잡을 수 없는 욕망에 불타오른다. 부모 자식 간, 형제자매 간의 천륜도 부부간의 인륜도 욕망으로 인해 모두 사그라진다. 포제너는 『셰익스피어』에서 엘리자베스 시대의 두 노부인이 글로브 극장을 지나가다 셰익스피어 공연 포스터를 보고 "끔찍하군요. 섹스와 범죄밖에 없어요"라고 욕을 했다는 일화를 소개한다.[1] 이 일화가 실화인지 아닌지는 확인할 길이 없지만 실제 셰익스피어 극은 사랑과 관능, 살인과 음모, 광포한 인물과 광기, 유혈과 복수로 가득 차 있다.

이런 미친 세상을 사람들은 제정신으로 견딜 수가 없다. 그래서 오필리아는 미쳐 물가를 헤매다 물에 빠져 죽고 리어 왕도 폭풍우 속에 황야를 헤매다 미쳐간다. 햄릿은 미친 척하는 건지, 진짜 미친 건지 분별이 안 된다. 미친 그들은 광상곡을 부르며 헤매고 다닌다. 아버지 유령을 만나 그의 죽음의 비밀을 들은 햄릿은 호레이쇼의 표현처럼 "참으로 알 수 없는 혼란스러운 말"(wild and whirling words, 제1막 1장 139행)만 한다. 그들의 대사는 모두 혼란으로 가득 찬 부조리한 세상에 대한 랩소디다. 얼핏 그 대사들은 미친 자의 헛소리 같지만 그 안에는 삶과 실존에 대한 심오한 통찰이 담겨 있으며 부조리한 세상의 면면에 대한 셰익스피어의 풍자가 숨어 있다. 이는 인간의 본성에 대한 적나라한 해부다.

1604년에서 1605년 사이에 집필된 것으로 알려진 『리어왕』의 원전은 홀린셰드의 『연대기』 중 브리튼 편에 수록된 「리어 왕의 전기」와 1594년에 상연된 바 있는 작자 미상의 『레어 왕』(King Leir)이다. 왕국의 분할이 야기하는 불운한 결과라는 주제는 오랜 내란을 경험한 엘리자베스 시대의 사람들에게는 인기 있는 소재였다. 비록 이 이야기는 기원전 8세기 브리튼의 전설적인 왕 이야기지만 극 속에서는 셰익스피어 당대 영국의 혼란스러운 과도기적 세태를 다룬다. 셰익스피어는 이 극에서 사회·경제적 대변혁기의 갈등과 가치관의 혼란을 잘 보여준다. 물질적 탐욕주의에 빠진 리어의 딸들은 자신들에게 권력과 재산을 모두 양도하고 무력해진 노부(老父)를 박대하고 내친다. 셰익스피어는 부모 자식 간의 천륜이라는 시공을 초월한 주제를 당대 변화하는 사회상과 잘 결합하여 걸작을 만들어낸 것이다.

노인문제는 급속도로 고령화되고 있는 현재 우리 사회의 중요한 문제이기도 하다. 자식에게 미리 재산을 상속하고 버림받은 노인들, 홀로 죽어가는 독거노인들, 부모의 죽음을 앞두고 벌이는 자식들의 재산분쟁, 서울의 한 지하철역을 가득 메운 방황하는 노인들, 해외여행을 갔다 자식들에게 버림받은 현대판 고려장, 황혼자살 등 노인을 둘러싼 뉴스가 다양하다.『리어 왕』의 극 속 상황은 바로 지금 우리 이웃에서 벌어지고 있는 이야기며 리어의 두 딸과 같은 탐욕스런 자들은 도처에서 쉽게 볼 수 있다. 극 속의 여러 인물이 다양한 처지에서 노년의 문제를 거론하는데 이 또한 우리 시대의 모습을 보여주는 듯하다.

**광대**  아비가 누더기를 걸치면
　　　자식들은 장님이 되지만,
　　　아비가 돈주머니를 지니면
　　　자식들은 효자가 된다네.

(제2막 4장 46-49행)


**올버니 공작**  난 당신의 기질이 걱정되오.

제 생명의 근원인 어버이조차 멸시하는

그런 성격의 인간은 정상이라고 말할 수 없소.

자신에게 양분을 주는 수액에서

스스로 떨어져나간 여인은

시들어 땔감으로 쓰일 수밖에 없는 거요.

(제4막 2장 31-36행)


이런 대사들은 현대의 독자나 관객이 듣기에도 날카로운 풍자로 들려 우리 자신을 돌아보고 회개하며 반성하게 만든다. 따라서 이 극은 4백 년 전, 지구 반대편의 나라에서 쓰인 이야기라는 시공간이 무색할 정도로 우리에게 호소력을 발휘한다.


## 부조리한 사랑경연대회

이 극은 세 딸이 말로 표현하는 애정의 정도에 따라 사랑을 측정하여 왕국을 나눠준다는 사랑경연대회에서부터 비극이 시작된다. 이 부조리한 사랑경연대회는 사실을 말하는 것이 아니라 말해야 하는 것, 즉 리어 왕을 만족시키는 답변을 해야 하는 왜곡된 언어의 장(場)이다. 말로 표현하는 애정의 정도에 따라 왕국을 나누어준다는 리어 왕의 거래 조건 때문에 화려하고 과장된 언어가 난무할 수밖에 없었다. 따라서 애초부터 참여자들의 언어가 진심과 다른 교언영색의 언어로 타락할 가능성이 내포되어 있다.

실제로 첫째 딸 거너릴(Goneril)과 둘째 딸 리건(Reagan)은 온갖 과장된 수사를 동원하여 자신들의 진심과 다른 사랑을 주장한다. 그들에게 언어란 진솔한 마음을 표현하는 수단이 아니라 최대한 과장된 표현으로 사랑이라는 환상을 창출하는 수단에 불과하다. 하지만 막내딸 코델리아(Cordelia)는 아버지를 향한 자신의 애정을 담을 마땅한 표현을 찾지 못한다. 그런 그녀의 심정은 다음 방백에 잘 담겨 있다.

**코델리아**  이 코델리아는 무어라 말하지?
사랑할 뿐 아무 말 말자.
(제1막 1장 61-62행)

**코델리아**  그렇다면 코델리아는 초라하구나!
아냐, 그렇지가 않아. 분명히 나의 사랑은
말로 표현할 수 있는 것보다 더 깊은 거니까!
(제1막 1장 75-77행)

이 방백을 통해 코델리아가 리어 왕의 어리석은 요구에 응하지 않고 침묵하리라는 것을 알 수 있다. 그래서 그녀의 차례가 되었을 때 그녀는 "아무 말씀도 드릴 것이 없습니다"(Nothing, 제1막 1장 86행)라고 대답한다. 빈 수사가 넘치고 교언영색이 난무하는 리어 왕의 궁정에서 외로이 진실을 고집하는 코델리아는 마치 화려한 덴마크 궁정에서 홀로 검은 상복을 입고 있는 햄릿처럼 소외된 존재다.

거짓을 요구하는 리어 왕의 권위적인 요구가 코델리아의 침묵이라는 장벽에 부딪히자 리어는 광분하기 시작한다. 그는 "아무 말도 하지 않으면 아무것도 얻지 못할 것이다"(제1막 1장 89행)며 다시 고쳐 말해보라고 요구한다. 리어 왕은 어리석게도 정성적인 애정을 정량적인 언어의 양으로 계산하려 한다. 하지만 코델리아는 이 어리석은 경연대회에서 경쟁 자체를 포기하고 고집스레 정해진 답변을 말하기를 거부함으로써 리어 왕의 권위와 분노에 맞선다.

**코델리아**  저는 폐하를 제 도리에 따라

사랑할 뿐입니다. 그 이상도 이하도 아닙니다.

(제1막 1장 81-82행)

코델리아의 이 간결한 대답은 언니들의 화려하고 장황한 수사에 대한 일종의 반동이다. 이때 거너릴과 리건의 다변(多辯) 또는 달변이 코델리아의 과묵함과 극적으로 대조된다.[2] 이 극 속에서 부모 자식 간 또는 군신간의 유대(bond)를 중시하는 사람들은 코델리아처럼 언어는 말과 의미가 밀접하게 연결된 지시적인 것으로 보고 이를 실천한다. 하지만 거너릴, 리건, 에드먼드같이 유대 관계를 경시하는 이들은 언어를 단지 권력과 재산을 차지하는 수단으로 이용할 뿐이다.

사랑표현을 거부한 코델리아와 부녀관계를 의절한 리어 왕은 코델리아의 몫까지 두 딸에게 나눠준다. 100명의 수행원을 거느리고 두 딸의 집에 번갈아 한 달씩 머무른다는 조건으로 말이다. 하지만 한 달도 안 되어 딸들의 본색이 드러나기 시작한다. 거너릴이 수행원의 수를 절반으로 줄이라고 요청하자 리어 왕은 불같이 화를 내며 리건에게 간다. 하지만 리건은 그 수도 많으니 자신의 집에 올 때는 25명으로 줄여 오라고 요구한다. 이때 리어 왕은 거너릴에게로 돌아서며 다음과 같이 말한다.

**리어 왕** 네게로 가겠다.
　　　네가 말한 오십 명은 이십오 명의 배니까
　　　네 효심이 저년의 갑절이다.
　　（제2막 4장 257-59행）

이런 대사를 통해 리어 왕이 정서적인 감정을 양적으로 계산하는 자본주의의 물질적 가치관에 물들었음을 알 수 있다. 이러한 리어 왕의 미숙한 자본주의 교환 개념을 마그레타 드 그라치아(Margreta de Grazia)는 "리어 왕의 비극은 그가 공헌한 사랑 고백의 대가로 그의 왕국을 경매해버렸을 때 시작된다. 그는 '모든 것'을 주고 그 대가로 '불효'를 받는다"고 표현했다.[3]

리어 왕은 평생을 왕으로서 절대 권력을 구사하며 살아온 자로 독선에 잘 빠지며 성격이 대단히 불같고 권위적이다. 이것은 바로 리어 왕의 비극을 이끄는 성격적 결함으로 오랫동안 무조건적인 복종만 받고 살아온 데서 비롯된 것이다. 따라서 코델리아가 공식석상에서 자신의 권위에 도전한 행동을 용납할 수 없는 것이다. 결국 우매한 리어 왕은 공식석상에서 자신의 권위에 도전한 코델리아와 연(緣)을 끊는다.

리어 왕의 어리석은 판단을 지켜보던 충신 켄트(Kent)는 감히 리어 왕을 "미친 늙은이"(제1막 1장 145행)라고 칭한 뒤 코델리아의 사랑표현에 대해 다음과 같이 평한다.

**켄트** 폐하의 막내따님께서 폐하를 가장 적게
　　사랑하시는 것도 아니옵고 목소리가 낮아 빈 통처럼
　　울리지 않는다고 해서 마음마저 빈 것이 아니옵니다.
　　(제1막 1장 151-53행)

하지만 켄트의 진언도 리어 왕에게는 자신의 권위에 대한 도전으로 여겨 그도 추방하고 만다. 마침 코델리아에게 청혼하러 브리튼에 와 있던 프랑스 왕은 지참금이라고는 리어 왕의 저주밖에 없는 코델리아의 진솔함을 간파하고 프랑스 왕비로 삼는다.

프로이트는 사랑경연대회 장면이 신데렐라 동화나 패리스의 심판 신화, 사이키 신화 등과 밀접한 관계가 있다고 주장했다. 이 에피소드들의 공통점은 세 여인 사이에서 한 남성이 선택을 한다는 것이다. 그리고 대체로 경연 동안 침묵하며 남아 있는 세 사람 가운데 가장 아름다운 이를 선택한다. 셰익스피어는 이런 신화를 뒤집어 리어 왕에게 침묵한 자가 아닌 다변인 두 딸을 선택하게 만든 것이다.

## 글로스터 백작의 곁이야기

이 극은 리어 왕의 주플롯과 그의 신하인 글로스터 백작의 부플롯이 자식의 불효, 외양과 실재의 괴리, 인간 인식의 한계라는 주제를 변주하며 미학적으로 구성되어 있다. 글로스터 백작은 리어 왕과 마찬가지로 어리석은 판단력으로 서자 에드먼드의 음모에 걸려든다. 에드먼드는 자신이 서자라는 이유로, 장남이 아니라는 이유로 권력과 상속권에서 불이익을 당하는 사회적 관습을 용납할 수 없었다. 그래서 형 에드가(Edgar)가 차지할 권력과 토지를 빼앗기 위해 형을 음해하는 음모를 꾸민다. 그는 늙은 아버지를 제거하고 그의 권력과 재산을 차지하자는 불효막심한 내용이 담긴 위조 편지를 이용해 아버지가 형을 의심하게 만든다. 탐욕과 야망에 사로잡힌 에드먼드의 비열한 권모술수에 말려든 글로스터 백작은 에드가를 천륜을 저버린 불효자라고 여기게 된다. 이때 셰익스피어는 에드먼드가 표현한 것처럼 "남의 말을 잘 믿는" 글로스터 백작과 "남에게 해를 끼칠 줄 모르는 고귀한 성품이라 남을 의심하지도 않는"(제1막 3장 176행) 에드가가 에드먼드의 계략에 마냥 휘둘리는 모습을 통해 선한 자들의 미덕이 악한 자들의 사악한 의도에 악용되는 부조리를 보여준다. 결국 글로스터 백작은 주플롯의 리어 왕처럼 에드가에게는 체포령을 내리고 자기의 목숨을 지켜줬다고 믿는 에드먼드에게 모든 권력과 재산의 상속을 약속한다.

이런 판단력의 결함뿐만 아니라 두 사람의 파멸이 본인의 과오에서 비롯된다는 점도 유사하다. 즉 리어 왕은 왕국 분할이라는 질서 파괴로 인해, 글로스터 백작은 혼외정사라는 자신의 과오에 의해 비극의 실마리를 제공한다.

> **에드가** 신들은 공평하셔서, 쾌락을 탐하는 악행들을
> 우리를 벌주시는 도구로 삼으신다.
> 아버님은 음침하고 부정한 잠자리에서
> 널 배게 한 죄의 대가로 두 눈을 잃으셨다.
> (제5막 3장 169-72행)

이 대사는 극 후반에 에드먼드에게 결투를 청해 자신이 무고

함을 입증하는 에드가의 말이다.

에드먼드는 리어 왕의 탐욕스런 두 딸처럼 위선적 언행을 이용하여 서자라는 신분 조건과 장자 상속제라는 봉건적 인습 및 제도를 뛰어넘어 부와 권력을 창출하고자 한다. 이처럼 이 시대 사람들은 권력과 재산에 대한 집착과 욕망을 분출하는 것이 특징이다. 그런 속성을 지닌 자들을 스티븐 그린블랫(Stephen Greenblatt)은 "르네상스형 자아창출자"라고 명명했고, 이 극을 "가치관의 상실에 관한 부조리극"이라고 주장한 얀 코트(Jan Kott)는 "르네상스 괴물"이라고 명명했다.

신성한 것이든, 자연적인 것이든, 인간적인 것이든 모든 유대와 법칙은 모조리 부서진다. 왕국에서 가정에 이르기까지 모든 사회질서는 모조리 먼지 속으로 부서져 사라질 것이다. 왕과 신하, 아비와 자식, 남편과 아내는 더 이상 존재하지 않는다. 존재하는 것은 다만 맹수처럼 서로를 게걸스럽게 잡아먹는 르네상스 시대의 거대한 괴물들이다.[4]

이런 새로운 가치관으로 인해 온 우주에 신이 정한 질서가 존재한다는 중세적 가치관이 흔들리자 새로운 세상의 사람들은 혼란스러움과 불안감을 느꼈다. 햄릿이 "모든 게 어긋난 세상, 아 빌어먹을 팔자, 이를 바로잡기 위해 태어나다니"(The time is out of joint. O cursed spite, That ever I was born to set it right, 제1막 5장 196-97행)라고 울부짖듯이 글로스터 백작이 하는 다음 대사도 당시 세계관의 변화가 가져온 혼란을 잘 보여준다.

> **글로스터 백작**  ……사랑은 식고, 우정은 와해되고
> 형제는 갈라선다. 도시에서는 폭동이, 시골에서는
> 불화가, 궁정에서는 역모가 일어난다.
> 자식과 아비 사이의 인연도 끊어지는구나.
> ……
> 자식은 아비를 배반하고
> 국왕은 천성에 어긋나는 행동을 하고,
> 아비는 자식을 저버린다.
> 우리는 가장 좋은 세상을 보고 살았으나
> 음모, 허위, 사기 등 온갖 망조의 무질서가 무덤까지
> 심란하게 우리를 따라오는구나.
> (제1막 2장 103-11행)

이 대사에는 중세 봉건주의 사회에서 근대 자본주의 사회로 넘어가는 당시 영국의 사회 변화가 잘 묘사되어 있다. 그리고 탐욕적 개인주의에 의해 와해된 과거의 유대 관계에 대한 향수가 담겨 있다.

에드윈 오스틴 애비, 「『리어 왕』, 제1막 1장. 리어 왕의 딸들」,
1913, 뉴욕, 메트로폴리탄 미술관 소장

## 리어 왕의 비극적 노정

리어 왕은 아무 실권 없는, 명칭뿐인 왕이 어떤 대접을 받을지 예측하지 못했다. 리어 왕은 통치권과 재산을 모두 딸들에게 양도하고 얼마 안 되어 딸들과 그들의 가신들의 태도가 달라졌음을 감지한다. 그래서 자신의 권위를 상기시키고자 무례한 거너릴의 충복인 오스왈드(Oswald)에게 "내가 누구냐?"(제1막 4장 75행)라고 묻는다. 그때 오스왈드는 "제 주인마님의 아버님이시지요"(제1막 4장 76행)라고 대답한다. 리어 왕은 광대의 표현처럼 광대만도 못한 "아무것도 아닌 존재"(nothing, 제1막 4장 185행)가 되어버린 것이다. 그동안 권위에 싸여 자신에 대해 올바른 인식을 하지 못했던 리어 왕은 비로소 자신의 정체성을 자문한다. "내가 누구인지 말해줄 자 그 누구인가?"(제1막 4장 230행). 그리고 황야에서 방황하며 차차 신랄한 자기인식을 하게 된다. 그 자신이 "보잘것없는 양쪽 동물"(제3막 4장 106행), "학질을 면할 수 없는 존재"(제4막 6장 105행), "어리석고 망령든 노인"(제4막 7장 84행)이라는 사실을 깨달아간다. 리어 왕은 자신의 어리석은 판단이 불러온 비극적 상황을 깨닫고는 자책한다.

**리어 왕** 아 지극히 작은 흠이여,

그것이 어찌 코델리아에게서는 그리 추악하게 보였는지!

......

아, 리어, 리어, 리어여!

어리석음은 불러들이고 귀중한 분별력은 내쫓아버린

이 머리통을 부셔버려라.

(제1막 4장 264-70행)

리어 왕은 두 딸의 불효에 격노하여 차마 부모가 입에 담지 못할 저주와 욕설을 퍼붓는다. 여기서도 그의 또 다른 성격적 결함인 제어되지 않는 격분(wrath)을 볼 수 있다.

그는 딸들에 대한 복수를 다짐하며 폭풍우가 사납게 몰아치는 광야로 나선다. 권위에 가득 차 진실과 외양을 제대로 보지 못하던 리어 왕은 폭풍우가 몰아치는 광야에서 자연과 싸우며 자신이 걸치고 있던 권위의 의복들을 벗게 된다. 그리고 삶의 진실을 꿰뚫어보는 자연인으로 재탄생한다.

이런 리어 왕을 광대와 카이우스(Caius)라는 인물로 변장한 충신 켄트가 수행한다. 리어 왕에게서 추방당한 켄트는 변장을 하고 육체적·정신적 고통을 겪는 리어 왕의 시중을 든다. "폐하의 운명이 바뀌어서 불운해진 순간부터 폐하의 슬픈 발자국을 줄곧 따라다닌 사람입니다"(제5막 3장 289-90행)라는 대사를 통해서도 알 수 있듯이 리어 왕에 대한 켄트의 충성심은 무조건적인 것으로 그는 군신 간의 유대 관계를 중시하는 봉건적 신하의 면모를 보여준다. "이미 한물간 자의 편을 든다"(제5막

존 해밀턴 모티머, 「셰익스피어 등장인물들의 얼굴들」 중
'에드가의 얼굴', 1775, 런던, 빅토리아 앨버트 미술관 소장

3장 286-87행)는 광대의 조롱처럼 켄트는 실리와 이익만을 쫓는 자들과는 대립되는 인물이다. 극 말미에 리어 왕이 죽은 뒤 올버니 공작이 그와 에드가에게 권력을 양도하지만 켄트는 "소신은 곧 여행을 떠나야 합니다. 주군께서 부르시니 소신은 더 머무를 수가 없습니다"(제5막 3장 320-21행)라고 고사한다. 켄트의 이런 선의는 리어 왕으로부터 지참금도, 축복도 받지 못한 채 프랑스 왕과 결혼하여 떠난 코델리아가 언니들에게 박해받는 아버지를 위해 분연히 군사를 일으킨 것과 같은 행위다. 켄트와 코델리아의 선의는 "무(無)에서는 아무것도 나올 수 없다"(제1막 1장 89행)는 리어 왕의 맹목적 합리주의가 그릇되었음을 보여준다.

켄트의 극단에는 거너릴의 하인 오스왈드가 있다. 그는 출세와 이익을 위해서만 주인에게 복종하는 자이므로 언제든지 필요에 따라 주인을 바꿀 마음의 준비가 되어 있다. 에드먼드에게 보내는 거너릴의 편지를 전달하는 심부름 중에 리건이 자신의 연서를 에드먼드에게 전달할 것을 요청하자 그 심부름도 마다하지 않는다. 그래서 켄트는 이런 오스왈드를 경멸하며 "상전의 호감을 사기 위해선 뚜쟁이 짓도 마다하지 않을 놈"(제2막 2장 18행), "지조라고는 털끝만큼도 없는 천한 놈"(제2막 2장 70행)이라고 욕한다.

리어 왕의 바보 광대도 리어 왕의 비극적 노정 내내 그의 곁을 지킨다. 그는 광대 특유의 재치 있는 재담으로 리어 왕의 어리석음을 날카롭게 조롱한다. 예를 들어 거너릴과 리건이 거짓된 수사로 리어 왕에게 재산과 권력을 이양받은 상황을 풍자하기 위해 광대는 "나에게 거짓말하는 법을 가르쳐줄 선생님 좀 붙여줘요. 거짓말하는 법 좀 배우고 싶어"(제1막 3장 175-76행)라고 비아냥거린다. 또 아무런 실권도 없는 빈껍데기 왕의 신세를 자초한 리어 왕을 "아무 숫자도 붙지 않은 영"(제1막 4장 192행), "콩 떨어낸 콩깍지"(제1막 4장 197행), "리어 왕의 그림자"(제1막 4장 228행)라며 조롱한다.

이렇게 광대는 리어 왕이 차차 권위를 벗어던지고 온전한 판단력을 갖도록 하는 데 중요한 역할을 한다. 여기서 우리는 리어 왕과 어릿광대의 위치가 서로 바뀌었음을 느끼게 된다. '현명한 바보'와 '어리석은 왕'은 셰익스피어 극에서 흔히 볼 수 있는 역설적 상황이다. 김종환은 이 광대에 대해 다음과 같이 설명한다.

바보에 관한 에라스무스의 개념을 구체화한 극중 인물이 바로 리어 왕의 바보 광대다. 다른 어떤 작품보다도 『리어왕』에는 현명한 바보 광대와 가치가 전도된 세상에 대한 역설적인 생각이 잘 드러나 있다.[5]

셰익스피어에게 있어 광대, 바보, 미치광이는 세상을 뒤집어보고 풍자하면서 낡고 편협한 세계관을 공격하는 유용한 도구

윌리엄 다이스, 「폭풍우 속의 리어 왕과 광대」,
1851, 에든버러, 스코틀랜드 국립미술관 소장

였다.『햄릿』의 무덤파기 광대 장면에서도 언급했듯이 그들은 말놀이, 노래, 수수께끼 등 다양한 민중의 언어를 사용하여 특유의 비유와 역설로 세상을 풍자한다. 그뿐만 아니라 셰익스피어는 다양한 계층의 관객의 기호를 충족시키기 위해 광대, 바보, 미치광이 같은 희극적 인물을 이용했다. 이에 대해 로리 컬웰(Lori Culwell)은 "셰익스피어의 극에서 광대는 당시의 다양한 청중, 그리고 그들의 다양한 문화를 확실히 충족시켰다"고 말했다.[6]

## '잃어야 비로소 얻는다'는 역설

리어 왕은 황야에서 비바람을 맞고 추위에 떨면서 온갖 화려한 것들에 둘러싸여 있을 때는 보이지 않던 것들에 대해 새롭게 인식하게 된다. 다음 대사를 통해서도 알 수 있듯이 리어 왕은 이제 하찮은 것들의 소중함을 알게 된다.

**리어 왕** 이리 오너라, 얘야. 어떠냐? 얘야? 추우냐?
　　　나도 춥구나, 이봐라, 거적은 어디 있느냐?
　　　우리의 곤궁은 이상한 마력을 가져서
　　　하찮은 것들을 귀한 것으로 만들어주는구나.
　　　(제3막 2장 68-71행)

그리고 가장 궁핍한 자들의 삶을 몸소 체험함으로써 비로소 고달픈 삶을 사는 사람들의 아픔이 보이기 시작하고 헐벗은 자들의 삶의 고뇌를 동정하게 된다.

> **리어 왕** 아! 나는 지금까지 이런 일에 너무
> 무관심했다. 허영에 찬 자들이여, 이를 약으로 삼아
> 헐벗은 자들이 당하는 고통을 경험해보아라.
> 그대에게 넘치는 것을 털어내 그들에게 나눠줌으로써
> 하늘이 좀더 공명정대하다는 것을 보여주기 위해서.
> (제3막 4장 32-36행)

이 대사는 위정자로서 가련한 백성들의 고통을 무시해왔다는 사실에 대한 통렬한 자책이다. 윤정은은 "이런 리어 왕의 광증은 인간성의 몰락이기도 하면서 동시에 그를 소아(小我)의 감옥에 갇혀 있게 한 오만과 억압으로부터의 해방이기도 하다"고 논한다.[7]

그들이 비를 피하러 들어간 오두막 안에는 미치광이 거지 행세를 하는 글로스터 백작의 장남 에드가가 반벌거숭이의 모습으로 비를 피하고 있었다. 리어 왕은 벌거벗은 에드가를 보고 다음과 같이 깨닫는다.

> **리어 왕** 인간이 이것밖에 안 된단 말이냐?

저자를 잘 생각해보아라. 너는 누에에게 비단도,
짐승에게 가죽도, 양에게 양모, 사향고양이에게
사향도 빚진 게 없구나. 하! 여기 우리 세 사람은 가짜로구나.
너는 타고난 그대로인데. 아무것도
걸치지 않은 인간은 너처럼 가난하고,
벌거벗은 두 다리 가진 짐승에 불과하구나.
벗어라 벗어, 빌려 입은 겉치레를!

(제3막 4장 100-107행)


왕의 성장(盛裝)에서 벌거벗음으로 변하는 모습을 보여주는
이 장면은 대단히 함축적인 의미를 지니고 있다. 우선 '왕'이라
는 정체성의 기호인 왕복을 벗어버리는 것은 그가 왕으로서 지
니고 있던 권위와 독선을 버리는 상징적 장면으로 볼 수 있다.
비로소 그는 자신도 보잘것없는 인간이었음을, 자기가 누렸던
권세가 허상이었음을 깨닫는다.


**리어 왕** 그놈들은 나에게
　　　개처럼 아첨을 하면서, 검은 수염이 나기도 전에
　　　벌써 흰 수염이 났다고 말했다. 내가 하는 모든 말에
　　　'그러하옵니다' '그렇지 아니하옵니다'라고
　　　맞장구쳤지
　　　……

벤자민 웨스트, 「리어 왕과 코델리아」,
1793, 스트랫퍼드-어폰-에이번, 로열 셰익스피어 극단 소장

그만두자, 그놈들은 언행이 일치하는 작자들이 아니다.

그놈들은 내가 만능이라고 했지만 그건 거짓말이다.

나는 학질에도 걸릴 수 있다.

(제4막 6장 96-105행)


왕도 인간에 불과하다는 인식은 왕을 신이 내린 존재로 보았던 당대의 지배 이데올로기와 정면으로 부딪힌다.

코델리아는 광기에 사로잡혔던 리어 왕을 찾아내어 극진히 치료하고는 새 옷으로 갈아입힌다. 이때 옷을 갈아입는다는 것은 또 다른 상징적 이미지로 리어 왕은 이제 다른 사람으로 새로 태어난 것이다. 이전의 독선적이고 권위에 찬 리어 왕이 아니라 "넌 날 용서해주어야 한다. 부디 다 잊고 용서해다오. 나는 늙고 어리석은 노인이란다"(제4막 7장 83-84행)라며 딸에게조차 진정으로 용서를 빌 수 있는 인간이 된다. 또한 그동안 자신이 보지 못했던 권위와 위계, 부의 분배에 있어서의 불공정함을 보게 된다.


**리어 왕** 누더기 사이로는 작은 죄도 훤히 드러나지만, 화려한 옷과 모피 코트는

모든 죄를 감추어주는 법. 죄에 황금 갑옷을 입혀봐라.

그럼 튼튼한 정의의 창도 그냥 부러져버릴 테니. 하지만 죄에

누더기를 입혀봐라. 그러면 난쟁이의 지푸라기도 꿰뚫어
버릴 것이니.

(제4막 6장 162-65행)


인간 세상 속 정의의 부재와 불공정한 법 집행을 논하는 이
대사는 대단히 비판적으로 세태를 풍자한 것이다. 리어 왕은
권력과 재산, 딸들의 존경과 사랑까지 모두 잃는 경험을 한 뒤
에야 왕의 권위에 싸여 있을 때 경험하지 못한 지혜에 도달한
다. 정신적으로 성숙해지고 세상을 바라보는 올바른 눈을 갖게
된 후에야 겉치레의, 허위의, 가짜의, 전통의 표면 아래를 꿰뚫
어보게 된다. 소중한 것을 잃고 난 뒤에야 더 중요한 뭔가를 얻
게 된다는 역설은 이 작품 전체를 지배하는 주제다.

이는 글로스터 백작도 마찬가지다. 그는 육신의 눈이 멀게 됨
으로써 영혼의 시력이 정화된다. 자신의 모든 작위와 재산을
박탈당하고, 눈까지 뽑히는 시련을 겪은 뒤에 세상을 바라보는
새로운 시각을 지니게 된다.


**글로스터 백작**  당신의 섭리를 노예같이 여기고, 당해본 적이 없
기에

알려고도 하지 않는 호의호식하는 사람들이

즉시 당신의 힘을 맛보게 하소서.

그리하여 분배에 과잉이 없고,

모두가 풍족하게 하소서.

(제4막 1장 66-70행)

글로스터 백작의 이 대사 역시 사회 정의에 관한 언급으로 대단히 급진적인 사고를 보여준다. 어리석은 판단으로 온갖 고통을 겪은 후에 이런 인식에 이르는 두 인물에게서 장엄한 비극의 주인공으로서의 면모를 볼 수 있다. 일부 비평가들은 이런 점 때문에 이 극이 '고통을 통한 구원'이라는 낙관적인 비전을 제시했다고 평가한다.


## 광란의 세계와 견인주의

글로스터 백작은 코델리아에게서 받은 밀서를 고발한 아들 에드먼드 때문에 리건과 콘월 공작에게 붙들려온다. 글로스터 백작이 잔악한 두 자매의 불효를 비난하며 그들의 불효가 어떤 대가를 치르는지 두 눈으로 지켜보겠다고 하자 부부는 광분하여 글로스터 백작의 눈알을 뽑는다. 그 과정에서 잔인한 만행을 막으려던 하인의 칼에 콘월 공작이 부상을 당한다. 이 장면은 이 작품에서 가장 잔혹한 장면이다. 이런 광포한 시련을 겪으며 글로스터 백작은 다음과 같이 신의 섭리를 의심한다.

**글로스터 백작** 장난꾸러기 아이들이 파리를 갖고 놀 듯,

신은 우리 인간을 장난삼아 죽인다.

(제4막 1장 36-37행)


이 대사에는 대단히 염세적이고 비관적인 셰익스피어의 인생관이 담겨 있다.

공작 부부의 만행에 시달린 글로스터 백작은 에드먼드에게 이런 가공할 행위에 복수를 해달라고 울부짖는다. 그러자 리건은 글로스터를 비웃으며 그를 밀고한 자가 바로 에드먼드라고 밝힌다. 순간 글로스터 백작은 자신이 에드먼드의 모략에 넘어가 죄 없는 에드가를 의심했음을 깨닫는다. 글로스터 백작도 눈을 잃고 난 후에야 비로소 두 아들의 진실을 바로 보게 된 것이다. 글로스터 백작의 늙은 가신이 앞을 볼 수 없는 백작의 갈 길을 염려하자 그는 다음과 같이 대답한다.


**글로스터 백작** 눈이 보일 때도 나는 걸려 넘어졌소.
　　수단이 있으면 방심하게 되지만 수단이 없으면
　　오히려 유리해지는 걸 흔히 보아왔소.
　　(제4막 1장 19-21행)


대단히 역설적이면서도 공명이 큰 대사가 아닐 수 없다.

자신의 어리석음을 깨달은 글로스터 백작은 스스로 생을 마감하고 싶어서 미친 거지 탐으로 변장한 에드가에게 돈주머니를 건네주며 자신을 바닷가 벼랑으로 데려다 달라고 부탁한다. 에드가는 아버지의 목숨을 구하기 위해 제의적인 자살 장면을 연출한다. 그는 생생하게 풍광을 묘사해 편평한 땅에 서 있는 글로스터가 마치 바닷가 벼랑 끝에 서 있는 양 착각하게 만든다. 또한 벼랑에서 뛰어내린 글로스터 백작이 기적처럼 살아난 것처럼 꾸며서 백작을 부조리한 세상에서 "운명의 매질"(제4막 5장 233행)을 견디는 견인주의적 인물로 재탄생하게 만든다.

> **글로스터 백작** 나는 지금부터 고통이란 놈이
> "이젠 됐어. 이젠 됐어" 하고 소리치며 지쳐 죽을 때까지
> 참아내겠다.
> (제4막 5장 88-90행)

부조리로 가득 차 있는 세상을 그려낸 이 극에서 견인주의 (stoicism)는 중요한 주제 가운데 하나다. 나중에 프랑스군이 패해 또다시 불리한 상황이 전개되자 에드가는 아버지 글로스터 백작에게 어서 몸을 피하자고 권한다. 이때 글로스터 백작이 체념하는 모습을 보이자 에드가는 다음과 같이 비난한다.

> **에드가** 뭐라고요? 또 자살하실 생각인가요?
> 인간은 태어날 때처럼 세상을 떠나는 것도
> 참고 기다려야 합니다.

(제5막 2장 9-11행)

　바로 이런 견인주의야말로 동생의 음해로 한순간에 미친 거지 신세가 된 에드가가 세상을 견디는 힘인 것이다. 에드가뿐만 아니라 리어 왕도 글로스터 백작에게 시련을 참고 견뎌야 함을 강조한다. "나는 그대를 잘 알고 있느니라. 그대 이름은 글로스터. 그댄 참아야 한다"(제4막 6장 175-76행). 이렇게 변덕스런 운명의 매질을 당하는 리어 왕, 에드가, 글로스터 백작의 견인주의는 염세주의의 저변에 굳건히 자리 잡고 있다.

　한편 콘월 공작이 글로스터 백작의 눈알을 뽑다가 하인의 칼에 찔려 죽었다는 소식이 거너릴과 올버니 공작에게 전해진다. 올버니 공작은 콘월의 죽음은 천상에 있는 정의의 심판관들이 신속히 응징한 것이라고 생각한다. 거너릴은 도덕군자처럼 굴고 야심이 없는 남편을 못마땅해한다. 그래서 그녀는 야심만만한 에드먼드에게서 진정한 사내다움을 느껴 그를 사랑하게 된다. 그러나 이제 과부가 된 동생에게 에드먼드를 빼앗기게 될까봐 두려워한다. 그래서 자신의 남편을 살해하고 자신의 침실을 차지해 달라는 욕정에 불타는 연서(戀書)를 하인 오스왈드 편으로 에드먼드에게 보낸다. 유부녀인 두 자매가 젊은 총각 에드먼드에 대한 욕정을 서슴없이 드러내는 모습과 질투에 눈이 먼 거너릴이 결국 동생 리건을 독살하고 스스로 자결하는 모습에서 코트가 언급한 "심연의 괴물들처럼 서로 잡아먹

제임스 배리, 「코델리아의 죽음에 울부짖는 리어 왕」,
1786~88, 런던, 테이트 미술관 소장

는" 르네상스 괴물의 상(像)을 보게 된다. 모든 인간성이 파괴된 이들의 동물적 욕정 앞에는 부부간의 유대라는 인륜도, 자매간의 천륜도 없다. 그들의 동물적 욕정이 '불효'라는 전체 극의 주제를 압도하는 느낌이다.

이 극에서 나타난 인간의 동물성에 대한 염세적 사고방식은 몽테뉴의 영향을 받은 것이다. 몽테뉴는 천체의 중심인 지구를 다스리는 인간의 위치를 설교한 기존 중세신학에 도전하며, 인간은 동물과 다를 바 없다고 주장했다. 또한 무질서한 인간 세계에서는 자연법의 질서가 지켜질 수 없으며 오로지 혼돈만이 존재할 뿐이라고도 주장했다.[8]


## 무고한 희생자

음란한 인간들의 불결한 심부름꾼인 오스왈드는 거너릴의 연서를 전달하러 가는 도중 현상금이 붙어 있는 글로스터 백작을 보게 된다. 그는 글로스터 백작의 목을 치려다가 에드가의 손에 목숨을 잃는다. 결국 에드가가 거너릴의 연서를 손에 넣어 올버니 공작에게 이 사실을 알리고 자신의 신분을 되찾을 기회를 얻게 된다. 에드먼드의 위조 편지로 모든 것을 잃었던 에드가는 이 편지로 말미암아 에드먼드와 거너릴의 사악한 본성과 속셈을 세상에 알리고 빼앗긴 권력과 재산을 되찾게 된다. 에드먼드의 표현처럼 "운명의 수레바퀴가 완전히 한 바퀴

돈"(제5막 3장 173행) 셈이다.

에드가와의 결투에서 그의 칼에 찔려 죽음을 맞게 된 에드먼드는 마지막 선행으로 코델리아가 처한 위험을 알린다. 에드먼드는 은밀히 코델리아를 교살하라는 명령을 부하에게 내린 터였다. 하지만 이미 때는 늦어 상심한 리어 왕이 코델리아의 시체를 안고 등장해 다음과 같이 울부짖는다.

**리어 왕** 개도, 말도, 쥐도 다 생명이 있건만
어찌 넌 숨을 쉬지 않는단 말이냐? 너는 다시는 돌아오지 않겠지.
다시는, 다시는, 다시는, 다시는, 다시는 말이다.
(제5막 3장 307-309행)

단음절로 된 리어 왕의 이 대사는 무고한 코델리아의 희생을 보고 세상의 부조리함에 의해 분열된 그의 심리 상태를 효과적으로 전달한다. 그의 세계는 논리정연한 세계가 아니라 질서가 파괴된 혼란의 세계인 것이다. 여기서도 우리는 변덕스러운 운명의 잔인함을 목도하게 된다. 이 극에서 코델리아는 미덕의 화신이지만 그녀의 연민과 애정은 이 부조리한 세상에서 별 효력을 발휘하지 못한다. 켄트와 코델리아의 선의는 리건, 거너릴, 에드먼드가 대변하는 악을 압도할 만한 힘을 가지고 있지 않다. 악의 힘은 너무나 강력하고 선의 힘은 무력하기만 하다.

바로 여기에 이 극의 염세주의가 있다. 『리어 왕』의 세계는 신이 인간의 어리석음에 대해 냉소적으로 보복하는 곳이거나 인간사에 대해 무관심한 세상이다.

코델리아처럼 효심이 지극하고 진실한 자들이 희생을 당하는 플롯은 후대 비평가들에게 많은 논란을 불러일으켰다. 특히 18세기 신고전주의 시대 사람들은 합리적이고 윤리적인 질서가 세계를 지배한다고 믿었다. 그리고 문학작품은 권선징악이라는 시적 정의(poetic justice)를 구현해야 한다고 믿었다. 그러나 이 작품의 결말은 당대의 정서에 맞지 않았고 따라서 대단히 큰 거부감을 일으켰다. 신고전주의 시대의 대표적 시인이자 비평가인 새뮤얼 존슨(Samuel Johnson)은 "마지막 장면이 너무나 충격적이어서 그 극이 개작되기 전까지는 다시 읽기가 두려웠다"고 말한 바 있다. 존슨의 이 주장은 당시에 『리어 왕』의 결말 부분이 얼마나 수용되기 어려웠는지를 보여주는 단적인 예다.

네이험 테이트(Nahum Tate)는 1681년에 당대 관객의 구미에 맞게, 당대 미학적 기호와 정치적 상황에 맞게 『리어 왕』을 과감히 고쳤다. 우선 원작의 비극적 결말을 해피엔딩으로 수정해 왕정복고기의 관객들이 예민하게 받아들였을 군주의 몰락과 코델리아의 무고한 희생에 대한 논란도 피해갔다. 코델리아가 살아서 에드가와 결혼하도록 설정하고, '리어 왕은 왕권을 되찾은 뒤이 두 사람에게 행복하게 왕권을 이양하고 은퇴한다. 이렇게 수정된 테이트 판 『리어 왕』은 셰익스피어 원작이 지닌 비극적 장

벤자민 웨스트, 「폭풍우 속의 리어」, 1788, 런던, 빅토리아 앨버트 미술관 소장

엄미가 사라지고 낭만적 로맨스가 첨가된 감상주의 아류작이었지만 이 버전은 이후 150년 동안 셰익스피어의 『리어 왕』 대신 영국 연극계를 장악했다.

## 엇갈리는 해석

리어 왕은 자신을 이 세상에 묶어둔 유일한 존재였던 코델리아의 주검 위에서 울부짖다 숨이 멎는다. 더 이상 '고문대' 같은 이 세상에서 살아가야 할 이유가 없는 것이다. 그런 리어 왕의 죽음에 대해 켄트는 다음과 같이 말한다.

**켄트** 그분의 영혼을 괴롭히지 마시오. 오! 가시게
　　　　내버려두시오. 그분은 이 거친 세상의 고문대 위에
　　　　더 매어놓는 자를 증오하실 겁니다.
　　　　(제5막 3장 312-14행)

마치 햄릿과 호레이쇼가 마지막 순간에 나누는 대화의 메아리 같은 이 대사에도 셰익스피어의 염세적인 사고가 잘 드러난다. 사악한 악의에 의해 선량한 자들이 속수무책으로 당하는 이 부조리한 세상은 리어 왕에게 고문대에 불과한 것이다.

늘 열린 결말을 추구하는 셰익스피어는 이 극의 결말도 애매하게 처리한다. 글로스터 백작은 에드가가 자신의 신분을 밝히

자 기쁨과 슬픔이라는 극단적인 감정이 충돌하여 웃으며 죽음을 맞이한다. 또한 코델리아의 시체 위에서 울부짖던 리어 왕은 코델리아의 입술이 움직인다고 착각하며 숨이 멎는다. 셰익스피어는 두 인물의 최후의 순간을 이렇게 제시함으로써 이 극이 비관적으로만 해석되는 것을 허용하지 않는다.

이런 셰익스피어의 애매모호한 결말은 늘 양극단의 해석을 불러왔다. 이 극에 대해서도 비관적 해석과 낙관적 해석이 양립해왔다. 셰익스피어의 극 가운데 감정의 격렬함이나 비극성이 가장 장대한 것으로 알려진 『리어 왕』의 세계는 대단히 부조리하다. 코델리아처럼 선한 자는 사악한 자들의 음모에 속절없이 스러지고 모두 속수무책이 된다. 리어 왕과 글로스터 백작이 겪는 혼란의 스케일이나 파급 효과는 다른 어떤 작품보다 광대하고 파괴적이며 리어 왕의 격정은 다른 어떤 인물들의 감정보다 더 광적이다. 작품 속 혼돈과 무질서도 극단적이다. 윤정은은 이 작품의 비극적 현실에서 "숨어 있는 정의와 신의 섭리를 찾아 울부짖고 갈망하는 르네상스 회의론"을 본다.[9] 코트 같은 현대 비평가들은 이 극의 세계를 신 없는 무의미한 세상으로 보았다.

그런데도 많은 비평가는 이 극에서 비참과 고통을 넘어 아름다움, 진실, 그리고 장엄함을 보았다. 케네스 뮤어(Kenneth Muir), 윌슨 나이트(Wilson Knight), 브래들리 같은 비평가들은 리어 왕과 글로스터 백작이 비극적 노정을 걷지만 그 과정에서 두 사람이 권위와 허세를 벗어버리고 인간의 본질을 되찾아 판단력이 성숙하고 도덕적으로 갱생한다는 긍정적 요소가 있다는 점에서 낙관적으로 이 작품을 해석한다. 그런가 하면 에드워드 다우든(Edward Dowden)은 "셰익스피어는 악의 현존과 그 영향력에 대하여 악을 초월적으로 부정하는 것이 아니라 인간적인 덕, 충성, 그리고 희생적인 사랑의 현존으로 맞선다"고 주장했다.[10] 그리고 리어 왕과 글로스터 백작, 에드가의 스토아적 인내와 도덕적 구원에서 낙관적 비전을 발견했다.

이외에 이 작품에 대해 두드러진 비평은 이 극이 공연보다는 지적인 독서에 적당한 한 편의 시극이라는 견해다. 찰스 램은 이 작품이 너무나 지적이어서 무대에서 재현하기가 불가능하다고 주장하면서 이 작품을 공연물이기보다는 시편이라고 평했다.[11] 마찬가지로 윌리엄 해즐릿도 이 작품의 위대함은 "육체적 차원이 아니라 지적 차원에 있다"고 평했다. 니컬러스 브룩(Nicholas Brooke)도 이 극을 "단순히 운문으로 쓰인 극이 아니라 시극"임을 강조했다.[12] 이런 평들은 비극의 나락으로 떨어진 리어 왕, 글로스터 백작, 에드가가 인간 실존에 대해, 운명에 대해, 진정한 인간의 본질에 대해 보석 같은 언어를 읊었기 때문이다.

그런가 하면 낭만주의 시인 퍼시 셸리(Percy Shelley)는 이 극을 "세상에 존재하는 극예술 중 가장 완벽한 표본"이라고 평했다. 브래들리도 "만약 우리가 부득불 셰익스피어의 작품을 모두 잃어버리고 한 작품만 남길 수 있다고 가정한다면 셰익스피어를 가장 잘 이해하고 좋아하는 대부분의 사람들은 아마 『리어 왕』을 택할 것이다"라고 극찬했다.

늘 어리석은 선택을 하고, 너 나 할 것 없이 쉽사리 유혹에 빠지고 마는 인간들의 실존적 비극을 그대로 담아낸 리어 왕의 대사 한마디만으로도 셸리나 브래들리의 극찬에 공감하지 않을 수 없다. 책을 덮어도 그 대사는 머릿속에서 윙윙대며 사라질 줄을 모른다. 오히려 가슴을 저미며 파고든다.

"우리는 울면서 이 세상에 태어났다. 바보들만 득실거리는 이 거대한 무대에 나온 것이 슬퍼서"(제4막 6장 162-63행).

제임스 배리, 「코델리아의 죽음에 울부짖는 리어 왕」,
1788, 더블린, 존 제퍼슨 스머핏 재단 소장

# 3

# 어리석은 인간의 권력욕

『맥베스』『리처드 3세』

"꺼져라, 꺼져라, 단명하는 촛불이여.
인생이란 걸어다니는 그림자에 불과하지.
잠시 동안 무대 위에서
거들먹거리고 돌아다니거나
종종거리고 돌아다니지만
얼마 안 가서 잊히는 처량한 배우일 뿐.
떠들썩하고 분노가 대단하지만
아무 의미도 없는
바보 천치들이 지껄이는 이야기."

『맥베스』

# 튜더 사관과 셰익스피어의 역사극

역사는 오랫동안 문학작품의 중요한 소재 가운데 하나였다. 모든 문학 속 역사는 객관적인 역사 기록을 그대로 제시하는 것이 아니라 작가의 주관적인 역사의식과 문학적 왜곡이 융합된 것이다. 셰익스피어도 역사에서 많은 이야기를 빌려왔는데 특히 초기에는 영국 역사를 다룬 극을 많이 썼다. 셰익스피어는 역사에 자기만의 색채를 입히고 아름다운 시적 언어를 담아내며 주제를 돋보이게 해주는 곁이야기들을 덧붙여 한층 극적으로 묘사했다. 그는 역사적 사건뿐만 아니라 그런 특수한 역사적 상황 앞에 놓인 인간들의 반응에 주목했다. 그래서 코트는 셰익스피어가 "역사를 극화하는 것이 아니라 인간의 심리를 극화했다"고 말했다.[1]

『리처드 3세』(*Richard III*)와 『맥베스』(*Macbeth*)는 둘 다 홀린세드가 쓴 『영국, 스코틀랜드, 아일랜드의 연대기』를 주요 원전으로 삼은 것으로 주인공이 권력욕에 사로잡혀 사악한 수단으로 권력의 정점에 올랐다 파멸하는 이야기다. 계속되는 리처드와 맥베스의 살해 행위를 통해 셰익스피어는 "악은 악을 낳고 죄는 죄를 낳는다"는 역사적 진실을 극화함과 동시에 피를 부르는 권력의 잔혹한 속성을 보여준다. 그런데 『리처드 3세』는 사극으로, 『맥베스』는 비극으로 분류되는 이유는 무엇일까? 이 질문에 대한 답은 결국 셰익스피어의 4대 비극이 왜 다른 작품들보다 더 위대하다고 평가받는가에 대한 답이 될 것이다. 이 장에서는 이런 질문에 대한 답을 얻기 위해 왕권찬탈을 소재로 쓴 초기극『리처드 3세』와 완숙기의 비극『맥베스』를 비교·분석해볼 것이다.

## 초기극『리처드 3세』의 한계

홀린셰드의『연대기』와 장미전쟁을 다룬 에드워드 홀 (Edward Hall)의 역사서인『고결하고 저명한 랭카스터가와 요크가의 화합』(*The Union of the Two Noble and Illustre Families of Lancaster and York*), 그리고 모어의『리처드 3세의 역사』(*History of Richard III*)를 바탕으로 쓴『리처드 3세』는 에드워드 4세가 왕위에 등극하는 때부터 요크 왕조 집안의 마지막 왕인 리처드 3세가 보즈워스 전투에서 튜더 왕조의 시조인 헨리 튜더 (Henry Tudor)에게 패하는 장면까지를 다룬다. 그러나 극은 주로 왕권을 차지하기 위해 형제와 어린 조카들을 비롯하여 수많은 사람을 살해한 리처드 3세의 냉혹한 악마성에 집중한다.

이 극은 셰익스피어 극작 초기인 1592년부터 1593년 사이에 집필된 것으로 추정되며 따라서 초기극의 한계를 지니고 있다. 특히 인물묘사에서 완숙기 비극에 등장하는 복잡하고 다면적인 인물들과는 달리 인물들이 대체로 평면적이고 단순하다. 셰익스피어는 리처드 3세는 악의 화신으로, 장차 헨리 7세가 되는 리치먼드 백작은 신의 뜻을 대변하여 어지러웠던 질서를 바로잡는 구원자로 설정해 철저하게 선악 이분법적으로 인물을 제시한다. 하지만 작품 속 리치먼드의 존재는 너무 미약하여 리처드 3세의 그늘에 가려져 있다. 또한 완숙기에 쓰인 비극들과는 달리 인물들의 성격이 변화하는 모습을 찾아보기 힘들다. 리처드 3세는 처음부터 끝까지 철저한 악인으로 등장하며 자신이 저지르는 온갖 만행에 대한 심리적 갈등이나 고뇌가 없다. 아직까지 셰익스피어 특유의 깊이 있는 심리적 묘사와 내면에 대한 통찰력이 발휘되지 않은 탓이다.

셰익스피어가 묘사한 리처드 3세의 내적·외적 모습에는 튜더 왕조의 시각이 투영되어 있다. 튜더 왕조에서는 시조 헨리 7세의 집권을 미화하기 위해 리처드 3세에 대단히 부정적인 이미지를 부여했다. 그들은 리처드 3세를 육체적으로뿐만 아니라 성격이나 도덕적인 면에서도 기형적인 괴물로 만들었다. 셰익스피어가 그린 리처드 3세의 모습에도 이런 튜더 사관이 스며들어 있다. 그는 악을 추구하는 데 있어 대단히 정력적이며, 판단과 실천도 저돌적이고 단호하다. 권력을 장악하기 위해서라면 그야말로 수단과 방법을 가리지 않는 전형적인 마키아벨리적 악한으로 등장한다.

하지만 셰익스피어는 리처드를 악마화하는 데 그치는 것이 아니라 이를 통해 정치권력의 본질도 탐구한다. 특히 리처드 3세가 왕위를 차지하는 과정을 통해 정치권력의 위선적인 연극성과 마키아벨리적 술수 등을 적나라하게 보여준다. 이태주도 셰익스피어 사극의 목적이 "정치의 본질적 문제에 접근해서 정치가 인간에 미친 영향이 무엇인가를 탐구하는 일"이라며 "셰익스피어가 정치의 본질적 의미를 해명하기 위해서 리처드라는 악마적 인간이 필요했다"고 주장한다.[2]

셰익스피어는 리처드가 권력을 장악하고 그 권력을 유지하기 위해 내뿜는 사악함을 강조하려고 십수 년에 걸친 역사적 사실을 일련의 사건으로 압축했다.[3] 그 결과 독자 또는 관객들은 지칠 줄 모르고 계속되는 리처드의 음모와 계략에 몸서리치게 된다. 리처드는 이 극에서 명연기를 펼치는 배우요, 뛰어난 극작가이자 능수능란한 화술로 사람들의 마음을 움직이는 수사학의 달인이다. 그의 활력과 번뜩이는 재치는 비록 그가 무자비한 살인을 일삼는 악의 화신일지라도 극적 인물로서 거부할 수 없는 매력을 발산하도록 한다.


## 리처드의 권력욕과 골육상쟁

랭카스터 출신의 헨리 6세는 요크가의 왕자들인 에드워드(Edward), 조지(George), 리처드(Richard)에 의해 왕권을 빼앗기고 아들과 함께 살해된다. 요크가 왕자 셋 가운데 가장 손위인 에드워드가 왕위에 등극해 에드워드 4세(Edward IV)가 되고, 조지는 클래런스(Clarence) 공작이, 그리고 막내 리처드는 글로스터(Gloucester) 공작이 되었다.

왕권찬탈의 일등공신 가운데 한 명인 막내 리처드는 곱사등이로 태어나 세상에 대한 분노와 열등감이 심했다. 막이 오르자마자 무대 위에 홀로 선 리처드의 독백은 비뚤어진 그의 심성을 잘 보여준다.

> **리처드** 나는 태어나면서부터 위선적인 자연에 의해
> 용모를 사기당해 몸의 균형을 박탈당했다.
> 그래서 불구의 모습으로, 미숙하게, 제대로
> 만들어지지도 않은 채 때도 되기 전에
> 이 생명의 세계로 떠밀려 나왔다.
> ⋯⋯
> 나는 말을 번지르르 잘 하는 시대를 즐길 만한
> 바람둥이는 되지 못할 테니
> 악당이나 되어 이 시대의 하릴없는 즐거움을
> 증오하기로 결심했다.
> (제1막 1장 18-31행)

이 대사를 통해 신체적 열등감이 그를 정신적 불구로 만들어 악당이라는 역할을 스스로 선택했음을 알 수 있다.[4]

이렇듯 냉소적인 리처드는 요크가가 왕권을 차지한 뒤 자신이 왕권을 찬탈할 계획을 세운다. 우선 그는 형 클래런스 공작

을 모함하여 에드워드 4세와 이간질한다. 'G'로 시작하는 이름을 가진 자가 왕위계승자를 죽일 것이라는 예언을 퍼뜨려 에드워드 4세가 클래런스 공작을 런던탑에 투옥하게 한다. 클래런스 공작의 이름이 '조지'(George)였기 때문이다.[5] 그리고는 자신의 중상모략으로 런던탑으로 끌려가는 클래런스 공작과 마주쳐서는 노련하고 음흉한 연기로 왕의 처사에 분노하는 척하며 그에게 걱정과 위로의 말을 건넨다. 위로의 말을 하고 돌아서는 순간 리처드는 "가라, 다시 돌아올 수 없는 황천길을 밟아라"(제1막 1장 117행)라고 혼잣말을 한다. 그는 이아고(Iago), 에드먼드, 맥베스 부인 같은 셰익스피어 극의 표리부동한 악인들처럼 독백을 통해 겉으로 보이는 행동과 다른 자신의 속마음을 끊임없이 드러낸다. 다음은 클래런스 공작을 음해한 혐의를 에드워드 4세의 부인인 엘리자베스 왕비에게 뒤집어씌우려는 계획을 드러내는 독백이다.

**리처드** 일은 내가 저질러놓고 먼저 법석을 떠는 거야.
그렇게 해서 이 몸이 저지른 비밀스러운 죄를
다른 사람에게 유감스럽게 뒤집어씌우는 거야.
클래런스를 어둠 속에 처넣은 것은 나인데
순진한 녀석들 앞에서는 눈물을 흘려 보이는 거야.
(제1막 3장 324-28행)

리처드의 독백과 방백을 통해 셰익스피어는 끊임없이 리처드가 가면을 쓰고 역할놀이를 하고 있음을 보여준다. 그는 독백과 방백을 통해 자신의 저의와 본심을 드러낼 뿐만 아니라 자신의 계획에 따라 움직이는 어리석은 인물들을 비웃기도 한다.

리처드는 왕의 심복인 시종장 헤이스팅스(Hastings) 경에게 에드워드 4세가 중병에 걸렸다는 소식을 듣고는 왕권을 장악하기 위해 런던탑에 갇혀 있던 형 클래런스 공작을 암살한다. 이렇게 골육상쟁이라는 사악한 짓을 저지르고도 그는 클래런스 공작의 자녀들 앞에서 눈물을 보이며 왕비에게 그를 살해한 누명을 씌운다. 하지만 클래런스 공작과 리처드의 어머니인 요크 부인은 리처드의 위선적 행위를 꿰뚫어보고 다음과 같이 탄식한다.

**요크 부인** 아, 기만이 순한 양의 탈을 쓰고
고결한 모습으로 마음의 추악함을 감추고 있구나!
그도 나의 아들이니, 나의 치욕이로다.
하지만 이 기만은 나의 젖을 먹은 탓은 아니다.
(제2막 2장 27-30행)

극에서 클래런스 공작은 리처드 3세의 권력욕에 하릴없이 희생되는 제물로 묘사되어 있다. 그러나 실제 역사 속에서 그는 권력에 대한 야심으로 반란을 도모하다가 반란죄로 1478년에 처형됐다. 그러나 셰익스피어는 리처드가 권력욕에 사로잡혀 무고한 클래런스 공작을 암살하는 것으로 내용을 변형해 리처드 3세의 잔인하고 사악한 성격을 좀더 극적으로 강조한다. 피터 사치오(Peter Saccio) 같은 사학자들은 이러한 리처드 3세의 인물묘사에 불만을 표하기도 했다.[6] 그러나 극적인 플롯을 위해 역사적 사실을 과감하게 변형하는 것이야말로 셰익스피어 사극의 문법이라고 할 수 있다.

## 리처드의 달변과 연극성

리처드는 권모술수에 능할 뿐만 아니라 놀라운 달변가로 사람들의 마음을 움직이는 능력도 뛰어났다. 그 일례로 자신이 죽인 랭커스터가(家) 에드워드 왕자의 미망인 앤(Anne) 부인을, 그것도 자신이 살해한 시아버지 헨리 6세의 장례식에서 아내로 맞이한다. 이때 리처드는 살인의 원인이 모두 그녀를 향한 사랑 때문이었던 것처럼 꾸며 말한다.

**리처드** 당신의 아름다움이 원인이었습니다.
　당신의 아름다움이 나의 잠을 설치게 하고
　당신의 달콤한 품에 안겨 한 시간만이라도 살 수 있다면
　이 세상 모든 남자를 죽여도 좋았습니다.

(제1막 2장 125-28행)

　　남편과 시아버지를 죽인 리처드에 대한 증오와 혐오로 가득
차 온갖 저주와 욕설을 퍼붓던 앤은 결국 그의 달변에 넘어가
그의 구애를 받아들인다. 나중에 앤 부인은 이 순간을 엘리자
베스 왕비에게 다음과 같이 묘사한다.

**앤**　그때 나는 리처드의 얼굴을 쳐다보며 다음과 같이
　　소원을 말하고 있었습니다. "너는 저주를 받아라.
　　이토록 젊은 나를 이토록 늙은 과부로 만들었으니.
　　네가 결혼하면, 너의 잠자리는 슬픔으로 가득 차라.
　　너의 아내는—그렇게 미친 여자가 있다면—
　　남편의 죽음 때문에 고통받는 나 이상으로
　　당신이 살아 있음으로 더한 괴로움을 받아라."
　　그런데 이런 저주의 말을 두 번 되풀이하기도 전에
　　그 짧은 시간에 나의 마음은
　　그의 달콤한 말의 포로가 되어
　　내 자신이 내 영혼의 저주의 먹이가 되어버렸습니다.
　　그리하여 그때 이후로 내 눈은 편안한 잠을 잃었습니다.
　　(제4막 1장 70-81행)

　　앤 부인이 자신도 불가사의하게 여길 정도로 리처드의 구애

윌리엄 호가스, 「리처드 3세 역의 데이비드 개릭」,
1745년경, 리버풀, 워커 미술관 소장

를 받아들인 것은 그의 달변과 역할 연기 때문이다. 셰익스피어는 이 극 속에서 리처드의 화술에 농락당하지 않는 자가 없게 만듦으로써 위선적인 언어의 놀라운 힘을 보여준다. 이렇게 거짓된 언어로 사람들을 속이면서도 그는 늘 "나는 아첨할 줄도, 착하게 보일 줄도 모르고 미소를 지어 상냥하게 보이면서 상대를 속이지도 못한다"(제1막 3장 47-48행)고 말하며 표리부동한 태도를 취한다.

에드워드 왕이 세상을 떠난 뒤 어린 웨일즈 공, 에드워드 왕자에게 왕위가 계승되었다. 리처드는 심복 버킹엄(Duke of Buckingham) 공작과 함께 에드워드 왕자와 그의 동생 요크 공작을 런던탑에 감금한다. 그러고는 이 모든 것이 어린 조카들의 안위를 위해서인 양 거짓말을 한다. 또한 에드워드 4세 치하에서 세력을 휘두르던 시종장 헤이스팅스 경, 엘리자베스 왕비의 남자 형제와 전 남편의 자식들을 차례로 숙청한다. 헤이스팅스는 숙청을 당하면서 권력의 녹을 먹는 것이 얼마나 허망한 것인지에 대해 탄식한다.


**헤이스팅스** 아, 인간이 베푸는 순간의 은혜여.
　　우리는 신의 은총보다 그것을 더 쫓지.
　　타인의 미소 진 얼굴이라는 공중누각에 희망을 짓는 자는
　　돛대에 올라간 술 취한 선원의 삶과 같다.
　　돛이 흔들릴 때마다 심해 속으로

곤두박질친다.

(제3막 5장 96-101행)

단편적인 인물묘사에서는 아직 초기극의 한계가 보이지만 이런 시적 언어에서는 이미 언어의 마술사로 불리던 셰익스피어의 역량을 엿볼 수 있다.

그리고 나서 리처드와 버킹엄 공작은 사생활이 문란한 에드워드 4세의 흠을 내세워 왕자들이 적통이 아니라 평민 출생의 서자들이라는 유언비어를 퍼뜨린다. 리처드의 교묘한 권모술수에 넘어간 런던 시장과 그의 무리들은 리처드만이 합당한 왕위계승자이니 왕권을 받아들여 달라고 소청을 하게 된다. 리처드는 시장과 시민들이 왕위 등극을 청하러 오자 버킹엄 공작의 연출대로 두 신부를 대동하고 손에는 기도서를 들고 등장한다. 마치 거룩한 명상과 엄숙한 기도에 빠져 경건한 생활을 영위하는 척 연기하는 것이다.

이러한 리처드의 연극성은 "성자처럼 보이면서 악마의 역할을 수행한다"(제1막 3장 368행)는 그의 대사를 통해서도 알 수 있듯이 달변과 함께 그의 권모술수 가운데 하나다. 이에 대해 알렉산더 레가트(Alexander Leggatt)는 "장기적인 계략을 짜고, 정치적 상황들에 대처하는 리처드의 능력은 그의 뛰어난 연극적 능력에서 나온다"고 지적한다.[7] 셰익스피어는 리처드가 왕권을 차지하는 과정에서 끊임없이 상황을 연출하고 연기를 동

▲에드윈 오스틴 애비, 「글로스터 공작 리처드와 앤 부인」,
　1896, 뉴헤이븐, 예일 대학교 미술관 소장
▼존 에버렛 밀레이, 「런던탑에 갇힌 왕자들」, 1878, 런던, 런던 대학교 소장

원하는 모습을 통해 연극성과 권력 간의 구조적 관계를 잘 보여준다.[8]

## 피는 피를 부른다

왕위에 오른 뒤에도 리처드 3세의 잔인한 살인행각은 멈추지 않는다. 그는 왕권찬탈의 일등공신인 버킹엄 공작에게 런던 탑에 가둬둔 어린 왕자들을 살해하라고 종용한다. 버킹엄 공작이 왕자들을 살해하는 것에 반대하자 리처드는 그의 충심을 의심한다. 그러자 버킹엄 공작은 리처드의 곁을 떠나 리치먼드 백작의 군대에 합류한다. 이렇듯 리처드의 측근들은 하나둘 그의 폭정을 피해 리치먼드 백작에게 몰려든다. 왕권을 찬탈할 때는 의기투합했던 두 사람의 연합이 이처럼 쉽사리 결렬되는 과정을 통해 셰익스피어는 앞서 헤이스팅스가 말한 대로 권력 앞에서 인간적 유대가 얼마나 허망한 것인지를 다시 한 번 보여준다. 결국 리처드는 티렐(Tyrrel)이라는 자를 고용하여 어린 조카들을 암살한다. 티렐은 자신에게 주어진 임무를 "영국에서 자행된 가장 포악한 학살"(제4막 3장 2-3행)이라고 표현했다.

앤 왕비도 리처드의 또 다른 정치적 목적을 위해 희생된다. 왕권을 더욱 공고히 하기 위해 리처드는 죽은 에드워드 4세의 딸이자 자신의 조카인 엘리자베스와 결혼하기로 마음먹기 때문이다.[9] 이미 그녀의 형제들을 암살한 리처드는 이런 계획들

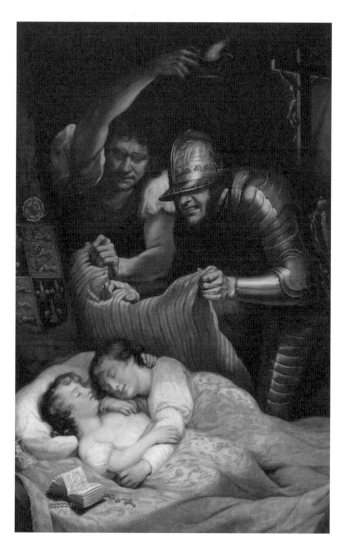

제임스 노스코트, 「런던탑에 갇힌 왕자들의 살해」,
1805, 개인 소장

을 구상하면서 자신의 멈출 수 없는 악행에 회한을 느끼기도
한다.

> **리처드** 나는 형님의 딸과 결혼해야만 한다. 그렇지 않으면
> 나의 왕국은 깨지기 쉬운 유리 위에 세운 것이 된다.
> 그녀의 형제들을 죽이고 나서 그녀와 결혼하자.
> 불안한 쟁취법이구나! 그러나 나는 이미 너무 많은 피를
> 흘려 죄가 죄를 낳는구나.
> 내 눈에는 눈물을 흘리는 연민 따위는 없다.
> (제4막 2장 60-65행)

이런 리처드의 모습에서는 『리어 왕』의 에드먼드에게서 보
았던 괴물 같은 르네상스형 자아창출자의 모습이 엿보인다. 지
위와 권력을 얻으려 애쓰는 르네상스형 자아창출자들은 하나
같이 지나친 욕망을 분출하는 것이 특징이며 자신의 욕망을 성
취하기 위해서는 비도덕적이고 비양심적인 행동도 서슴지 않
는다.

리처드는 이번에도 놀라운 궤변으로 엘리자베스 왕비가 자
신의 어린 자식들과 형제들을 죽인 리처드와 자기 딸의 결혼을
주선하도록 그녀를 설득한다.

> **엘리자베스 왕비** 그 애에게 뭐라고 말해야 하지? 네 남편이 될

사람은 아버지의 동생이라고 해야 하나? 아니면 숙부라

고 해야 하나? 아니면 동생들과 숙부를 죽인 사람이라고 해

야 하나……?

**리처드**  이 결혼이 영국에 평화를 준다고 말하시오.

**엘리자베스 왕비**  그 때문에 그녀는 영원한 전투를 계속해야 한

다고.

**리처드**  명령해야 하는 왕이 고개 숙여 간청한다고 하시오.

**엘리자베스 왕비**  왕 중 왕인 하나님이 금하는 것을 해야 한

다고.

(제4막 4장 337-46행)


리처드와 엘리자베스 왕비가 나누는 이 격행대화(stycho-
mithia)[10]에서는 기지에 넘치는 셰익스피어의 언어 구사력을 엿
볼 수 있다. 실제로 왕비의 딸 엘리자베스는 리치먼드 백작이
리처드를 제거하고 왕위를 계승한 뒤 그와 결혼한다.


## 장미전쟁의 종식과 대화합

리처드가 잔인한 살인마가 되어갈수록 랭카스터가 리치먼드
백작의 세력은 점점 커졌다. 또 전국 곳곳에서 지방 토후 세력
이 리처드에 대항하여 반군을 일으켰다. 마침내 리치먼드 백작
과 보즈워스 전투를 앞둔 밤, 그동안 리처드가 살해한 수많은

자의 망령들이 나타난다. 그들은 리처드가 파멸할 것이라는 예언과 저주를 퍼붓는다. 그 유령들은 리치먼드 백작에게도 나타나 자신들이 그를 도울 것이라며 격려하고 응원한다. 마지막 순간에 리처드는 새삼 자신의 외로운 처지를 깨닫고 "나는 파멸할 것이다. 나를 사랑하는 자 아무도 없으니, 내가 죽더라도 동정할 자 하나 없을 것이다"(제5막 3장 201-202행)고 탄식한다.

전투 중 리처드는 말을 잃고는 "말을 다오, 말을. 말을 주면 왕국을 주겠다"(제5막 5장 7행)고 절규한다. 수많은 사람의 목숨을 빼앗고 차지한 왕국을 말 한 필과 바꾸겠다는 그의 대사는 대단히 아이러니하다. 결국 리처드는 리치먼드 백작에게 목숨을 빼앗긴다. 리치먼드 백작은 리처드 3세를 제거함으로써 오랫동안 영국을 광기 속에 몰아넣은 장미전쟁을 종식시키고 플랜태저넷 왕조의 막을 내린다. 그는 요크가의 에드워드 4세의 딸인 엘리자베스와 결혼해 대화합을 이루고 헨리 7세로 왕위에 등극해 튜더 왕조를 연다.

**리치먼드 백작** 짐은 흰 장미와 빨간 장미를 결합하고자 한다.
　　오랫동안 두 집안의 반목에 인상을 찌푸리던
　　하늘이시여, 이 아름다운 화합에 미소를 지어주소서.
　　……
　　영국은 오랫동안 광기에 휩싸여 상처를 입었다.
　　형제들은 맹목적으로 서로의 피를 흘렸고

아비는 무참하게 아들을 베었으며
아들은 부득이하게 아비의 목을 쳤다.
......
이제 내란의 상처는 멈추고 평화가 다시 찾아왔다.
(제5막 5장 19-40행)

지금까지 살펴본 것처럼 셰익스피어는 리처드 3세를 실제보다 더 비정상적이고 냉혈한 악한으로 묘사한다. 이로 인해 셰익스피어가 튜더 신화를 극화한 듯한 인상이 강하다. 그런 이유 때문인지 아니면 초기극의 한계 때문인지는 모르나 이 극은 셰익스피어 극 가운데 드물게 등장인물의 성격에 발전이 없고 인물이 선인과 악인으로 명확히 나뉘는 작품이다.

그러나 셰익스피어는 표면적인 역사 이면에 있는 정치와 권력의 추악한 본성을 보여준다. 골육상쟁의 피비린내 나는 역사를 다룬 이 극에서 셰익스피어는 그 어떤 작품보다 권력의 잔인무도한 속성을 드러내보인다. 리처드 형제의 어머니인 요크 부인의 절규 속에서 셰익스피어는 권력의 잔인한 속성을 잘 담아내고 있다.

**요크 부인** 불안하고 저주받은 싸움의 나날을
나는 얼마나 오랫동안 지켜보았는가!
내 남편은 왕관을 손에 넣으려다 목숨을 잃었다.

자식들이 운명의 파도에 희롱당하여 흥하고 쇠할 때마다

나는 웃고 울고 몸부림쳤다.

이제 겨우 수습되어 내란의 소동이 끝난 순간에

승전의 용사끼리 물고 뜯는구나. 형제가 형제를 할퀴며,

피를 나눈 자들끼리 피를 흘리고

자신의 목에 스스로 칼을 겨누고 있다.

아, 말도 안 되는 광란의 분노여, 저주받은 화를 멈춰라.

아니면 나를 숨지게 하라. 죽음의 땅을 더는 보고 싶지 않다.

(제2막 4장 57-65행)


## 『맥베스』와『리처드 3세』의 공통점과 차이점

『맥베스』는 리처드 3세와 마찬가지로 권력이라는 헛된 야망에 이끌린 맥베스가 왕을 시해하고 왕위를 찬탈하는 과정에서 초래된 비극적 파멸을 그린 극이다. 『맥베스』도 원전이 홀린셰드의『연대기』로, 그 가운데 스코틀랜드 편의 '맥베스 전기'를 바탕으로 쓴 것이다.『리처드 3세』에서도 십수 년간의 사건을 압축하여 보여주었듯 셰익스피어는 이 극에서도 극적 응집력을 위해 원전을 과감히 변형했다.

예를 들어 홀린셰드의 원전에서는 맥베스가 왕권찬탈 후 십여 년 동안 성정을 베푼 것으로 나온다. 하지만 셰익스피어의 맥베스는 바로 폭군으로 변하고 정통 왕권계승자인 맬컴

(Malcom)에게 왕위를 빼앗기고 파멸한다. 이렇게 역사를 변형함으로써 셰익스피어는 맥베스의 범죄와 그 결과에 집중한다. 그리고 홀린셰드 원전에서는 맥베스가 뱅쿠오(Banquo)의 지지를 얻어 역모를 하는 것으로 되어 있으나 셰익스피어는 뱅쿠오를 맥베스와 달리 절개를 지닌 자로 그리고 있다.[11]

셰익스피어는 이 극에서 『리처드 3세』와는 달리 권력과 정치 문제보다 사악한 죄악을 저지르는 인간들의 양심과 도덕적 갈등 등 심리적인 부분에 더 집중한다. 자신이 원하는 것을 차지했지만 그 과정에서 저지른 죄악에 대한 죄책감으로 맥베스와 맥베스 부인은 기쁨은커녕 고통 속에서 죽어간다. 권력에 대한 야망으로 악에 물들어가는 맥베스 부부의 모습과 던컨(Duncan) 왕을 암살한 뒤 그들이 느끼는 공허감과 죄책감을 지켜보며, 우리는 욕망의 허상을 절실히 깨닫게 된다. 바로 이런 심리적 깊이 때문에 『맥베스』는 『리처드 3세』와 달리 사극이 아닌 비극으로 분류되며 4대 비극에 속하게 된 것이다.


## 마녀들의 예언이 불러일으킨 욕망

『맥베스』는 천둥 번개가 치는 가운데 세 마녀가 등장하면서 시작한다. 이는 극의 전반적인 분위기가 무질서할 것임을 암시하며, 인간의 삶 너머에서 인간을 조종하는 신비롭고 불가사의한 힘이 있음을 보여준다. 마녀들은 던컨 왕의 용감하고 충성스러운 사촌이자 글래미스의 영주인 맥베스에게 장차 왕이 될 것이라 예언하는데 이것이 바로 사건의 발단이 된다.

맥베스는 동료인 뱅쿠오 장군과 함께 역모자 맥도널드(Macdonald)의 목을 베어 역모를 진압하고 돌아오는 길에 다음과 같은 마녀들의 예언을 듣는다.

**마녀 1**  맥베스 만세, 글래미스 영주 만세.
**마녀 2**  맥베스 만세, 코더의 영주 만세.
**마녀 3**  맥베스 만세, 장차 왕이 되실 분 만세.
(제1막 3장 48-50행)

맥베스에게 이런 예언을 한 마녀들은 뱅쿠오에게는 다음과 같이 예언한다.

**마녀 1**  맥베스보다는 못하나 더 위대하도다.
**마녀 2**  맥베스보다는 못하나 더 행복하도다.
**마녀 3**  왕이 되지는 못하나 후손은 왕이 되리니.
(제1막 3장 65-67행)

마녀들은 두 장수에게 이런 아리송한 예언을 하고는 연기처럼 사라진다. 이때 마녀들은 눈에 보이는 유형의 존재지만 연기처럼 사라지는 것으로 보아 무형의 존재기도 하다. 또 여자인 듯하나 수염이 나서 여자라고도 남자라고도 규정할 수 없는 애매한 존재다. 그들의 언어 또한 역설과 수수께끼로 가득 차 모호하다.

마녀들의 예언은 맥베스의 내면에 잠재된 무의식적 권력욕을 의식의 세계로 끌어낸다. 게다가 마녀들이 사라지자마자 당도한 사자(使者)들은 던컨 왕이 맥베스에게 코더 영주의 작위를 하사했음을 전한다.[12] 마녀들의 예언이 바로 실현되는 경험을 한 맥베스는 이후 그들의 예언에 지배를 받는다.

그런데 맥베스와 뱅쿠오를 맞이하는 자리에서 던컨 왕은 맏아들 맬컴을 세자로 책봉한다. 마녀들이 예언한 보위의 길이 맬컴 왕자라는 장애물에 가로막히게 되자 맥베스는 무력에 의한 왕권찬탈의 유혹까지 느낀다. 이런 맥베스를 실행으로 옮기게 하는 자가 맥베스 부인이다. 맥베스에게서 마녀들의 예언에 관한 편지를 받은 맥베스 부인은 유약한 남편의 성품을 염려했다. 그래서 온갖 수단과 방법을 동원하여 남편이 왕관을 차지하도록 하겠다고 결심한다. 이때 그녀는 악령들에게 자신에게서 여성성을 제거해달라고 기도를 올린다.

**맥베스 부인** 무서운 음모를 도와주는 악령들이여,
날 나약한 여자로부터 벗어나게 해다오.
머리 꼭대기에서 발끝까지 무서운 잔인함으로
가득 채워다오! 나의 피를 응결시켜

연민의 정으로 통하는 길목을 끊어다오.

......

살인을 주관하는 자여! 나의 가슴으로 들어와

내 젖을 쓰디쓴 담즙으로 바꾸어다오.

(제1막 5장 40-48행)

여성성을 제거해달라는 이 기도로 맥베스 부인은 여성이면서도 수염을 달고 있던 마녀들과 긴밀히 연결된다. 맥베스 부인은 마녀들이 사라진 곳에서 그들의 역할을 대신하면서 맥베스의 야망이 도덕적 갈등을 겪을 때마다 그를 다시 부추기곤 한다.

## 맥베스의 내적 갈등과 왕의 시해

그날 밤 던컨 왕은 맥베스의 성으로 행차하고 맥베스와 맥베스 부인은 이를 호기로 삼아 던컨 왕을 시해할 거사를 준비한다. 두 사람은 리처드 3세처럼 아주 위선적인 태도로 자신들의 사악한 음모를 감춘다. 던컨 왕을 암살할 계획을 세우면서도 던컨 왕을 극진히 환대하는 모습이나 던컨 왕 살해가 발각된 뒤 맥베스 부인이 졸도하는 연기 등에서 셰익스피어는 또다시 외양과 실재의 괴리라는 메시지를 담아내고 있다. 맥베스 부인의 다음 대사는 그녀의 연극성을 잘 표현한다.

**맥베스 부인** 오 태양은

내일을 보지 못할 것입니다! 여보 당신의 얼굴은

수상한 것이 쓰여 있는 책 같아요.

사람들을 속이려면 남들과 같은 표정을 지어야 합니다.

당신의 시선에, 손길에, 언어에 환영의 뜻을 담으세요.

순진한 꽃처럼 보이시되,

그 밑에 도사리고 있는 뱀처럼 행동하십시오.

(제1막 5장 59-65행)

이렇게 위선적으로 거사를 추진해가는 맥베스 부인과는 달리 맥베스는 자신이 저지르려는 대역죄에 대해 끊임없이 양심의 가책을 느끼고 갈등을 겪는다. 맥베스의 내면을 담은 긴 독백을 통해 셰익스피어는 그를 잔인무도한 살인자가 아니라 유혹에 무너지는 나약한 인간으로 그려낸다. 이런 맥베스의 성정 또한 홀린셰드의 원전에서 벗어나는 것으로 홀린셰드는 맥베스의 원래 성정을 모질게 기록하고 있다.

이때 리처드 3세의 독백과 맥베스의 독백을 비교해볼 필요가 있다. 두 사람의 독백에는 극단적인 차이가 있다. 리처드의 독백은 관객에게 겉으로 드러난 행동과는 다른 음흉하고 잔인한 속내에 대한 정보를 제공하여 그의 표리부동함과 사악함을 보여주는 장치다. 반면 맥베스의 독백은 잔인한 범죄행위 전후에 그의 내면에서 나타나는 양심의 갈등과 두려움, 괴로움을 관객들에게 보여준다.

부인의 종용에 못 이겨 던컨 왕을 죽이러 가는 길에 맥베스는 피 묻은 단검의 환영을 본다. 또한 던컨 왕을 시해한 순간에는 허공에서 "더 이상 잠들지 말지어다. 맥베스는 잠을 죽였다"(제2막 2장 35행)라는 환청을 듣는다. 셰익스피어는 맥베스의 두려움과 죄책감이 만들어낸 환영과 환청을 통해 엄청난 범죄를 저지르는 자들이 겪는 심리적 병리현상을 극적으로 표현했다.

맥베스는 피범벅이 된 단검을 쥐고 휘청거리며 나와서는 자기 손에 묻은 피를 보며 다음과 같이 탄식한다.

**맥베스** 위대한 바다의 신 넵튠의 온 바닷물인들
 이 손에 묻은 피를 씻어낼 수 있을까? 아니다.
 오히려 이 손이 거대한 바다들을 진홍빛으로 만들며
 푸른 대양을 붉게 물들일 것이다.
 (제2막 2장 59-62행)

이런 대사를 통해 셰익스피어는 맥베스를 도덕적 본성을 지탱하려 애쓰며 양심의 가책에 시달리는 인물이라는 이미지를 거듭 부여한다. 이런 섬세한 묘사로 리처드 3세와는 달리 맥베스를 단순한 악한이 아니라 비극적 주인공으로 빚어낸 것이다.

반면 맥베스 부인은 남편의 유약함을 질타한 뒤 자신이 직접 살해의 현장에 단검을 갖다놓고, 던컨 왕이 흘리는 피로 옆에 잠들어 있는 호위병들을 물들인다. 던컨 왕 시해를 그들의 소행으로 뒤집어씌우기 위해서다. 그녀는 자기 손에 묻은 피를 맥베스에게 보여주며 물이 조금만 있으면 자신들의 죄를 씻어낼 수 있다고 말하는데 이는 맥베스의 도덕적 상상력과 극적인 대비를 이룬다.

> **맥베스 부인** 제 손도 당신 손처럼 붉어졌지만
> 당신처럼 창피스럽게 하얗게 질리지는 않아요.
> 남쪽에서 문 두드리는 소리가 들려요. 어서 방으로 가세요.
> 물 조금이면 우리가 한 짓을 씻어낼 수 있으니
> 얼마나 쉬운 일이에요?
> (제2막 2장 63-67행)

이렇게 극의 전반부에서는 양심의 가책이나 도덕적 상상력이 풍부한 맥베스와 달리 맥베스 부인은 정서가 메마르고 도덕적 상상력이 결핍된 인물로 묘사된다.


## 문지기 광대

이런 극적인 순간에 던컨 왕을 깨우러 온 맥더프(Macduff) 일행이 문 두드리는 소리가 들린다. 그러자 문지기 광대가 자

요한 조파니, 「맥베스 역의 데이비드 개릭과 맥베스 부인 역의 해나 프리차드」,
1768, 런던, 개릭 클럽 소장

신이 지옥의 수문장이라며 너스레를 떨면서 등장한다. 이 장면은 셰익스피어 비극 속에 종종 등장하는 희극적 긴장완화다. 잔인무도하고 유혈적인 살해 장면과 맥베스가 심리적 공포를 느끼는 장면이 연이어 등장한 다음, 문지기 광대의 가벼운 음담패설 장면을 배치하여 관객들을 잠시 어두운 분위기에서 해방시켜준다. 이때 문지기가 자신을 지옥의 문지기라고 자처함으로써 자연스럽게 맥베스의 성은 지옥이 된다. 그야말로 맥베스의 성은 국왕이 시해되고 질서가 전복된 아수라장이요, 맥베스가 겪는 내면의 고통으로 볼 때도 지옥이다. 이는 셰익스피어의 재치가 엿보이는 설정이다.

전날 밤 국왕 일행을 환영하기 위해 늦게까지 진행된 주연으로 문을 늦게 연 문지기 광대는 다음과 같이 술과 성욕의 관계를 논한다.

**문지기** 술이란 놈은 우리에게 세 가지를 불러일으킵죠.

**맥더프** 술이 특별히 불러일으키는 세 가지가 뭔가?

**문지기** 딸기코 만들기, 졸음, 오줌. 이 세 가지입죠. 음욕은 불러일으켰다가는 죽여버리죠. 다시 말해 술이란 놈은 음욕을 부추기고는 그 실행 능력을 앗아가 버립니다. 그래서 과음은 색욕에 있어서는 사기꾼이라 할 수 있습죠. 술꾼을 추켜세웠다가는 망쳐놓고, 그를 부추기고는 낙담하게 하고, 그를 설득해놓고는 용기를 앗아가버립죠. 그의 것을 세웠다가는 다

시 주저앉게 하죠. 결론적으로 잠 속에서 술꾼에게 사기치고
거짓말을 하고는 내팽개쳐 버립죠.

　(제2막 3장 25-35행)


　이 대사에 따르면 술은 성욕에 있어서는 "한 입으로 두말하
는 것"(equivocation)이다. 이것은 마녀들의 예언이 맥베스의 욕
망에는 불을 지르나 그 만족감은 주지 않는 것과 같다. 극 후반
에 마녀들의 애매한 언어에 속았음을 깨달은 맥베스는 마녀들
을 "한 입으로 두말하는 자"(equivocator)라고 부르며 비난한다.
이를 통해 볼 때 문지기 장면은 얼핏 극의 흐름과 무관해보이
나 실제로는 전체 극의 주제와 긴밀히 연결되어 있다.

　또한 이 문지기 광대가 자신을 지옥의 문지기로 상상하면
서 받아들이는 죄인들을 통해 당시 영국의 시사적인 상황에 대
해 말한다. 그 가운데 "애매하게 말한 자, 이중 의미로 말한 죄
인"이 등장하는데 이것은 당시에 벌어졌던 '화약음모 사건'
(Gunpowder Plot)에 대한 언급이다. 1605년에 가톨릭에 대
한 제임스 1세의 박해정책에 항거하여 가톨릭 교도들이 의사
당 지하실에 화약을 장치하고 제임스 1세와 그의 가족, 대신과
의원들을 죽이려 했다. 문지기가 말하는 "하나님을 팔아 역모
를 꾸민 이 음모자들"은 이 사건을 음모한 구교도인 예수회파
(Jesuit) 수사들을 가리킨다.[13]

　문지기 광대는 『햄릿』의 무덤파기 광대, 리어 왕의 어릿광대

와 마찬가지로 여러 역할을 한다. 우선 그는 맥더프 일행이 왕을 깨우러 왔을 때 왕을 시해한 맥베스와 맥베스 부인이 피묻은 손을 닦고 잠옷으로 갈아입을 시간을 제공한다. 또한 앞에서도 언급했듯이 피비린내 나는 암살 장면이 주는 극적 긴장감에서 관객을 잠시 해방시켜주는 희극적 긴장완화 역할도 한다. 또한 전체 극에서 논의되고 있는 주제인 'equivocation'(애매함)을 희극적 어조로 논의하여 극의 주제를 강조해준다. 그런가 하면 술과 색욕과의 관계와 같이 저속한 성적 농담을 통해 그런 것을 즐기는 관객들의 취향도 맞춰준다.

## 욕망의 허망함

맥베스 부부의 계획대로 던컨 왕 침소에 있던 두 호위병에게 살해 혐의가 돌아가고 부왕이 당한 참사에 불안을 느낀 맬컴 왕자와 도널베인(Donalbain) 왕자가 각각 잉글랜드와 아일랜드로 도망간다. 그로 인해 두 왕자가 왕의 살해를 사주했다는 혐의를 받고 자연스럽게 두 왕자를 빼고 가장 가까운 친족인 맥베스에게 보위가 돌아간다.

그러나 욕망이 달성된 순간에 맥베스 부부가 느끼는 감정은 행복감과 만족감이 아니라 허망함과 죄책감, 그리고 불안감이었다. 그 심정을 두 사람은 다음과 같이 표현한다.

존 싱어 사전트, 「맥베스 부인 역의 엘런 테리」,
1889, 런던, 테이트 미술관 소장

**맥베스 부인**  바라는 것은 얻었으나 만족을 얻지 못하니,

모든 걸 바쳤으나 얻은 건 아무것도 없구나.

남을 파멸시키고 불안한 즐거움 속에 사느니

차라리 파멸당하는 편이 더 마음 편하겠구나.

(제3막 2장 4-7행)


**맥베스**  지금처럼 불안감에 떨며 밥을 먹고

밤마다 무서운 악몽에 시달리며

고통스런 잠을 잘 바에야

차라리 망자와 함께 있는 것이 낫겠소.

던컨 왕은 지금 무덤 속에 있소.

열병 같은 인생을 끝마치고

편안히 잠들어 있단 말이오.

(제3막 2장 17-23행)


　무엇보다 맥베스는 뱅쿠오의 후손들이 장차 왕위를 계승할 것이라는 마녀들의 예언 때문에 뱅쿠오의 존재를 가장 두려워한다. 그래서 그런 불안에서 벗어나고자 자객들에게 뱅쿠오와 그의 아들 플리언스(Fleance)를 살해하라고 사주한다. 하지만 그들은 뱅쿠오만 살해하고 플리언스는 놓치고 만다. 이렇게 이 극에서도 『리처드 3세』와 마찬가지로 피는 끝없이 피를 부른다.

　그 뒤 뱅쿠오의 유령[14]이 나타나 그를 괴롭히는가 하면, 도망

헨리 퓨젤리, 「무장한 머리의 환영을 저주하는 맥베스」,
1793, 워싱턴, 폴저 셰익스피어 도서관 소장

간 플리언스 때문에 맥베스는 계속 불안에 떤다. 게다가 맥더프를 비롯한 신하들이 속속 영국에 있는 맬컴 왕자에게 합류하며 불안한 일들이 꼬리에 꼬리를 물자 맥베스는 다시 한 번 마녀들을 찾아가 자신의 미래에 대한 예언을 청한다. 마녀들은 마법솥에서 환영들을 불러내어 맥베스에게 예언을 한다. 투구를 쓴 잘린 머리 모양의 첫 번째 환영은 "맥더프를 경계하라"(제4막 1장 71행)고 충고한다. 맥베스는 자신이 눈엣가시처럼 여기는 맥더프를 첫 번째 환영이 알아맞히자 그들의 예언을 굳게 믿게 된다. 피투성이 어린아이의 모습을 한 두 번째 환영은 "여자가 낳은 자의 권능을 비웃어라. 여자가 낳은 자, 맥베스를 해칠 수 없으니 잔인하고 대담하고 용감하게 행동하라"(제4막 1장 79-81행)고 예언한다. 왕관을 쓰고 나뭇가지를 든 어린이 모습을 한 세 번째 환영은 "버남의 무성한 숲이 던시네인 언덕까지 공격해오지 않는 한 맥베스는 멸망하지 않으리"(제4막 1장 92-94행)라고 예언한다. 이때 첫 번째 환영인 "투구를 쓴 머리"는 극 후반부에 맥더프가 베어버린 맥베스 자신의 머리였고, "피투성이 어린아이"는 달이 차기 전에 엄마 배를 가르고 나왔다는 맥더프였다. 그리고 "왕관을 쓰고 나뭇가지를 든 아이"는 맬컴 왕자였다. 나중에 맬컴 왕자가 부하들에게 버남 숲의 나뭇가지들을 베어 들고 위장하라고 명령하기 때문이다. 각각의 환영들은 차후 맥베스가 겪을 운명과 밀접한 관계가 있는 것으로 이러한 긴밀한 연관성을 통해 셰익스피어 극이 얼마나 치밀한 유기적 구성을 이루고 있는지를 알 수 있다.

환영의 예언을 들은 맥베스는 자신이 스코틀랜드의 왕으로서 천수를 누리다 갈 것임을 확신하고 안도한다. 그러나 마녀들이 맥베스를 빠뜨리려고 했던 함정이 바로 이 '방심'이라는 덫이었다. 마녀들의 대장 격인 헤카테(Hecate)는 마녀들에게 "너희들도 알다시피 방심이 인간의 가장 큰 적 아니더냐?"(제3막 5장 32-33행)며 그런 전략을 요구했다. 대담하고 과감해지라는 마녀들의 충고를 들은 맥베스는 더욱더 과감히 살상을 저지른다. 우선 맬컴 왕자에게로 합류한 맥더프의 아내와 어린 자식들을 학살한다. 던컨 왕을 시해할 당시 갈등하고 도덕적 딜레마에 빠지던 맥베스는 점점 저돌적이고 몰인정한 살인마로 변모해간다. "악으로 시작된 일은 악에 의해서 강화된다"(제3막 3장 55-56행)는 그의 대사는 리처드 3세의 대사와 사뭇 흡사하다.

반면 왕을 시해할 때 맥베스와 대조적으로 대담하고 냉혈적으로 거사를 이끌던 맥베스 부인은 거사 후에 밀려드는 온갖 공상과 죄책감에 시달린다. 아이러니하게도 제3막 4장에서 뱅쿠오의 망령을 보고 헛소리를 하는 맥베스에게 잠을 자라고 권하며 퇴장했던 맥베스 부인은 자신이 몽유병에 걸려 등장한다. 그녀는 잠결에 일어나 한참 손을 씻는 시늉을 하며 "아직도 흔적이 남아 있어"(제5막 1장 30행)라든가 "없어져라, 없어져, 이 흉측한 흔적아!"(제5막 1장 33행)라고 중얼거리곤 한다. 결국 맥베스 부인은 마음의 짐을 덜지 못한 채 스스로 목숨을 끊는다. 아내의 사망소식을 들은 맥베스는 그 허망함을 다음과 같이 탄식한다.

**맥베스** 꺼져라, 꺼져라, 단명하는 촛불이여.
　인생이란 걸어다니는 그림자에 불과하지.
　잠시 동안 무대 위에서 거들먹거리고 돌아다니거나
　종종거리고 돌아다니지만 얼마 안 가서 잊히는 처량한 배우일 뿐.
　떠들썩하고 분노가 대단하지만 아무 의미도 없는
　바보 천치들이 지껄이는 이야기.
　(제5막 5장 23-28행)

이 대사에는 '이 세상 모두가 연극 무대'라는 사상이 담겨 있다. 이 세상은 맥베스와 맥베스 부인 같은 어리석은 존재들이 잠시 동안 소란스럽게 떠들다가 허망하게 사라지는 무대인 셈이다.

맥베스 부인뿐만 아니라 맥베스의 운명도 허망하게 막을 내린다. 맬컴 왕자와 맥더프 등이 지휘하는 영국군이 버남 숲 근처에 집결하자 맥베스는 마녀들의 예언에 의존하며 던시네인 성에서 점점 고립되어 미쳐간다. 맬컴 왕자가 군사 수를 은폐하기 위해 나뭇가지를 꺾어서 병사들마다 머리에 꽂고 행진하게 함으로써 버남 숲이 던시네인 성까지 움직여 오는 양상이 펼쳐진다. 그 모습을 본 뒤 맥베스는 마녀들의 예언에 의문을 품기 시작하고 자신의 파멸을 예감한다. 하지만 맥더프와 결전을 벌이게 되는 마지막 순간에도 "여자가 낳은 자는 절대 맥베스를 죽이지 못한다"는 마녀들의 예언에 매달린다.

맥더프는 그런 맥베스를 비웃으며 자신은 달이 차기 전에 어미 배를 가르고 나온 자라고 밝힌다. 결국 맥베스는 처음에 자신이 역모자의 목을 효시했듯이 맥더프의 손에 목이 잘려 효시된다. 맥베스 부부의 왕권을 향한 몸부림은 떠들썩하고 소란스러웠으나, 그 결말은 너무나 허망하게 끝이 난다.

## 『맥베스』는 정통 왕권의 찬가인가

튜더 왕조의 군주들과 제임스 1세가 자신들의 권력을 공고히 하고자 내세운 또 다른 통치 이데올로기는 왕권신수설(The Divine Right of Kings)이었다. 왕권신수설도 튜더 왕조의 사관(史觀) 가운데 하나이자 절대왕정을 뒷받침하기 위한 통치 이데올로기였다.

맥베스가 던컨 왕을 시해한 뒤 영국으로 도망간 맬컴 왕자는 영국에 머무는 동안 목도한 영국 에드워드 왕의 초자연적인 능력을 찬미한다. 맬컴 왕자는 영국 에드워드 왕이 지닌 신통한 치유 능력에 대해 다음과 같이 말한다.

**맬컴 왕자**  그분께서는 하늘에 탄원하는 법을

잘 알고 계시어 의학으로도 고치지 못한

눈 뜨고 차마 볼 수 없을 정도로 퉁퉁 붓고 종기투성이인

이상한 방문객들을 그들의 목에 황금 스탬프를 걸고

기도를 하여 치유하시었소.

그분은 이런 치유의 신통력을

다음 왕위계승자에게 물려준다 하오.

이런 신통한 능력 외에도

그분께는 신성한 예언 능력이 있으시고

그밖에도 갖가지의 신통력이 그의 왕권을 빛내고 있어

그분은 신의 은총으로 가득 찬 분이라 여겨지고 있소.

(제4막 3장 149-59행)


'연주창'(King's Evil)[15]이라는 질병의 치유 능력과 앞날을 내다볼 수 있는 예지 능력은 흔히 왕을 신비화하고 신이 부여한 왕권의 신성함이라는 왕권신수설을 담아내는 것으로 평가된다. 제임스 1세는 왕권신수설을 앞세워 누구보다 국왕의 절대권력을 강조한 왕이었다. 그런 왕 앞에서 공연하기 위해 쓴 작품이라 그런지 이 극의 표면적 주제는 국왕의 시해와 왕권찬탈이 부른 무질서와 찬탈자의 파멸이다. 따라서 이 극은 신역사주의 비평가들에 의해 왕권의 신성과 정통성이라는 통치 이데올로기를 옹호하고 확산시킨 극이요, 셰익스피어의 정치적 보

수성을 입증하는 예라고 비난받았다. 대표적인 신역사주의자 레너드 텐넌하우스(Leonard Tennenhouse)는 이 극이 절대 권력을 찬양하는 왕권 찬가라고 혹평하기도 했다.[16]

하지만 이 극을 겉으로 드러난 플롯만으로 판단하여 단순히 왕권찬탈의 패악을 그린 작품이라고 말할 수는 없다. 왜냐하면 이 극은 정치적 플롯 이면에 흐르는 심리학적 깊이와 인간성에 대한 탐구가 더 중요한 요소이기 때문이다. 바로 이런 심리적 깊이가 있어 『리처드 3세』와의 차별성이 있고 이 극이 사극이 아니라 비극으로 분류되는 것이다. 셰익스피어는 리처드 3세에게서는 발견할 수 없는 내적 갈등과 번뇌를 맥베스와 맥베스 부인에게 부여함으로써 이 극을 심리학적이고 형이상학적인 차원으로 끌어올렸다. 셰익스피어의 초기 역사극과 후기 비극 사이의 가장 큰 차이는 역사극은 주로 정치 및 권력의 속성에 대한 탐구인 데 비해 비극은 인간, 사회, 인격, 심리에 대한 본질적 탐구를 한다는 것이다. 바로 이런 인간 내면에 대한 치열한 통찰이 4대 비극을 위대한 '걸작'으로 만든 힘이다.

패러독스(역설)라는 독특한 글쓰기 방식은 이 극 전체를 통관한다. 세 마녀는 극 초반에 "아름다운 것은 추한 것이요, 추한 것은 아름다운 것이다"(Fair is foul, foul is fair, 제1막 1장 11행)라는 수수께끼 같은 말을 한다. 이글턴은 마녀들의 이 대사는 "시적 넌센스요, 모든 공식적 가치관이 풍자되고 혼란을 겪는 암울한 카니발적 일탈"이라고 평했다.[17] 그런데 이 극은 처음부

174

터 끝까지 이 역설이 진실임을 보여준다. 극 초반에 용맹스럽게 역모를 진압하던 '아름다운' 충신 맥베스는 '추한' 역모자가 된다. 또한 맥베스 부부에게 그토록 '아름다운' 존재로만 보이던 왕권은 사실 그들을 고통과 파멸로 몰아넣는 '추한' 것이었다. 극 초반에 도덕적이고 양심적이던 '아름다운' 맥베스는 던컨 왕의 시해 후에는 '추한' 살인마로 변모한다. 반면 극 초반에 냉혹하고 대담하기만 했던 '추한' 맥베스 부인은 양심의 가책으로 고통받다 자살하는 '아름다운' 인물로 변모한다. 그런가 하면 맥베스의 정권찬탈 이후 맥베스에게 대적하는 맥더프는 맥베스 정권에서 보면 '추한' 역적이지만 정통 왕권에서 보면 '아름다운' 충신이 된다.

셰익스피어는 맥베스가 반란군을 진압하는 장면을 아주 잔혹하게 묘사한다. 그럼으로써 정통 왕권도 잔인한 유혈과 무력을 바탕으로 유지되는 것임을 드러낸다. 마치 표면적 언술과 이면의 의미가 달라 해석과 정의가 불가능했던 마녀들의 언어처럼 셰익스피어는 이 작품의 외형적 주제 이면에 그 주제를 해체하는 패러독스라는 언어 전략을 통해 단순한 해석을 불가능하게 만들었다.

이 극은 순환 구조를 이루어 극의 시작과 끝이 수미상관 구조로 되어 있다. 처음에 역모를 진압하고 역모자의 목을 효시한 맥베스가 일등공신으로 작위를 수여받았듯이 극이 끝날 때에는 맥베스의 반란이 진압되고 그의 목이 효시되며 맬컴 왕자가 맥더프를 비롯한 일등공신들에게 작위를 하사하면서 끝난다. 『맥베스』의 이런 뛰어난 극구조와 패러독스와 같은 문학성이 초기작 『리처드 3세』와 단면적 플롯이 유사함에도 이 작품을 위대한 걸작의 반열에 올려놓은 것이다.

헨리 퓨젤리, 「몽유병에 걸린 맥베스 부인」,
1772, 파리, 루브르 박물관 소장

# 의처증 3부작

『오셀로』『겨울 이야기』『심벨린』

"의심 많은 사람들은
근거가 있어서 의심하지 않아요.
그저 의심이 많기 때문에
의심하는 거죠.
의심은 일종의 괴물이에요.
저절로 잉태되고, 태어나는."

『오셀로』

## 오쟁이 진 남편들

셰익스피어의 비극『오셀로』(*Othello*), 로맨스극『겨울 이야기』(*Winter's Tale*)와『심벨린』(*Cymbeline*)은 모두 남편들의 성적 질투심에 관한 극으로 아내의 정조에 대한 르네상스 남성들의 불안을 잘 보여준다. 셰익스피어는 이 세 작품에서 남성들이 아내의 정절을 의심하여 살인이라는 극단적인 방법으로 단죄하는 내용을 전개하고 있다. 이 극 속 남성들은 자신의 통제를 벗어난 여성들의 욕망에 대해 병적으로 불안해하며 그들의 질투심은 광적으로 치닫는다. 즉 셰익스피어는 부정망상(不貞妄想)이라는 병리적 심리로 별 근거도 없이 아내에 대해 의심을 키워나가는 남성의 모습을 그려낸 것이다. 아내가 죽은 뒤에는 남편들이 한결같이 자책하고 후회하며 아내들의 미덕을 찬양하는 것도 공통된 점이다.

예로부터 서양에서는 아내가 바람을 피우면 남편 이마에 뿔이 돋는다고 했고 이런 남편을 일컬어 오쟁이 진 남편(cuckold)이라 했다. "뿔이 돋은 남자는 괴물이요, 짐승이지"(제4막 1장 63행)라는 오셀로의 대사나 "그렇다면 이 번화한 도시에는 짐승이나 고상한 괴물이 셀 수 없이 많지요"(제4막 1장 64행)라는 이아고의 대사처럼 바람난 아내를 둔 오쟁이 진 남편에 대한 언급이 셰익스피어의 비극, 희극, 사극 모든 장르의 작품에서 집요하게 거론된다. 이런 대사들을 통해 셰익스피어는 여성의 섹슈얼리티에 대해 르네상스 남성들이 공유한 불안감을 재현하고 있다. 특히 의처증을 주요 플롯으로 다루고 있는『오셀로』『겨울 이야기』『심벨린』에는 이런 불안을 담은 대사들이 넘쳐난다.

**오셀로**  이 연약한 동물들을 우리 것이라고
　　　부를 수 있지만 그들의 욕망은 우리 것이라고
　　　부를 수 없는, 저주에 찬 결혼이여.
　　　(『오셀로』제3막 3장 272-74행)

**오셀로**  이것은 죽음처럼 피할 수 없는 운명이다.
　　　이 갈라진 뿔 전염병은 우리가 세상에 날 때부터
　　　타고난 재앙이다.
　　　(『오셀로』제3막 5장 279-81행)

**레온테스**  배를 지켜줄 바리케이드는 없다는 결론을 내리자.
　　　그곳엔 수많은 적이 들락날락함을 알고 있어라.
　　　수천 명이 그 병에 걸렸으나 느끼지 못하는구나.
　　　(『겨울 이야기』제1막 2장 203-205행)

**포스튜머스**  우린 다 사생아다.
　　　내가 아버지라고 부르는

저 훌륭한 노인도 날 만들어냈을 때 어디에 있었는지
알게 뭐람.

(『심벨린』 제2막 4장 154-57행)


부정망상(의처증이든 의부증이든)은 예나 지금이나 변함없이 인간을 뒤흔드는 성정 중 하나다. 이 세 극에는 이런 성격적 결함과 가부장 문화의 잘못된 여성관이 얽혀 있다. 즉 세 작품 모두 여성의 정조(honour)를 남성의 명예(honour)의 근간으로 삼는 가부장적 정조관념을 극화하고 있다. "아내의 정절에 내 목숨을 걸겠다"(제1막 3장 294행)는 오셀로의 맹세를 통해서도 볼 수 있듯이 가부장 사회에서 아내의 순결은 남성의 명예를 지켜주는 요소 중 하나였다. 그래서 데스데모나(Desdemona)의 부정을 의심하는 오셀로는 "디아나의 얼굴같이 깨끗하던 그녀의 이름이 마치 내 얼굴같이 시커멓게 되었다"(제3막 3장 392-94행)고 한탄한다. 또한 데스데모나를 살해하고 나서도 "증오심 때문이 아니라 오직 명예 때문에"(제5막 2장 296행) 살인한 것이라고 주장한다.

『오셀로』와 『심벨린』은 고결한 인격의 소유자들이 이아고와 이아키모(Iachimo) 같은 사악한 자들의 계략에 빠져 아내의 정절을 의심하게 된다는 점에서 아주 유사하며 『오셀로』와 『겨울 이야기』는 성적 질투심에 사로잡힌 사람들의 병적인 해석 팽창이라는 점에서 흡사하다. 이 극 속 남자 주인공들은 모두 "저절로 잉태되고 태어나는 괴물"(『오셀로』제3막 4장 160행) 같은 의심의 희생물이 된다.

이 장에서는 여성의 섹슈얼리티에 대한 남성들의 두려움이 투사된 질투극을 중심으로 당대의 가부장 이데올로기나 여성관에 대한 셰익스피어의 관점을 살펴보고자 한다.

## 『오셀로』

『오셀로』는 문학사상 부정망상(delusion of infidelity; delusional jealousy)이라는 인간의 심리 현상을 가장 탁월하게 묘사한 작품이라고 할 수 있다. 그래서 심리학 분야에서 부인 또는 남편이 상대방의 정조(貞操)를 의심하는 망상성 장애를 일명 오셀로 증후군(Othello syndrome)이라고 부른다. 1604년 할로윈 데이에 화이트홀(Whitehall) 궁에서 초연된 것으로 알려진 『오셀로』는 이탈리아의 친디오가 쓴 산문 로맨스 『백 개의 이야기』 (Hecatommithi) 가운데 제3권 제7화 「베니스의 무어인」을 원전으로 삼아 쓴 비극이다.[1] 이 극은 베니스와 사이프러스 섬을 배경으로, 베니스 공국에 봉사하는 무어인 용병 장군 오셀로의 아내에 대한 애정이 악인 이아고의 간계에 의해 무참히 허물어지는 과정을 그리고 있다. 오셀로는 모든 등장인물이 칭송을 아끼지 않는 고결하고 관대하며 품위 있는 인격의 소유자였다. 그러나 이아고의 중상과 모략으로 의심에 사로잡히자 그의 격

테오도르 샤세리오, 「베니스의 오셀로와 데스데모나」,
연도 미상, 파리, 루브르 박물관 소장

한 감정은 이성을 압도하고 만다. 의처증이라는 격정에 사로잡힌 오셀로는 판단력이 마비되어 갓 결혼한 순결한 자신의 아내를 캐시오(Cassio)라는 젊은 부관과 부정한 관계라고 의심하여 살해하고 만다. 그 과정에서 오셀로가 겪는 심리적 고통이 잘 묘사되어 이 극은 4대 비극의 반열에 오르게 된다.

이아고가 언어의 힘을 빌려 오셀로를 비극 속에 몰아넣는 것은 젊은 애송이 캐시오에게 부관 자리를 빼앗겼기 때문이기도 하지만 그보다 더 큰 원인은 바로 이아고 자신이 느끼는 성적 질투심 때문이다. 이아고는 그의 첫 독백에서 오셀로를 증오하는 이유를 다음과 같이 밝힌다.

> **이아고**  나는 저 무어 놈이 정말 싫어.
> 그가 내 이불 속에서 서방 노릇을 했다는
> 소문이 자자하지. 그게 사실인지는 모르겠지만
> 그런 종류의 의심은 아무리 사소한 것일지라도
> 확실한 것인 양 여겨야지.
> (제1막 3장 384-88행)

이렇게 이아고는 오셀로가 자신의 아내와 불륜을 저질렀다고 의심한다. 하지만 이아고는 오셀로만 의심하는 것이 아니다. "아무래도 캐시오 녀석도 내 잠자리에서 재미를 본 것 같단 말이야"(제2막 1장 302행)라는 대사를 통해서 알 수 있듯이 캐시오도 자기 아내와 잠자리를 같이 했다고 의심한다. 따라서 의처증이라는 관점에서 볼 때 이아고의 의심은 작품 전체에서 논의되는 오셀로의 의심을 변주하는 일종의 부플롯이다. 셰익스피어는 원전에서는 기수의 짝사랑에서 비롯된 음해를 이아고의 의심에서 비롯된 것으로 바꿈으로써 이 병리적 증상을 좀 더 집중적으로 다룬다.[2]

끊임없이 아내의 부정을 의심하는 이아고의 모습을 보면서 그의 아내이자 데스데모나의 시녀인 에밀리아(Emilia)는 다음과 같이 주장하는데 그 주장은 아주 타당하게 들린다.

> **에밀리아** 의심이 많은 사람은 근거가 있어서 의심하지 않아요.
> 그저 의심이 많기 때문에 의심하는 거죠.
> 의심은 일종의 괴물이에요. 저절로 잉태되고, 태어나는.
> (제3막 4장 158-60행)

오셀로가 데스데모나를 의심하는 것을 옆에서 지켜보며 에밀리아가 말한 이 대사에서 묘사하는 '속성'은 곧 이아고의 의심이다. 또 장차 오셀로가 겪는 의처증의 속성이기도 하다. 이렇게 성적 상상력에 시달리는 이아고는 모든 여성이 음란하고 부정하다는 병적인 강박관념을 갖고 있다. 그래서 자기 아내 에밀리아와 데스데모나를 포함한 베니스 여자들 대부분이 부정한 여자고 베니스는 자기와 오셀로처럼 오쟁이 진 남편 천지라고 생각한다.

오셀로가 의처증으로 인해 광기에 사로잡히는 데는 흑인 용병[3]인 그가 베니스 사회의 타자라는 점도 한몫한다. 서로 다른 국적, 인종, 문화를 가진 오셀로와 데스데모나 부부는 전형적인 다문화 가정이다. 우리는 극 초반부터 '무어인' '두꺼운 입술' '검고 늙은 숫양' 등의 인종차별적 대사가 집요하게 반복되는 것을 듣게 된다. 실제로 이아고는 두 사람을 파멸로 이끄는 데 인종적 편견을 이용하고, 피부색이나 인종적 차이로 열등의식을 지닌 오셀로는 심리적으로 이아고의 간계에 쉽게 넘어갈 수밖에 없는 상태다.

> **이아고** 같은 나라에 얼굴색도 같고 문벌도 같은
> 수많은 남자와 결혼하기를 원치 않으셨죠.
> 그게 순리라고 보이는데 말이에요.
> 쳇, 그런 처사에서는 음탕하고 지저분한
> 낌새가 풍깁니다. 생각도 순리적이지 못하고요.
> (제3막 3장 233-37행)

오셀로는 차츰 이런 이아고의 언어에 설복되어 아서 커시 (Arthur Kirsch)의 주장처럼 "이아고의 눈으로 자기 자신을 보게 된다."[4] 그래서 자기 자신의 연령이나 피부색에 거부감을 느끼며 데스데모나가 자신에게 매료된 것 자체가 순리에 어긋난

다고 생각하기에 이른다.

이아고는 베니스 여성들이 성적으로 문란하다는 당대의 편견도 이용한다. 그는 "베니스 여성들은 하나님 앞에서는 태연히 음탕한 짓을 하지만 남편만은 속이죠"(제3막 3장 201-203행) 같은 대사들을 통해 음란한 기질이 베니스 여성들의 일반적인 속성인 양 말한다. 베니스의 이방인인 오셀로는 이아고가 쏟아붓는 이런 사회적 통념의 영향을 받게 된다.

이후 오셀로는 단지 손수건 한 장 때문에 아내를 부정한 여자라고 단정한다. 그는 자기가 아내에게 처음 준 사랑의 정표인 손수건의 소유 여부가 곧 부인의 순결과 부정을 결정하는 근거라고 생각한다

**오셀로** 그 손수건은
    어떤 이집트 사람이 우리 어머니에게 준 것인데
    그녀는 마술사였고, 사람의 마음을 거의 다 읽을 수 있었소.
    그녀는 어머니에게 그 손수건을 지니고 있으면
    사랑스러워져 아버지를 그녀의 사랑에
    완전히 굴복시킬 수 있지만 그것을 잃거나
    누군가에게 줘버리면 아버지의 눈은
    어머니를 보기 싫어하고, 그분의 정신은 마음에 드는
    새로운 대상을 찾아나서게 된다고 말씀하셨소.
    어머니는 임종 시에 그것을 나에게 주시며,

◀제임스 클라크 훅, 「오셀로의 데스데모나에 대한 묘사」,
　 1852, 워싱턴, 폴저 셰익스피어 도서관 소장
▶외젠 들라크루아, 「아버지에게 꾸중을 듣는 데스데모나」,
　 1852, 랭스, 랭스 미술관 소장

운이 있어서 아내를 얻게 되면 그녀에게 주라고 하셨소.

난 어머니 말씀대로 당신에게 그것을 주었소.

……

그 손수건의 짜임새에는 마법이 엮여 있소.

태양이 2백 번이나 지구를 도는 것을

셈하여왔다는 한 무녀가

예언적 발작 상태에서 그 수를 놓았으며,

그 비단실도 신성한 누에에서 뽑은 것이고

비법가가 처녀 미라의 심장에서 짜낸 물감으로

염색한 것이오.

(제3막 4장 58-77행)


"처녀 미라의 심장에서 짜낸 물감으로" 물들인 실로 수를 놓았다는 이 손수건은 여성의 순결에 대한 남성의 욕망과 불안감이 담긴 물건이다. 따라서 이 손수건은 사랑의 선물이 아니라 데스데모나의 순결을 강압적으로 가두려는 오셀로의 상징적 그물인 셈이다. 그 손수건은 오셀로의 어머니가 장차 오셀로의 신붓감에게 주려던 유산이었다. 즉 이 손수건은 사랑의 정표가 아니라 정절의 족쇄였던 것이다.

이 손수건을 데스데모나의 시녀이자 이아고의 아내인 에밀리아가 주워 남편에게 준다. 이아고는 이 손수건을 캐시오의 집에 떨어뜨려 그의 손에 들어가도록 조작한다. 이아고의 독약

같은 언어 때문에 아내를 의심하기 시작한 오셀로는 캐시오가 아내의 손수건을 들고 있는 모습을 보고는 아내가 사랑의 정표로 그 손수건을 캐시오에게 준 거라고 단정한다. 제임스 콜더우드(James Calderwood)는 "그녀는 남편이라는 오셀로의 정체성으로 치밀하게 짜인 손수건을 지니고 다니는 기수이기도하다"고 주장한다. 따라서 데스데모나가 손수건을 떨어뜨린 것은 기수로서는 치명적인 죄를 범한 것으로 그 결과 그녀는 오셀로의 손에 의해 사형이라는 처벌을 받게 된다고 분석했다.[5]

## 가부장 이데올로기가 부른 비극

이 극에서는 여성의 성욕을 둘러싸고 남성 인물들이 연대하는 모습을 볼 수 있다. 극 초반에 데스데모나의 아버지는 자신의 딸이 흑인 용병과 비밀결혼을 했다는 말을 듣고는 오셀로의 사악한 마법에 걸려 그와 결혼한 것이라고 주장한다. 그런데 데스데모나가 원로원 의원들 앞에 불려와 주체적 판단으로 오셀로와 사랑에 빠졌음을 공표하자 브라반시오(Brabantio)는 그녀를 가부장의 권위와 질서에 도전하는 위험한 욕망의 주체로 보게 된다. 그 순간 브라반시오는 "자네에게 눈이 있거든 딸애를 잘 살펴보게. 아비를 속인 애야. 자넨들 못 속이겠나"(제1막 3장 287-88행)라고 오셀로에게 충고한다. 이 대사를 통해 여성의 주체적 욕망을 억제하려는 남성 간의 연대를 엿볼 수 있다. 또

극 후반에 데스데모나를 살해하면서 오셀로는 "그녀를 죽여야 한다. 그렇지 않으면 더 많은 남자를 배신할 것이다"(제5막 2장 5-6행)라고 말하는데 이런 오셀로의 대사도 같은 맥락으로 볼 수 있다. 이아고는 이런 남성 간의 연대감을 이용하여 오셀로를 파멸로 이끈다. 남성들이 공통적으로 느끼는 여성의 섹슈얼리티에 대한 불안감 때문에 오셀로는 이아고의 정직(honesty)을 믿고 데스데모나의 순결(honesty)을 의심하게 된다.

증오심에 불타는 이아고조차 "한결같고, 고귀하고, 애정이 깊은"(제2막 1장 284행) 자라고 평할 정도로 만인에게서 고귀함을 인정받던 오셀로는 이아고의 덫에 포로가 되면서 동물적 광기에 빠진다. "어떠한 감정에도 동하지 않고 어떠한 재난의 탄환도, 불행의 화살도 상처를 내지 못하고 꿰뚫지 못한"(제4막 1장 261-64행) 고귀한 성격의 소유자인 오셀로도 성적 질투심 앞에서는 속절없이 무너지고 만 것이다. 결국 오셀로는 의처증이라는 격정에 사로잡혀 정숙한 아내의 목을 졸라 죽인다. 그 후 이아고의 음모에 어리석게 속았음을 안 뒤에 자결하고 만다.

한편 데스데모나는 오셀로의 광기 앞에서 이상적인 여성상 또는 아내상에 강박적으로 집착하는 모습을 보인다. 남편의 말도 안 되는 억측에 온갖 모욕을 받으면서도 그녀는 끝까지 남편을 원망하지 않고 인내로 생을 마감한다. 게일 그린(Gayle Greene)은 그린 그녀의 모습을 "고요한 복종"이라고 묘사했고 브래들리는 "무기력한 수동성"이라 표현했다.

알렉상드르 마리 콜랭, 「데스데모나의 죽음」, 1829, 개인 소장

결국 이 극은 이상적인 남성상에 사로잡힌 오셀로와 이상적인 아내상에 사로잡힌 데스데모나가 간교한 이아고의 계략에 빠져 빚어낸 비극이다. 아니 어쩌면 셰익스피어는 "아내의 정절은 곧 남편의 명예"라는 남성문화가 생산해낸 허깨비로 데스데모나뿐 아니라 오셀로, 이아고까지 파멸시키는 플롯을 통해 주인공이 맞서 싸워야 하는 안타고니스트(antagonist)를 가부장 이데올로기 자체로 삼고 있는 것 같다.

## 『겨울 이야기』

1611년에 집필된 『겨울 이야기』는 로버트 그린의 산문 로맨스 『팬도스토』(*Pandosto*)를 원전으로 하여 쓴 것이다. 이탈리아의 시칠리아와 보헤미아를 배경으로 한 이 극은 『오셀로』와 주제와 플롯이 대단히 비슷하며 순결한 부인의 정절에 대한 남편의 맹목적인 의심이 아내를 죽음으로 몰아가는 지점까지는 거의 비슷하다. 하지만 갑자기 상황이 반전되어 16년 전에 내다버린 딸이 살아 돌아오고 죽은 줄 알았던 아내가 살아난다. 그리고 용서와 화해로 극이 끝난다. 이렇듯 비극의 패턴으로 진행되다가 갑자기 반전되어 해피엔딩으로 끝나는 셰익스피어 말기극을 희비극 또는 로맨스라고 한다. 셰익스피어는 4대 비극의 집필기가 지난 뒤 이런 희비극을 주로 집필했다.

시칠리아의 레온테스(Leontes) 왕은 막역한 친구인 보헤미아의 폴릭세네스(Polixenes) 왕이 9개월간 시칠리아에 체류하다 본국으로 돌아가려 하자 문득 아내인 헤르미오네 왕비와 친구 사이를 의심하게 된다. 자기가 그토록 만류해도 떠나겠다던 친구가 아내가 만류하자 더 머물기로 결정했기 때문이다. 한 번 이런 의심이 일자 레온테스는 오셀로가 그랬던 것처럼 아내와 친구의 일거수일투족을 모두 자신의 의혹을 뒷받침하는 것으로 해석한다.

> **레온테스 왕** 저렇듯 손바닥을 어루만지고 서로 손가락을 끼며,
> 거울을 들여다볼 때처럼 저렇게 미소를 짓고,
> 사슴 사냥꾼의 뿔나팔 소리 같은 한숨을 내쉬다니!
> 아! 저런 환대는 맘에 안 드는구나.
> 내 이마도(뿔난 남편이 되는 건) 맘에 안 들어한다.
> 마밀리우스, 넌 내 아들이냐?
> (제1막 2장 115-20행)

레온테스 왕은 아내가 부정한 여자일지도 모른다고 의심하다 자신의 아들 마밀리우스(Mamillius)조차도 자신의 아이가 맞을까 하는 걷잡을 수 없는 의처증에 빠져든다. 그도 의심의 불씨가 지펴지자 오셀로처럼 여성들의 부정을 보편적 진리로 여긴다.

**레온테스 왕**  부정한 아내를 가진 남편이 모두 절망한다면

　　남자들의 십분의 일이 목을 맬 것이다.

　　이것만은 구제할 길이 없다.

　　……

　　동서남북 어디서나 막강한 현상이다.

　　(제1막 2장 198–203행)


　레온테스 왕의 이런 과대망상적 의심에 대해 해롤드 고더드 (Harold Goddard)는 다음과 같이 설명한다.


　　레온테스의 정신은 활활 타오르는 용광로와 같아서 그 용광 로에 들어간 것은 가연성이든 아니든 모두 연료가 되고 만다.[6]


　걷잡을 수 없는 의심에 사로잡혀 분별력을 잃은 레온테스 왕은 충신 카밀로(Camillo)에게 자신의 의처증을 이야기하고는 친구 폴릭세네스 왕을 독살하라고 명령한다. 왕의 위험한 억측에 놀란 카밀로는 "그런 병든 억측은 어서 거두시옵소서. 그건 위험한 생각이옵니다"(제1막 2장 296–98행)라고 탄원한다. 하지만 의심에 사로잡힌 레온테스 왕의 상상을 제어할 수는 없었다. 그래서 그는 레온테스 왕의 독살 음모를 폴릭세네스 왕에게 알리고 그와 함께 보헤미아로 도망을간다.

　아내의 부정을 기정사실로 여긴 레온테스 왕은 아들을 어미

에게서 떼어놓고 임신 중인 아내를 감옥에 가둔다. 심지어 그는 아내가 감옥에서 낳은 자신을 쏙 빼닮은 딸도 폴릭세네스 왕의 아이라고 의심한다. 우연히도 아내의 임신 기간과 폴릭세네스 왕의 시칠리아 체류 기간이 일치했던 것이다. 광적인 의심에 사로잡혀 비이성적인 판단을 하는 레온테스 왕에게 많은 신하는 헤르미오네(Hermione) 왕비의 결백을 주장하지만 왕의 의구심은 조금도 사그라들지 않는다. 특히 안티고누스 (Antigonus) 대신의 부인 폴리나(Paulina)는 누구보다 신랄한 어조로 왕의 억측을 비난했다.

> **폴리나** 폐하 자신의 신성한 명예, 왕비 전하의 명예,
> 미래의 희망인 왕자님, 그리고 갓 태어난 공주님의
> 명예를 욕보이며 중상을 하고 계십니다. 그것의 칼날은
> 그 어떤 칼보다 더 날카로운 것입니다. 그리고 참으로
> 원통하게도 아무의 충언도 듣지 않으시고
> 그릇된 망상의 뿌리도 뽑으려 하지 않으십니다.
> 그 뿌리가 틀림없이 썩었는 데도 말입니다.
> (제2막 3장 84-90행)

이 극에서 폴리나는 『오셀로』의 에밀리아에 상응하는 존재로 에밀리아처럼 어리석은 남성들의 부정망상을 맹렬히 비난하는 캐릭터다.[7] 가부장 사회에 저항하며 결국 이아고의 칼에

죽어갔던 에밀리아 못지않게 폴리나도 레온테스 왕의 어리석음을 비난하는 데 주저하지 않는다.

폴리나가 이렇게 비난을 하는데도 레온테스 왕은 갓난아이를 폴릭세네스 왕의 씨라고 의심하여 안티고누스에게 국경 너머 황야에 내다버리라고 명령한다. 안티고누스의 꿈에도 나타난 헤르미오네 왕비는 아기의 이름을 페르디타(Perdita)라고 지어달라고 부탁한다. 페르디타를 보헤미아 해변가에 버리고 돌아서는 순간 안티고누스는 곰에게 물려 죽는다. 전원적 로맨스나 민담에서 보편적으로 곰은 모성애나 육아와 관련이 있는 상징적 짐승이다.[8] 한편 금은보화가 담긴 상자와 함께 버려진 페르디타는 보헤미아의 양치기가 데려다 기른다.

이후 헤르미오네 왕비의 순결을 알리는 신탁 결과가 도착하지만 왕은 신탁마저 무시하고 왕비를 폴릭세네스, 카밀로와 공모하여 국왕의 생명을 노린 대역죄로 단죄하려 한다. 그런 처사에 대해 헤르미오네 왕비는 다음과 같이 탄원한다.

**헤르미오네 왕비** 제게 목숨은 한 오라기 짚만도 못합니다.
그러나 오명만큼은 벗어야겠습니다.
……
만일 추측만으로, 아무런 증거도 없이
오로지 폐하의 질투심이 불을 댕긴
단순한 추측만으로 제가 처형된다면

감히 이는 법률이 아니라 포악입니다.

(제3막 2장 109-114행)

이런 왕비의 주장은 질투심에 사로잡힌 자들이 얼마나 맹목적으로 변하는지를 잘 표현하고 있다. 그리고 에밀리아가 주장했던 질투심에 대한 묘사와 흡사함을 알 수 있다.

그때 아들 마밀리우스 왕자가 엄마의 신상을 염려하다 죽었다는 소식이 전해진다. 마밀리우스는 '젖가슴'이라는 라틴어에서 따온 이름으로 이 극에 등장하는 여러 모성애 이미지 가운데 하나다. 아내의 정절을 의심하여 여성을 억압한 자에게 신속하고도 무서운 벌이 내린 것이다. 아들의 사망소식을 듣고 충격으로 헤르미오네 왕비도 쓰러진다. 그제야 왕은 비로소 맹목적 질투심에서 벗어나 자신의 광증이 불러일으킨 엄청난 결과에 대해 자책하며 깊은 비통에 잠긴다.

**레온테스 왕**  과인은 지나칠 정도로 시기심이 강했도다.

정성껏 간호하여 왕비의 생명을 구해다오.

아폴로 신이여!

신탁을 의심한 큰 죄를 용서해주소서!

(제3막 2장 151-54행)

그러나 곧 헤르미오네 왕비가 사망했다는 소식이 전해지고 온 가족을 잃은 레온테스 왕은 그때부터 참회와 회한의 생을 살게 된다.

4막이 시작되는 순간 서사 역을 맡은 '시간'(Time)이 그로부터 16년이 흘렀음을 알려준다. 이 서사 역을 통해서 셰익스피어는 레온테스 왕의 지난 세월이 얼마나 참담했는지 전해주고, 레온테스 왕의 딸이 보헤미아에서 어떻게 성장했는지를 알려준다.

> **시간** 레온테스 왕은 그 후 어리석은 질투가 빚어낸 결과를
> 애통해하며 두문불출하는 것으로 내버려두고⋯⋯
> 관객 여러분, 이제 이곳을 아름다운 보헤미아라고
> 상상해주십시오. 왕에게 왕자가 있다고
> 말씀드린 것을 떠올리셨으면 합니다.
> 그의 이름은 플로리젤이라고 합니다. 페르디타 공주도
> 이제는 우아하게 자라서
> 찬양할 만한 여인으로 성장했음을 서둘러
> 말씀드립니다.
> (제4막 1장 17-25행)

폴릭세네스 왕의 아들 플로리젤(Florizel) 왕자는 운명의 장난처럼 양치기의 손에서 아름답게 자란 페르디타와 사랑에 빠진다. 5월 양털깎기 축제[9]에서 페르디타는 꽃의 여왕 플로라로

변장하고 플로리젤 왕자는 여왕을 수행하는 농부로 변장한다. 왕자가 양치기의 딸과 사랑에 빠졌다는 이야기를 들은 폴릭세네스 왕도 촌부로 변장하고 축제에 온다. 그는 왕자가 자신의 허락도 없이 천한 양치기 처녀와 결혼하려는 맹세를 듣고 불같이 화를 내며 또다시 두 사람이 만나면 부자간의 정을 끊어버리겠다고 말하고 왕궁으로 돌아간다. 보헤미아에서 폴릭세네스 왕을 모시고 있던 시칠리아의 대신 카밀로는 플로리젤 왕자와 페르디타에게 시칠리아 왕에게 가서 보헤미아 왕이 화해할 뜻이 있음을 전하라고 충고한다.

16년이란 긴 세월 동안 재혼도 하지 않고 참회의 나날을 보내던 레온테스 왕은 페르디타를 보는 순간 마치 헤르미오네 왕비를 보는 듯한 착각에 빠진다. 곧이어 양치기 부자와 폴릭세네스 왕이 시칠리아로 와서 페르디타의 비밀을 모두 밝힌다. 이렇게 레온테스 왕은 죽은 줄 알았던 딸과 극적으로 재회하고 폴릭세네스 왕과도 화해한다.

셰익스피어는 후기 로맨스극에서 딸의 상실과 재회에 대해 특별한 관심을 보인다. 상실한 딸과의 재회는 반드시 용서와 화해, 생명의 소생으로 이어지면서 희극적 결말을 불러온다.

상봉한 부녀는 죽은 어머니의 동상을 보러 폴리나의 집으로 간다. 아내의 동상 앞에서 레온테스 왕이 참회에 젖어 있는데 갑자기 동상이 기적처럼 살아 움직이기 시작한다. 왕비는 딸이 살아 있다는 신탁을 믿고 숨어 살고 있었던 것이다.[10] 레온테스 왕은 이로써 죽은 줄 알았던 아내와 딸을 한꺼번에 만나게 된다.[11] 페르디타는 다른 작품에서 등장하는 딸들과 마찬가지로 여성적 특성인 '생명력'의 상징인 것이다. 특히 양털깎기 축제에서 꽃의 여신 플로라 역을 맡았던 페르디타를 많은 비평가는 풍요의 상징으로 해석했다.

이 극은 전반부 3막까지는 주로 시칠리아 궁정에서 발생한 질투, 증오, 불화로 인한 파괴의 세계를 그리고 있다. 이때는 계절적 배경도 겨울이다. 반면 후반부는 보헤미아의 양털깎기 축제에서 이뤄지는 젊은 플로리젤과 페르디타의 사랑과 시칠리아에서의 용서와 화해, 재결합, 환생으로 구성되어 있다. 이때의 계절적 배경은 재생의 계절인 봄이다. 이렇게 대칭적인 구조 속에 전반부에서는 남성의 제어되지 않은 질투로 초래되는 파멸을, 그리고 후반부에서는 페르디타와 헤르미오네 왕비 등 여성들에 의한 소생을 극화한다. 즉 남성이 가부장의 힘을 남용하여 생명의 모태인 여성을 탄압하자 시칠리아는 생명력을 잃고 황폐해진다. 그런 황폐화를 상징하는 것이 바로 마밀리우스 왕자와 안티고누스의 죽음이다. 그러나 생명력의 상징인 딸이 돌아오자 시칠리아는 다시 생명을 잉태하기 시작한다. 그 상징으로 죽은 줄 알았던 헤르미오네 왕비가 환생한다.

오셀로의 의심은 이아고의 계략이 불러일으킨 것이었으나 레온테스 왕의 의심은 순전히 본인 마음속에서 스스로 만들어낸 것이다. 또한 오셀로의 질투는 데스데모나, 오셀로 등 장본

요한 조파니, 「『겨울 이야기』의 헤르미오네 왕비 역의 엘리자베스 패런」,
1780, 개인 소장

인들의 죽음만 불러오지만 레온테스 왕의 질투는 마밀리우스나 안티고누스 등 무고한 이들의 죽음을 불러온다. 이에 르네 지라르(Rene Girard)는 오셀로의 질투보다 레온테스 왕의 질투가 더 파괴적으로 남성성을 드러낸다고 주장했다.[12]

## 『심벌린』

1609~10년경 고대 브리튼과 로마가 배경인 이 로맨스극은 여러 원전에서 빌려온 이야기들을 극적으로 조합한 것이다. 예를 들어 심벌린 왕의 이야기는 홀린셰드의 『연대기』에서, 심벌린에 의해 추방명령을 받고 왕의 두 아들을 납치한 신하 벨라리어스(Belarius) 이야기는 작자 미상의 희곡 『사랑과 행운의 진귀한 승리』에서, 그리고 여주인공 이모젠(Imogen)의 정절과 남편의 의처증은 보카치오의 『데카메론』 제2일 아홉 번째 이야기에서 빌려온 것이다. 이 극은 이렇게 다중의 사건이 복잡하게 얽혀 있어 구성이 다소 산만하고 심리적 깊이도 부족한 편이다. 로버트 애덤스(Robert Adams)는 이 극이 다중 플롯으로 구성되어 있으나 무엇보다 "성적 질투심에 의한 극"이라고 평했다.[13]

심벌린 왕에게는 두 아들이 있었으나 갓난아이 때 행방불명이 되었고, 아내는 딸을 낳다 세상을 떠났다. 외동딸 이모젠과 살던 심벌린 왕은 새 왕비를 맞이했는데 그 왕비에게는 클로텐(Cloten)이라는 전 남편의 소실이 있었다. 어리석은 클로텐은 이모젠을 사랑했고, 아들을 왕좌에 앉힐 궁리만 하는 왕비도 왕과 함께 그 둘이 결합하기를 바랐다. 그러나 이모젠은 아버지의 소원과는 달리 왕의 시동으로 자라난 고결하지만 가난한 포스튜머스(Posthumus)와 비밀리에 결혼했다. 불같은 성격인 심벨린 왕은 포스튜머스를 추방했다. 부부가 생이별을 하는 날 이모젠은 포스튜머스에게 다이아몬드 반지를 주었고, 포스튜머스는 이모젠에게 금팔찌를 주었다.

> **포스튜머스** 나를 위해 이 팔찌를 끼어주시오.
>     이건 사랑의 수갑이오. 나의 아름다운 죄수에게
>     이 수갑을 채우겠소.
>     (제1막 2장 52-54행)

마치 오셀로가 데스데모나에게 처음 준 사랑의 정표가 그녀의 정절을 강요하는 마법의 손수건이었듯이 포스튜머스의 팔찌 또한 그녀의 정절을 강요하는 쇠고랑인 것이다. 이들의 사랑의 정표는 남편들이 아내의 순결에 얼마나 강박관념을 갖고 있는지를 상징적으로 보여준다.

로마에서 망명생활을 하던 중, 자신의 아내가 대단히 정숙한 여자라고 자부하는 포스튜머스에게 이아키모라는 이탈리아 귀족이 내기를 걸어왔다. 자신이 이모젠의 정절을 꺾어보겠다는

것이었다. 아내를 굳게 믿는 포스튜머스는 아내가 준 반지를 선뜻 내주며 내기에 응했다.

이아키모는 이모젠과의 첫 만남에서 포스튜머스가 로마에서 방탕한 생활을 하고 있다고 음해하며 그에 대한 복수로 자신과 동침할 것을 권한다. 이에 이모젠이 불같이 화를 내며 그를 내쫓으려 하자 그는 황급히 포스튜머스가 그토록 찬사를 한 그녀의 정조를 시험해본 것이라고 둘러댄다. 이아키모는 이모젠의 정절을 꺾을 수 없음을 깨닫자 짐 가방 안에 숨어 그녀의 방으로 들어간다. 그리고 이모젠이 잠든 한밤중에 가방을 열고 나와 이모젠 방의 특징과 그녀의 젖가슴 아래 난 점 등을 알아낸 뒤 그녀의 팔에서 팔찌를 빼내어 로마로 돌아간다. 이아키모는 이런 증거들을 대며 자신이 이모젠의 정절을 꺾었다고 포스튜머스를 속인다. 『오셀로』의 이아고처럼 사악한 이아키모의 이런 계략에 어리석은 포스튜머스는 쉽사리 아내의 부정을 단정하고는 분노에 사로잡힌다.

**포스튜머스** 미인에겐 정조가 없고
　　겉만 번지르르한 것엔 진실이 없고,
　　다른 남자들이 나타나는 곳엔 사랑이 없구나.
　　여자들의 맹세란 그들의 미덕만큼
　　지켜지지 않으니 아무것도 아니다!
　　아, 말할 수 없이 부정한 것 같으니!

(제2막 4장 108-113행)

오셀로처럼 포스튜머스도 극 초반에는 대단히 훌륭한 기품을 지닌 자로 묘사된다. 하지만 이아키모의 흉계로 아내를 의심하기 시작하자 오셀로처럼 돌변한다. 그리고 자신이 존경하는 아버지도 디아나처럼 순결한 척하는 어머니에게 속았을 거라고 극단적으로 의심하기에 이른다. 오셀로나 레온테스 왕처럼 그도 여성의 성적 방탕을 일반화하는 것이다. 그리고 극단적인 여성혐오에 빠져 "여자 없이 인간은 태어날 수 없는 것일까?"(제3막 4장 153행)라고 단성생식을 희망하거나 "대체 내 몸의 어디까지가 여자에게서 받은 부분일까? 남자의 악덕 치고 여자로부터의 유전이 아닌 것은 하나도 없다"(제2막 5장 174-75행)며 여성에게서 나온 자신의 존재에 대해 혐오감을 표현한다. 에코페미니즘(생태여성주의)의 창시자인 이네스트라 킹(Ynestra King)은 포스튜머스 같은 이런 여성 부정행위를 "남성들이 자기 자신의 일부를 부정하는 것으로, 여성을 지배하여 여성에게서 태어나고 여성에게 의존했던 사실을 모두 잊으려는 것"이라고 주장했다.[14]

오셀로처럼 포스튜머스도 일단 아내가 부정을 저질렀다고 생각하자 죽이기로 결심한다. 그래서 이모젠을 돌보고 있던 자신의 충복 피사니오(Pisanio)에게 편지를 보내 자신의 아내를 살해하라고 명령한다. 하지만 피사니오는 『겨울 이야기』의 충

206

신 카밀로처럼 주인의 의심이 허무맹랑한 것임을 알고 있었다.

**피사니오** 아, 주인님, 무서운 독약이 당신의 귀에

흘러 들어간 게 틀림없어요! 거짓말쟁이 이탈리아 놈의 말에

그렇게 호락호락 넘어가셨단 말입니까?

부정하다고요? 천만에요.

아씨는 너무 진실하기 때문에 벌을 받는 겁니다.

보통 여인네들과는 달리 참지 못할 마음의 고통을

부정하기보다는 여신처럼 참고 견디어냅니다.

(제3막 2장 3-9행)


그는 주인의 명령대로 이모젠을 죽이지 않고 그녀에게 모든 사실을 털어놓는다. 그러고는 그녀에게 로마군의 시종으로 숨어들어가 목숨을 건지라고 말하며 포스튜머스에게는 피 묻은 이모젠의 옷을 보내 그녀를 죽인 척한다. 피 묻은 이모젠의 옷을 받고 그녀가 죽었다고 생각한 포스튜머스는 그제야 자신의 어리석음을 깨닫고 그녀의 죽음을 한탄한다.


**포스튜머스** 피로 얼룩진 천아. 널 소중히 간직하겠다.

널 이렇게 물들게 한 것은 나였으니까. 기혼자들이여.

그대들이 나처럼 하찮은 일을 왜곡하여 트집을 잡았더라면

얼마나 많은 남자가 자기보다 나은

아내들을 죽였겠는가?

(제5막 1장 1-5행)

이렇게 셰익스피어는 무고한 아내를 의심하여 살해한 뒤, 바로 그들의 미덕을 찬양하는 어리석은 남편들의 모습을 작품 속에서 반복하여 그리고 있다.

한편 남장을 하고 웨일즈의 숲 속을 혼자 헤매던 이모젠은 심벨린 왕의 두 아들을 납치해 숲 속에 숨어살던 왕의 옛 신하 벨라리어스의 동굴로 오게 된다. 벨라리어스는 왕의 분노로 무고하게 추방당하자 복수심에 두 아들을 납치해온 것이다. 남매간인 이모젠과 두 오라버니는 왠지 모를 친밀감을 느끼며 사이좋게 지낸다. 그 뒤 이모젠은 왕비가 피사니오에게 준 독약을 먹고 잠시 가사(假死)상태에 빠지고, 로마 장수 루시어스(Lucius)의 시동으로 지내다 브리튼군의 포로가 되는 등 우여곡절을 겪지만 후기 로맨스극답게 극적으로 살아남는다.

이모젠이 이렇게 죽을 고비를 넘기고 있는 동안 궁정에서는 심벨린 왕이 왕비의 사주를 받아 로마에 더 이상 공물을 바치지 않겠다고 거부하면서 브리튼군과 로마군 사이에 교전이 벌어지게 된다. 이 전투에서 왕의 두 아들과 벨라리어스가 포로로 잡힌 심벨린 왕을 구해주는 등 대활약을 한다. 로마군과 함께 브리튼으로 온 포스튜머스도 이모젠의 죽음에 대해 회개하는 마음으로 농부로 변장하고 이들과 함께 로마군을 격퇴시키

허버트 구스타프 슈말츠, 「이모젠」, 1888, 『그래픽』 소장

는 데 공헌한다.

마침내 심벨린 왕의 군대가 승리를 거두고 그사이의 모든 음모와 비밀이 백일하에 밝혀진다. 또 사악한 이아키모가 포로로 잡혀 이모젠과 포스튜머스의 오해도 풀리게 된다. 이아키모의 자백으로 자신이 무고한 이모젠을 죽였음을 알게 된 포스튜머스는 탄식하며 이모젠의 미덕을 찬미한다.

**포스튜머스**  나는 바로

당신의 딸을 죽인 포스튜머스입니다.

……

그녀는 미덕의 전당이었습니다. 아니, 미덕 그 자체였습니다.

자, 내게 침을 뱉고 돌을 던지고 흙탕물을 끼얹었고,

그리고 개에게 한길에서 물어뜯게 하십시오.

이제부터 악당은 다 포스튜머스 레오나터스라 부르십시오.

종전의 악당이란 명칭은 문제도 안 되니까요!

아, 이모젠! 나의 여왕, 나의 생명, 나의 아내!

아, 이모젠, 이모젠!

(제5막 5장 215-27행)

그때 이모젠은 자신의 신분을 밝히고 자신의 정절을 의심하여 죽이라고 명했던 남편을 질책한다.

**이모젠** 어째서 당신의 부인을 그렇게 버리셨나요?

　바위 위에 서 계시다고 생각하고 다시 한 번 저를 밀어보세요.

**포스튜머스** 나의 영혼이여. 나무에 매달린 열매처럼

　그렇게 내게 꼭 붙어 있어요. 나무가 죽을 때까지 말이오.

　(제5막 5장 261-64행)


　심벨린 왕은 전쟁에 승리했을 뿐만 아니라 잃어버렸던 두 아들과 딸, 옛 충신까지 한꺼번에 재회하게 된다. 풍요와 생명력의 상징인 딸이 불러오는 소생, 재회, 용서, 화해가 이 작품에서도 재현되는 것이다.

　심벨린 왕은 그들 모두에게 성급한 성질 때문에 저지른 잘못에 대해 용서를 빌고, 포로로 잡은 로마의 병사들에게 자비를 베풀며 로마에게 관례대로 조공을 바치기로 다짐하고 화친을 맺는다. 이아키모도 양심의 가책을 느끼고 죽음을 간청하나 포스튜머스는 그를 용서한다. 앞에서도 말했듯이 이런 극적인 재회, 화해, 용서가 셰익스피어 후기 로맨스극의 전형적인 특징이다.


## 해석의 팽창을 부르는 질투심

　질투심에 사로잡힌 오셀로, 이아고, 레온테스, 포스튜머스는 하나같이 자신들의 상상 속에서 모든 기호를 아내의 부정을 입

증하는 기의로 왜곡해 해석한다. "성적 질투심은 근본적으로 해석의 위기"라고 이글턴이 주장한 것처럼[15] 이 극들에서는 질투심이 불러일으키는 해석의 팽창 현상이 두드러진다. 자신이 심한 의처증에 시달리고 있는 이아고는 누구보다도 이런 의심의 속성을 잘 알고 있다. 그래서 데스데모나의 손수건을 손에 넣고는 다음과 같이 읊조린다.

> **이아고**  질투심 강한 사람에게는
> 공기처럼 가벼운 물건도 성서만큼이나
> 강력한 증거가 된다.
> (제3막 3장 327-29행)

이것이 바로 질투의 본질인 "해석학적 팽창"인 것이다. 그래서 이들은 모든 사물과 현상을 있는 그대로 보는 것이 아니라 아내의 부정과 연결지어 보게 된다.

이아고에게서 캐시오가 자면서 데스데모나와 사랑을 나누는 잠꼬대를 했다는 이야기를 들은 오셀로는 그것이 이미 경험해 본 적이 있음을 말해주는 증거라고 단정한다. 또한 촉촉한 데스데모나의 손을 보고는 자유분방한 행실을 보여주는 증거라고 말한다. 그다음에 이아고는 마치 무대 감독처럼 캐시오와 자신의 대화 장면을 오셀로가 엿보도록 연출해낸다. 질투심의 속성을 간파하고 있는 이아고는 오셀로의 질투심이 자신과 캐시오의 대화 장면을 어떻게 오독할지에 대해 잘 알고 있다.

> **이아고**  그(캐시오)가 웃어대면 오셀로는 미치겠지.
>
> 미숙한 질투심에 사로잡혀
>
> 캐시오의 웃음이나 몸짓, 가벼운 행동 하나하나를
>
> 완전히 잘못 해석하겠지.
>
> (제4막 1장 100-103행)

이아고의 예상대로 오셀로는 두 사람의 대화가 데스데모나에 관한 것이라고 생각하고 대화 내용 하나하나를 질투하며 굴절된 시각으로 왜곡해 해석한다. 하지만 사실 이아고는 캐시오와 그의 애인인 창부 비앙카(Bianca)에 관한 이야기를 나누고 있었다.

마침내 오셀로는 우연히 떨어져 남의 손에 들어간 손수건 한 장을 "의심의 여지가 없는, 눈에 보이는 증거"라고 생각하는 지경에 이른다. 이글턴은 "질투는 그것의 목적에 맞게 세상을 조작하는 폭군 같은 언어고, 증거를 그것의 이익 쪽으로 돌리는 가장 독재적인 법률이다"라고 말한다.[16] 이때는 "이미 내 독약으로 저 무어 놈은 변했어"(제3막 3장 330행)라는 이아고의 생각처럼 오셀로의 머릿속에는 "위험스런 억측들"(제3막 3장 331행)이 "유황광산처럼 불타오른다"(제3막 3장 334행). 오셀로는 자신의 눈에 비친 파편적 텍스트를 가지고 전혀 다른 또 하나의 텍스트를 창조해낸 것이다.

이아고가 오셀로에게, 이아키모가 포스튜머스에게 성적 질투심을 불어넣는 과정에서 우리는 언어의 가공할 만한 힘을 보게 된다. 그런 언어의 힘은 피 속에 들어가 모든 신경을 마비시키는 독약과 같이 상대의 판단력과 이성을 마비시킨다. 실제로 아무런 실체도 담고 있지 않은 빈 기표인 이아고의 'nothing'이 다른 인물들에게는 'something'으로 해석된다. "이 정직한 자는 그가 밝힌 것보다 훨씬 더 많은 것을 보고, 알고 있음에 틀림없어"(제3막 3장 246-47행)라는 오셀로의 대사에서도 이아고의 암시적 언어가 질투심에 사로잡힌 오셀로의 상상 속에서 어떻게 과대망상적으로 증폭되는지를 보여준다.

이아키모도 이모젠의 방의 모습을 상세히 묘사하고 그녀에게서 몰래 빼온 팔찌를 포스튜머스에게 보여준다. 그리고 그녀의 젖가슴 밑의 검은 점들에 대해 이야기하자 초반에 아내의 정절을 절대적으로 믿던 포스튜머스는 이아키모의 사악한 언어에 속아 아내가 이아키모에게 정절을 바쳤다고 믿으며 광분한다. 그래서 이아키모가 자신의 말이 사실이라고 맹세하려 하자 다음과 같이 외친다.

**포스튜머스**  맹세고 뭐고 다 필요 없다.
　　이제 그런 짓을 안 했다고 맹세하면 그건 거짓말이다.
　　날 오쟁이 진 남편으로 만들었다는 걸 부정하면

자넬 살려주지 않을 테다.

(제2막 4장 143-46행)

이와 같이 이아고와 이아키모가 조작한 언어는 남편들의 머릿속에서 무고한 아내의 간통이라는 허구를 생산해낸다.

## 여성 목소리의 봉쇄

오셀로, 포스튜머스, 레온테스는 하나같이 자신들의 의심에 대한 아내들의 해명을 듣지 않는다. 그들 모두 아내와의 대화의 문을 차단하고 이아고나 이아키모 같은 다른 남성들의 주장에만 귀를 기울인다. 오셀로는 에밀리아에게서 데스데모나의 부정에 대한 단서를 캐내고자 대화를 나누지만 그의 귀는 이미 이아고의 거짓으로 굳어져 에밀리아가 말하는 진실을 사실로 받아들이지 않는다. 그 이후에도 오셀로는 데스데모나를 대면하기만 하면 불같이 화를 내지만 그 이유를 묻는 그녀의 말문은 막아버린다. 오셀로가 데스데모나의 목을 졸라 죽이는 것도 결국 그녀의 말문을 막아버리는 대단히 상징적인 행위다. 친디오가 쓴 원작에서는 데스데모나가 맞아죽는 데 반해[17] 셰익스피어는 의도적으로 원작에 수정을 가해 그녀의 살해와 언어가 갖는 상징적 의미를 극대화시키고 있다.

가부장 사회에서는 주로 여성의 두 가지 신체 부위를 통제했

헨리 먼로, 「오셀로, 데스데모나, 이아고」, 연도미상, 개인 소장

다. 그 가운데 하나는 성행위나 출산과 관련된 여성의 성기고, 나머지 하나는 생각을 표출하고 저항하는 기관인 여성의 혀다. 이는 이 두 기관이 남성의 가부장적 지배에 대한 직간접적인 도전과 전복의 기관이기 때문이다. 그래서 가부장 문화에서는 여성의 혀가 열리는 것을 곧 성적 방종과 동일시했다. 데스데모나, 이모젠, 헤르미오네는 혀를 열어 자신의 순결을 변호해야 함과 동시에 혀를 닫아 정숙한 여인임을 입증해야 하는 아이러니한 아포리아에 빠져 있다.

『오셀로』에서는 데스데모나뿐만 아니라 에밀리아와 비앙카에게도 침묵을 강요하는 남성문화를 보게 된다. 특히 이아고는 여성의 혀에 대해 부정적 담론을 많이 구사한다. 2막에서 이아고는 에밀리아의 수다에 강한 거부감을 표현하고, 극의 후반부에서는 수차례에 걸쳐 침묵을 강요한다. 캐시오도 비앙카가 거리에서 큰 소리로 떠벌릴까봐 우려하는 모습을 보인다. 하지만 "공기처럼 자유롭게 하고 싶은 말을 하겠다"(제5막 2장 221행)는 에밀리아의 선언에서 볼 수 있듯이 여성의 혀는 쉽사리 봉쇄되지 않는다. 이아고의 억압적 침묵 강요에 대한 에밀리아의 저항은 필사적이다. 그녀는 "하늘과, 인간과, 악마가 모두 내게 부끄러운 줄 알라고 하더라도 나는 말을 할 것이다"(제5막 2장 222-23행)라고 부르짖는다. 이아고는 결국 칼(sword)을 사용하여 에밀리아의 말(word)을 봉쇄한다. 하지만 에밀리아는 마지막 순간에도 다음과 같이 외치며 죽는다.

**에밀리아**　무어인이여, 주인아씨는 정숙했고 당신을 사랑했소. 이 잔인한 무어인이여,

　　진실을 말했으니 나의 영혼은 축복을 받을 것이오.

　　생각하는 바를 이야기하며 이렇게 나는 죽네.

　　(제5막 2장 250-52행)


에밀리아의 이 마지막 대사는 진실을 말하려는 여성의 혀는 남성의 무력적 억압으로 쉽사리 봉쇄되지 않음을 암시한다.


## 살인, 그리고 보석화

이 극들 초반에 남편들은 정숙한 아내의 정조를 찬미하고 성녀화한다. 하지만 일단 아내의 정절을 의심하게 된 남편들은 걷잡을 수 없는 질투심에 사로잡혀 아내들에게 폭언과 폭행을 가한다. 아내의 부정을 기정사실로 받아들이면서 남편들은 아내를 부를 때 'whore' 'strumpet' 'public commoner'라는 창녀의 이미지와 'goats and monkeys' 같은 금수(禽獸) 이미지의 호칭을 사용한다. 이렇게 여성은 스스로 자신의 정체성을 주장할 수 있는 존재가 아니라 남성의 욕망이 투사되는 빈 공간이 된다. 남성은 이 공간에 여성의 정체성을 부여하는 중심 또는 기준이 된다. 그러나 그들이 여성에게 부여하는 정체성은 성모 아니면 창녀라는 극단적인 전형으로 양분된다. 결국 여성이라

는 "깨끗한 종이, 아름다운 책"(『오셀로』제4막 2장 73행) 위에 'whore'라는 단어를 써넣는 것도 바로 부정망상에 사로잡힌 남성인 것이다.

남편들은 부정한 아내를 죽여 완전한 사랑 ─ 사실은 완전한 자기 소유화 ─ 에 이르려 한다. 하지만 아내가 죽은 바로 다음 순간 그들은 아내의 순결함을 깨닫고 자신들의 어리석은 행동을 후회한다. 곧이어 죽은 아내를 진귀한 보석에 비유하며 아내의 고결한 순결을 극단적으로 찬미한다. 아내의 욕망을 통제할 수 없던 남성들은 죽어 차갑게 식은 시신을 보고 나서야 비로소 불안감과 질투심에서 벗어나 아내를 성스러운 존재로 이상화하는 것이다. 예를 들어 데스데모나가 순결했음을 알게 된 오셀로는 "차디찬 나의 여인! 마치 그대의 순결처럼 차구려"(제5막 2장 276-77행)라고 절규한다. 이처럼 결국 아내를 차가운 시체로 만들어 자신들을 불안하게 만드는 아내의 섹슈얼리티를 봉쇄한다. 그리고 그녀를 "귀중한 진주"에 비유함으로써 "단단하고, 차갑고, 정적이고, 말이 없지만 칭송받고, 소유하고 싶은 보석으로 전치시킨다."[18]

지금까지 살펴본 것처럼 이 세 극은 성적 질투심이 몰고 온 비극적 상황을 담고 있다. 그 질투심은 오셀로, 포스튜머스, 레온테스를 "무서운 환상"(horrible fancies, 『오셀로』제4막 2장 26행) 속으로 몰아, 결국 아내에 관련된 모든 기호를 그녀의 부정을 입증하는 기의로 해석하게 한다. 여성의 목소리를 억압하는 가부장 문화 속에서 데스데모나, 이모젠, 헤르미오네는 남편들의 자의적이고 팽창된 해석 속에서 자신의 순결에 대해 변호할 기회도 갖지 못한 채 목숨을 잃는다. 하지만 비극『오셀로』에서만 순결한 아내가 비참한 죽음을 맞고 희극인 두 작품에서는 죽은 줄 알았던 아내들이 살아 있어 결국 행복한 화해와 재결합이 이루어진다.

셰익스피어가 아내의 정조를 의심한 남편들의 이야기를 세 편이나 썼다는 것은 주목할 필요가 있다. 그런데 이 세 작품은 결국 여성을 이해하지 못한 남성에 관한 극이다. 극 내내 남자들은 여자의 정체성에 대해 말하는데 그 언사는 매우 부적절해 보인다. 여자를 여신으로 칭송하든 창녀라고 욕을 하든 여성에 대한 일반화는 그들이 묘사하고 있는 여성보다는 자신들에 대해(남성 중심의 가부장 사회에 대해) 더 많은 것을 알려준다. 남성들이 이렇게 여성에 대해 잘못된 개념을 갖는 것은 여성에 자신들의 욕망을 투영한 탓이다. 시몬느 드 보부아르(Simone de Beauvoir)의 주장처럼 남성들은 여성에 대해 "자신이 바라는 것, 두려워하는 것, 좋아하는 것, 싫어하는 것을 투사한다."[19] 또한 그린의 주장처럼 셰익스피어는 남성의 가치는 '명예'에 있고, 여성의 가치는 '순결'에 있다는 사고 자체를 비판하는 듯하다.[20] 결론적으로 셰익스피어는 이 작품들을 통해 아내의 순결에 병적으로 집착하는 어리석은 남성들의 명예욕과 가부장 이데올로기를 비판적 시각으로 재현했다고 볼 수 있다.

테오도르 샤세리오, 「데스데모나와 에밀리아」,
1849, 파리, 루브르 박물관 소장

# 셰익스피어의 상상력 세계

『한여름 밤의 꿈』『폭풍우』

"저 구름 위에 솟은 탑도, 호사스런 궁전도,
장엄한 신전도, 이 거대한 지구 자체와
지구상의 삼라만상이
지금 사라져버린 환상처럼
결국 다 사라져 흔적도 남지 않는 법.
우리는 그런 꿈과 같은 존재에서
우리의 짧은 인생을
잠으로 막을 내리게 되지."

『폭풍우』

## 시적 상상력이 낳은 환상의 세계

셰익스피어는 시적 상상력이 뛰어난 작가로 손꼽힌다. 그의 작품 속에는 유령, 마녀, 요정 같은 초현실적인 존재가 많이 등장한다. 그 가운데에서도 몽환적인 요정들의 세계를 그린 『한여름 밤의 꿈』(*A Midsummer Night's Dream*)과 신비로운 마법의 섬을 그린 『폭풍우』(*The Tempest*)는 그의 시적 상상력이 응집된 작품들이다.

『한여름 밤의 꿈』과 『폭풍우』는 많은 점에서 유사하다. 우선 두 작품의 공통점은 마법과 요정이 등장하는 신비롭고 환상적인 이야기라는 것이다. 두 작품에서 초자연계와 인간계는 서로 분리되어 있는 것이 아니라 긴밀한 상호 관계로 엮여 있다. 또한 춤과 음악, 극중극 등 연극적 볼거리가 풍부하며 연극이 창출해내는 극적 환상과 관객의 상상력에 대한 메타드라마적 (meta-theatrical)[1] 언급을 많이 담고 있는 것도 공통점이다.

『한여름 밤의 꿈』에서는 테세우스(Theseus) 공작의 결혼식 피로연에서 아테네 직공들이 공연할 극중극 「피라무스와 티스베」(Pyramus and Thisbe)를 준비하는 과정에서, 『폭풍우』에서는 마법사 프로스페로(Prosprero)가 요정 아리엘(Ariel) 일행을 데리고 특정 장면들을 연출하거나 정령들을 불러내어 보여주는 가면극에서 셰익스피어는 극 창작과정을 관객들에게 보여줄 뿐만 아니라 극에 대해 많은 담론을 펼친다.

이 글에서는 셰익스피어의 작품 가운데 판타지 요소가 가장 많이 담긴 『한여름 밤의 꿈』과 『폭풍우』를 통해 셰익스피어의 놀라운 시적 상상력을 살펴볼 것이다. 또한 셰익스피어가 연극이 만들어내는 극적 환상과 관객의 상상력에 대해 자의식적으로 성찰하기 위해 판타지 요소를 사용한다는 점도 함께 살펴볼 것이다. 나아가 이런 판타지 요소들이 인간의 삶 또한 한 편의 연극처럼 그림자에 불과한 것이라는 작가의 인식을 전달하는 매개체로 사용되었음을 탐색하고자 한다.

## 『한여름 밤의 꿈』의 배경: 아테네 궁정 vs 마법의 숲

1595년에 집필된 『한여름 밤의 꿈』은 복잡하게 얽힌 사랑의 갈등이 초자연적인 힘을 빌려 해결되는 꿈같은 이야기다. 이곳에서 요정, 아테네 귀족, 아테네의 장인들은 환상과 현실의 공간을 넘나들며 서로 얽힌다. '꿈'이라는 제목에서부터 환상적 이미지가 강하게 내포됨을 알 수 있는 이 극은 셰익스피어 작품 가운데 시인의 상상력이 가장 많이 발휘된 작품이라고 할 수 있다. 특히 셰익스피어는 요정들의 환상적인 세계를 아주 세밀하게 묘사하여 형상화했다.

작품 속에서 인간의 세계는 초자연적 존재인 요정들의 영향력 아래 놓여 있다. 요정들은 극 속에서 벌어지고 있는 거의 모든 일에 개입하고 통제한다. 이는 맥베스의 마음에 왕권에 대한 야망을 불러일으키는 마녀와 마찬가지로 흔히 사람들이 생각하는 "보이지 않는 힘"이 인간세상에서 벌어지는 일에 영향을 준다는 것을 형상화한 것이다. 안제이 시로키(Andrzej Cirocki)는 "보이지 않는 무형의 세계가 인간들의 생각과 행동에 미치는 영향은 셰익스피어의 작품 속에서 중요한 사상 가운데 하나"라고 주장했다.[2]

아테네의 젊은 연인 허미아(Hermia)와 라이샌더(Lysander)는 허미아 아버지의 반대로 사랑의 벽에 부딪힌다. 원래 허미아와 라이샌더, 드미트리어스(Demetrius)와 헬레나(Helena)는 서로 사랑하는 연인이었다. 그런데 허미아의 아버지가 드미트리어스를 딸의 신랑감으로 선택함으로써 사랑의 실타래가 복잡하게 엉키고 만다. 드미트리어스가 헬레나를 버리고 허미아와 결혼하고자 했기 때문이다. 허미아의 아버지 이지어스(Egeus)는 테세우스 공작에게 아테네 법에 따라 딸의 결혼 문제를 해결해달라고 간청한다. 이때 허미아가 아버지의 뜻에 따르지 않고 사랑의 감정을 따랐을 때 자신이 치러야 할 대가를 묻자 테세우스 공작은 아주 냉정하게 아테네 법을 알려준다.

**테세우스 공작** 죽거나 아님 영원히 속세를
떠나야 하느니라.
그러니, 아름다운 허미아야. 너의 욕망,
젊은 혈기를 곰곰이 잘 생각해보아라.

만에 하나 그대가 아버지의 선택에 따르지 않으면
그대는 수녀 옷을 입고
평생 어두운 수도원에 갇혀
불임의 수녀로 살아야 할 것이다.
(제1막 1장 65-72행)

이렇듯 테세우스 공작이 다스리는 아테네는 엄격한 사회규
범과 가부장주의가 지배하는 공간이다. 허미아와 라이샌더는
이런 편협한 아테네 법을 피해 달아나다 아테네 숲에 이른다.
그들이 도착한 이 숲은 아테네 궁정과는 달리 요정들의 마법이
지배하는 장소다. 다시 말해 아테네가 이성과 법의 지배를 받
는 세상이라면 요정의 숲은 마법과 환상이 지배하는 세상이다.
아테네의 사회 규범과 법을 피해 달아난 젊은이들은 이번에는
숲을 지배하는 마법의 영향 아래 놓이게 된다.


## 요정세계의 불화가 부른 인간세상의 혼란

이 숲에도 사랑의 갈등이 존재한다. 요정나라의 오베론
(Oberon) 왕과 티타니아(Titania) 왕비 사이에는 인도 소년 때
문에 작은 불화가 있었다.[3] 요정나라에서 벌어진 이런 불화 때
문에 인간세상에서는 기후의 이변이 일어나 사계절이 모두 뒤
죽박죽이 되는 등 많은 흉사가 일어난다. 티타니아 왕비는 인

조지프 노엘 패튼, 「오베론과 인어」, 1883, 개인 소장

간세상에서 일어난 이변의 원인이 자신들의 불화 탓임을 오베론 왕에게 다음과 같이 상기시킨다.

> **티타니아 왕비**  그래서 사람들은 한여름에 겨울옷을 그리워하고
> 여름밤의 찬송가도 잔치의 노래도 찾을 수 없어요.
> 밀물 썰물을 관장하는 달의 여신도 노기등등하여
> 파리해지고 대지에 습기를 차게 해
> 감기나 류머티스가 기승을 부리게 했지요.
> 그뿐이겠어요. 이런 기후의 이변으로
> 사계절이 망령이 들었는지 때 아닌 백발 같은
> 서리가 진홍빛 장미 꽃봉오리에 내리는가 하면
> 동장군의 차디찬 대머리에 마치 추위를 비웃듯
> 향기로운 초여름의 꽃망울이 화관같이 장식돼요.
> 봄, 여름, 결실의 가을, 엄동설한, 이 네 계절이
> 모두 낯익은 옷을 바꿔 입었으니 세상 사람들은
> 계절의 모습만 보고서는 지금이 어느 계절인지
> 분간할 수 없게 되었어요.
> 이런 여러 가지 흉사가 일어난 것도
> 바로 우리들의 싸움 때문이고 불화 때문이에요.
> 우리들이야말로 이 화근의 근원이요, 원천이란 말이에요.
> (제2막 1장 101-17행)

기록에 따르면 실제로 1594년부터 1596년까지 영국에 이상 기후가 계속되었다고 한다. 특히 1594년 6월과 7월은 겨울처럼 혹독하게 추웠다는 기록이 있다. 이렇듯 셰익스피어는 현실 세계에서 벌어진 불가사의한 현상을 초자연적 존재들이 우리 인간들의 삶에 작용한 것으로 상상한다. 이 극의 요정들은 바로 그런 시적 상상력의 구체적 형상화인 것이다. 한 요정이 오베론 왕의 장난꾸러기 심부름꾼인 퍼크(Puck)에 대해 묘사하는 다음 대사도 이런 셰익스피어의 상상력을 잘 보여준다.

> **요정**  내가 너의 모양새나 생김새를 잘못 본 것이 아니라면
>   너는 로빈 굿펠로라는 장난꾸러기 요정이 틀림없어.
>   우유에 뜬 찌끼를 걷어내고, 때로는 맷돌을 돌려
>   시골 아가씨들을 놀라게 하고, 숨죽인 아낙네들이
>   젓고 있는 버터를 소용없게 만들고, 때로는 술이 발효되어
>   생기는 거품이 생기지 않게 하거나 밤길 가는 사람을
>   길을 헤매게 만들고는 그 모습을 보고 웃어대는 것이
>   바로 너지?
>   (제2막 1장 32-39행)

이 대사로 볼 때 우리의 일상에서 일어나는 온갖 불가사의한 현상은 모두 초자연적 존재들이 부리는 조화인 셈이다.

조지프 노엘 패튼, 「오베론 왕과 티타니아 왕비의 화해」,
1847, 에든버러, 스코틀랜드 국립미술관 소장

## 사랑의 묘약

오베론 왕은 자신에게 대항하는 티타니아 왕비에게 앙갚음을 하기 위해 퍼크를 시켜 큐피드의 화살이 떨어져 진홍빛으로 물든 삼색제비꽃을 따오게 한다. 이 꽃의 즙은 사랑의 묘약으로 자는 사람의 눈에 떨어뜨리면 잠에서 깨어나 가장 먼저 본 것을 미칠 듯이 사랑하게 되는 마법을 지니고 있다.

**오베론 왕** 이 꽃즙만 가져오면
　　왕비가 잠든 틈을 타서
　　그 즙을 그녀의 눈에 넣으리라.
　　그러면 그녀가 깨어나서 처음 보는 것 ─
　　그것이 사자든, 곰이든, 늑대든, 황소든
　　아니 간섭하기 좋아하는 원숭이든, 정신없는 원숭이든
　　─ 과　사랑에 빠져 그것을 따라다닐 것이다.
　　(제2막 1장 176-82행)

퍼크가 꽃을 따오기를 기다리는 동안 오베론 왕은 허미아를 찾아나선 드미트리어스와 그를 따라오는 헬레나가 나누는 대화를 우연히 듣게 된다. 드미트리어스는 헬레나에게 모욕적인 말을 퍼붓지만 헬레나는 그에게 사랑을 구걸한다. 이들의 대화를 듣고 헬레나를 가엽게 여긴 오베론 왕은 두 사람이 이 숲을 떠날 때는 거꾸로 드미트리어스가 헬레나를 쫓아다니게 해주리라 결심한다. 그래서 티타니아 여왕에게 꽃즙을 바르는 사이 퍼크에게는 아테네 복장을 한 청년을 찾아 그자의 눈에도 꽃즙을 바르라고 시킨다.

그런데 퍼크가 아테네 복장을 한 라이샌더의 눈에 묘약을 바르고 만다. 마법에 걸린 라이샌더가 가장 먼저 본 것은 죽은 줄 알고 흔들어 깨운 헬레나였다. 그의 마음에 이제 허미아에 대한 사랑은 사라지고 헬레나를 향한 사랑이 불타오른다. 이를 바로잡기 위해 오베론 왕은 드미트리어스의 눈에 사랑의 묘약을 바르게 하고 마법에 걸린 드미트리어스가 헬레나를 먼저 보게 되면서 두 남자는 이제 서로 헬레나를 차지하겠다고 다투게 된다. 퍼크의 실수로 상황이 더욱 복잡하게 꼬이지만 결국 오베론 왕은 복잡하게 엉킨 사랑의 실타래를 풀고 아테네의 젊은 연인들이 원래의 짝과 다시 행복하게 만나도록 한다.

이렇듯 셰익스피어는 사랑에 빠진 사람들의 이해할 수 없는 어리석은 행동은 인간들이 잠든 사이에 초자연적 존재가 사랑의 묘약을 눈에 넣기 때문이라고 설정한다. 오베론 왕이 퍼크에게 따오라고 시킨 사랑의 마법을 지닌 삼색제비꽃은 영어로 'love-in-idleness'다. 이 'idleness'라는 단어는 '광기'(madness)라는 단어와 비슷한 뜻으로 결국 이 극에서 다루고 있는 것은 사랑의 광증이다. 또 눈에 바른 뒤 잠에서 깨어나 처음 보는 상대를 미친 듯이 사랑하게 된다는 사랑의 묘약은 사랑의 맹목적성을 상징적으로 보여준다.

## 연극, 연극을 논하다

인간들이 사랑의 묘약으로 혼란스러워 하는 사이 오베론 왕은 잠든 티타니아 여왕의 눈에 묘약을 바른다. 그리고 여왕이 곤히 잠든 나무 그늘 옆 공터에서는 아테네 직공들이 모여 연극 연습을 하고 있었다. 직조공, 땜장이, 재단사, 목수 등으로 구성된 이 아마추어 연극단은 테세우스 공작의 결혼식 날 공연할 「피라무스와 티스베」라는 극을 연습하러 모인 것이었다. 이 극중극은 '사랑의 고난'이라는 전체 극의 주제와 긴밀한 연계성을 지니고 있다. 부모의 반대로 두 연인의 사랑에 갈등이 생긴다는 것도 같고 이를 피하기 위해 연인이 도망가는 것도 같다.

이 장면은 연습 과정에서 펼쳐지는 수많은 메타드라마적 언급을 하고 있다는 점에서 큰 의의를 지닌다. 이들이 모여 배역을 정하고 연극 연습을 하는 동안 무대 소품이나 연기에 대해 하는 토론은 희화한 것이기는 하지만 연극에 대한 밀도 있는 자의식적 탐구라 할 수 있다. 이들의 토론을 통해 우리는 한 공연을 올리기까지 공연관계자의 고충과 수고를 알 수 있고 공연관계자들이 느끼는 공연에 대한 걱정을 엿볼 수 있다. 그들은 귀부인들 앞에서 자살 장면을 연출하거나 사자를 등장시킬 때 귀부인들이 이맛살을 찌푸리거나 두려워할 것을 걱정한다. 그런가 하면 자신들이 공연하는 날 달이 뜨는지, 연인이 서로 사랑을 속삭이는 구멍 난 돌담은 어떻게 가져올 것인지에 대해 끝없이 논의를 한다.

주인공들의 자살 장면을 빼버리자는 의견이 나오자 직공들 중 가장 참견하기 좋아하고 나서기 좋아하는 보텀(Bottom)이 서사를 이용하자고 제안한다. 그는 또한 사자의 연기를 무서워할 관객들을 위해 사자 역을 맡은 배우가 얼굴을 내보이고 다음과 같이 말하자고 주장한다.

**보텀** 그보다는 이름을 대면 좋겠어. 사자의 목에서 얼굴을 반쯤 내밀고 말이야. 그러고 나서 지껄이면 돼. 이렇게 말이야. '부인네들이여' 아니면 '아름다운 부인네들이여. 여러분께 간청합니다만, 제발 두려워하지 마시고 부들부들 떨지도 마십시오. 제 목숨을 걸고 보증하겠습니다. 만일 여러분들이 이곳에 출연한 저를 사자라고 생각하신다면, 제가 목숨을 걸고 통탄할 일입니다. 저는 결코 사자가 아니라 인간입니다. 다른 인간들과 조금도 차이가 없는 인간입니다.' 그러고 나서 이름을 밝히면 돼. '저는 확실히 접합공 스너그입니다'라고 말이야.

(제3막 1장 39-48행)

이런 보텀의 주장은 극적 환상을 깨고 그들의 극이 실제가 아닌 환상임을 관객들에게 직접 알려주자는 것이다.

　나중에 테세우스 공작과 히폴리타(Hippolyta)[5], 두 쌍의 젊은 연인들이 행복한 합동결혼식을 올린 뒤 그들의 저녁 시간을 메워줄 여흥으로 보텀 일행이 준비한 이 연극이 공연된다. 그들의 어설프고 우스꽝스러운 공연에 투덜대는 히폴리타는 극장에서 허구의 세계를 경험하는 관객의 모습을 형상화한 것이다. 그녀의 불평에 테세우스 공작은 다음과 같이 말한다.

> **테세우스**　연극이란 잘 해도 그림자에 불과한 것이오. 서툰
>
> 　연극이라도 상상으로 메우면 그렇게 나쁘지는 않은 법이오.
>
> 　(제5막 1장 208-209행)

　공작의 이 대사에 이어 "듣는 사람들이 배우만큼만 상상한다면 그들은 훌륭한 배우로 통할 수 있어요"(제5막 1장 219-20행)라는 대사는 모두 연극을 관람하는 관객의 상상력이 중요함을 주장하는 작가 자신의 목소리로 볼 수 있다. 테세우스/셰익스피어는 연극을 현실과 비교해 그림자에 불과하다고 말하고 있다. 이런 허구에 불과한 연극의 가치를 높여주는 것은 바로 관객의 상상력이다. 결국 시인의 상상력은 관객의 상상력이 더해질 때만 예술로 승화할 수 있는 것이다.

## 사랑의 맹목적성

직공 일행이 숲에서 연극 연습을 할 때 퍼크는 장난기가 발동해 보텀의 머리를 당나귀 머리로 바꿔놓는다. 그런데 사랑의 묘약 마법에 걸린 티타니아 왕비가 보텀이 부르는 노랫소리에 잠이 깬다. 결국 눈을 떠서 가장 먼저 보게 되는 것이 바로 이 보텀이다. 그녀는 당나귀 머리 보텀에게 첫눈에 반한다. 보텀과 티타니아 왕비의 사랑은 모든 경계를 넘어선 것으로 자연과 초자연의 결합이요, 실재와 환상의 결합이며, 최하위층과 최상위층의 결합이다. 초자연적인 존재인 요정 여왕이 인간 중에서도 아주 미천한 자(그의 이름 'Bottom'도 그의 미천함을 상징적으로 보여준다), 그것도 당나귀 머리를 한 괴물인 보텀에게 매료되는 상황은 사랑의 맹목적이고 어리석은 면모를 극단적으로 보여준다.

나중에 다시 오베론 왕의 마력으로 마법에서 깨어난 티타니아 왕비는 자기가 당나귀에게 반하는 이상한 꿈을 꾸었다고 말한다. 그러고는 자기 옆에 누워 잠들어 있는 보텀을 보며 끔찍한 저 얼굴을 어떻게 사랑했을까 의아해한다. 이것이 바로 사랑의 맹목적성(blindness)인 것이다. 극 초반에 남자들이 허미아만 사랑하자 한탄하는 헬레나의 다음 대사도 사랑의 맹목적성을 논하고 있다.

헨리 퓨젤리, 「티타니아 왕비와 보텀」, 1786~89, 런던, 테이트 미술관 소장

에티엔느 모리스 팔코네, 「큐피드 좌상」,
1757, 파리, 루브르 박물관 소장

**헬레나**  아무리 천하고 천하여 멸시할 만한 것이라도

사랑은 훌륭하고 품위 있는 것으로 바꾸어주지.

사랑은 눈으로 보지 않고 마음으로 보는 것.

그래서 날개 달린 큐피드를 장님으로 그린 것.

그리고 사랑하는 마음에는 분별심이라고는 조금도 없지.

눈은 없고 날개만 있는 것은 물불을 가리지 않는

그런 성급함을 나타내는 거야.

(제1막 2장 232-37행)


라이샌더는 퍼크가 잘못 넣은 사랑의 묘약으로 변심한 뒤에 허미아를 '도토리'니 '아프리카 검둥이'니 하고 비난한다. 사랑에 빠진 상태에서는 키가 작고 피부가 검은 그녀의 결점이 보이지 않았던 것이다. 이것 또한 사랑이 지닌 맹목적성을 보여주는 것이다.


## 시인, 광인, 연인의 상상력

이렇게 아테네 젊은이들은 숲에서 한바탕 소동을 겪은 뒤 잠이 든다. 다음 날 새벽 테세우스 공작 일행이 사냥을 하러 숲으로 왔다가 잠들어 있는 이들을 발견한다. 잠에서 깨어난 이들은 지난밤 자신들의 경험이 꿈인지 생시인지 분간하지 못한다.

원래 아테네의 군주인 테세우스 공작은 이성의 세계를 대변

데이비드 스콧, 「새벽에게 쫓겨 가는 퍼크」,
1837, 에든버러, 스코틀랜드 국립미술관 소장

하는 존재다. 따라서 극 초반에 그는 허미아 문제를 다루는 데 있어 아테네의 법으로 상징되는 이성적 판단에만 의존하고 상상력이 배제된 판결을 내린다. 그러던 그가 마법처럼 변화와 변형을 가져오는 숲의 영향을 받아 아테네 법을 피해 도망가려 했던 젊은이들을 포용하게 된다. 그는 허미아의 아버지에게 딸이 고른 배필을 받아들이도록 설득하고 자신의 결혼식 때 이 두 연인과 합동결혼식을 거행하기로 한다.

젊은 연인들은 궁정으로 돌아가는 길에 공작 일행에게 자신들이 꾼 꿈 이야기를 해준다. 그들의 이야기가 통 믿어지지 않지만 공작은 이를 사랑이라는 열병이 만들어내는 환상이라 생각한다.

**테세우스 공작**  연인들이나 미친 사람들은 머릿속이 들끓는 탓인지

그런 허무맹랑한 환상들을 만들어내지만 그것은

냉정한 이성으로는 도저히 이해할 수 없는 것이오.

광인이나 연인이나 시인은 모두 상상력으로

머릿속이 꽉 차 있는 사람들이오.

그런 자들은 넓은 지옥도 수용 못 할 정도의 악마를 본다오.

그게 결국 광인인 거지. 연인도 그에 뒤질세라 미쳐가지고

집시의 까만 얼굴에서도 절세의 미녀 헬렌을 보는 거요.

(제5막 1장 4-11행)

이 대사에 따르면 연인은 광인이나 시인 같은 존재가 되는데 이 세 부류에 속한 자들이 지닌 공통점은 바로 격정과 비이성적인 면모다. 결국 사랑은 시인이 발휘하는 것과 같은 상상력의 산물이며 그들이 겪는 열병은 미치광이의 광기 같은 것이다. 이어지는 다음 대사에서는 특히 시인의 상상력에 대해 논한다.

**테세우스 공작**  시인의 눈망울도 마찬가지. 시적 황홀함에 흠뻑
  젖어
   천상에서 대지를 굽어보고 대지에서 천상을 쳐다보며
   상상 속으로 나래를 편단 말이오.
   시인의 상상력은 지금껏 알려지지 않은 것을 형상화하고
   시인의 펜은 그들에게 확실한 형태를 만들어주며
   존재하지도 않는 것에 거처와 이름을 붙여주는 것이오.
   그런 재주는 뛰어난 상상력이 있기 때문이오.
   만약 즐거움을 느끼고 싶으면 그 즐거움을 갖다줄 실체를
   생각한단 말이오.
   (제5막 1장 12-20행)

온갖 상상의 세계가 펼쳐지는 이 작품에서 이 대사는 아주 중요하다. 결국 허무맹랑한 몽환적 내용으로 가득 찬 이 극 자체가 시인이 가진 상상력의 결과물이기 때문이다. 이런 시인의

윌리엄 블레이크, 「춤추는 요정들과 함께 있는 오베론 왕, 티타니아 왕비, 퍼크」,
(『한여름 밤의 꿈』 제5막 2장), 1786, 런던, 테이트 미술관 소장

상상력에 대한 언급은 이미 플라톤에서부터 시작되었다. 플라톤은 시인은 뮤즈 여신의 영감을 받아 시작(詩作)을 하는데 이 영감은 바로 광기와 같은 것이라고 주장했다.[6]

요정의 세계는 인간의 이성이 잠드는 밤의 세계로 요정인 정령들은 아테네의 젊은이들이 숲에 와 잠든 후, 그리고 극 말미에 세 쌍의 행복한 연인들의 결혼식이 끝나 초야(初夜)를 맞으러 들어간 뒤에 나타나 활동한다. 이렇듯 꿈/요정의 세계는 인간의 이성이 미치지 않는 공간이며 상하, 미추(美醜), 선악 등 모든 구분과 분별이 사라지는 장소다. 이곳은 일상적 가치관이 전복되거나 깨지는 비논리의 세계요, 사회적 윤리나 도덕으로부터 자유로운 공간이며 변화무쌍한 장소다. 그 어떤 도덕적 가치 기준도 존재하지 않는 이 꿈의 세계는 본능을 해방시키고 요정 여왕 티타니아는 당나귀와 사랑을 나누기에 이른다.

셰익스피어는 요정과 마법 등 꿈같은 사랑 이야기를 한바탕 신명나게 풀어놓은 뒤 퍼크의 에필로그에서 이 허무맹랑한 이야기에 양해를 구한다.

**퍼크** 우리 그림자들이 마음에 들지 않으셨다면
　　　 이 환영들이 나타났을 때
　　　 여러분이 여기서 잠시 잠든 거라고
　　　 생각하시면 됩니다.
　　　 (제5막 1장 430-33행)

안종훈은 이런 프롤로그나 에필로그가 극중극과 더불어 극작가의 자의식을 반영하고 관객들이 보고 있는 연극이 환상임을 공식적으로 상기시키는 메타드라마적 요소라고 했다.[7] 관객들이 보는 한 편의 연극을 관객이 꾼 꿈에 비유하는 이런 담론은 엘리자베스 시대에 자주 사용되었다. 이 극 속에서 등장인물들은 저마다 불가해한 꿈을 경험한다. 이성적 논리의 영역 밖에 존재하는 '꿈'의 세계를 형상화해 온갖 믿기지 않는 환상적 요소로 가득한 이 극을 관람하는 것은 등장인물들이 겪는 불가사의한 경험과 유사한 것이다.

## 『폭풍우』: 전지전능한 마법사의 세계

『한여름 밤의 꿈』이 가벼운 사랑의 극이라면 셰익스피어 후기 로맨스극인 『폭풍우』는 더 무거운 주제를 담고 있는 극으로 선과 악의 도덕적 문제와 권력과 탐욕, 그리고 복수의 문제를 다룬다. 『한여름 밤의 꿈』에서는 초자연적 능력을 가진 자가 초자연계에 속해 있지만 『폭풍우』에서 초자연적 능력을 발휘하는 자는 인간 마법사인 프로스페로다. 프로스페로는 다른 사람들의 운명을 좌지우지하는 전능한 마법사로 그려진다. 그는 섬 전체를 완전히 장악하고 지배하는 신 같은 존재면서 극을 자신의 의도대로 이끌어가는 인물이기도 하다. 또한 『한여름 밤의 꿈』이 연극의 본질, 극작가와 관객과의 관계에 대해 논한다면

『폭풍우』는 연극과 인생의 관계로 관심을 확대하고 있다.

『폭풍우』에서 동생에게 권력을 빼앗기고 무인도로 쫓겨온 전(前) 밀라노의 공작 프로스페로는 마법을 익히며 살고 있다. 그 마법의 힘으로 섬의 요정뿐만 아니라 원주민 캘리번 (Caliban)을 노예로 부린다. 그런데 동생 안토니오(Antonio)와 그의 권력찬탈에 동조한 나폴리의 알론조(Alonzo) 왕 일행이 튀니지 왕비가 된 나폴리 왕의 딸 결혼식에 참석한 뒤 이 섬을 지나가게 된다. 프로스페로는 마법과 요정을 이용하여 폭풍우를 일으켜 이들에게 복수를 수행한다.

> **프로스페로** 요정아, 내가 지시한 그대로
> 폭풍우를 일으켰느냐?
> **아리엘** 분부대로 빈틈없이 거행했습니다.
> 왕의 배에 뛰어올라 뱃머리고 중갑판이고
> 후갑판이고 선실마다 나타나서
> 놀라게 했습니다.
> (제1막 2장 193-98행)

이 극에서는 이 폭풍우뿐만 아니라 프로스페로가 마법과 요정 아리엘을 부려 연출하는 여러 가지 극중극을 보게 된다. 바다의 폭풍우와 이로 인해 나폴리 왕 일행이 탄 배가 난파되는 것부터 나폴리 왕자 페르디난드(Ferdinand)의 해안 상륙, 심지어 프로스페로의 딸 미란다(Miranda)와 페르디난드의 사랑까지 이 극 전체는 프로스페로가 연출한 연극이다. 이에 대해 안종훈은 다음과 같이 설명한다.

이 작품의 배경으로 제시되는 무인도는 그 자체가 꿈의 세계, 환상의 세계를 상징하며 또 하나의 'Green World'로, 현실 세계인 'Milan'의 현실적인 문제들은 이 환상의 섬에 불러 들여진 후 환상 속에서만 가능한 프로스페로와 아리엘의 마술을 통해 해결된다. 무인도에서 일어나는 모든 일은 프로스페로의 말대로 모두 꿈이며 환상이다.[8]

이때 프로스페로는 『한여름 밤의 꿈』의 오베론 왕처럼 각본을 짜고 등장인물에게 역할을 부여하며 중간에 본래의 극본을 변경하기도 한다. 프로스페로가 연출하는 뛰어난 마법 능력은 작가의 극작기법에 대한 일종의 비유라고 볼 수 있다. 나이절 우드(Nigel Wood)는 이에 대해 다음과 같이 말했다.

무대 위에서 극을 펼치는 몇 시간 동안, 프로스페로의 마법은 대부분의 행위를 지시하며, 그 마법으로 이루어진 극의 변형과 마법이 창조하는 환상 연출은 바로 극의 연극성을 의미한다.[9]

존 윌리엄 워터하우스, 「미란다」, 1916, 개인 소장

프로스페로가 연출한 연극의 관객이라고 할 수 있는 미란다는 이런 참혹한 폭풍우 장면을 보고 가슴 아파한다.

**미란다**  만약에 아버지가 마법의 힘을 빌려서
저렇게 바다를 성나게 했다면, 다시 잔잔하게 해주세요.
……
아아! 남들이 고통받는 걸 보고 있자니 저도 괴로웠어요.
멋진 배가 산산조각나고, 비명이 내 가슴을 아프게 했어요.
(제1막 2장 1-9행)

이런 미란다의 모습에서는 무대 위에서 펼쳐진 허구의 세계에 동화되는 관객의 모습을 볼 수 있다. 이때 프로스페로는 이 비극적 장면이 사실은 "아무런 해도 없는"(제1막 2장 4행) 것이며, "머리카락 하나 잃은 사람이 없다"(제1막 2장 30-31행)고 말한다. 이는 마치 극작가가 무대 위의 수많은 죽음과 비극을 그려내지만 그것은 단지 허구일 뿐 실제로는 아무도 죽거나 비극적으로 파멸하지 않는 것과 같다.

## 연극의 허구성과 인생의 허망함

이 극에도 연극에 대한 자의식적 언급이 자주 등장한다. 또한 음향 효과, 무대 지시, 마술을 이용한 속임수, 향연 장면 연출,

자코비언 시대(Jacobean Age)[10]에 유행한 가면극 같은 각종 연극적 요소들을 대거 사용하고 있다. 우선 프로스페로는 자신의 계획에 따라 사랑에 빠진 페르디난드와 미란다의 결혼을 허락한다. 그리고 마법으로 정령들을 불러내어 이들 앞에서 약혼을 축하하는 가면극을 공연하게 한다. 정령들은 케레스(Ceres), 아이리스(Iris), 주노(Juno) 등의 여신들로 분장하고 각자 두 사람의 결혼을 축복해준다.

정령들의 화려한 춤과 노래로 구성된 이 장면은 일종의 극중극으로 아주 화려한 극적 효과를 과시한다. 페르디난드는 이 멋진 공연을 보고 "참으로 장엄한 환영이요, 대단히 조화로운 이것들이 정말 요정입니까?"(제4막 1장 198-200행)라고 묻는다. 이렇게 페르디난드에게서도 연극적 환상에 동화된 관객의 모습을 볼 수 있다. 공연을 마친 뒤 프로스페로는 다음과 같이 말한다.

**프로스페로** 이 배우들은 모두 요정일세.
　　　이젠 대기 속으로, 엷은 대기 속으로
　　　사라져버렸지. 이 허황된 환영처럼
　　　저 구름 위에 솟은 탑도, 호사스러운 궁전도,
　　　장엄한 신전도, 이 거대한 지구 자체와
　　　지구상의 삼라만상이
　　　지금 사라져버린 환상처럼

존 에버렛 밀레이, 「아리엘에 이끌려오는 페르디난드」,
1840~50, 워싱턴, 매킨스 컬렉션 소장

결국 다 사라져 흔적도 남지 않는 법.

우리는 그런 꿈과 같은 존재여서

우리의 짧은 인생은 잠으로

막을 내리게 되지.

(제4막 1장 148-58행)

　프로스페로의 이 말은 관객들에게 연극의 허구성을 말하는 대사며, 나아가 우리 인생도 한 편의 연극과 같이 허망한 일장춘몽임을 주장하는 대사다. 즉 이 극중극에서는 주로 극과 현실, 예술과 삶에 대한 작가의 자의식을 보게 된다. 특히 마지막 대사에서는 당대에 보편적으로 받아들였던 "세계는 하나의 무대"라는 사상을 엿볼 수 있는데 "인간의 삶은 꿈이요, 세계는 무대"라는 가정은 메타드라마의 기본 개념이다. 또한 정령들을 통해 환영을 만들어내는 프로스페로의 마법은 상상력을 통해 눈에 보이지 않는 세계를 관객의 눈앞에 형상화하는 시인의 극적 상상력에 상응하는 것이다. 이런 메타극적 요소는 극작가가 연극적 환영을 깨고 자신의 예술이 인위적인 것임을 관객에게 알려준다. 현대드라마를 중심으로 메타드라마를 연구한 준 슐루터(June Schlueter)는 이런 장면을 작가가 "연극적 환영을 고의적으로 파괴하는 것"[11]이라고 말했다. 그리고 레아 스크래그(Leah Scragg)는 극중극과 같이 여러 층위의 세상을 보여주는 극적 장치를 통해 셰익스피어가 예술과 삶의 관계를 탐구할 수

있었다고 주장한다.[12]

한편 나폴리 왕 일행은 페르디난드를 찾아 섬을 헤매고 다니는데 어디선가 신비로운 음악이 들리며 기이한 모습을 한 존재들이 풍성하게 음식이 차려진 식탁을 들고 나타난다. 그러고는 식탁을 둘러싸고 춤을 춘 뒤 식사를 권하듯 절을 하고는 사라진다. 왕 일행이 식사를 하러 식탁에 앉자 갑자기 천둥 번개가 치며 괴조 하피의 모습으로 변한 아리엘이 나타나 식탁을 쳐 순식간에 식탁이 사라지게 한다. 그녀는 왕 일행에게 그들의 이번 조난은 죄 없는 프로스페로와 그의 딸을 바다에 내다버린 행위에 대한 바다의 복수라고 호통을 치며 회개를 종용한다. 아리엘의 연기를 통해 나폴리 왕 일행은 자신들의 과거 잘못을 회개하고 새롭게 자아를 형성한다.

**알론조 왕**  참으로 괴이하도다. 괴이해!
파도가 소리를 내며 내 죄과를 추궁하는 것 같았어.
바람도 노래를 하며 말하는 것 같았고. 천둥도
무서운 저음으로 프로스페로의 이름을 부르며
내 죄를 울려대는 것 같았어.
(제3막 3장 93-97행)

이 장면은 연극이 관객들에게 제공하는 교육적 효용을 형상화한 장면으로 볼 수 있다. 한상옥은 "프로스페로가 이 극본

ARIEL : ' *You are three men of sin* ' (page 99).

에드먼드 뒬락, 「하피의 모습으로 나타난 아리엘」,
1908년에 출판된 『폭풍우』를 위한 삽화

을 마련한 의도는 햄릿 왕자가 「곤자고의 암살」(The Murder of Gonzago) 극본을 마련한 의도와 흡사"하다고 주장한다.[13] 『햄릿』에서 햄릿 왕자는 숙부 클로디어스의 범죄를 확인하기 위해 극중극을 꾸미면서 연극에 깊이 감명한 관객이 자신의 죄를 자백했다는 일화를 언급한다. 결국 클로디어스가 극중극을 보고 회개의 기도를 올리는 것처럼 괴조 장면을 본 알론조 일행은 과거의 악행을 회개하게 된다. 또한 이런 변화를 경험하게 되는 무인도는 『한여름 밤의 꿈』에 등장하는 아테네 숲과 마찬가지로 등장인물들에게 변형과 변신을 일으켜 도시/궁정에서 발생한 갈등을 해결해주는 초록세계인 셈이다.

## 프로스페로=셰익스피어?

아리엘을 통해 이런 향연 장면을 연출한 프로스페로는 아리엘 일행의 연기에 대해 다음과 같이 칭찬을 한다.

**프로스페로** 아리엘, 하늘의 괴조 역은 참 잘했다.
음식을 채가는 장면도 근사했다.
대사도 내 지시대로 한마디도 빠뜨리지 않고 잘했다.
단역의 요정들도 생동감을 줬고,
내가 시키는 대로
제각기 역할을 잘 해주었다.

(제3막 3장 83-88행)

이렇게 프로스페로는 극 속에서 정령들을 불러내 연극을 보여주기도 하고 향연 장면을 연출하는 감독이자 극작가 역할도 한다. 아리엘을 비롯한 여러 정령은 프로스페로의 주문에 따라 끊임없이 역할을 바꾼다. 아리엘은 페르디난드를 동굴로 유인하는 바다 요정 역을 했다가, 나폴리 왕 일행을 꾸짖는 괴조 역을 한다. 다른 정령들은 여신, 도깨비, 원숭이, 고슴도치, 독사, 사냥개 역할 등을 한다. 그들의 역할 연기를 보고 프로스페로는 일일이 평가하고 칭찬한다.

일부 비평가들은 이런 점에서 프로스페로가 셰익스피어 자신의 형상화라고 해석한다. 그들은 셰익스피어가 상상력을 동원해 작품 안에서 유령과 요정 등 초자연적 존재들을 만든 것을 프로스페로의 마법에 비유하여 표현했다고 생각했다. 흔히 작가를 언어의 마법사라고 비유하는 걸 보면 그들의 주장도 무리는 아니다. 그들은 또한 프로스페로가 극의 결말 부분에서 마법의 지팡이와 마법책을 버리고 더 이상 마법을 사용하지 않기로 결심하는 장면을 셰익스피어의 절필 선언이라 해석했다.

**프로스페로** 너희들의 도움을 받아
　　때로는 대낮의 태양을 어둡게 하고 때로는
　　엄청난 바람을 일으켜 푸른 바다와 푸른 하늘 사이에

진동하는 싸움을 일으킨 일도 있었다.

무섭게 으르렁대는 천둥에 불꽃을 주어,

조브 신의 단단한 참나무를 자신의 벼락으로

둘로 쪼개어놓은 일도 있었지.

뿌리가 단단한 절벽을 진동시켜

소나무와 삼나무를 뿌리째 뽑아버린 일도 있었다.

내 명령에 무덤이 입을 벌려 그 속에 잠자고 있던

망자들을 깨워 마법의 힘으로 끌어낸 일도 있었다.

……

그러나 이 강력한 마법을 버리겠다……

이 지팡이를 부러뜨려 땅속 깊이 묻을 테다.

이 마법책은 어떤 낚싯줄도 닿아본 적 없는

심해 아래에 가라앉히겠다.

(제5막 1장 40-57행)


이 대사를 집필 생활을 마감하려는 셰익스피어의 절필 선언으로 보는 것은 일면 타당한 주장으로 보인다. 왜냐하면 이 극은 셰익스피어가 단독으로 집필한 마지막 작품이기 때문이다.[14]


## 셰익스피어의 자의식적 글쓰기

요정과 마법이 등장하는 『한여름 밤의 꿈』과 『폭풍우』에서 셰익스피어는 "지금까지 알려지지 않은 것을 형상화하고" "그들에게 확실한 형태를 만들어주었으며" "존재하지도 않는 것에 거처와 이름을 붙여주었다." 두 작품의 극의 진행 과정과 등장인물에게 미치는 영향에 있어 초자연적 요소—요정 왕 오베론과 마법사 프로스페로—는 중요한 역할을 한다. 두 존재는 마법으로 자연과 인간들의 행동을 조작하고 신과 같이 극의 배후에서 모든 사건을 조정한다.

셰익스피어는 두 극 속에 등장하는 꿈이나 환각 등의 탈사실주의 장치들을 통해 연극의 장르적 정체성을 되돌아본다. 즉 두 작품 속 비논리적인 판타지 요소는 극이라는 허구 속에 존재하는 또 다른 허구로 연극의 허구성을 강조하는 극작 기법이다. 극작가나 배우들이 관객 앞에서 펼치는 "예술가의 창조적 비전"을 요정들이 사랑의 묘약으로 사람들의 마음에 조화를 부리고 마법에 의해 환영들이 나타났다 사라지는 신비하고 경이로운 장면 연출에 담아냈다. 나아가 무대 위 극적 환상같이 우리의 삶도 무상하다는 작가의 철학적 견해를 전달하기도 한다.

셰익스피어는 이렇게 극 속에서 자신이 창조하는 극예술에 대해 종종 탐구한다. 특히 『한여름 밤의 꿈』과 『폭풍우』에서 등장인물이 연출하는 극 만들기는 극에 대한 작가의 자의식을 형상화함은 물론이고 극작가와 배우, 관객의 관계에 대한 작가의 견해를 전달하는 메타드라마적 요소다. 메타드라마라는 특수한 형식을 가진 이 두 작품은 극작가의 가장 큰 관심사인 연극 재현의 문제를 논하고 있다. 시인(극작가)이 작품을 쓰는 과정, 극적 환상과 실재, 연기의 어려움, 관객의 반응, 연출가의 고뇌, 연극의 효용, 연극과 인생 등에 대한 작가의 자의식 또는 사유가 담겨 있다. 셰익스피어는 어느 극작가보다도 극작, 연극적 재현 자체에 대해 치열하게 고민한 작가라고 할 수 있다.

결국 『한여름 밤의 꿈』과 『폭풍우』는 일종의 문학론의 성격을 지니고 있다. 즉 셰익스피어는 예술/연극 창작에 대한 의미를 부여하고 일련의 연극 재현의 과정을 성찰해 작가의 연극관을 보여주는 것이다. 따라서 이 두 작품은 셰익스피어 연극 자체를 연구하는 연구방법론의 기능을 할 수도 있다.

# 6

## 셰익스피어의 법률 희곡

『베니스의 상인』『자에는 자로』

"자비란 억지로 베푸는 것이 아닙니다.
자비란 하늘에서 보슬비가 내리어
대지를 적시듯 내리는 것입니다.
이것은 이중의 축복으로 자비를
베푸는 자와 받는 자 모두의 축복이죠.
세상에서 가장 강한 것이며
국왕의 왕관보다 국왕을 더 국왕답게
해주는 덕성입니다."
『베니스의 상인』

# 법의 딜레마를 그리다

셰익스피어의 중기 희극인 『베니스의 상인』(*The Merchant of Venice*) 과 『자에는 자로』(*Measure for Measure*) 두 작품은 모두 법이라는 다소 무거운 문제를 다룬다. 왜곡된 법이 야기하는 법적 갈등을 다룬 이 극들에서 법은 사회질서를 유지하는 데 기여하는 것이 아니라 오히려 사회에 혼란을 초래하고 위협을 야기한다. 이런 불합리한 법의 해결책을 모색하는 것이 극의 주요 내용이고 두 작품 모두 재판 장면이 등장한다. 그러나 베니스와 비엔나의 재판정은 기존의 부당한 법이 합법적이라 하여 그대로 적용할 수도 없고 그렇다고 기존 법을 무시할 수도 없는 딜레마에 봉착해 있다.

『베니스의 상인』의 안토니오(Antonio)와 『자에는 자로』의 클로디오(Claudio)는 합법적이지만 부당한 법의 피고가 된다. 안토니오는 복수심에 불타는 샤일록(Shylock)의 차용증서 때문에, 클로디오는 위선적 위정자인 앤젤로(Angelo)의 독선적 법치 때문에 이른바 '합법적 부당함'(lawful injustice)의 상황에 빠진다. 샤일록과 앤젤로는 각각 차용증서와 법령을 철저히 '문자대로'만 해석·적용함으로써 법치주의의 불합리한 상황을 야기한다. 그러자 이런 엄격해석주의자에 맞서 피고에 대한 처벌을 자비로 완화해야 한다는 주장이 나온다. 『베니스의 상인』의 포샤(Portia)와 『자에는 자로』의 이저벨라(Isabella), 마리아나

(Mariana)는 형평의 가치를 역설하고 법이 상징하는 정의보다 더 위대한 미덕인 자비의 중요성을 설파한다.

이 장에서는 셰익스피어가 두 작품에서 묘사하는 법의 문제들을 분석함으로써 법치주의에 대한 셰익스피어의 관점과 당시 갈등 양상을 보이던 보통법(Common Law)과 형평법(Equity)[1]에 대한 그의 견해를 규명해보고자 한다. 아울러 셰익스피어 당대의 법률사적 상황[2]도 함께 탐색해보고자 한다.

## 셰익스피어 시대의 법과 셰익스피어

『베니스의 상인』과 『자에는 자로』 외에도 셰익스피어의 많은 작품에서 법과 법률가에 관한 언급이 빈번히 등장한다. 셰익스피어가 논한 법 문제는 법 전문가도 인정했듯이 "전문가의 수준을 능가할 정도로 정확하고도 정교한 경우가 많다."[3] 그럼 셰익스피어는 왜 이렇게 법과 법률가에 관심이 많았던 것일까? 안경환은 『법, 셰익스피어를 입다』라는 저서에서 셰익스피어가 활동하던 시대에 영국인의 일상에 법이 차지하던 비중이 높았고 재판은 시민의 중요한 여흥이었다고 주장한다.[4] 그 주장을 입증하기 위해 팀 스트래튼(Tim Stratton)의 다음 글을 인용한다.

엘리자베스 시대의 영국은 소송 폭주의 시대였다. 한 해 평

균 백만 건 이상의 소송 사건에 4백만의 국민이 관련되었다. 법원의 종류와 숫자도 많았다.[5]

스트래튼의 주장을 뒷받침하는 대사들은 셰익스피어의 텍스트에서도 종종 발견된다. 예를 들어 『베니스의 상인』에서 샤일록은 딸이 자신의 돈과 보물을 훔쳐 기독교인과 도망을 가자 다음과 같이 재판과 법을 들먹인다.

**솔라니오** 그 개 같은 유대인 놈이 길바닥에서 이렇게 소리쳤네.
"내 딸년이! 오, 내 돈! 오, 내 딸년이!
예수쟁이와 도망을 갔어! 예수쟁이가 가진 내 돈!
정의! 법! 오, 내 돈! 오, 내 딸년이!"
(제2막 8장 13-16행)

자신의 금은보화를 훔쳐 도망간 딸에게 법과 정의를 들먹이는 샤일록의 이 대사는 법적 소송을 즐겼던 당대인들의 모습을 형상한 것이다. 이렇게 셰익스피어는 당시 사회에 중요한 단면이었던 법 문제나 법정 장면을 작품 속에 담아냈다. 대니얼 콘스타인(Daniel Kornstein)은 셰익스피어 극 가운데 20개 이상의 작품에 재판 장면이 등장한다고 지적했다.[6] 이렇게 셰익스피어가 재판 장면을 많이 묘사한 것은 그가 당대 법 문제와 법률사적 상황에 대해 상당히 관심이 많았음을 보여준다고도 말한다. 그는 비단 셰익스피어뿐만 아니라 이 시대 런던에서 공연된 연극의 최소한 삼분의 일이 재판 장면을 담고 있다고 언급하면서, 한마디로 법은 "엘리자베스 시대 연극의 핵심요소"라고까지 주장한다.[7]

이렇게 법적 소송이 일상적이던 시대에 셰익스피어 가족들도 소송을 즐겼던 것 같다. 기록에 따르면 셰익스피어 아버지 존은 여러 차례 소송에 휘말렸을 뿐만 아니라 상습적으로 소송을 했던 것으로 보인다. 셰익스피어도 많은 송사에 휘말린다. 1709년에 니컬러스 로(Nicholas Rowe)는 셰익스피어 전집에 덧붙인 전기에서 셰익스피어가 고향을 떠난 이유도 사유지 숲에서 불법 사슴사냥을 한 행위로 법적 처벌을 받을 처지가 되자 이를 피하려 도주한 것이라고 주장한다. 그의 딸들이 소송에 연루되었다는 기록들도 남아 있다. 가족들의 여러 소송 경력 덕분에 셰익스피어는 법, 법률가, 법의 가치와 위력, 나아가 법의 모호함까지 인식하고 있었던 것 같다.

셰익스피어는 대체로 법이나 법률가에 대해 비판적으로 풍자하는 언급을 많이 했다. 웨인 힐(Wayne Hill)과 신시아 오첸(Synthia Ottchen)의 분석에 따르면 셰익스피어 작품에서 법률가를 비판하는 구절은 1만 군데나 된다고 한다.[8] 한 예로 햄릿은 "사느냐 죽느냐, 그것이 문제로다"로 시작하는 그 유명한 독백에서 감내하기 어려운 삶의 고통 중 하나로 '법의 지연'(the

존 길버트 경, 「재판 후의 샤일록」, 『셰익스피어 전집』에 실린 판화, 1873~76

law's delay, 제3막 1장 72행)을 언급한다. 그런가 하면 무덤파기 광대 장면에서 햄릿은 광대가 집어던진 해골을 들고는 그것이 과거 법률가의 것일지도 모른다며 다음과 같이 읊조린다.

> **햄릿** 이건 어떤 변호사의 해골이 아닐까?
> 그래. 그 변호사의 트집 잡기와 알 수 없는 궤변과
> 소송 사건과 토지 소유권과 속임수 쓰던 재주는
> 다 어디로 갔단 말인가? 어째서 저 무례한 녀석에게
> 흙 묻은 삽으로 대갈통을 얻어맞고도 상해죄로
> 그를 고발하지 않는 것인가? 흠. 보아하니 이 녀석도
> 살아생전에는 자신의 법규니 양도증서니 벌과금이니
> 연대보증이니 소유권 반납이니 하며 땅깨나 사들였겠군.
> 그래. 그 벌과금의 끝이며, 소유권 반납의 이득이 고작
> 고운 흙으로 가득 채운 작은 머리통이란 말인가?
> (제5막 1장 96-105행)

그야말로 법률가의 부패와 비리, 탐욕에 대한 신랄한 풍자다.
그런가 하면 『헨리 6세』 제2부에서는 "법률가를 몰살하자"는 구호까지 등장한다. 헨리 6세에게 반정을 도모한 무리들의 두목에게 반란이 성공하면 어떤 개혁을 먼저 할 것인지를 묻자 반란군 두목 잭 케이드(Jack Cade)는 부를 재분배할 것이라고 주장한다. 그러자 무리 중 한 명인 백정 딕(Dick)이 그럼 "맨

먼저 법률가 놈들을 모두 죽이자"(The first thing we do, let's kill all the lawyers, 제4막 2장 57행)고 소리치고 케이드도 동의하면서 맞장구를 친다. 그리고 폭도들이 법률서류를 작성하는 서기를 잡아오자 케이드는 즉결처분을 내린다. 이어서 케이드는 법학원으로 가 모두 부숴버리라고 지시한다(Others to the Inns of Court: down with them all, 제4막 7장 1-2행). 비록 왕권을 탈취하기 위해 요크 공작이 부추긴 것이지만 부의 재분배를 슬로건으로 내걸며, 상류층의 횡포와 사치에 대한 하층계급 저항운동의 양상을 띤 케이드 세력의 관점에서 법률가란 기득권자의 대변인이자 부자 채권자의 앞잡이에 불과하다.[9]

당시 소송은 재산권에 관한 것이 대부분이었고 따라서 셰익스피어는 법률가를 지배층 또는 유산자의 대변인으로 여겼다. 그의 사고방식은 118쪽에 수록된 리어 왕의 대사에서도 엿볼 수 있다. 또한 『베니스의 상인』의 바사니오도 함 고르기 장면에서 다음과 같이 언급한다.


**바사니오** 사람들은 언제나 번지르르한 외모에 속고 있는 거야.
　　 법에 있어서도 아무리 더럽고 부패한 소송이라도
　　 그럴싸한 언어로 양념을 치면
　　 악행의 외모가 희미해지지 않는가?
　　 (제3막 2장 76-79행)

셰익스피어의 작품에 담긴 법과 법률가에 대한 이런 부정적 담론에서 셰익스피어를 비롯한 당시 사람들의 법률가에 대한 인식을 가늠해볼 수 있다.

## 『베니스의 상인』에 나타난 보통법과 형평법의 갈등 양상

『베니스의 상인』은 셰익스피어의 대표적인 법률 희곡이다. 콘스타인은 이 극이 셰익스피어의 그 어떤 극보다 법과 법률가에 대해 많은 언급을 쏟아내고 있다고 주장했다. 이 극은 사적 계약이나 법 문구의 해석 문제, 법 집행의 문제, 설득을 위한 수사학의 문제, 복수와 법, 법과 형평, 자비와 정의 등 법과 관련된 거의 모든 것을 다룬다.[10]

이 극은 중세 이탈리아의 민담집인 지오반니 피오렌티노(Giovanni Fiorentino)의 『일 페코로네』(*Il Pecorone*)에서 이야기의 소재를 빌려온 것으로 베니스 사회의 타자인 샤일록은 오랫동안 자기를 무시하고 고리대금업을 방해한 안토니오에게 3천 더컷을 빌려주며 세기적인 계약서를 작성한다. 위약 시에는 자기가 원하는 부위의 살 1파운드를 위약금으로 떼어간다는 조항이 포함된 차용증서다. 샤일록은 파산한 안토니오가 위약하자 차용증서대로 원하는 부위의 살을 떼어내게 해달라고 베니스 법정에 소송을 제기한다. 이것이 그 유명한 인육재판이다.

살아 있는 사람의 살을 요구한다는 점에서 콘스타인은 이 인육재판 사건의 법적 쟁점이 사적 계약의 자유의 한계 문제라고 주장한다.[11] 우리나라 민법 제103조에서도 "선량한 풍속, 기타 사회질서에 위반되는 법률 행위는 무효다"라고 명시되어 있듯이 인육재판은 반사회질서의 법률 행위에 해당한다고 볼 수 있다. 사람들이 자유롭게 맺은 사적 계약도 사회 전체의 공익을 해치지 않는 범위에서만 효력을 지니는 것이다. 따라서 안토니오의 친구 솔라니오(Solanio)는 "설마 공작님이 그런 빚 저당을 인정하시겠나?"(제3막 3장 27-28행)라고 말하며 안토니오를 위로한다.

하지만 샤일록은 자신이 제기한 반인륜적 소송이 합법이라고 합리화하며 집요하게 베니스 법정에 집행을 요구한다. 여러 인물은 각자 대사를 통해 이런 상황이 부조리함을 언급한다. 합법임을 내세워 부당하게 타인의 생명을 노리는 샤일록은 자신의 소송이 안토니오에 대한 증오심 때문이라는 것을 거리낌 없이 드러낸다. 즉 그는 합법적인 법 절차를 통해 복수를 수행하고자 하는 것이다.

**샤일록** 저희들의 성안식일을 걸고 맹세했듯이
차용증서에 명시된 조건대로 담보물을 받겠습니다.
그걸 부정하면 당신네 법률과 시민들의 자유에는
위험이 깃들게 될 것입니다.
왜 제가 3천 더컷을 마다하고

한사코 썩은 살덩이를

택하느냐고 물으실 겁니다.

……

안토니오에 대해 제가 지니고 있는

오랜 증오와 혐오의 감정,

이것이 손해 보는 소송을 하게 된

유일한 이유라면 대답이 될까요?

(제4막 1장 36-63행)

　안경환은 이렇게 법으로 복수하려는 샤일록을 근대성을 상징하는 인물이라고 평했다. 법의 역사는 곧 복수의 이성화 과정으로 사적 복수에서 공적 복수로, 물리적이었던 직접 복수에서 제도를 이용한 간접 복수로 형식과 절차가 변한 것이 일명 근대화다.[12] 물론 셰익스피어는 오랫동안 지속된 안토니오의 멸시와 영업 방해, 아버지의 금은보화를 훔쳐 기독교인과 도망간 딸 등 샤일록이 잔인한 복수를 고집하게 된 정서적 배경을 충분히 제시하고 있다.

　이렇게 법으로 그간의 원한에 복수하기를 원하는 샤일록은 자비의 여지없이 증서대로 엄중히 이행할 것을 허락해달라고 요구한다. 그러면서 자신의 합법적인 권리 주장을 무시할 경우 베니스에서 발생할 법적 무질서를 들먹이며 베니스 법정을 위협한다.

**샤일록** 저자에게 제가 요구하는 1파운드의 살덩이는

비싼 돈을 주고 산 것이니 제 것이고, 전 꼭 그걸 갖겠습

니다.

공작님께서 제 뜻을 거절하신다면 당신네 법률은 소용없

어요!

베니스의 법령에서 구속력이 사라지게 될 겁니다.

(제4막 1장 100-103행)


그리하여 타인의 목숨을 빼앗으려 공공연히 칼을 가는 샤일
록의 행동을 막지 못하는 베니스의 법은 무용한 것으로 느껴진
다. 이에 안토니오의 친구 그라시아노(Gratiano)는 "너 같은 놈
을 살려두다니 법이 잘못된 거지!"(제4막 1장 129행)라고 탄식
한다.

당시 베니스는 국제 무역도시로 국제 통상이 발달하여 외국
인들에게도 공정한 선진의 법을 지녔다. 안토니오의 다음 대사
는 외국인의 사법권을 보장하는 베니스의 법을 언급하고 있다.


**안토니오** 공작님도 법률 조문을 어길 수는 없을 거요.

만약 베니스에서 외국인에게

우리가 향유하는 특권을 거부한다면

이 공국의 정의를 불신하게 될 테니.

우리 시의 상업적 이해가 여러 나라와

관련되어 있기 때문이오.

(제3막 3장 29-34행)


이런 대사에서 샤일록의 인육재판이 도덕적으로 용납될 수 없는 악행인 줄 알면서도 합법이라는 미명 아래 정당화되는 법 현실의 부조리함이 드러난다. 이렇게 암울한 법 현실을 묘사함으로써 셰익스피어는 법치주의의 문제점과 한계를 보여준다.

샤일록의 또 다른 문제는 문리의 지나친 엄격해석주의다. 그는 끊임없이 '증서대로'를 부르짖으며 그 어떤 상황에서도 증서의 자구(字句)에만 매달린다.


**포샤** 샤일록. 그대의 비용으로 의사를 부르시오.

상처를 지혈하지 못하면 출혈로 인해서 죽을지도 모르니.

**샤일록** 증서에 그렇게 적혀 있습니까?

**포샤** 명기되어 있지는 않소. 그래. 그게 어쨌다는 거요?

그만한 자비쯤은 베푸는 게 좋지 않겠소.

**샤일록** 그런 글귀는 없어요. 증서에 적혀 있지 않아요.

(제4막 1장 261-66행)


증서에 대해 엄격한 자구적 해석만을 고집하는 샤일록을 잘 보여주는 대사다. 아울러 이 대사는 샤일록의 자구적 해석을 유도하는 포샤의 덫이기도 하다. 이 대목에 이르러서는 독자/

관객들은 합법적인 법의 공정성(fairness)에 대해 의문을 갖게 된다. 이에 바사니오는 발타자(Balthazar)/포샤에게 다음과 같이 청원한다.

> **바사니오** 제발 부탁드리니
> 한 번만 재판관님의 권한으로 법을 굽혀주십시오.
> 커다란 선을 행하기 위한 작은 부정입니다.
> 저 잔인한 악마의 뜻을 꺾어주십시오.
> (제4막 1장 214-17행)

공정함으로 법을 완화해달라는 바사니오의 청원은 바로 법 집행의 형평을 촉구하는 것이다.

법에 대한 샤일록의 태도 극단에 포샤가 존재한다. 그녀는 우선 샤일록의 주장이 합법임을 인정한다. 그녀는 우선 재판관으로서 원고 샤일록의 신뢰를 확보하여 "대니얼의 재림" "정의로운 판사"라는 찬사를 듣는다. 이렇게 포샤는 샤일록의 권리 주장을 무조건 잔인무도한 짓으로 몰아붙이던 공작을 비롯한 베니스의 기독교인들과 달리 공명정대한 자세로 재판을 이끌어 간다. 그러면서도 샤일록의 자발적인 자비를 촉구한다.

> **포샤** 자비란 억지로 베푸는 것이 아닙니다.
> 자비란 하늘에서 보슬비가 내리어 대지를 적시듯

내리는 것입니다. 이것은 이중의 축복으로
자비를 베푸는 자와 받는 자 모두의 축복이죠.
세상에서 가장 강한 것이며
국왕의 왕관보다 국왕을
더 국왕답게 해주는 덕성입니다.
......

그러니 유대인이여.
그대가 호소하는 바는 정의지만 이걸 생각해보시오.
정의만 내세우면 우리 중 그 누구도
구원받지 못할 것이오. 우리는 하나님께 자비를 기원하고
이 기원은 곧 우리들 상호간에 자비를 베풀 것을
가르치는 것이오. 내가 이렇게 많은 말을 하는 것은
그대가 호소하는 정의를 완화하자는 거요.

(제4막 1장 184-203행)


흔히 이 대사는 형평법 강연이라고 여겨진다. 포샤는 법 실
행에 있어서 인간의 불완전함에 대한 고려가 필요하다고 설파
한다. 그녀는 샤일록을 설득하여 그가 자발적으로 자비를 베풀
고 소송이 원만히 해결되기를 원한다. 하지만 샤일록은 끝까지
'문자대로' 차용증서를 이행할 것을 고집한다. 마침내 포샤는
샤일록의 의지가 확고함을 확인한다.
　이렇게 포샤가 이끄는 안토니오의 재판 과정은 샤일록의 악

의를 노출시키고 그의 권리 주장이 부당함을 드러내는 과정이다. 긴장되고 고통스러운 재판 장면을 지루하게 끌고 가는 것은 물론 극적 효과를 배가하기 위한 것이기도 하지만 샤일록의 내심을 파악하기 위한 탐색 과정이기도 하다. 그 재판은 샤일록에 대한 간접 재판의 면모를 보이기도 한다. 이처럼 포샤는 샤일록의 악의를 철저히 확인한 뒤 비로소 상황을 전복시킨다. 이를 통해 포샤는 최종판결의 명분과 정당성을 확보한다. 그 반전의 판결은 다음과 같다.

> **포샤** 잠깐 기다리시오. 더 할 말이 있소.
> 이 증서엔 피는 단 한 방울도 적혀 있지 않소.
> 여기에 명기되어 있는 말은 '살 1파운드'요.
> 증서대로 살을 1파운드만 떼어가시오.
> 단 살을 떼어내면서 기독교인의 피를
> 한 방울이라도 흘린다면
> 그대의 토지와 재산은 베니스 법률에 의하여
> 공국에 몰수될 것이오.
> (제4막 1장 309-316행)

포샤는 안토니오의 살을 떼어내되 증서에 적혀 있지 않은 피는 한 방울도 흘려서는 안 된다는 단서를 붙임으로써 상황을 극적으로 반전시킨다. 결국 샤일록의 엄격한 자구 해석과 똑같은 방식으로 차용증서를 해석해 불합리한 소송을 무효화하고 부당하게 작용하는 법의 효력을 정지시킨다. 이런 포샤의 판결에 대해 콘스타인은 "샤일록보다 훨씬 더 심한 자구적·전문적 해석에 의존하여 샤일록에 맞선 것"이라고 평했다.[13]

리처드 포스너(Richard Posner)에 따르면 다수의 법률가가 포샤의 판결에 공감하거나 동의를 표한다고 한다.[14] 이들에 따르면 포샤의 승리는 박제된 법의 자구에 대한 정신의 승리, 법형식주의에 대한 자비의 승리, 샤일록이 요구하는 상상력이 배제된 정의에 대한 합리적인 판단력의 승리다.[15]

그러나 콘스타인을 비롯한 일부 법률가들은 포샤는 "재림한 대니얼"이 아니라 교활한 변설가일 뿐이며 그녀의 판결은 편견에 가득 찬 자의적 판결이고 명백한 오판이라고 주장한다.[16]

포샤는 안토니오의 살을 요구했던 샤일록의 행위가 베니스 시민에 대한 가해행위임을 지적하면서 샤일록에게 '내국인보호법'을 적용한다. 이와 같이 포샤는 샤일록의 합법적인 권리 주장 이면에 숨겨진 가해 의도를 밝힘으로써 샤일록을 원고의 위치에서 피고의 위치로 바꿔놓는다. 이제 베니스의 내국인보호법에 따라 샤일록의 목숨은 공작의 손에 달리게 되고 재산의 반은 국고로, 나머지 반은 피고에게 빼앗길 처지가 된다. 이때 포샤는 샤일록에게 그랬듯이 안토니오에게도 샤일록에게 자비를 베풀 것을 종용한다. 안토니오는 공국에서 몰수할 샤일록 재산의 반은 몰수하지 말 것을 공작에게 요청하고 나머지

토머스 설리, 「포샤와 샤일록」,
1835, 워싱턴, 폴저 셰익스피어 도서관 소장

반은 자신이 보관하고 있다가 샤일록이 죽은 후 그의 딸 제시카(Jessica)에게 양도하겠다는 자비를 베푼다. 그 조건으로 그는 샤일록에게 기독교로 개종할 것을 요구한다.

법률가들은 이 재판이 셰익스피어 시대에 있었던 보통법과 형평법 사이의 갈등을 극화한 것이라고 말한다. 특히 영국의 법률가들은 이 극이 셰익스피어 시대의 보통법 법원과 형평법 법원 사이의 치열한 주도권 쟁탈전을 묘사한 것이라고 생각한다. 조지 키튼(George Keeton)은 셰익스피어가 이 극을 쓸 당시 영국에는 실제로 보통법 법원과 형평법 법원이 분리되어 있었다고 설명한다. 성문화된 법률에 호소하고 싶은 사람들은 보통법 법원으로 가고, 사람의 판결에 호소하고 싶은 사람들은 형평법 법원으로 갔다고 설명한다. 그러면서 이 극은 법과 형평 사이의 갈등의 핵심을 아주 노련하게 진단한다고 주장한다.[17]

셰익스피어는 인물들을 통해 우회적으로 보통법과 형평법 사이의 갈등을 묘사하고 있다. 자비심이나 동정심 없이 법의 실행을 촉구하는 샤일록은 보통법의 특징인 법의 경직성을 상징하는 인물이다. 반면 법을 부정하지는 않으나 자비 또는 형평으로 완화해야 한다고 주장하는 포샤는 형평법의 정신을 구현한 인물인 것이다. 베니스 법정에서 포샤가 승리함으로써 셰익스피어는 형평법에 손을 들어주었다고 볼 수 있다.

샤일록의 인육재판 말고도 이 작품에는 법률적 해석을 둘러싼 많은 에피소드가 등장한다. 제4막까지는 샤일록이 계약의 신성불가침을 주장했다면 제5막부터는 포샤가 계약의 신성함을 주장한다. 제4막에서 엄정한 문구와 형식을 넘어서 형평을 강조하던 포샤가 제5막에서는 선서와 외형적 증거물인 반지의 중요성에 매달린다. 이 장면에서는 상황에 상관없이 외형적 선서를 준수해야 한다고 고집하는 아이러니한 포샤의 모습을 보게 된다. 그러고는 바사니오와 안토니오에게 두 남자의 우정보다 부부간의 사랑과 의무가 우선임을 확인시키고 안토니오에게 자기 부부의 행복한 결혼생활의 보증인이 되게 한다. 안토니오는 베니스에서 바사니오의 채무를 위해 자신의 육체를 담보로 보증인이 되었듯이 벨몬트에서는 바사니오가 충실한 가장이 되리라는 서약에 자신의 영혼을 담보로 보증을 해야 하는 처지가 된다.

또한 포샤는 결혼에 대한 아버지의 유언을 둘러싼 법리적 상황에 빠져 있다. 극 초반에 포샤는 죽은 아버지의 유언이 살아 있는 딸의 결혼을 얽매는 상황을 탄식하며 우울해한다. 그러면서도 포샤는 아버지의 유언을 절대 어기려 하지 않는다. 대신 술책을 써서 자신이 원하는 상대가 게임에 승리하도록 간접 개입을 한다. 술주정뱅이 독일인 구애자가 잘못된 선택을 하도록 술잔을 틀린 상자 위에 갖다놓으라고 한다든가 자신이 원하는 배우자인 바사니오를 위해서는 시녀들이 노래를 부르게 해서 힌트를 제공한다. "겉치레 사랑은 눈에서 생긴다. 모두들 종을 쳐서 헛된 사랑을 장송하세"라는 노랫말과 'bred' 'head' 'norished'의 각운을 사용해서 'lead'(납 상자)가 정답임을 알려준다. 마치 샤일록의 계약의 효력 자체를 부정하거나 배척하지 않았듯이 아버지의 유언에 대해서도 같은 태도를 취한 것이다. 유언의 효력 자체는 인정하되 적극적으로 개입하여 선택에 영향력을 미친 것이다.

이렇게 온갖 법리문제로 가득한 이 극을 두고 안경환은 다음과 같이 평한다.

이 극은 희극도, 비극도, 물론 사극도 그 어느 것도 아니다. 다양한 법적 쟁점을 극적으로 제시하여 법학도들의 토론거리로 만든 드라마적 성격이 강하다. 굳이 분류가 필요하다면 '법률우화'라고 할 수 있을 것이다.[18]

한편 폴 페렐(Paul Perell)은 법률 지식이 해박한 셰익스피어가 극적 요소 때문에 법적 정확성을 희생하고 있다고 지적한다. 우선 당대 영국법상 샤일록이 요청한 차용증서는 구속력이 없었다고 주장한다. 당시의 형평법이 샤일록과 안토니오 사이에 체결된 담보물인 살을 몰수하는 것을 거부하고 차후에 빚을 갚게 했을 거라는 것이다. 또한 1파운드의 살을 몰수한다는 계약에는 피가 흘러나오는 것이 전제되었을 텐데 원고인 샤일록이 포샤의 판결에 아무런 반박도 하지 않은 것은 설득력이 없다고 주장한다. 마지막으로 민사 소송이 진행되는 중에는 원고가 형사 소송의 피고가 될 수 없다고도 주장한다. 하지만 이러한 법적 부정확성을 지적한 페렐도 비록 셰익스피어가 자유분방하게 법을 다루었다 해도 법에 대한 보편적 주제를 논의하고 있는 이 작품의 가치는 사라지지 않는다고 인정한다.[19]

## 『자에는 자로』에 묘사된 법치주의의 모순

『자에는 자로』에서도 셰익스피어는 법을 둘러싼 갈등을 극화한다. 이 극에서는 특히 사회법, 개인의 도덕문제, 하나님의 법 사이의 갈등을 그려내고 있다. 흔히 문제극으로 분류되는 이 극은 "비판을 받지 아니하려거든 비판하지 마라. 너희의 비판에는 그 비판으로 너희가 비판을 받을 것이오, 너희가 해야 하는 그 헤아림으로 너희가 헤아림을 받을 것이니라"는 성경의 「마태복음」 제7장 1–2절의 강령을 극화한 작품이다. 다시 말해 이 극은 통치자들이 자신의 죄는 보지 못하고 겉으로 드러난 타인을 정죄하는 것이 타당한지에 대해 질문을 던진다.

비엔나에는 성도덕을 엄격하게 강요하는 법제가 존재했으나 이 법은 14년간 한 번도 적용되지 않아 죽은 법이나 다름이 없었다. 덕분에 비엔나에는 매춘, 간통, 사통이 성행하게 된다. 비엔나 공작은 자신의 무른 통치로 약화된 법의 기능을 되살리고 질서를 쇄신하고자 도덕적으로 엄격한 대리 위정자 앤젤로에게 법 기능의 회복 및 질서 확립의 중책을 일임한다. 공작은 앤젤로에게 정권을 대행시킨 뒤 신부로 변장을 하고 그의 정치를 암행한다.

앤젤로는 청교도적 엄격주의에 빠져 있는 자다. 금욕, 단식, 학문으로 철저한 자기통제를 하는 앤젤로는 타인들도 자신의 잣대로 통제하려 든다. 공작의 기대대로 앤젤로는 비엔나의 풍기 문란 및 퇴폐풍조를 몰아내고 질서를 쇄신하고자 강경책을 실시한다. 도심의 사창가를 전면 폐쇄하고 약혼녀를 임신시킨 클로디오에게 사통죄를 적용하여 사형을 언도한다.[20] 오랫동안 사용되지 않던 법을 새삼스럽게 들춰내어 정혼한 사이의 이들에게 적용한 이 판결은 어느 모로 보나 법의 본질과 동떨어진 왜곡된 운영이다. 그래서 많은 사람은 앤젤로가 지나치게 엄격하고 획일적으로 케케묵은 법률을 적용하고 있다고 비난한다.

클로디오에게 내려진 사형선고는 합법이지만 부당하다고 여긴 비엔나의 중신 에스컬러스(Escalus) 경은 클로디오를 사면할 것을 강력히 청한다. 현대 법률가 콘스턴스 조던(Constance Jordan)도 클로디오의 사형판결은 당시 영국 관습에 비춰볼 때 부당한 것은 아니지만 이상한 것이라고 지적한다.[21] 하지만 앤젤로는 죄의 악순환을 막기 위해 가차 없이 법대로 처벌해야 한다는 단호하게 말한다.

**앤젤로** 법을 허수아비로 만들 순 없소. 허수아비는
　　곡식을 축내는 새를 겁주려고 세우지만,

계속 세워두면 길이 들어 무서워하기보다는

앉아서 노는 홰가 되는 법이오.

(제2막 1장 1-4행)


법에 대해 이렇게 단호한 태도를 가진 앤젤로는 문란한 성의 온상이 되는 오버던(Overdone)의 위장된 매춘업을 방치하는 등 모순된 법 운영을 한다. 매춘업자들이 법망을 피하기 위해 형태와 명칭만 바꿔서 퇴폐 행위를 계속하는데도 눈에 띄지 않는다는 이유로 처벌을 하지 않는다. 법을 발각된 행위에만 적용할 수밖에 없다는 앤젤로의 다음 대사는 법의 모순을 드러내 보여준다.


**앤젤로** ……죄수한테

사형선고를 내리는 배심원 열두 명 중에는

심판을 받는 죄수보다도 더 무거운 죄를 범한 죄인이

한두 명쯤 있을지도 모르오. 하지만 재판은 공공연히

드러난 일만을 심판하는 것이오. 도둑이 도둑한테

선고를 내린다 한들 법률이 어찌 알겠소?

(제2막 1장 19-24행)


이런 앤젤로의 법률관에는 법치에 대한 셰익스피어의 냉소적 시각이 담겨 있다. 드러난 죄만 단죄하고 도둑질이 드러나지만 않는다면 도둑이 다른 도둑을 단죄할 수도 있는 게 법의 속성이라고 설파하는 앤젤로는 오히려 법의 부조리하고 불완전한 일면을 들추어 보여준다. 이외에도 셰익스피어는 법 집행관들을 풍자적으로 묘사하여 법치에 대한 냉소적임을 드러낸다. 예를 들어 무능한 경찰관 엘보(Elbow)는 가해자와 피해자도 구분하지 못하여 범법자들의 조롱거리가 되는가 하면, 매음굴의 심부름꾼 폼피(Pompey)가 사형집행관으로 임명되기도 한다.

이렇게 부조리한 법의 희생자가 된 오라버니 클로디오의 목숨을 구명하기 위해 예비 수녀인 그의 누이 이저벨라가 앤젤로에게 자비를 청원하러 찾아온다. 이저벨라도 포샤와 마찬가지로 앤젤로의 구형 또는 클로디오의 범법 자체를 부정하지는 않는다.

**이저벨라**  이 세상에는 제가 가장 혐오하는 악이 있습니다.
그런 건 법의 준엄한 심판을 받아야 한다고 생각합니다.
그걸 변호하고 싶지는 않습니다만 변호하지 않으면
안 되게 되었습니다. 변호해서는 안 되는 일입니다만,
해야 할지 말아야 할지 마음속에서 싸우고 있습니다.
......
제 오라버니가 사형선고를 받았습니다. 바라옵건대,
그 죄는 처벌하시되 오라버니는
용서해주시옵소서.

(제2막 2장 40-48행)

앤젤로 못지않게 청교도적 엄격주의에 빠져 있는 이저벨라는 혼전임신이라는 죄를 범한 오라버니에게 내려진 처벌은 마땅하다고 인정한다. 이는 마치 포샤가 샤일록의 주장의 합법성을 인정하는 것과 같은 것이다. 이저벨라는 포샤가 샤일록에게 자비를 베풀 것을 설득했던 것처럼 앤젤로에게 자비를 호소한다.

> **이저벨라** 너무 늦었다고요? 아니에요. 말을 할 수 있다면
> 그 말을 바꿀 수도 있잖아요? 분명
> 높으신 분들의 신분을 나타내는 그 어떤 표식도,
> 왕의 왕관도, 공작대행님의 대검도,
> 대원수의 관장도, 법관의 법복도
> 결코 자비심만큼 그 신분에 어울리는 것은
> 없을 것입니다.
> (제2막 2장 74-80행)

이저벨라는 법 위에 자비 또는 형평이 존재한다고 주장한다. 이는 자비란 "국왕의 왕관보다 국왕을 더 국왕답게 해주는 미덕"이라고 설파했던 포샤의 주장과 거의 흡사하다. 하지만 형식적 법치주의에 빠져 있는 앤젤로는 이런 자비의 호소에 "그대 오라버니를 처벌하는 것은 내가 아니라 법이오"(제2막 2장

80행)라는 경직된 답변을 한다. 이를 통해 그가 개인적 판단을 철저히 배제하는 보통법을 대변하는 인물임을 알 수 있다.

이에 이저벨라는 그런 죄를 저질렀던 많은 사람 가운데 죽은 자가 있는지 반문한다. 앤젤로는 "만약 그 법령을 처음 위반한 자가 그 대가를 받았다면 사람들은 감히 그런 못된 짓을 하지 못했을 것이다"(제2막 2장 94행)라고 대답한다.

그런데 엄격한 금욕 생활을 영위하던 앤젤로가 이저벨라를 보고 욕정을 느끼게 된다. 그 순간 그는 자신이 사람들에게 자신도 지키지 못할 기준을 요구했음을 깨닫는다. 간음에 대해 그토록 강력한 처벌을 강조하고 클로디오와 줄리엣의 혼전임신을 사형이란 중벌로 단죄한 그는 아이러니하게도 이저벨라에게 그녀의 오라버니를 구명하는 대가로 순결을 요구한다. 이미 많은 등장인물이 위정자의 법 집행이 지닐 수 있는 모순을 지적했는데, 특히 에스컬러스 경은 클로디오의 사면을 탄원하며 앤젤로에게 다음과 같이 지적한 바 있다.

**에스컬러스** 대행께서도 살면서 언젠가는 한번쯤
  대행이 단죄하는 그런 일을 저질러
  법의 신세를 지게 될지 누가 알겠습니까?
  (제2막 1장 14-16행)

앤젤로의 타락을 의미하는 전조적 복선으로도 볼 수 있는 이

◀헨리 우즈, 「포샤」, 1888, 『그래픽』
▶윌리엄 홀먼 헌트, 「클로디오와 이저벨라」, 1850, 런던, 테이트 미술관 소장

대사는 바로 이 극의 주제이자 극 제목이 상징하는 바다. 즉 유혹 앞에 나약한 인간이 함부로 남을 단죄하는 것의 모순을 지적한 것이다.

비열한 앤젤로의 성 상납 요구를 알게 된 공작은 '잠자리 바꿔치기'(bed trick) 작전으로 이저벨라 대신 앤젤로의 전 약혼녀였던 마리아나[22]가 앤젤로와 성적 결합을 하도록 연출한다. 결국 공작의 계략대로 앤젤로는 정원 정자의 어둠 속에서 자신이 버린 여인을 이저벨라로 알고 욕정을 채운다. 하지만 정절을 바치면 오라버니의 목숨을 구명해주겠다던 약속을 앤젤로는 이행하지 않는다. 도리어 후사가 두려운 나머지 클로디오를 예정대로 사형에 처하라는 명령을 내린다. 이런 앤젤로의 처사는 그가 대단히 비도덕적인 인물임을 드러낸다. 그와 함께 그런 인물이 편협하게 운용하는 법의 정당성도 의심의 대상이 된다. 이에 다시 공작이 개입하여 이미 죽은 다른 죄수의 목을 클로디오의 목 대신 갖다 바치게 한다. 이렇게 앤젤로는 법을 왜곡되게 운용할 뿐만 아니라 욕망을 충족시키고 자신의 죄를 은폐하기 위해 권력을 남용하기까지 한다.

셰익스피어는 이저벨라의 입을 통해 위정자의 독선적인 권력행사를 강하게 비판한다. 그녀는 오만한 권력자들의 횡포와 그들이 마치 신과 같이 인간을 단죄하는 행위의 사악함을 한탄한다.

**이저벨라**  ······아, 자비로우신 하늘이시여!

　　당신께서는 날카롭고 무서운 번갯불로 쐐기도 안 들어가는

　　옹투성이의 떡갈나무도 쪼개놓고 맙니다만

　　연약한 도금양 꽃나무는 손대지 않으십니다.

　　그런데 인간은, 찰나의 권세<sup>23</sup>를 걸친 오만한 인간은

　　자신이 유리처럼 부서지기 쉬운 존재라는

　　본질을 모르고 성난 원숭이처럼

　　높은 하늘 앞에서 온갖 해괴한 짓거리들을 행해

　　천사들을 울립니다.

　　(제2막 2장 138-46행)


　노스롭 프라이(Northrop Frye)는 "형평의 미덕을 갖추지 못한 권력자는 억압적 법치주의에 빠진다"고 했다.[24] 셰익스피어가 그린 앤젤로가 바로 그런 권력자인 셈이다. 공작의 다음 대사도 권력자에 의해 집행되는 법은 공평무사해야 함을 지적한다.


**공작**  하늘을 대신하여 칼을 든 자는

　　신성하고도 엄격해야 한다.

　　······

　　자신의 죄과보다도 무거운 짐을

　　다른 사람에게 지워서는 안 된다.

　　(제3막 1장 441-46행)

앤젤로가 부당하게 법을 운영하고 권력을 남용해, 비엔나가 점점 더 무질서해진 것을 알게 된 공작은 질서를 재확립하고자 수도사의 옷을 벗고 자신의 신분을 드러낸다. 공작은 성문 앞에서 대중들의 공개청원을 받겠다는 포고령을 내리고 이저벨라에게 앤젤로를 고발하도록 한 뒤 앤젤로에 대한 공개재판을 연다. 그런데 이 공개재판에서 공작도 위법자인 앤젤로를 처벌하는 데 있어 앤젤로와 마찬가지로 편협한 면모를 보인다. 우선 공작은 앤젤로에게 당장 마리아나와 결혼할 것을 명한다. 하지만 결혼식이 끝나자마자 신성한 정조를 유린하고 클로디오를 석방하겠다는 약속까지 위반하여 이중의 범죄를 저지른 앤젤로에게 "이에는 이"라는 율법을 적용하여 사형을 선고한다.

> **공작** 저자는 그대의 오라버니에게 사형을 선고한 사람이고,
> 신성한 정조를 유린하고, 오라버니를 석방하겠다는
> 약속을 위반하여 이중의 범죄를 저지르기도 했으니
> 결국 그대 오라버니를 죽인 범인이 아니겠소.
> 그러니 아무리 자비를 바탕으로 한 이 나라의 법이라
> 할지라도 이렇게 외치고 있소.
> "클로디오는 앤젤로로, 죽음에는 죽음으로 보상하라고,
> 급한 것은 급한 것으로, 한가로운 것은 한가롭게,
> 눈에는 눈, 이에는 이로 갚으라"고 말이오.
> (제5막 1장 417-25행)

290

그러자 이저벨라가 앤젤로에게 자비를 베풀 것을 청원했듯이 마리아나도 앤젤로를 구명하기 위해 공작에게 자비를 청한다.

**마리아나**   가장 훌륭한 사람도 과실이 없을 수 없다고들 합니다.
    그리고 조금은 부족하기 때문에 더욱 발전하는 것이지요.
    제 남편도 그럴 것입니다.
    (제5막 1장 437-39행)

마리아나의 주장의 요점은 세상 그 누구도 완벽한 자가 없다는 것이다. 그런데 이런 나약한 인간의 본성에 대한 통찰을 보여주는 대사를 포샤도, 이저벨라도 한다는 것이 흥미롭다.

**이저벨라**   아아, 이런.
    누구나 한 번은 법을 어기게 마련이에요.
    신께서는 벌을 주시려면 얼마든지 줄 수도 있었지만
    구원을 주셨습니다. 만약 최고의 재판관이신 신께서
    현재의 나리를 심판하신다면, 나리는 어떻게 될지
    아시나요? 오, 그것을 생각하면
    나리의 입술에선 새로 태어난 사람처럼
    자비로운 말씀이 새어나와야 할 겁니다.
    (제2막 2장 92-99행)

이저벨라는 인간이라면 누구나 완벽하지 못하여 신의 심판의 채찍을 피해갈 수 없다고 주장한다. 나중에 이저벨라는 마리아나의 부탁으로 공작에게 앤젤로의 목숨을 구명하게 된다. 이때 그녀는 추상적 미덕으로서의 관용과 자비를 호소한 선례와는 달리 냉정한 법리를 제기한다.

**이저벨라** 앤젤로 님은
　　나쁜 생각은 품었어도 행동에는 미치지 못했습니다.
　　도중에 시들어버린 생각은 매장시켜 버리면 그만입니다.
　　생각이란 실체가 없는 것, 하려다 그만둔 건 한낱
　　생각에 불과한 것이지요.
　　(제5막 1장 469-73행)

보수사법 철학의 거두이자 세기의 천재 법률가로 불리는 윌리엄 렌퀴스트(William Rehnquist) 대법관은 이저벨라의 대사를 "'범죄의사'와 '범죄행위' 양자를 모두 요구하는 형법의 일반원칙을 천명한 것이다"라고 주장했다.[25] 결국 공작은 앤젤로를 용서하고 그를 살려준다. 베니스와 마찬가지로 비엔나에서도 형평과 자비라는 법의 정신이 법형식주의를 누르고 승리를 거둔 것이다. 안경환은 이 극도 『베니스의 상인』과 마찬가지로 영국의 양대 법체계인 보통법과 형평법 사이의 대립, 긴장이 반영된 것이라고 주장했다.[26]

윌리엄 해밀턴, 「앤젤로에게 호소하는 이저벨라」,
1793, 워싱턴, 폴저 셰익스피어 도서관 소장

## 법률사에 미친 셰익스피어의 영향

 법이 야기하는 심각한 딜레마를 다룬 『베니스의 상인』과 『자에는 자로』는 인류의 삶을 지배하는 법의 구조적 모순과 한계, 그리고 획일화·추상화되기 쉬운 법의 허점을 독자들에게 보여준다. 그런 법체계의 모순은 인간의 본성에 대한 이해와 인식을 바탕으로 극복할 수 있음을 보여준다. 완벽하지 못하여 실수를 저지를 수밖에 없는 인간의 속성을 이해한 포샤, 이저벨라, 마리아나는 법의 독선으로부터 참다운 정의를 구현한다. 이를 통해 셰익스피어는 경직된 관습법을 보완하는 형평법의 필요성을 이들 작품에서 설파하고 있다고 볼 수 있다.

 콘스타인은 『베니스의 상인』에 대한 가장 전형적인 해석은 "형식적인 법을 형평적인 정의가 보완하지 않으면 불의를 초래한다는 것"[27]이라고 했는데 이런 해석은 두 극 모두에 적용된다고 할 수 있다. 영국의 양대 법체계인, 보통법과 형평법 사이의 대립과 긴장을 다루고 있는 이 극들에서 셰익스피어는 엄격한 법은 형평적 원칙으로 보완되어야 한다는 견해를 드러낸다. 그리고 자비를 주장하는 이들의 승리를 통해 모든 갈등을 원만하게 해결해 희극적 결말을 가능하게 한다. 결국 셰익스피어는 이 두 작품을 통해 법의 엄격함을 자비로 완화하는 것의 중요성과 균형 있는 정의와 자비의 중요성을 역설하고 있다.

 많은 법 전문가들이 셰익스피어의 법률 희곡들이 법률사에 미친 영향을 논한다. 니컬러스 나이트(Nicholas Knight)는 셰익스피어가 적극적으로 형평법의 개혁에 진력했고 그 결과로 영국법사에 심대한 영향을 남겼다고 주장한다.[28] 안경환은 셰익스피어의 작품이 당대의 판사들에게 영향을 미쳐 법 제도를 개혁하는 데 실마리를 제공했다는 주장도 있음을 언급한다.[29]

그런가 하면 2007년에 워릭 대학교 법과대학에서, 2009년에 시카고 대학교의 법과대학에서 각각 '셰익스피어와 법'(Shakespeare and the Law)이라는 주제의 학술대회가 개최되기도 했다. 이 모든 것은 셰익스피어가 다루고 있는 법률문제나 담론이 법 전문가들이 연구할 가치가 있는 수준 높고 영향력 있는 것임을 입증한다.

# 셰익스피어의 사랑극

『로미오와 줄리엣』『안토니와 클레오파트라』

"사랑이란 광증에 지나지 않아요.
그러니 미치광이처럼 어두운 집에 가두고
매질을 해야 해요.
그런데 그런 사람들을 매질로 치료하지
않는 이유는
이 광증이 하도 흔해 매질하는 사람들조차
사랑의 광증에 빠져 있기 때문이에요."

『좋으실 대로』

# 문학이 가장 사랑하는 주제: 사랑

문학작품에서 장르에 상관없이, 시공간을 초월하여 가장 많이 다루어지는 주제는 아마 사랑일 것이다. 셰익스피어도 많은 작품에서 다른 주제들과 함께 사랑에 대해 깊이 있게 다룬다. 사실 셰익스피어 극 중 사랑 이야기가 빠진 극은 거의 없으며 많은 극에서 사랑이 중심주제로 등장한다. 그래서 사이먼 캘로 (Simon Callow)는 "셰익스피어는 그 어떤 인간적 경험보다도 사랑에 대해 쓸 때 더 완벽하고 극에 더욱 공감할 수 있다. 그는 강박적일 정도로 사랑에 대한 극을 많이 썼다"고 주장했다.[1] 캘로의 주장처럼 아마도 셰익스피어만큼 사랑이라는 주제에 집착하고 그 주제에 대해 방대한 작품을 쓴 작가도 드물 것이다.

실제로 셰익스피어의 38편의 극 중 『로미오와 줄리엣』 (*Romeo and Juliet*), 『안토니와 클레오파트라』(*Antony and Cleopatra*), 『사랑의 헛수고』(*Love's Labour's Lost*), 『헛소동』(*Much Ado about Nothing*), 『좋으실 대로』『한여름 밤의 꿈』『오셀로』 『십이야』『베로나의 두 신사』(*Two Gentlemen of Verona*), 『트로일러스와 크레시다』(*Troilus and Cressida*) 등 거의 삼분의 일에 해당하는 작품이 사랑에 관한 극이다. 또한 셰익스피어의 『소네트집』, 장편 설화시인 『비너스와 아도니스』 등도 사랑에 관한 시집이다. 이런 많은 작품 속에서 셰익스피어는 궁정풍 사랑, 보상받지 못하는 사랑, 격정적인 사랑, 농염한 사랑 등 다양한 유형의 사랑을 그리고 있다.

"진실한 사랑의 길은 결코 순탄하지 않다"(『한여름 밤의 꿈』 제1막 1장 136행)는 대사에서도 알 수 있듯이 비극에서든 희극에서든 등장인물들은 사랑 때문에 온갖 역경과 난관을 겪는다. 셰익스피어의 작품에서 자주 묘사되는 사랑의 속성들은 주로 '첫눈에 반한 사랑' '맹목적인 사랑' '제어할 수 없는 사랑의 광증' 등이다. 아주 이성적이고 고귀하던 인물들이 첫눈에 사랑에 빠지고 그 사랑에 압도되어 노예가 되고 만다. 그들은 그 순간부터 이성도 쫓아내고, 부끄러움도, 명예의 실추도 아랑곳하지 않으며 사랑에 불타오른다. 사랑의 열정 또는 본능 앞에 이성이라는 고삐는 제구실을 하지 못한다.

『로미오와 줄리엣』에서 로미오는 "뭐 사랑이 감미로운 거라고? 사랑은 억세고 무례하고 사나운 거야. 가시처럼 찌르기도 하고"(제1막 4장 25-26행)라고 친구 머큐시오(Mercutio)에게 말한다. 이런 대사를 통해서도 알 수 있듯이 셰익스피어가 그리는 사랑은 무한한 기쁨과 번뇌가 뒤섞인 모순된 감정이다. 사랑의 환희와 기쁨, 그리고 그 고뇌에 대한 이미저리로 가득 찬 극에는 그 감정을 담아내는 아름다운 수사도 가득하다. 셰익스피어는 인간의 가장 보편적인 감정이라고 할 수 있는 사랑을 아름다운 언어의 대향연과 함께 그리고 있다.

셰익스피어는 주로 '사랑'과 '결혼'이 주요 플롯이 되는 『한여름 밤의 꿈』『좋으실 대로』『십이야』 등의 낭만희극에서 사랑의 속성에 대해 논한다. 하지만 제어할 수 없는 사랑의 격렬한 힘을 잘 보여주는 작품은 역시 비극『로미오와 줄리엣』과 『안토니와 클레오파트라』다.[2] 두 비극은 격정적 사랑에 빠진 주인공들이 죽음으로 치닫는다는 공통점을 지니고 있지만 공통점만큼이나 차이점도 많다. 이 장에서는 셰익스피어가 논하는 사랑론과 함께 이 두 작품을 비교·분석해보고자 한다.

## 셰익스피어의 사랑론: 사랑이란

셰익스피어의 대표적인 낭만희극 가운데 하나인『좋으실 대로』에는 형제간의 골육상쟁, 권력찬탈 등의 스토리라인과 여러 쌍의 낭만적인 사랑 이야기가 엮여 있다. 아버지의 권력을 찬탈한 숙부에게 추방명령을 받아 남장을 하고 추방길에 오른 로절린드(Rosalind, 남장 후 가명은 개니미드)와 그녀를 사랑하는 귀족 청년 올랜도(Orlando), 남장한 로절린드를 사랑하게 된 양치기 소녀 피비(Phebe)와 그녀를 사랑하는 양치기 실비어스(Silvius), 로절린드의 추방길에 동반한 어릿광대 터치스톤(Touchstone)과 시골 처녀 오드리(Audrey)의 사랑, 올랜도의 형 올리버(Oliver)와 로절린드의 사촌동생 셀리아(Celia)의 사랑까지 이 극 속에는 여러 계층의, 다양한 사랑 유형이 존재한다. 복잡하게 얽힌 이들의 러브라인 속에 셰익스피어는 무수히 많은 사랑론을 펼친다. 아니, 이 극 자체가 사랑의 속성을 논하는 셰익스피어의 사랑 담론이라고 볼 수 있다. 그 대표적 예가 바로 다음 대사다.

**피비** 착한 양치기야. 이 젊은 양반에게 사랑이 뭔지 말해줘.

**실비어스** 사랑은 온통 한숨과 눈물이야.

　너를 향한 내 사랑이 그래.

**피비** 개니미드를 향한 내 사랑이 그래.

**올랜도** 로절린드를 향한 내 사랑이 그래.

**로절린드(개니미드)** 여자가 아닌 사람을 향한 내 사랑이 그래.

**실비어스** 사랑은 온통 믿음과 봉사야.

　너를 향한 내 사랑이 그래.

**피비** 개니미드를 향한 내 사랑이 그래.

**올랜도** 로절린드를 향한 내 사랑이 그래.

**로절린드(개니미드)** 여자가 아닌 사람을 향한 내 사랑이 그래.

**실비어스** 사랑은 온통 환상,

　열정과 소망,

　온갖 찬양, 의무, 순종,

　무한한 겸손, 인내, 초조함.

　순결, 시련, 헌신이야.

　너를 향한 내 사랑이 그래.

**피비** 개니미드를 향한 내 사랑이 그래.

**올랜도** 로절린드를 향한 내 사랑이 그래.

**로절린드(개니미드)** 여자가 아닌 사람을 향한 내 사랑이 그래.

(제5막 2장 82-101행)

위 대화를 나누는 사람들은 저마다 사랑에 빠져 있다. 그리고 이 순간 모두 다 이루어질 수 없는 사랑에 한숨 쉬고 눈물짓고 있다. 피비는 개니미드, 즉 남장한 로절린드를 사랑하고, 실비어스는 피비를 사랑하고, 올랜도는 자기 눈앞에 있으나 알아볼 수 없는 로절린드를 향한 상사병을 앓고, 자신의 본모습을 밝히지 못하는 로절린드는 올랜도를 사랑하고 있다. 셰익스피어는 이 극 속 등장인물의 사회적 계층에 따라 사랑의 유형도 달리 그리고 있다. 귀족 계층의 올랜도와 로절린드의 사랑은 낭만적인 궁정풍 사랑이고, 피비와 실비어스의 사랑은 목가적 사랑이며, 터치스톤과 오드리의 사랑은 다소 저속하고 세속적인 사랑이다.

### 사랑의 광증과 맹목적성

이 극 속에서 살펴볼 수 있는 셰익스피어의 사랑론은 우선 '사랑의 광증'이다. 개니미드로 변장한 로절린드는 자신을 향한 상사병에 빠진 올랜도에게 상담역을 자청한다. 자신을 로절린드라고 생각하고 사랑 연습을 하라고 제안한다. 그러면서 올랜도에게 다음과 같이 사랑의 광증에 대해 설명한다.

**로절린드** 사랑이란 광증에 지나지 않아요.

그러니 미치광이처럼 어두운 집에 가두고

매질을 해야 해요.

그런데 그런 사람들을 매질로 치료하지 않는 이유는

이 광증이 하도 흔해 매질하는 사람들조차

사랑의 광증에 빠져 있기 때문이에요.

(제3막 2장 388-93행)

로절린드 외에도 많은 인물이 사랑의 광증을 언급한다. 추방
당한 전 공작을 모시는 귀족 중 한 명인 에미언즈(Amiens)도
"사랑은 미친 놀음"(제2막 7장 191행)이라고 노래하고, 어릿광
대 터치스톤도 다음과 같이 말한다.

**터치스톤** 정말로 참다운 사랑을 하는 사람들이란

묘한 미친 짓을 잘해요. 세상만사가 덧없듯이

사랑을 하면 모든 사람이 정말 어리석어져요.

(제2막 4장 51-53행)

로절린드는 올랜도에게 상사병에 빠진 자들의 몰골과 그의
몰골을 비교하며 다음과 같이 말한다.

**로절린드** ……양말은 대님이 풀려 있어야 하고

모자 끈도 풀려 있고, 소매의 단추도 잠그지 않고,

구두끈도 제멋대로 풀어져 있고, 모든 것이 슬픔으로

흐트러져 있어야 할 텐데 당신은 모든 게

그렇지 않단 말이에요.

(제3막 2장 368-72행)

이런 모습은 당대 연애시 관습에서 흔히 등장하는, 사랑의 고뇌에 빠진 자의 전형적인 증상들로 마치 광인의 모습과 흡사하다. 여기서도 사랑에 빠진 자와 광인을 비슷하다고 보는 셰익스피어의 시각을 엿볼 수 있다.

이렇게 사랑의 광증에 사로잡힌 사람들은 맹목적으로 변해서 다른 사람들 눈에는 다 보이는 상대의 결함을 보지 못한다. 로절린드는 냉정하기만 한 피비에 대한 짝사랑으로 괴로워하는 실비어스를 동정하며 다음과 같이 말한다.

**로절린드** 이것 봐요, 숙맥 같으니.

사랑에 빠져 머리가 완전히 돈 거 아니에요?

그 여자 손을 보니 완전 쇠가죽 같았어요.

꺼칠꺼칠한 바위 빛이더군요. 난 그 여자가 낡은

장갑을 끼고 있는 줄 알았는데 진짜 손이지 뭐예요.

완전히 부엌데기 손이더군요.

(제4막 3장 22-27행)

이런 맹목적성도 셰익스피어가 반복적으로 논하는 사랑의 속성 가운데 하나다.

## 모든 가치를 초월한 절대적 사랑

『좋으실 대로』에서 실비어스가 짝사랑하는 피비는 개니미드로 변장한 로절린드를 보자마자 첫눈에 반한다. 그래서 실비어스에게 "사랑하는 자, 첫눈에 반하지 않는 자 누군가?"라는 말의 뜻을 알게 됐다고 말한다. 이렇게 셰익스피어 작품에는 첫눈에 사랑에 빠지는 연인이 많이 등장한다. 로미오와 줄리엣이 그랬고『폭풍우』의 페르디난드와 미란다가 그랬다.

> **로미오**  내 마음이 지금까지 사랑을 해왔다고? 내 눈이여,
> 부정해라. 오늘밤까지 난 진짜 아름다움을 본 적이 없다.
> (『로미오와 줄리엣』제1막 5장 51-52행)

> **페르디난드**  당신을 처음 본 순간 내 마음은 당신의
> 노예가 될 각오를 했습니다.
> (『폭풍우』제3막 1장 64-65행)

『십이야』도 남장한 여주인공으로 인해 복잡하게 얽힌 사랑 이야기가 전개되는 낭만희극이다. 이 작품에서는 배가 난파

되어 일리리아라는 낯선 땅에 상륙하게 된 귀족여성 비올라(Viola)가 세자리오(Cesario)라는 남성으로 변장하면서 사건이 발생한다.

비올라/세자리오는 이 공국의 영주인 올시노(Orsino) 공작의 시종이 된다. 올시노 공작은 올리비아(Olivia)라는 여백작을 사모하나 오라버니의 죽음 후 근신 중인 그녀의 마음을 얻지 못해 상사병에 시달리고 있었다. 올시노 공작은 세자리오를 시켜 끊임없이 자신의 사랑을 올리비아에게 전달한다. 그런데 올리비아가 세자리오를 보고 첫눈에 반하면서 사건은 아주 복잡해진다. 사건은 함께 난파됐던 비올라의 오라버니 서배스천(Sebastian)이 일리리아에 오면서 엉킨 사랑의 실타래가 풀리게 된다. 결국 올리비아는 서배스천과 결혼하고, 올시노 공작은 비올라를 공작부인으로 맞이하면서 극은 막을 내린다. 이 극 속 다음 대사에서 올시노 공작도 올리비아에게 첫눈에 반했음을 알 수 있다.

**공작** 나의 두 눈이 올리비아를 처음 보았을 때 그녀의
고귀한 자태가 온 누리의 독기를 깨끗이 씻어주는 것 같았다.
바로 그때부터 수사슴으로 둔갑한 거다.
그때부터 내 사랑의 불길은 사납고 잔혹한 사냥개처럼 날 뒤쫓고 있다.

(『십이야』제1막 1장 19-23행)

일단 이렇게 첫눈에 사랑에 빠지면 그 뒤부터 사랑은 세상 모든 가치를 초월한 절대적인 것이 된다. 『좋으실 대로』에서 사촌동생 셀리아가 아버지 얘기를 꺼내자 로절린드는 "지금 아버지 얘긴 뭐하러 꺼내는 거니? 올랜도 같은 분이 있는데"(제3막 4장 34-35행)라고 면박을 준다. 숙부에게 추방명령을 받고 아버지가 숨어지내는 아든 숲으로 오긴 했지만 그녀의 머릿속에는 오직 올랜도뿐이다. 그래서 오랫동안 헤어져 있던 아버지 따위는 안중에도 없다. 줄리엣에게서도 이런 면모를 볼 수 있다. 그 유명한 발코니 장면에서 그녀는 로미오가 숨어 있는지 모른 채 로미오를 향한 자신의 사랑을 토로한다.

**줄리엣** 로미오, 로미오! 어찌하여 그대는 로미오인가요?
아버지를 부정하고, 그 이름을 버리세요.
아니면 절 사랑한다고 맹세만이라도 해주세요.
그러면 제가 캐풀렛이라는 성을 버리겠어요.
(제2막 2장 33-36)

그녀는 단 한 번 만난, 그것도 잠시 스쳐지나간 남자를 위해 집안을 버릴 각오가 되어 있다. 이후 줄리엣이 느끼는 초월적 의미의 사랑은 로미오가 사촌오빠 티볼트(Tybalt)를 죽였다는 소식을 듣게 된 다음 대사에 더 적나라하게 드러나 있다.

> **줄리엣**  오빠의 죽음보다 더 무서운 말 한마디가 나의 숨통을
> 누르고 있어.
>> ……
>
> 티볼트는 죽고 로미오는 추방. 그 한마디 말.
> '추방'이 만 명의 티볼트를 죽인 거나 다를 바 없는
> 힘이었구나.
>> ……
>
> "티볼트가 죽었다"고 유모가 말하고 나서,
> 아버지나 어머니, 아니 두 분이 다 돌아가셨다고
> 말했어야 옳았을 거야.
> 그렇다면 누구나 겪는 비통밖에 우러나오지 않았을 텐데.
> (제3막 2장 108-20행)

부모님의 사망소식보다 로미오의 추방소식이 더 괴롭다는 이 대사는 로미오를 향한 줄리엣의 격렬한 감정을 보여준다. 그녀에게 로미오와의 사랑은 세상 그 어떤 가치도 초월하는 것이다. 이에 대해 제임슨은 "로미오와 줄리엣은 오직 그들 자신에 대해서만 말한다. 이 우주 안에서 그들이 바라보는 유일한 대상은 그들 자신이다. 그 외의 모든 것은 무의미하게 느껴질 뿐이다"라고 말한다.[3]

# 엇갈린 운명의 슬픈 사랑 이야기: 『로미오와 줄리엣』

1594년에 초연된 『로미오와 줄리엣』은 지금까지 쓰인 문학작품 중 가장 유명한 사랑 이야기다. 마테오 반델로(Matteo Bandello)가 이탈리아어로 쓴 것을 아서 브룩(Arthur Brooke)이 1562년에 영역한 『로메우스와 줄리엣의 비극적 전기』(*Tragicall Historye of Romeus and Juliet*)를 원전으로 한 이 극은 비교적 초기에 쓰인 비극이다. 따라서 후기의 4대 비극처럼 주인공들의 성격적 결함으로 비극이 발생하는 것이 아니라 타고난 환경과 운명의 장난에 의해 주인공들이 비극에 빠지는 '운명 비극'이다.

이 극에서 갈등은 주로 집안끼리의 반목 때문에 발생하고 두 주인공이 비극적 결말을 맺는 데는 우연의 요소가 많이 작용한다. 따라서 『로미오와 줄리엣』은 인물의 성격, 심리에 대한 묘사에서 4대 비극에는 미치지 못한다. 너무 장황한 대사에서도 다듬어지지 않은 초기 비극의 한계를 느낄 수 있다. 하지만 순수한 청춘남녀의 지고한 사랑이 아름다운 대사와 장면 속에 그려져 있어 지금도 가장 대중적으로 사랑받고 있다.

이 연인의 사랑은 인간의 의지를 넘어선 절대적 힘, 즉 운명의 지배를 받는다. 막이 오르면 서사 역을 맡은 배우가 나와 두 주인공이 맞이할 운명을 소개한다.

**서사 역** 두 원수 집안의 숙명적인 탯줄을 끊고

불운한 한 쌍의 연인이 태어났습니다.

슬프고 처절한 종말이여!

두 연인의 죽음으로 두 가문의 갈등은 사라집니다.

(프롤로그 5-8행)


서막에서는 '운명이 엇갈린'(star-crossed) 비극적인 연인의 죽음으로 오랜 원수 집안이 화해를 이룬다는 전체 극의 내용을 미리 관객/독자에게 알려준다.

몬터규가의 외아들 로미오(Romeo)는 덕망 있는 청년으로 차갑고 냉정한 로잘라인(Rosaline)이라는 여인을 짝사랑했다. 그는 짝사랑의 고뇌 속에 만사 의욕을 잃고 혼자 그 슬픔을 되씹고 있었다. 로미오의 친구들은 로미오가 사랑하는 여자보다 더 아름다운 여자들을 보고 그의 마음을 짓누르는 짝사랑의 아픔에서 벗어날 수 있도록 캐풀렛가의 가면무도회에 로미오를 억지로 데려간다. 캐풀렛가에는 채 열네 살도 되지 않은 줄리엣(Juliet)이라는 외동딸이 있었다. 친구들에게 떠밀려 마지못해 무도회장에 들어선 로미오는 놀랍게도 많은 아가씨 가운데 환히 빛나는 줄리엣에게 첫눈에 반하고 줄리엣도 로미오에게 첫눈에 반한다. 앞에서도 언급했듯이 '첫눈에 반한 사랑'은 셰익스피어 작품에 거듭 등장하는 플롯이다. 원수 집안의 자제라는 사실은 이미 두 사람의 가슴에 지펴진 연정의 불길을 끄지 못한다. 로미오는 목숨을 걸고 몰래 담을 넘어 줄리엣의 집 정원으로 숨어 들어간다. 이처럼 셰익스피어가 극 속에서 그리고 있는 사랑은 통제할 수도 없고 저항할 수도 없는 감정이다. 로미오는 줄리엣을 처음 본 순간부터 찬미하기 시작한다.

**로미오**　저 여잔 횃불에게 아름답게 타오르는 법을 가르쳐주는 것 같군.

밤의 뺨에 매달린 그녀의 모습은 에티오피아 여인의 귀에 매달린

값진 보석처럼 빛나는구나. 쓰기엔 너무 귀중하고,

이 속세에 두기엔 너무 고귀한 아름다움이구나!

（제1막 5장 43-46행）

**로미오**　가만! 저 창문에서 쏟아지는 빛은 무얼까?

저곳이 동쪽이지. 그렇다면 줄리엣은 태양이로구나.

솟아라. 아름다운 태양아, 시샘하는 달을 없애라.

달의 시녀인 그대가 달보다 훨씬 더 아름답구나.

……

오, 다시 한 번 말해봐요. 빛나는 천사여.

당신은 내 머리 위에서 이 밤에 빛을 주는 천사.

（제2막 2장 2-28행）

이렇게 상대의 아름다움을 극단적으로 미화하고 성스러운

존재로 찬미하는 것은 당시 유행하던 페트라르카풍 연애시의 특징이다.[4] 사랑하는 여인을 '태양' '천사' 등에 비유하는 것도 당시 연애시의 관습적인 표현이다.

그러나 줄리엣은 연애시의 여주인공과는 다른 면모를 지니고 있다. 줄리엣은 처음 본 로미오에게 사랑의 감정을 토로하는 발코니 장면에서 결혼을 하는 과정까지 늘 로미오보다 주도적이다. 이런 줄리엣에게서는 궁정식 사랑 관습에서 사랑의 대상으로 찬양받는 여인의 냉담함과 수동적인 자세를 찾아볼 수 없다. 셰익스피어가 훗날 집필하는 희극 속에 등장하는 적극적이고 대담한 여성상은 줄리엣의 모습에 이미 잉태되어 있던 것이다. 많은 비평가는 적극적인 줄리엣의 캐릭터에 주목해왔다. 아이린 대시(Irene Dash)는 "줄리엣은 운명을 개척하려는 강한 의지와 용기를 지닌 페미니스트다"[5]라고 평했으며 제임슨은 "줄리엣보다 강렬한 강도로 목표를 향한 내면의 단일성과 온 마음과 영혼을 바치는 헌신성의 이미지를 구현해낸 극적 인물을 떠올릴 수가 없다"고 평했다.[6]

## 비밀결혼과 운명의 장난

새벽녘에 줄리엣과 헤어진 로미오는 곧바로 로렌스 신부를 찾아간다. 로미오가 로잘라인을 짝사랑하고 있던 것을 잘 아는 신부는 사랑의 변덕스러움을 실감한다. 이 두 사람의 결합으로 양가의 오랜 반목이 사라질지도 모른다는 기대를 하는 한편 그들의 격렬한 사랑에 대해 걱정하기도 한다.

> **로렌스 신부**  이러한 벅찬 기쁨엔 거센 종말이 있기 마련.
> 불티와 화약이 서로 닿자마자 폭발하듯이
> 승리는 절정에서 숨을 거두는 법.
> 지나치게 단 꿀은 달기 때문에 도리어
> 싫어지며 맛만 보아도 입맛을 망치게 마련. 그러니
> 사랑은 알맞게 해야 한다. 그것이 오래가는 사랑의 길이다.
> (제2막 6장 9–14행)

신부의 이 대사는 셰익스피어의 사랑관을 보여주면서 동시에 작품의 결말을 암시하는 전조 역할도 한다.

그날 두 사람은 로렌스 신부의 주례로 비밀결혼식을 치른다. 하지만 그들이 사랑의 기쁨을 누릴 환희의 시간은 단 반나절뿐, 비밀결혼식을 마친 바로 그날 오후, 로미오와 절친한 머큐시오가 싸움을 말리는 로미오 때문에 줄리엣의 사촌오빠 티볼트의 칼에 찔려 죽는 비극이 발생한다. 이리하여 "운명의 노리개"(fortune's fool, 제3막 1장 138행)가 된 로미오는 복수심에 눈이 어두워 티볼트를 죽이고 추방명령을 받게 된다. 갓 결혼한 사랑하는 여인 줄리엣과 생이별한다는 것은 로미오에게 사형보다 더 고통스러운 일이었다. 로미오가 생이별의 고통에 몸부

필립 콜더론, 「줄리엣」,
1888, 워싱턴, 폴저 셰익스피어 도서관 소장

림치고만 있을 때 줄리엣은 유모를 통해 반지를 보내어 자신의 변함없는 마음을 전달한다. 나약하고 성급한 로미오에 비해 줄리엣은 그들의 사랑에 위기가 닥치는 순간마다 주도적이고 성숙한 면모를 보여준다.

신부는 로미오에게 일단 만투아(Mantua)로 떠나면 적당한 때에 두 사람의 결혼 사실을 발표하여 두 집안을 화해시키고 영주의 용서도 얻어내겠노라고 약속한다. 이리하여 로미오와 줄리엣은 긴 이별을 앞두고 첫날밤이자 마지막 밤을 함께 보낸다. 생이별을 앞둔 두 연인의 입에서 나오는 말은 모두 아름다운 한 편의 시가 된다. 로미오는 "날이 밝아오면 밝아올수록 우리의 슬픔은 어두워지는구나"(제3막 5장 35행)라고 한탄했고 줄리엣은 "창문아, 아침을 들여놓고 나의 생명을 밀어내려무나"(제3막 5장 41행)라고 탄식한다.


## 가련한 두 연인의 죽음, 그리고 화해

줄리엣은 로미오와 이별하고 수심에 가득 차 있었다. 줄리엣이 슬퍼하는 진정한 이유를 모르는 캐풀렛은 줄리엣에게 구애를 해온 패리스(Paris) 백작과의 혼사를 서두른다. 이미 결혼한 줄리엣이 그 결혼을 받아들일 수 없다고 하자, 비밀결혼을 알지 못하는 캐풀렛은 아주 위압적인 태도로 3일 뒤에 결혼식을 거행한다고 선언한다. 줄리엣은 사랑하는 이의 아내로서 순결

프랭크 딕시 경, 「로미오와 줄리엣」,
1884, 사우샘프턴, 사우샘프턴 시립 미술관 소장

을 지키기 위해 로렌스 신부에게 42시간 동안 죽음 같은 수면 상태에 빠지는 약을 받아 마신다. 신부의 계획은 결혼식 전날 밤에 그 약을 마신 줄리엣이 결혼식을 하지 못하고 조상 묘지에 묻히면 로미오가 그녀를 깨워 만투아로 데려가는 것이었다. 하지만 줄리엣의 가짜 죽음을 알리는 서신을 로미오에게 전달하려던 신부는 전염병이 도는 통에 편지를 전하지 못하고 그냥 돌아오고 만다. 그사이 로미오에게 줄리엣이 죽어 캐풀렛가 묘지에 묻혔다는 소식이 전해진다. 만약 신부의 편지가 운명의 장난으로 되돌아오지만 않았더라도 이 연인들의 이야기가 그토록 비극적이지는 않았을 것이다. 이렇게 이 극에는 순간마다 두 연인을 가로막는 장애가 등장하며 그들을 죽음으로 몰아간다.

비탄에 빠진 로미오는 당장 독약을 구입하여 줄리엣의 무덤으로 달려간다. 무덤에 먼저 와 있던 패리스 백작이 줄리엣의 옆에서 생을 마감하려는 것을 방해하자, 이미 자포자기 상태에 빠져 있던 로미오는 패리스 백작을 죽이고 만다. 이렇게 로미오의 미숙하고 성급한 성격은 두 번째 살인을 낳는다.

로미오가 무덤을 열고 줄리엣의 얼굴을 들여다보니 이제 막 약기운에서 벗어나기 시작한 줄리엣은 죽은 자의 얼굴이라고 할 수 없을 만큼 아름다웠다. 로미오는 그 아름다움을 다음과 같이 묘사한다.

**로미오** 아, 사랑하는 줄리엣,

그대는 어째서 아직도 그리 아름다운가?

혹시 실체가 없는 죽음의 신조차 당신에게 반해서

그 바싹 말라 혐오스런 괴물딱지가 당신을 이 어둠 속에

가둬놓고 정부를 삼자는 게 아닌가?

그게 걱정이 돼서 난 당신과 함께

이곳에 남아 이 컴컴한 밤의 궁전을

절대 떠나지 않으리다.

(제5막 3장 101-108행)


이 대사에서도 볼 수 있듯이 이 극은 아름다운 비유적 표현들로 넘쳐난다. 사랑을 표현하는 시적이고 아름다운 온갖 언어는 페이지마다 감탄을 자아내게 한다. 비록 후기극에서 볼 수 있는 인간의 성정에 대한 심오한 통찰은 부족하더라도 이 극은 시적 이미저리와 아름다운 언어로 독자/관객을 사로잡는다.

로미오가 독약을 마시고 죽음을 맞이한 직후 줄리엣이 잠에서 깨어난다. 로미오의 주검을 본 줄리엣은 그의 단검을 뽑아 가슴을 찌르고는 로미오의 시체 위에 쓰러져 죽는다. 영주와 캐풀렛가, 몬터규가 사람들은 이 참혹한 죽음의 장면을 보고 나서야 자신들의 잘못을 뉘우치고 화해를 한다. 그래서 존 하코트(John Harcourt)는 로미오와 줄리엣의 죽음을 단순히 불운한 연인의 죽음이 아닌 화해를 위한 일종의 희생제물로 본다.[7]

프레더릭 레이턴 경, 「몬터규가와 캐풀렛가의 화해」,
1853~55, 디케이터, 아그네스스콧 대학교 소장

불운한 연인을 도우려 한 로렌스 신부는 이 참혹한 장면을 보고, "우리보다 더 큰 힘이 우리 의도를 좌절케 했다"(제5막 3장 153-54행)고 한탄한다. 이렇게 이 두 연인의 사랑에는 절대적인 운명의 힘이 작용한다. 따라서 이 극이 4대 비극과 달리 운명비극이라는 타이틀을 지니게 된 것이다.

죽음까지 불사한 격렬한 사랑의 대명사, 로미오와 줄리엣의 뜨거운 사랑은 단 7일 간의 일이었다. 원작에서는 여러 달에 걸쳐 벌어진 이야기를 셰익스피어는 7일 동안의 사건으로 압축함으로써 사랑의 격정을 더 극단적으로 보여준다. 그들에게 사랑은 가족과 목숨을 잃는 것도 두렵지 않은 지상 최고의 가치였으며, 그보다 더 중요한 것은 아무것도 없었다.


## 사랑이 불러온 로마 대장군의 몰락: 『안토니와 클레오파트라』

『로미오와 줄리엣』과 『안토니와 클레오파트라』는 둘 다 초월적 사랑에 관한 극이지만 여러 가지 면에서 아주 다른 작품이다. 『로미오와 줄리엣』이 청춘 남녀의 순수한 사랑을 그렸다면 『안토니와 클레오파트라』는 중년 연인의 원숙하고 농염한 사랑을 그리고 있다. 『로미오와 줄리엣』에서는 두 연인이 변함없는 사랑에 대한 확고한 믿음으로 불타오르지만, 『안토니와 클레오파트라』의 두 연인은 서로에 대한 의심과 불안, 배반 등 더욱 복잡한 사랑의 감정을 보여준다. 이렇게 서로 다른 셰익스피어의 두 사랑 이야기『로미오와 줄리엣』과『안토니와 클레오파트라』는 격정적 사랑과 죽음이라는 동일한 주제 아래서 아주 상이한 이야기를 펼쳐낸다.

1607년에 초연된『안토니와 클레오파트라』는 플루타르코스의『영웅전』을 원전으로 한 로마 사극으로 로마의 대장군이자 삼두정치의 세 우두머리 가운데 한 명이었던 안토니(안토니우스)와 이집트 여왕 클레오파트라의 격정적인 사랑 이야기다. 이들의 불같은 사랑으로 안토니는 자신의 정치적 책무와 공적인 의무를 등한시하다가, 결국 로마의 정치적 라이벌인 시저(줄리어스 시저의 양아들이자 조카)와 전쟁을 치르게 된다. 역사적으로도 유명한 이 악티움 해전에서 패한 안토니는 자결을 하고, 클레오파트라 또한 독사에게 가슴을 물게 하여 자살한다. 전쟁에서 승리한 시저는 권력을 독점하여 로마제국을 건설하고 초대 황제로 등극한다. 그가 바로 아우구스투스 황제다.

셰익스피어는 이 극에서 안토니의 성격과 클레오파트라의 성격뿐 아니라 대사에도 플루타르코스의 글을 많이 차용했다. 따라서 플롯의 독창성은 다소 떨어지는 편이다. 그러나 셰익스피어는 플루타르코스의 산문을 시적인 운문으로 절묘하게 옮겨놓았으며, 클레오파트라와 안토니를 대단히 생동감 넘치는 인물로 살려놓았다. 특히 셰익스피어의 로마 사극은 정치적 갈등보다는 인간적 갈등에 초점을 둔 것으로 여겨져 비극으로 분류된다. 즉 안토니의 갈등은 시저와의 정치적 갈등보다는 영광스러웠던 과거의 명예와 클레오파트라의 품속에서 느끼는 현재의 욕정 사이에서 빚어지는 내적 갈등에 초점을 맞추고 있다.

이 극에서 셰익스피어는 로마 최고의 장수 안토니와 이집트 여왕 클레오파트라의 파멸을 통해 이 세상의 어떤 가치도 압도하는 사랑의 격정을 극적으로 표현하고 있다. 두 사람에게 사랑은 권력도, 명예도, 야망도 능가하는 감정이다. 모든 이성적 판단력을 마비시키는 사랑의 가공할 만한 힘 앞에서 두 사람은 자신들의 모든 것을 불태우고 만다. 셰익스피어는 사랑의 광상시라고 할 정도로 사랑의 격정에 휩싸인 두 주인공의 맹목적인 행로를 잘 그려내어 세상 사람들의 머릿속에 또 하나의 영원한 연인을 남겨주었다.


## 로마의 대장군을 사로잡은 이집트 여왕

줄리어스 시저를 암살한 브루투스(Brutus)와 캐시어스(Casius)의 반란군을 진압한 시저와 안토니, 레피두스(Lepidus)는 제2삼두정치의 집정관이 되었다. 이 가운데 동방 정복에 나선 명장 안토니는 자신의 가정뿐 아니라 로마의 국정도 내팽개친 채 이집트 여왕 클레오파트라와 사랑의 환락에 빠져버린다. 욕정에 사로잡힌 그의 모습은 다음 대사에 고스란히 담겨 있다.

**안토니** 로마가 타이버 강물에 먹혀도 좋다.

세계를 버티고 서 있는 로마제국의 광대한 아치도

허물어져라! 이곳이 나의 영역이다.

인생의 존귀함은 이렇게 하는 데 있다.

서로 뜨겁게 사랑하는 한 쌍의 애인이

이렇게 얼싸안을 수 있는데.

(제1막 1장 33-38행)


**안토니** 당신에게는 무엇이든 다 어울리오. 꾸짖는 것도,

웃는 것도, 우는 것도, 당신의 모든 감정은

한결같이 아름답고 훌륭하게만 보이오.

당신의 사신 이외에는 어떤 사신도 만나지 않으리다.

(제1막 1장 49-52행)


위 대사들에서도 엿볼 수 있듯이 이집트 여왕의 매력은 빠져
나올 수 없는 '족쇄'같이 안토니를 옭아맨다. 그는 이성을 잃고
그녀의 변덕스런 감정에 놀아나는 노리갯감이 된다. 그의 부하
파일로(Pilo)가 하는 다음 대사처럼 그런 안토니를 보고 신하
들은 개탄한다.


**파일로** 우리 장군님의 미친 짓은

그 도가 지나치시오. 전쟁터의

수많은 병사 위에 우뚝 서서

갑옷 입은 군신처럼 빛나던 그 훌륭한 두 눈은

이제 까무잡잡한 면상이나 바라보고 있소.

전투 중에 가슴의 갑옷을 벗어던지던

용감한 심장이 그 모든 기질을 잃고

집시 여인의 욕정을 식혀주는

풀무나 부채가 되었소.

(제1막 1장 1-9행)


이 대사에서도 볼 수 있듯이 안토니는 흔히 군신 마르스나 헤라클레스 같은 신화 속 영웅과 비교되는 존재였다. 하지만 그는 클레오파트라의 품속에서 그녀가 베푸는 온갖 주연과 향연, 쾌락에 취해 용맹스러운 성정을 상실한다. 그런 그를 파일 로는 "창녀의 어릿광대"(제1막 1장 13행)라고 불렀다.

클레오파트라는 안토니를 사로잡기 위해 최대한 연극성을 이용한다. 그가 로마로 떠날까봐 불안한 클레오파트라는 끊임 없이 거짓 연기를 하며 안토니의 몸과 마음을 잡아두려 한다.


**클레오파트라** 어디서, 누구와, 무얼 하고 계시는지 보고 오너라.

내가 널 보낸 걸 눈치채게 해서는 안 된다.

울적해하시거든 내가 춤을 추고 있다고 해라.

만일 즐거워하시거든 내가 갑자기 병이 났다고 전해라.

로렌스 알마 타데마, 「안토니와 클레오파트라의 만남」, 1883, 개인 소장

(제1막 3장 2-5행)

이런 가변적인 즉흥성과 연기성은 그녀를 늘 새로운 매력을 지닌 존재로 만들어준다. 로마로 돌아간 안토니가 시저의 누이와 정략결혼을 할 때 양쪽 신하가 나누는 다음 대사를 통해 이를 확인할 수 있다.

**미시너스** 이제 안토니 장군은 그녀를 완전히 떠나야 할 거요.
**이노바버스** 천만의 말씀. 그렇지 않을 것이오. 그녀는
　　　나이를 먹어도 시들지 않고 항상 새로운 변화를 보여
　　　아무리 사귀어도 물리는 법이 없소. 다른 여자들은
　　　남자에게 만족을 주고 나면 욕구가 떨어지게 만드는데
　　　여왕은 가장 포식했을 때조차 욕구를 느끼게 하는 거요.
　　　세상에서 가장 천박한 짓도 여왕이 하면 좋게만 보여
　　　거룩한 사제들이 방종한 순간에도 그녀를 축복하는 것
이오.
(제2막 2장 233-40행)

줄리엣도 그랬듯이 셰익스피어의 여주인공들은 대체로 수동적이고 얌전한 숙녀나 귀부인의 이미지를 벗어던지고 적극적이고 솔직한 모습으로 사랑을 쟁취한다.

안토니도 자신의 위대한 본성을 잃고 지내다가도 문득문득

존 윌리엄 워터하우스, 「클레오파트라」, 1888, 개인 소장

자신의 마음을 홀리는 요부 같은 클레오파트라에게서 벗어나야 한다는 생각에 빠지곤 한다. 그런 그의 두려움은 "이집트의 이 억센 족쇄를 부숴버리지 않는 한 맹목적 사랑에 빠져 내 일신을 망치고 말 것이다"(제1막 2장 113-15행)라든가 "내 마음을 홀리는 요부 같은 여왕과는 손을 끊어야 한다. 나의 이 타락한 생활은 상상도 못 할 무수한 해악을 빚어낼 것이다"(제1막 2장 125-27행) 같은 대사 속에 담겨 있다.

## 이집트 vs 로마

안토니의 아내 풀비아(Fulvia)가 사망하고 줄리어스 시저가 제거했던 폼페이우스(Pompeius)의 아들이 내란을 일으켜 안토니는 클레오파트라 곁을 떠나 로마로 간다. 로마에서 안토니와 시저는 대의를 위해 동맹한다. 두 사람의 동맹 관계를 공고히 하기 위해 안토니는 시저의 누이 옥타비아(Octavia)와 정략적인 혼인을 한다. 이렇듯 안토니의 태도는 로마에 있을 때와 이집트에 있을 때 아주 상반된다. 로마에서 그는 다시 정략적으로 변하지만 이집트로 돌아오면 그는 욕정의 노예가 되어 이성을 잃고 만다. 디터 멜(Dieter Mehl)은 안토니의 이런 양분화된 캐릭터와 변덕스러운 클레오파트라의 예측 불가능성, 그리고 그녀의 무한한 다양성 때문에 두 사람의 결합이 로미오와 줄리엣, 오셀로와 데스데모나의 결합처럼 영

원할 수 없다고 주장했다.[8]

셰익스피어는 클레오파트라와 옥타비아의 기질을 아주 대조적으로 묘사한다. 클레오파트라는 풍요와 다산의 상징인 나일 강의 이미지처럼 정열적이고 관능적인 여성이다. 반면 로마의 이상적인 여인상인 옥타비아는 부덕과 교양을 지닌 조신한 여성이다. 작품 속 그녀가 사용하는 언어의 특징을 설명하는 형용사처럼 그녀는 '고상하고(holy)' '조용하고(still)' '차가운(cold)' 여성이다. 이와 같이 셰익스피어는 풍요롭고 감성적인 이집트와 냉철하고 이성적인 로마를 대조적으로 묘사하고 있으며 또한 배경은 그곳에 속한 인물들의 성격과 서로 긴밀하게 연결되어 있다. 이집트는 안토니와 클레오파트라의 세계로 "나일 강의 진흙"(Nile's slime, 제1막 3장 69행)처럼 격정, 혼돈, 무질서가 팽배하지만 풍요와 생명력이 넘치는 장소다. 반면 로마는 시저와 옥타비아의 세계로 "질서정연한 제국"(the range'd empire, 제1막 1장 34행)이라는 표현처럼 이성, 질서, 냉철함이 지배적인 불모의 장소다.

안토니와 시저도 기질에 있어서 이런 대립적 성향을 띠고 있다. 폼페이우스와 담판을 벌여 평화협정을 체결한 뒤 폼페이우스는 세 집정관을 자신의 갤리선으로 초대해서 주연을 베푼다. 셰익스피어는 이 술자리 묘사를 통해 안토니와 시저 두 인물의 성격을 대비해 보여준다. 안토니는 이 주연에서 만취하여 춤추고 노래하는 등 한껏 흥을 즐긴다. 하지만 그가 시저에게 술을 권하자, 시저는 다음과 같이 대답한다.

> **시저** 사양하겠습니다. 우리의 더욱 막중한 임무가
> 이런 흥청거림을
> 못마땅해 하고 있습니다.
> 그러니 그만들 헤어지십시다.
> (제2막 7장 118-19행)

　시저는 안토니와 대조적으로 냉철하고 용의주도한 인물인 것이다. 이런 시저의 모습에서 공적인 임무를 사적인 기쁨보다 우선하는 로마식 가치관을 엿볼 수 있다. 로마의 미덕은 쾌락에 대한 스토아적인 자기통제다. 즉 이 극에서 이집트의 클레오파트라와 안토니가 추구하는 가치는 사랑, 다산성, 자유분방, 열정이고 시저와 옥타비아의 로마가 추구하는 가치는 애국심, 용맹, 명예, 스토아적 자기억제, 이성 등이 된다. 이집트와 로마의 가치관 차이는 결국 양립하는 삶의 방식, 즉 디오니소스적 삶과 아폴론적 삶을 보여준다고도 할 수 있다. 안토니는 이런 상반된 가치 사이에 끼여 갈등을 느끼며 분열하지만 혼인을 하고 돌아서는 순간 "이집트로 돌아가자. 화목을 위해 이 결혼을 했지만 내 기쁨은 동방에 있다"(제2막 3장 37-39행)라고 생각한다. 이는 로마와 이집트 사이에서 분열을 경험한 안토니가 이집트의 가치를 선택했음을 보여주는 대사다.

## 사랑과 바꾼 권력

옥타비아를 이용한 안토니와 시저의 교착 관계는 오래가지 못한다. 시저는 안토니가 로마를 떠나자 정치적 야심을 드러내기 시작한다. 우선 그는 세 집정관 중 한 명인 레피두스를 축출하여 자신의 권력을 강화한다. 그리고 폼페이우스와 맺은 평화 협정도 깨버린다. 이때 시저는 정치적 야심을 채우고 권력을 장악하기 위해 위선적 책략을 사용하는 마키아벨리적 정치가의 면모를 보인다. 이 순간에도 안토니는 자신이 정벌한 나라들을 클레오파트라에게 바친다. 이는 시저의 용의주도한 정치가로서의 면모와 사뭇 대조되는 모습이다. 두 정적(政敵)은 서로의 행위를 비난하며 전쟁 준비에 돌입한다.

마침내 악티움에서 교전이 벌어지는데 안토니의 부하인 이노바버스(Enobarbus)가 우려하던 일이 발생한다. 한창 백중세를 보이는 교전 중에 갑자기 클레오파트라의 배가 뱃머리를 돌려 도망치자 안토니가 전투를 팽개치고 여왕의 배를 따라가기 시작한 것이다. 이런 어이없는 행동을 보고 부하 스캐러스(Scarus)가 다음과 같이 개탄한다.

> **스캐러스** 천하의 절반 이상을 어처구니없는
> 바보짓으로 잃고 말았소.
> 그 많은 왕국과 영토에 입 맞추다가

날려버린 것이오.

......

여왕이 뱃머리를 바람 부는 쪽으로 돌리자
그녀의 마법에 의해 타락한 고귀하신 안토니 장군은
돛을 펄럭거리면서 암컷에 반한 수오리처럼
최고조에 달한 전투를 팽개치고
여왕을 따라 달아났소.

(제3막 10장 4-21행)


셰익스피어가 그리는 사랑은 때로는 너무 격정적이고 때로는 너무 어리석다. 그리고 셰익스피어는 그런 운명적인 감정을 그 어떤 논리로도 설명하지 않는다. 갑자기 클레오파트라가 뱃머리를 돌려 도망가자 안토니가 클레오파트라의 배를 따라가는 것 또한 이성적으로는 도저히 설명할 수 없는 행동이다. 이 장면은 사랑의 맹목적성을 단적으로 보여준다. 안토니가 클레오파트라에게 하는 다음 대사를 통해서도 그것을 여실히 알 수 있다.


**안토니**  이집트 여왕이여, 그대는 잘 알고 있었을 것이오.
내 마음이 당신 배의 키에 꽁꽁 묶여 있었기에
내가 끌려갈 수밖에 없었다는 것을.
내 영혼은 완전히 당신의 종이 되어

당신이 눈짓만 해도 신의 명령도 물리치고
당신이 시키는 대로 하리라는 것을.

(제3막 11장 56-61행)

결국 안토니의 비이성적인 행동에 많은 병사가 그의 곁을 떠나고, 휘하의 장군들과 그의 편이던 여러 나라의 왕도 시저에게 군단을 양도하고 항복한다. 이때 충신이었던 이노바버스도 그를 버리고 떠난다. 안토니는 못난 자신 때문에 부하들이 불충한 자가 된 것을 슬퍼하면서 이노바버스가 두고 간 소지품과 함께 하사품까지 챙겨 보내준다. 이처럼 셰익스피어는 플루타르코스처럼 안토니를 따뜻하고 관용이 넘치는 인간적 매력을 지닌 인물로 묘사한다.

결국 안토니는 어처구니없는 사건으로 최후를 맞이한다. 시저 군대의 선봉에 서 있는 변절자들을 보고 안토니는 순간 클레오파트라가 자신을 배신하고 시저에게 팔아넘겼다고 의심한다. 클레오파트라는 금방이라도 자기 목숨을 앗아갈 듯 화를 내는 안토니가 두려워 종묘 안에 숨는다. 그리고는 장군의 이름을 부르며 자결했다고 전하게 한다. 이 대목에서도 클레오파트라의 연극성과 즉흥성을 볼 수 있다. 그러나 클레오파트라의 이런 거짓말은 끔찍한 비극을 불러온다. 클레오파트라가 자결했다는 보고를 받은 안토니는 자기 삶도 내려놓기로 결심한다.

로렌초 카스트로, 「악티움 해전」, 1672, 런던, 런던 국립 해양박물관 소장

**안토니**  햇불이 꺼졌으니

자리에 눕고 다시는 방황하지 않으리.

……

내 지금 가리다, 나의 여왕이여. 날 기다려주오.

영혼들이 꽃밭에 누워 있는 극락에서 우리 손에 손잡고

흥겹게 놀아 유령들의 볼거리가 됩시다.

그럼 디도와 아이네이아스[9] 곁에 있던 유령들이

우리 주위에 모두 모일 것이오.

(제4막 14장 46-54행)


그는 이렇게 극락에서 클레오파트라와의 재회를 꿈꾸며 자결한다. 바로 그 순간 클레오파트라의 죽음이 진실이 아니었다는 사실을 알리는 사자가 도착한다. 죽어가는 안토니를 품에 안은 클레오파트라는 자신들의 비극적 운명을 애절하게 통탄한다. 그렇게 천하의 위대한 군주, 고결한 영웅으로 숭앙받던 안토니는 사랑에 모든 것을 불사르고 숨을 거둔다.

셰익스피어가 그린 클레오파트라는 전형적인 팜므파탈의 모습이다. 안토니는 클레오파트라의 품속에서 점점 퇴폐적이고 비이성적인 모습으로 변모해간다. 백전노장이던 그는 클레오파트라 때문에 젊은 시저와의 악티움 해전에서 패하고 그녀가 자결했다는 거짓말에 속아 스스로 비참하게 생을 마감한다. 이처럼 셰익스피어는 클레오파트라를 족쇄처럼 아무리 빠져나가려 해도 빠져나갈 수 없는 강한 매력을 지닌, 아름답지만 치명적인 팜므파탈의 모습으로 재현하고 있다.

## 클레오파트라의 장엄한 최후

셰익스피어는 극 중에서 안토니의 죽음을 훨씬 앞서 마무리하고, 클레오파트라가 죽음을 준비하는 과정을 아주 천천히 집중적으로 다룬다. 이 장면에서 보이는 클레오파트라의 장엄함과 비장함은 지금까지 그녀가 갖고 있던 변덕스럽고 경망스런 이미지를 불식시킨다. 클레오파트라는 안토니와 영원불멸한 사랑을 맺기를 꿈꾸며 독사를 가슴에 갖다 댄다.

**클레오파트라** 안토니 장군님이 부르는 소리가 들리는 듯하다.
　　나의 고귀한 행실을 칭찬하려고 몸을 일으키시는 모습
　이 눈에 삼삼하구나.
　　시저의 행운을 조롱하시는 소리도 들린다.
　　신들이 사람에게 행운을 주는 것은
　　나중에 분노할 구실을 삼기 위한 거라고.
　　남편이시여, 이제 당신께로 갑니다.
　（제5막 2장 282-87행）

이렇게 클레오파트라는 화려했으나 굴곡 많던 삶을 마감한다. 이 작품에서 클레오파트라는 변덕스런 기질로 남자를 파멸시키는 요부부터 숭고한 사랑의 순교자의 이미지까지 보여주는 대단히 가변적인 인물이다. 심지어 마지막 순간에 이르러서는 고결한 비극의 주인공으로까지 승화된다.

극단적으로 대비된 이집트와 로마의 두 세계 중 셰익스피어는 과연 어떤 삶을 우위에 둔 것일까? 셰익스피어는 시종일관 교묘한 태도를 취하고 있어서 이 질문에 답하기는 쉽지 않다. 하지만 안토니와 클레오파트라의 비극적이면서도 장엄한 죽음 장면을 보았을 때 셰익스피어는 격한 그들의 사랑을 시저와 옥타비아의 냉철한 이성보다 결코 하위에 두고 있지는 않다. 아니 오히려 그들을 사랑의 순교자로서 장엄하고 영웅적으로 그리고 있다는 인상을 지울 수가 없다.

젊은 남녀의 순수한 사랑을 다룬 『로미오와 줄리엣』과 배신과 책략 등이 동원된 중년의 농염한 사랑을 다룬 『안토니와 클레오파트라』. 안젤름 그륀(Anselm Grün)은 "완전한 사랑은 우리가 더 이상 두려워하지 않고, 남에 의해서 좌우되거나 지배되지 않으며, 타인의 기대 또는 상승하려고만 하는 초자아의 요구들을 채워나가는 것에 연연하지 않게 한다"고 말한 바 있다.[10] 바로 로미오와 줄리엣, 안토니와 클레오파트라의 사랑이 그에 해당하지 않을까? 서로 다른 색깔의 두 사랑 이야기는 사랑과 죽음이라는 큰 틀에서는 유사하지만 세부적인 차이점이 많다.

안토니와 클레오파트라의 사랑은 로미오와 줄리엣의 사랑처럼 순수하지 않으며 정치·권력적 요인이 작용하고 있다. 로미오와 줄리엣이 주고받는 사랑의 대사에는 오로지 상대에 대한 찬미와 환희만 있지만 안토니와 클레오파트라는 배신과 질투, 의심 등에 사로잡힌 비난의 대사도 많이 나눈다. 두 쌍의 죽음에 있어서도 로미오와 줄리엣은 단순히 죽음을 통한 사랑의 완성을 지향하지만 안토니와 클레오파트라의 죽음에는 사랑 외에도 명예의 추구라는 요소가 내포되어 있다. 그러나 두 사랑 이야기는 각각 지금도 영원한 사랑의 대명사로 남아 많은 사랑 이야기의 원형이 되고 있다.

# 8

## 셰익스피어와 타자

### 『베니스의 상인』『말괄량이 길들이기』『폭풍우』

"유대인은 눈이 없소?
유대인은 손과 장기와 육신과 감각과
애정과 격정이 없소? 기독 교인과 똑같은
음식을 먹고, 똑같은 무기로 상처를 입고,
같은 질병에 걸리고, 같은 방식으로
치료받고, 똑같이 여름이면 덥고
겨울이면 춥지 않소?"

『베니스의 상인』

## 20세기 후반의 핫 이슈 '타자'

20세기 말 문화유물론, 신역사주의, 탈식민주의, 페미니즘 비평 등 문학 텍스트에 대한 정치적 비평이 유행하면서 정전 (正典) 속에서 지배 담론에 의해 억압된 타자들을 중심으로 한 연구들이 봇물처럼 터져 나왔다. 그 가운데에서도 서구 정전의 정점에 있는 셰익스피어의 작품은 이런 비평의 '핵'이 되었다. "주체는 권력이 생산해낸 담론을 통해 형성되고, 변형되고, 재생산된다"[1]는 푸코의 사상에 많은 영향을 받은 신역사주의 비평가들은 셰익스피어도 당대의 지배 담론의 영향을 받은 작가일 뿐만 아니라 지배 담론을 재생산하고 확산한 작가라고 비난하며 정전으로서의 그의 작품 가치에 의문을 제기했다. 또한 셰익스피어 작품들이 문화적 상징자본으로써 보수적이고 봉쇄적인 전략에 활용된 기능 등을 비판했다.

대표적인 작품들은 반유대주의를 담고 있는 『베니스의 상인』(The Merchant of Venice), 여성에 대한 가부장적 억압을 그린 『말괄량이 길들이기』(The Taming of the Shrew), 신대륙에서의 원주민 지배를 연상시키는 『폭풍우』(The Tempest), 유색 인종의 악마화라고 평가되는 『오셀로』, 동방 여왕의 창녀화라는 지적을 받는 『안토니와 클레오파트라』 등이 있다. 이번 장에서는 그 가운데에서도 가장 논란이 되고 있는 『베니스의 상인』 『말괄량이 길들이기』 『폭풍우』를 중심으로 '타자'를 둘러싼 셰익스피어의 정치적 견해를 살펴보고자 한다.

## 『베니스의 상인』의 타자: 유대인 샤일록

『베니스의 상인』은 유대인 샤일록을 둘러싸고 셰익스피어의 인종차별주의에 대한 논란이 계속된 작품이다. 많은 비평가는 셰익스피어가 이 극에서 기독교 사회의 타자라고 볼 수 있는 유대인 샤일록을 대단히 부정적으로 묘사했다고 비난해왔다. 작품 속에서 샤일록을 향해 무수한 비난과 욕이 쏟아지는데 그는 빈번히 '악마' '개' '늑대' 등으로 불린다. 샤일록은 오늘날에도 탐욕스런 유대인의 대명사로 사용되고 있다. 최근에 소수 민족 또는 타자에 대한 관심이 높아지면서 샤일록은 핍박받는 타자의 입장을 대변하는 인물이 되었다. 그러나 앞의 장에서도 살펴보았듯 셰익스피어의 인물묘사는 그렇게 단편적이고 일차원적이지 않다. 그의 인물들은 항상 복잡하고 섬세한 면을 지니고 있다. 샤일록도 마찬가지다.

당대에 반유대주의는 전 유럽의 보편적 담론이었다. 유대인을 기독교인들이 박해한 이유는 그들이 하나님의 독생자인 예수를 구원자로 인정하지 않고 십자가에 못 박히게 한 민족이기 때문이다. 영국에서는 에드워드 1세 때 공식적으로 유대인들을 추방한다. 남아 있는 극소수의 유대인들은 기독교로 개종해야만 했다. 그런데 1594년에 유대인 배척사상에 더욱 불을 지른 사건이 영국에서 발생했다. 이는 여왕의 전의(典醫)였던 로데리고 로페스(Roderigo Lopez)가 스페인 국왕에게 매수되어 여왕을 독살하려 한 사건이었다. 로페스는 1586년부터 여왕의 의사로 일한 포르투갈계 유대인이었다. 그는 결백을 주장하다가 결국 스페인 왕에게 사기를 당해 여왕 독살음모에 연루됐다고 고백한 뒤 군중들이 보는 앞에서 교수형에 처해졌다. 나중에 그는 심한 고문 때문에 거짓 자백을 했다고 말했으며 여왕도 그의 유죄에 의구심을 가져 사형집행장에 3개월 동안이나 서명하지 않았다고 한다. 어쨌든 이 사건을 계기로 영국에 번진 반유대 감정 때문에 셰익스피어가 이 극을 집필한 것으로 알려져 있다.

셰익스피어가 그려낸 샤일록은 우선 재물의 노예가 된 수전노의 모습이다. 그의 딸마저도 탐욕스럽고 몰인정한 그를 증오하여 금은보화를 훔쳐 기독교인인 로렌조(Lorenzo)와 도망간다. 이때 샤일록이 거리에서 울부짖는다.

**샤일록** 어이구, 이를 어째, 이를 어쩌냐고.
　　　프랑크포트에서 2천 더컷이나 주고 산
　　　다이아몬드가 없어졌어……
　　　내 딸년이 보석을 귀에 단 채
　　　내 발치에서 뒈져 있으면 좋겠다!
　　　고년이 돈을 지닌 채 관 속에

들어가 있으면 좋겠다고!

(제3막 1장 76-82행)

이 대사를 보면 그에게는 딸의 안위나 행방이 문제가 아니라 그녀가 가져간 금은보화가 더 큰 문제다. 딸이 도주한 뒤에도 딸을 걱정하고 염려하기보다는 잃어버린 재물에 절망하는 샤일록의 모습에서 탐욕과 비정함이 잘 드러난다.

하지만 샤일록을 세계 문학사상 가장 유명한 등장인물로 만들어준 것은 채무증서에 따라 채무인 안토니오의 살 1파운드를 베고야 말겠다고 집요하게 계약이행을 요구한 인육재판이다. 샤일록은 안토니오에 대해 오랜 원한을 갖고 있었다. 안토니오가 고리대금업을 하는 자신을 경멸하고 무이자로 사람들에게 돈을 빌려주어 그의 장사를 방해하곤 했기 때문이다. 게다가 안토니오는 샤일록에게 '이교도'라느니 '사람 죽일 개'라느니 욕을 하기도 하고 침을 뱉기도 한다. 셰익스피어는 너무나 자애로운 성품으로 베니스 사람들에게는 존경을 한 몸에 받는 안토니오가 유독 샤일록에게만은 잔인하게 대하는 것으로 묘사한다.

따라서 안토니오가 친구 바사니오의 청혼 자금을 마련해주기 위해 자신에게 돈을 빌리러 왔을 때 샤일록은 다음과 같이 비아냥거린다.

**샤일록** 안토니오 나리, 수없이 빈번하게

리알토에서 당신은 나의 돈과

나의 돈거래에 관해서 욕을 해댔소.

나는 항상 그것을 말없이 어깨를 으쓱하며 참아왔소.

고통을 감내하는 것이 우리 유대인의 특징이니까요.

당신은 나를 이단자니, 도사견이니 하며

내 유대식 긴 외투에다 침을 뱉곤 했소.

내 돈을 내 마음대로 쓴다는 이유에서 말이오.

……

내 턱수염에다 가래침을 뱉었고

당신의 문지방에서 낯선 똥개처럼 나를

발길질하던 사람이 말이오. 돈을 빌려달라 이거지요.

뭐라고 대답하리까? "개가 무슨 돈이 있나요?"라고

대답하지 말란 법이 있습니까? 똥개가 3천 더컷이나 되는

거금을 빌려주는 일이 가능이나 하겠습니까? 아니면

납작 조아리며 종놈의 어조로

숨을 죽이고 속삭이듯 겸허하게

이렇게 말할까요.

"어르신네, 지난 수요일에 저한테 침을 뱉고,

어느 날인가는 저에게 발길질을 하고, 또 언젠가는

저를 개라고 불렀지요. 이런 예우를 받은 대가로

저는 그런 거금을 빌려드리겠나이다."

안토니오를 비롯한 기독교인들이 유대인 고리대금업에 대해 갖고 있는 혐오감은 아이러니가 아닐 수 없다. 역사적으로 철저한 기독교 사회였던 중세 시대에 유대인들은 기독교로 개종하지 않으면 공직은 물론 기능인 조합인 길드에도 참여할 수 없었다. 따라서 유대인들이 할 수 있는 일이라고는 기독교인들이 하지 않는 대금업뿐이었다. 당시 중세 교회법은 이자를 받고 돈을 빌려주는 것을 금지하고 있었기 때문이다.

고리대금업에 대한 안토니오의 모욕적 언사와 행동, 그리고 기독교인들에 의해 오랫동안 행해진 유대인 탄압을 비난하는 샤일록의 대사에는 인간적인 분노가 강렬하게 투사되어 있어 관객의 공감을 이끌어낸다.

**살라리노**  설마 그가 약속을 못 지킨다고 그의 살점을 떼어가지는 않겠지. 그래 봤자 무슨 소용이 있겠소?

**샤일록**  물고기 밥으로 쓰지요. 아무 소용이 없더라도 내 복수심은 채워줄 것이오. 그는 나를 모욕했고 50만 더컷이나 되는 내 벌이를 막았고, 내 손해에 기뻐 웃었고, 내 돈벌이를 조롱했으며, 내 민족을 경멸하고, 내 계약을 망치고, 내 친구 사이를 벌려놓고, 내 적들을 부추겼소. 왜 그랬을까요? 내가 유대인이기 때문이오. 유대인은 눈이 없소? 유대인은 손과 장기와 육신과 감각과 애정과 격정이 없소? 기독교인과 똑같은 음식을 먹고, 똑같은 무기로 상처를 입고, 같은 질병에 걸리고, 같은 방식으로 치료받고, 똑같이 여름이면 덥고 겨울이면 춥지 않소? 우리는 찔러도 피가 안 나오? 간지럽혀도 웃지 않소? 독약을 먹어도 죽지 않소? 그렇다면 당신들이 우리에게 해악을 가하면, 복수해야 하지 않겠소? 나머지 것들에서 당신들과 같다면, 그 점에서도 마찬가지지요. 유대인이 기독교인에게 잘못하면, 그 겸손하다는 기독교인들은 어떤 반응을 보이겠소? 복수죠. 기독교인이 유대인을 해친다면, 인내하는 데 이골이 난 유대인들도 기독교인의 본보기를 따라 어떻게 하겠소? 그야, 복수죠! 당신들이 나에게 가르쳐준 악행을 나도 행할 것이며, 어렵사리 당신들의 가르침을 능가할 것이오.

（제3막 1장 42-60행）


이런 샤일록의 대사는 유대인도 기독교인과 똑같은 인간임을 역설하는 것이다. 이렇게 셰익스피어는 억압당하는 타자 샤일록에게 항변의 목소리를 부여한다. 이런 샤일록의 목소리는 핍박받는 전 유대인, 나아가 모든 억압받는 자들의 인간적 호소를 담고 있다. "나는 당신들이 내게 가르쳐준 악행을 배운 것보다 잘 해내겠다"는 샤일록의 대사를 통해 셰익스피어는 그의 잔인한 행동의 원인이 바로 유대인들을 경멸하고 탄압한 기독교 사회임을 역설한다. 이런 대사를 들으면 셰익스피어가 유대인이 아니라 오히려 기독교인의 편협한 반유대주의를 비판하고 있는 게 아닐까 의심스럽다.

결국 샤일록을 어떻게 해석하느냐에 따라 셰익스피어의 타자 정치성에 대한 평가도 달라진다. 그래서 존 윌슨(John Wilson)은 샤일록은 셰익스피어 극에서 "햄릿 이후 가장 난해한 인물"이라고 주장했다.[2] 또 찰턴(H.B. Charlton)은 셰익스피어가 당대의 반유대주의 감정에 호소력을 지닌 악랄한 유대인을 만들려 했으나 그의 예술적 감수성과 동정심으로 인해 전형적인 악한을 만들어내는 데 실패했다고 주장했다.[3]

지금까지 샤일록은 우스꽝스러운 광대부터 비장한 순교자의 모습까지 공연마다 다양하게 재현됐다. 이렇게 해석이 다양한 까닭은 셰익스피어가 샤일록을 모호하게 그렸기 때문이다. 그는 어떤 장면에서는 탐욕스러운 고리대금업자이자 잔인한 기독교 증오자로, 또는 딸의 안위보다 잃어버린 재물에 분개하는 비정한 아버지로 그려진다. 하지만 다른 장면에서는 기독교인들의 탄압과 차별에 시달려 원한 맺힌 희생자로 그려지기도 한다.

셰익스피어는 이 작품에서 당대의 반유대주의 문화를 거울에 비추듯 고스란히 드러내 보여준다. 또한 당시의 양상을 그대로 담아낸 이 텍스트에서는 기독교인의 편견과 그들이 부르짖는 '자비'라는 미덕의 편협성도 드러난다. 이런 중립적 위치가 바로 셰익스피어의 정치성이다. 그런데 후대인들이 이 작품을 반유대주의 신화를 강화하는 목적으로 이용하면서 셰익스피어에 대한 오해를 생산해왔다. 나치가 유대인 탄압을 정당화하기 위해 이 극을 수없이 상연했을 뿐만 아니라 샤일록을 대단히 악의적으로 극화했다는 역사적 사실도 그 예 가운데 하나다.[4]

## 『말괄량이 길들이기』의 성적 타자: 캐서리나

『베니스의 상인』에서는 종교적 타자인 유대인에 대한 탄압 이야기를 다루는 데 반해 『말괄량이 길들이기』에서는 성적 타자인 여성에 대한 가부장적 억압 이야기를 다룬다. 이 극은 "점잖은 취향을 지닌 사람이라면 여자와 함께 공연이 끝날 때까지 자리를 지킬 수 없는 극"[5]이라고 비난한 버나드 쇼(Bernard Shaw)의 주장처럼 남자들조차 수용하기 힘든 가부장적 담론으로 가득 차 있다. 특히 억압적인 남편 페트루치오(Petruchio)가 천하의 말괄량이 캐서리나(Katherina)를 온순하고 순종적인 아내로 길들인다는 플롯과 그 길들이기 방법 등이 대단히 많은 논란을 불러일으켰다.[6] 특히 '남편의 주권'을 강조하는, 캐서리나의 마지막 연설은 현대의 독자나 관객에게 심한 거부감을 불러일으키며 논란의 중심이 된다.

그러다 보니 이 극은 페미니즘 비평에서 가장 논란이 되고 있는 셰익스피어 작품이기도 하다. 캐슬린 맥러스키(Kathleen McLuskie)는 셰익스피어가 여성의 활력을 억압하는 가부장제의 구조와 문화에 갇혀 여성을 종속하는 문화 이데올로기를 강화하고 보급했다고 주장했다.[7] 이처럼 그동안 셰익스피어의 여성관에 상당한 오해와 비난을 불러온 이 작품은 그 어떤 셰익스피어 작품보다 꼼꼼한 분석과 정확한 해석이 요구된다. 작품을 꼼꼼히 분석해보면 그 주제가 단순히 말괄량이 길들이기를 통한 가부장제의 확립이 아니라 외부 세력의 강압으로 정체성이 형성되는 과정을 극화한 작품으로 볼 수 있다.

극은 술주정뱅이 땜장이 크리스토퍼 슬라이(Christopher Sly)가 주인공인 서극(induction)부터 시작된다. 이 서극은 셰익스피어 작품 중 유일하게 등장하는 것으로 전체 극을 제대로 해석하는 데 중요한 역할을 한다. 『말괄량이 길들이기』라는 본극은 서극 속 주인공 슬라이를 위해 공연되는 극중극이다. 전체 극은 서극 슬라이의 이야기, 페트루치오가 말괄량이 캐서리나를 길들이는 이야기, 캐서리나의 여동생 비앙카(Bianca)와 구혼자들의 이야기가 서로 긴밀한 연결고리로 짜여 있다. 이 세 이야기들은 서로 병렬과 대비를 이루면서 '가짜 정체성'이라는 하나의 큰 주제를 변주하고 있다.


## 『말괄량이 길들이기』의 서극 장면

서극에서 땜장이 슬라이는 외상값 때문에 술집 여주인과 한바탕 실랑이를 하고 술에 취해 길거리에 쓰러져 잠이 든다. 사냥을 갔다 돌아오던 영주가 이런 슬라이를 발견하고 장난기가 발동한다. 영주는 슬라이가 잠에서 깨어났을 때 그가 원래는 지체 높은 귀족이었으나 그동안의 생활은 모두 오랜 병중에 겪은 허상인 것처럼 믿게 만들 작정이었다. 그는 하인들에게 슬라이를 자기 침대로 데려가 고급 옷으로 갈아입히고 방 안 사방에 그림을 걸고 아름다운 음악을 연주하도록 시킨다. 그리고 하인들에게 각각 역할 연기를 주문한다.

이렇게 인위적으로 준비된 환경 속에서 잠이 깬 슬라이는 처음에는 자신의 정체성을 분명히 인식한다. 그래서 "나는 크리스토퍼 슬라이요. 나를 대감이니 마님이니 하고 부르지 마쇼"(서극 2장 5-6행)라고 주장한다. 그러나 주변 인물들의 조작된 언어와 행동에 의해 그는 점차 정체성에 혼란을 겪기 시작한다.

**슬라이**  내가 정말 대감이란 말이오? 그런 마님도 있고?
　　　내가 꿈을 꾸고 있나? 아니면 여태까지가 꿈이었단 말인가?
　　　잠을 자고 있는 건 아니야. 난 보고 듣고 말도 하고 있잖아.
　　　향긋한 냄새도 맡고, 부드러운 것들도 느끼고
　　　맹세코 난 진짜 영주인 게야.
　　　땜장이도 아니고, 크리스토퍼 슬라이도 아니고.
　　　(서극 2장 69-74행)

이렇게 슬라이는 영주 일당이 재미삼아 꾸민 장난 때문에 자신의 진짜 정체성을 잃고 귀족이라는 허구적 정체성을 받아들인다. 그런데 이때 슬라이가 갖게 된 새로운 정체성은 자아에 의해 형성된 것이 아니라, 외부 세력에 의해 인위적으로 조작된 것이고 타자의 주입에 의해 허구적으로 성립된 것이다.

슬라이의 병든 마음을 치료하기 위해 유쾌한 희극이 공연되는데, 그것이 바로 『말괄량이 길들이기』다. 따라서 이 서극을 단순히 본극을 도입하기 위한 장치라고 볼 수는 없다. 왜냐하면 셰익스피어의 많은 작품에서 여러 플롯은 하나의 주제를 변주하면서 서로 반향하므로 이 서극도 분명히 본극의 주제를 반향하고 있다고 보아야 하기 때문이다. 즉 본극 속에서 말괄량이 캐서리나가 길드는 것은 서극 슬라이가 영주의 조작에 의해 가짜 정체성을 지니게 되는 것과 긴밀한 상관관계가 있다. 브라이언 모리스(Brian Morris)는 "서극과 본극은 서로 너무나 긴밀한 관계여서 그 관계를 탐구하는 것은 양파의 껍질을 벗기거나, 크기대로 포개 넣은 상자를 하나씩 여는 것처럼 서극을 통해 본극을 예측할 수가 있다"고 주장했다. 그는 그 가운데 "서극과 본극의 가장 명확한 연결고리는 슬라이가 새로운 정체성을 받아들이는 것과 캐서리나가 충실한 아내로 탈바꿈하는 것"이라고 말했다. 그는 이 두 사람에게 "음모에 속아 넘어간 희생자(victim)"라는 표현을 사용함으로써 그들의 정체성 형성 과정이 부당한 외압에 의한 것임을 암시한다.[8]

본극이 시작되면 캐서리나의 여동생 비앙카에게 반한 루첸티오(Lucentio)가 "다른 여자(비앙카)의 침묵 속에서는 규수다운 상냥한 자태와 온순함이 보이는구나"(1막 1장 70-71행)라고 말한다. 이런 루첸티오의 대사처럼 파두아는 모든 남자들이 말 없고 고분고분한 여성을 원하는 사회다. 그런 가부장적 여성관이 만연한 사회에서 말벌의 침과 같은 욕설과 독설로 남성들에게 대적하는 캐서리나는 남성들이 가장 경계하는 여성이다. 동서양을 막론하고 가부장 문화는 여성들의 적극적인 자아를 해체하려는 남성들의 욕망에 따라 여자의 언어 행위를 부정적으로 판단하는 사회적 규범이나 터부(taboo)를 생산해냈다.[9] 아버지 뱁티스타(Baptista)는 캐서리나에게 시달리는 비앙카에게 들어가 바느질이나 하라고 말한다. 바느질, 수예, 자수, 옷감 짜기는 예로부터 침묵을 강요당한 여성들이 입이 아닌 손으로 자신들의 심정을 표현하던 가부장적 여성문화 가운데 하나다. 필로멜라(Philomela) 신화에서도 볼 수 있듯이 남성들에게 혀(목소리)가 잘린 여성들은 자신들의 가슴에 담긴 울화를 소리 내지 못하고 그것을 가지가지 문양과 색에 담아왔다.

그러나 캐서리나는 혀의 기능을 잃지 않고 있다. "나는 여자가 저항정신을 갖지 않으면 바보 취급을 받는다는 걸 알고 있어"(제3막 2장 218-19행)라는 그녀의 대사에서도 드러나듯이 캐서리나의 거친 언행은 여성에 대한 억압에 항의하여 내지르는 저항의 목소리다. 이런 캐서리나는 당대 사회가 요구하는 여성성에서 크게 벗어난 존재로 대단히 독립적이며 강력한 저항의식을 지니고 있다. 그로 인해 캐서리나는 젊음, 외모, 재산, 교육 등 모든 것을 갖추었으나 가부장 사회의 결혼 시장에서는 흠이 있는 상품이 되고 만다.

그런데 남자주인공 페트루치오가 지참금을 많이 준다면 자신이 캐서리나와 결혼을 하겠다고 나선다. 그는 오로지 지참금만 많이 가져오면 상대가 그 어떤 여자라도 상관없다고 말한다.

**페트루치오** 페트루치오의 아내가 될 만큼 부자면 되네.
　　재산은 내 구애 춤의 반주니까.
　　그녀가 플로렌티어스의 연인처럼 못생겼어도.
　　예언녀 시빌처럼 늙었어도,
　　소크라테스의 악처처럼 지독해도,
　　아니, 그보다 더한 여자일지라도.
　　(제1막 1장 65-70행)

이 극에서 결혼하는 남성이 여성의 상품 가치를 매기는 또 다른 기준은 바로 지참금이다. 여성을 아버지나 남편의 재산이나 소유물로, 서로의 필요에 따라 교환 가능한 상품으로 보는 것은 대표적인 가부장 사고방식 가운데 하나다. 페트루치오가 하는 다음 대사는 여성을 남성의 재산이나 소유물로 생각하는 가부장 사고를 가장 잘 보여준다.

**페트루치오** 나는 내 것을 내 마음대로 할 것이오.

아내는 내 물건이요, 내 동산이요, 내 집이오.

내 집의 가구요, 내 밭이고, 내 헛간이오.

내 말, 내 소, 내 당나귀 등 나의 무엇이든 될 수 있소.

(제3막 2장 267-70행)

뱁티스타도 페트루치오와 비슷한 결혼관을 지니고 있다. 그는 흠 있는 상품인 캐서리나는 서둘러 페트루치오에게 넘기고 고분고분하고 여성스러워 상품 가치가 높은 비앙카는 최곳값을 받아내기 위해 경매에 붙인다. 그는 비앙카의 구혼자들에게 "구혼자 가운데 가장 많은 재산을 주는 사람에게 비앙카의 사랑이 돌아갈 것이다"(제2막 1장 335-37행)라고 말한다. 이 대사에서 결혼을 신분상승과 재산증식의 수단으로 보았던 당대의 결혼문화가 드러난다. 자본주의의 태동기였던 르네상스 시대의 도시에서는 상인귀족이 발흥하면서 재산이 중요한 가치로 부상했다. 이 계급에게 결혼은 자본을 축적하기 위한 가장 간단한 형식이자 끊임없이 이윤을 내기 위한 가장 손쉬운 수단이었다.[10]

결혼식 날 페트루치오는 결혼식장에 기괴한 복장을 하고 늦게 나타나 캐서리나와 뱁티스타의 애를 태우고 결혼식 도중에는 주례 보는 목사를 폭행하는 등 온갖 소란을 피운다. 어떤 비평가들은 페트루치오가 캐서리나보다 더 말괄량이 짓을 하여 캐서리나를 자기반성의 과정으로 이끌어 교화하려는 것이라고 주장한다. 하지만 처음 등장할 때부터 하인을 때리고 소동을 부리는 장면이나 무조건 지참금만 부르짖는 장면 등을 통해 볼 때 오히려 셰익스피어가 극 초반부터 페트루치오를 어릿광대로 묘사하고 있다는 인상을 지울 수가 없다.

페트루치오는 마치 야생 매를 길들이듯이 캐서리나를 굶기고 잠을 재우지 않는다. 다음 대사에서 페트루치오의 전략을 알 수 있다.

> **페트루치오** 내 매는 지금 배가 고파서 죽을 지경이다.
> 고개를 숙이고 들어올 때까진 먹이지 말아야지.
> 배가 부르면 말을 잘 안 듣거든.
> 야생의 매를 길들여 사육사가 부르는 소리에
> 따르게 하는 방법이 또 하나 있지.
> 그건 잠을 못 자게 하는 것. 사납게 날개를 퍼덕이는
> 암팡지고 말을 잘 안 듣는 매를 재우지 않듯이 말이야.
> (제4막 1장 177-83행)

페트루치오는 이런 억압적 방법으로 캐서리나를 사육하면서도 마치 그런 행동이 모두 캐서리나를 위해서인 양 포장한다. "이렇게 소란을 부리면서 모든 게 그녀를 위한 극진한 염려 탓인 양 해야지"(제4막 1장 190-91행)라는 대사와 "이것이 바로

친설로 마누라를 죽이는 법이지"(제4막 1장 195행)라는 대사 속에 그런 그의 의도가 드러난다. 참다못한 캐서리나는 참았던 울분을 터뜨린다.

**캐서리나** 당신보다 높으신 분들도 제 말을 참고 들었어요.
그렇게 못 하시겠으면 귀를 틀어막는 게 좋을걸요.
나는 마음속의 울화를 말해야겠어요.
마음속에 담아두면 속이 터져버릴 테니까요.
속이 터지느니 하고 싶은 말을 자유롭게
맘껏 하겠어요.
(제4막 3장 75-80행)

캐서리나가 파두아 사회에서 결함 있는 존재가 된 것은 바로 이런 저항 행위 때문이다. 그리고 페트루치오가 길들이고자 하는 것도 바로 이런 자기주장의 목소리를 차단하려는 것이다. 언어를 둘러싼 억압 행위는 두 사람이 친정 나들이를 갈 때 더욱 극단적이다. 다음은 제4막 5장에서 페트루치오가 억지를 부리는 대사다.

**페트루치오** 달빛이 밝고 곱기도 하구나.
**캐서리나** 달이오? 저건 해예요. 저건 달빛이 아니에요.
**페트루치오** 저렇게 밝게 비추는 걸 달이라 하잖소.

**캐서리나**  저렇게 밝은 건 태양 빛이죠.

**페트루치오**  내 어머니의 아들, 즉 나 자신을 걸고 맹세하는데

　저건 달이든, 별이든, 아니 그 무엇이든 내가 말하는 것이오.

　그렇지 않다면 당신 아버지 집에는 가지 않을 것이오.

　(제4막 5장 2-8행)


이런 페트루치오의 억지는 '진리'란 절대적인 것이 아니라 지배권력의 필요에 의해 조작되는 것임을 보여준다. 이 대사는 지배권력의 의미 만들기에 대한 희극적 패러디라고 볼 수 있다. 페트루치오는 캐서리나를 처음 만났을 때도 그녀를 일방적으로 자신이 만들어낸 '케이트'라는 애칭으로 부른다. 이것 또한 자신이 캐서리나의 정체성을 만드는 주체라고 생각한 데서 나온 행위일 수 있다. 이 장면들은 모두 가부장 사회에서 여자는 의미의 창조에서 배제되고 말의 의미를 결정할 권리가 남자에게만 있음을 보여준다.

이런 페트루치오의 억지를 지켜보며 점차 캐서리나는 자기가 원하는 바를 얻기 위해서는 남편의 비위를 맞추면 된다는 것을 터득해간다. 비로소 가부장 사회 속 남녀 성대결의 게임의 법칙을 이해한 그녀는 강한 목소리와 거친 행동보다는 유순하고 고분고분한 척하는 태도로 남자들을 마음대로 움직일 수 있다는 것을 깨닫게 된다. 그래서 태양을 달이라고 우기는 남편에게 "저게 달이든 태양이든 맘대로 부르세요. 촛불이라고

프랜시스 휘틀리, 「『말괄량이 길들이기』 2막 2장」, 연도 미상

부르고 싶으시면 이제부턴 저도 그렇게 부를 것을 맹세해요"
(제4막 5장 13-15행)라고 대답한다. 지금까지 수동적으로 페트
루치오의 길들이기에 끌려왔던 캐서리나는 그런 요령을 익힌
뒤부터 적극적으로 그 게임에 응한다. 이때 셰익스피어는 캐서
리나를 비굴하거나 굴욕적으로 묘사하지 않고 그녀의 유머감
각과 재치를 보여준다.

셰익스피어의 낭만희극에서 늘 그렇듯이 이 극에서도 커플
이 세 쌍 탄생하며 유쾌한 결혼식 피로연으로 끝난다. 비앙카
의 결혼식 피로연 자리에서 세 남편들은 과연 누구의 아내가
가장 순종적인지 내기를 한다. 결국 내기에 승리하는 것은 페
트루치오로 캐서리나는 다른 두 부인과 달리 남편의 호출에 고
분고분한 모습을 보인다. 파두아의 사람들은 천하의 말괄량이
에서 유순하고 순종적인 부인으로 변모한 캐서리나를 보고 깜
짝 놀란다. 의기양양해진 페트루치오는 고집 센 두 신부에게
올바른 아내상에 대한 교육을 하라고 캐서리나에게 명한다. 그
러자 캐서리나는 다음과 같은 긴 연설을 한다.


**캐서리나**  남편은 우리들의 주인이요, 생명이자, 보호자이시며
　　　　　우리들의 머리요, 군주이십니다……
　　　　아내가 남편에 대해 진 의무는
　　　　신하가 군왕에 대해 갖는 의무와 같은 것입니다.
　　　　그러니 아내가 고집이나 부리고 투정이나 부리고 샐쭉거

리고

심술이나 부리면서 남편의 진솔함에 순종치 않는다면
어진 군왕에 대적하는 간악한 반란군이나
배은망덕한 반역자가 아니고 뭐겠어요?
……
왜 우리 여자의 육체가 부드럽고 연약하고 매끄러워
세상의 노고와 고생에는 적합하지 않겠습니까?
그건 우리들의 약한 체질과 감정이 외양과
어울리게끔 하기 위한 것이 아닐까요?

(제5막 2장 147-69행)


　남편은 곧 군주요, 통치자고 아내는 군주에게 충성할 의무를 지닌 신하라는 캐서리나의 이 연설에는 가부장 이데올로기가 고스란히 담겨 있다. 이런 점 때문에 이 작품은 많은 페미니즘 비평가들의 신랄한 비난의 대상이 되어왔다. 하지만 가부장 이데올로기를 지나치게 과장적으로 설파한 이 대사는 그렇게 단편적인 해석을 허용하지 않는다. 오히려 이 대사는 가부장 이데올로기에 대한 풍자적 비판으로 읽힌다.

　이 극에서 셰익스피어는 여러 장치를 통해 캐서리나 길들이기에 비판적 거리를 유지하고 있다. 우선 길들이기의 역할을 맡은 주체인 페트루치오의 언행을 어릿광대처럼 표현함으로써 그가 행하는 길들이기에 부정적 시각을 담아낸다. 그리고 캐서리나가 길들여진 뒤 남겨진 두 신부가 캐서리나 못지않은 말괄량이가 될 여지를 부각해 남성들의 불안요인이 제거되지 않았음을 보여준다. 비앙카에게 구혼하는 자들의 이야기인 곁줄거리에서 난무하는 변장과 가짜 정체성 또한 캐서리나의 길들여짐을 의심하게 만드는 요소다. 뱁티스타는 캐서리나가 결혼할 때까지 비앙카에게 남자들이 접근하는 것을 막자 루첸티오는 라틴어 교사로, 호텐시오(Hortensio)는 음악 교사로 변장하여 비앙카에게 접근한다. 루첸티오가 라틴어 교사로 변장하기 위해 그의 하인 트라니오(Tranio)는 주인 대신 루첸티오로 변장하여 비앙카에게 구혼한다. 게다가 뱁티스타가 루첸티오로 변장한 트라니오에게 결혼 허락을 하기 전에 아버지의 승인을 요청하자 트라니오는 가짜 아버지를 만들어낸다. 이 상황에 대해 트라니오는 다음과 같이 말한다.

> **트라니오** 가짜 루첸티오가 가짜 빈첸티오라는 아버지를
>     만들어야 하니 기막히게 됐군.
>     흔히 아버지가 아들을 만드는 법인데
>     이 혼담의 경우는 아들이 아버지를
>     만들어내야 하는구나.
>     (제2막 1장 400-404행)

이와 같이 가짜 정체성이 이 극의 또 다른 주제라고 볼 때 캐

서리나의 순종적인 아내로서의 모습은 마치 루첸티오나 호텐시오가 뱁티스타의 눈을 피하려고 변장하는 것처럼 페트루치오라는 어릿광대를 속이기 위한 변장은 아닌지 의구심이 든다.

마지막으로 셰익스피어는 『말괄량이 길들이기』라는 본극을 서극의 슬라이 앞에서 상연되는 극중극으로 설정함으로써 드센 아내 길들이기라는 다소 불편한 이야기를 관객들이 거리를 두고 바라볼 수 있도록 한다. 결국 이 극은 외상값 때문에 술집 여주인에게 두드려 맞는 가련한 남성, 슬라이를 즐겁게 해주기 위한 일종의 환상인 셈이다. 그가 잠시 갖게 된 대감마님의 정체성이 한낱 꿈이듯 연극을 보다 잠이 든 그가 잠에서 깨어나면 그는 다시 여자들에게 매 맞는 땜장이 슬라이가 될 것이다.

이 모든 것을 종합해볼 때 셰익스피어는 남편들의 아내 길들이기는 남성들의 환상이자 착각이라고 말하고 있다. 또한 우리가 개인의 정체성이라고 여기는 것이 사실은 사회에 의해 강압적으로 부여된 것임도 함께 보여준다. 셰익스피어는 가부장 세력의 일원으로서 가부장 이데올로기에 함몰되어 있는 것이 아니라 오히려 거리를 두고 그 문화를 탐색하고 있는 것이다.

『베니스의 상인』과 마찬가지로 이 극도 후대의 재현이 셰익스피어의 의도를 오해하게끔 했다. 많은 후대 공연과 영화에서는 원작의 해석에 중요한 역할을 맡고 있는 서극이 사라져버렸다. 신고전주의 시대를 거치면서 잔인하게 개작된 셰익스피어의 원작들을 살려낸 것으로 유명한 데이비드 개릭(David

Garrick)도 1754년에 「캐서린과 페트루치오」란 제목의 공연에서 서극을 생략했다. 후대 재현가들이 셰익스피어 원전이 지니고 있는 독특한 극구조를 자의적으로 바꿔 셰익스피어의 의도를 왜곡한 것이다. 이로써 관객들은 셰익스피어의 의도와는 정반대의 극을 감상하게 됐다. 심지어 18세기에는 캐서리나의 마지막 연설 부분만을 떼어내어 여성들을 위한 교육용 자료로 활용했다고 한다.[11] 그 결과 셰익스피어는 악명 높은 반여성주의 작가로 여겨지게 되었다.

## 『폭풍우』의 타자: 원주민 캘리번

셰익스피어가 단독으로 집필한 마지막 작품으로 알려진 『폭풍우』는 당시 '버뮤다 팸플릿'(The Bermuda Pamphlets)이라는 이름으로 유포된 식민 개척 기록물에 영향을 받은 것으로 여겨진다. 이 작품에서 동생에게 찬탈된 뒤 무인도에 정착하게 된 전(前) 밀라노의 영주이자 마법사인 프로스페로는 전형적인 문명인으로, 섬의 원주민인 캘리번(Caliban)은 전형적인 야만인으로 설정되어 있다. 프로스페로는 자신의 마법을 이용하여 원주민 캘리번의 섬을 차지하고 그를 노예로 부린다. 이런 설정 탓에 탈식민주의 비평가들은 이 작품을 당시 영국의 식민 팽창주의를 신비화하고 정당화한 작품이라고 비난했다. 그리고 캘리번을 제국주의에 의해 억압받는 식민지 백성으로 해석했다. 그 이후 『폭풍우』는 종종 프로스페로의 관점이 아니라 그의 문화적 타자인 캘리번의 관점에서 재해석됐으며 캘리번은 억압받는 소수집단이나 미국 인디언의 형상화 등으로 해석되었다.

서구 식민 담론에서는 흔히 원주민의 야만성과 비정상성을 부각시켜 그들의 식민정책을 정당화하는 경향이 있다.[12] 그런데 이 극의 원주민인 캘리번은 야만인을 넘어서 괴물로까지 묘사되어 있다. 많은 이의 입을 통해 캘리번은 괴물 이미지로 묘사된다. 나폴리 왕의 어릿광대 트린큘로(Trinculo)는 처음 그를 보고 다음과 같이 묘사한다.

**트린큘로** 이게 뭐지? 인간인가? 생선인가? 죽었나? 살았나? 생선인데. 생선 냄새가 나. 잡은 지 오래된 생선 냄새. 싱싱하지 않은 말린 대구 같은데. 괴상한 생선인걸! ……이 괴물로 영국에서 한밑천 잡을 수 있을 거야. 영국이란 나라는 괴상한 짐승만 가지고 가면 한밑천 잡을 수 있는 나라지. 적선을 하진 않아도 죽은 인디언을 구경하기 위해 은전 열 푼도 아끼질 않지. 아니, 인간처럼 발이 달려 있지 않은가! 지느러미는 팔 같고!

(제2막 2장 22-29행)

이 묘사에 따르면 캘리번은 인간이라기보다 생선 또는 짐승에 가깝고 트린큘로는 이런 캘리번을 '괴물'이라고 칭한다.[13] 트린큘로뿐만 아니라 나폴리 왕의 주정뱅이 요리사 스테파노(Stephano)도 캘리번을 보고 "네 발 달린 이 섬의 괴물"(제2막 2장 66행)이라고 말한다. 프랭크 커모드(Frank Kermode)를 비롯한 여러 학자가 주장한 것처럼 캘리번이라는 이름도 '식인종'이란 뜻의 영어단어 'cannibal'의 철자를 바꿔 만든 것으로 야만성의 이미지를 담고 있다고 할 수 있다. 이들의 시선 속에는 한결같이 신세계의 원주민을 바라보는 서구의 고정관념이 투사되어 있다.

프로스페로는 처음에는 섬에 혼자 남겨져 짐승처럼 울부짖기만 하던 마녀의 아들 캘리번에게 먹을 것도 주고 말을 가르쳐주어 자기가 하고 싶은 말을 할 수 있게 해준다. 캘리번도 그런 프로스페로를 무척 따라서 섬에 대해 자신이 알고 있는 것들을 모두 알려준다. 이런 캘리번을 프로스페로는 자신과 미란다가 거처로 삼고 있는 바위굴 속에서 함께 지내게 한다. 그런데 캘리번이 미란다를 겁탈하려 한 사건이 벌어지고 이 사건이 프로스페로의 섬 지배와 캘리번 노예화에 정당성을 제공해준다. 이방인인 프로스페로가 원주민 캘리번을 노예로 삼아 지배하고 착취하려면 그의 야만성과 야수성이라는 전제가 필요한 것이다.

원주민의 야만성은 식민 담론에서 서구 백인들이 신세계를 빼앗고 원주민을 노예화하며 자신들의 정복을 정당화하는 데

윌리엄 호가스, 「『폭풍우』의 한 장면」,
1735년경, 웨이크필드, 윈 컬렉션 소장

흔히 사용되던 수사다. 다음 프로스페로의 대사도 그와 같은 수사에 해당한다.

> **프로스페로** 악마, 타고난 악마 같은 놈. 그놈의 천성은
> 아무리 가르쳐도 고칠 수 없으니. 내가 인간적으로
> 그렇게 애를 썼건만 만사가 다 허사구나. 나이가 먹을수록
> 생긴 것도 더 추해지고 마음도 썩어가는구나.
> (제4막 1장 204-207행)

프로스페로의 이 대사는 자신이 그를 교육했지만 그가 문명화되지 않았음을 피력하는 것이다. 또한 프로스페로가 캘리번에게 언어를 가르쳤다는 데서도 제국주의의 한 단면을 엿볼 수 있다. 흔히 언어교육은 식민정책에서 가장 중요한 지배정책 중 하나다. 왜냐하면 언어는 주체성을 형성하는 주요 수단이고 문화를 동질화하는 데 가장 필수적인 수단이기 때문이다. 그래서 식민지를 지배하기 위해 가장 먼저 실시하는 것이 바로 언어교육이다.

> **프로스페로** 난 널 측은히 여겨 말을 가르치느라고
> 많은 애를 썼고 틈만 있으면 이것저것 가르쳤다.
> 자기가 하고 싶은 말도 모르고 짐승처럼
> 울부짖던 너에게 말을 가르쳐 의사소통을

할 수 있도록 해주지 않았느냐?

(제1막 2장 353-57행)


프로스페로는 캘리번의 언어교육을 자신의 인도주의적 행동으로 미화하고 있다. 캘리번은 프로스페로의 마법이 두려워 그에게 복종하지만 불만에 가득 차 있다. 프로스페로가 섬을 빼앗은 행위에 대해 캘리번은 다음과 같이 절규한다.


**캘리번** 이 섬은 내 거야. 어머니 시코락스가 내게 준 건데

　　　당신이 빼앗았어. 당신이 처음 여기 왔을 때

　　　당신은 내 머릴 쓰다듬어주고 아껴주었지.

　　　......

　　　그래서 난 당신을 좋아하게 되었고

　　　이 섬에 있는 좋은 것들을 전부 이야기해주었지.

　　　......

　　　지금은 온갖 심부름을 하는 당신 종이지만,

　　　처음엔 내가 이 섬의 왕이었지.

　　　그런데 당신은 날 이 단단한 바위틈에 가두어놓고

　　　나에게서 이 섬을 몽땅 빼앗아 가버렸어.

　　　(제1막 2장 333-46행)


셰익스피어가 그리는 프로스페로의 모습에는 원주민을 교화

하여 이용하고 착취하는 식민주의자들의 양태가 고스란히 재현되어 있다. 겉으로는 인도주의를 표방하나 궁극적으로는 정복과 착취를 일삼은 프로스페로의 억압적 행태를 보면 셰익스피어가 이 극에서 타자인 캘리번을 비판적으로 재현한 것이 아니라 도리어 서구의 신세계 정복방법을 비판적으로 재현하는 것은 아닌가 하는 생각이 든다. 세인트로즈마리 대학의 온라인 학습 자료에서도 "표면적으로는 셰익스피어의 캘리번 묘사가 인종차별주의적이고 고정관념에 빠진 것으로 해석될 수도 있지만 그 이면에 카리브 해 지역민에 대한 거짓된 이미지를 재현한 것으로 볼 수도 있다"고 평하고 있다.[14]

캘리번은 스테파노, 트린큘로와 연대하여 프로스페로의 지배를 전복시킬 음모를 꾸민다. 비평가들은 이를 나폴리와 밀라노에서 횡행하는 정권찬탈의 부플롯으로 해석했지만 그와는 달리 지배권력에 대한 피지배계급의 전복으로 차별화해서 해석하는 것이 옳을 것이다. 다음은 반란을 꿈꾸는 캘리번이 부르는 해방의 노래다.

**캘리번** 다시는 물고기를 잡지 않으리.

땔감도 나르지 않으리.

어떤 명령도 이젠 아무 소용없네.

식탁도 닦지 않고, 더 이상 접시도 닦지 않으리.

캘, 캘, 캘리번에게

새 주인이 생겼다네.

이젠 해방이다, 좋구나! 얼씨구, 해방이다, 해방!

얼씨구, 좋다, 해방이로구나!

(제2막 2장 180-87행)

비록 캘리번의 반란은 전능한 마법사 프로스페로에 의해 봉쇄되지만 그 가운데 노출되는 식민 지배행태에 대한 저항의 목소리는 쉽사리 봉쇄되지 않는다. 바로 여기에 셰익스피어의 정치성이 있다. 바흐친의 '이어성'과 '카니발' 개념은 셰익스피어의 정치성을 이해하는 데 유용한 틀이 된다. 바흐친에 따르면 공적인 목소리/지배 담론과 비공식적 목소리/저항 담론은 항상 대립 관계에 있다.[15] 그리고 셰익스피어 텍스트는 이런 "비공식적 목소리"로 가득 차 있다.


## 셰익스피어가 부여한 타자의 목소리: 지배 담론에 저항하는 비공식적 언어

탈식민주의 비평이 유행하고 억압받던 소수민족 또는 타자에 대한 관심이 커지면서 많은 비평가가 셰익스피어를 지배 이데올로기를 강화하고 유포한 보수적인 작가라고 비난했다. 하지만 위의 세 작품의 분석을 통해 보았듯이 셰익스피어는 획일적이고 지배적인 관점만 제시하는 것이 아니라 당대의 대립적인 이해관계와 사회의 각종 모순을 담아내고 있다. 다른 어떤 작가보다 상충하는 여러 문화적 요소가 혼재하는 셰익스피어 작품에서는 단일하고 지배적인 세계관을 찾아보기 힘들다.

바흐친은 한 텍스트는 무수한 텍스트들이 흩실을 이루고 있는 직물과 같아 텍스트의 의미는 독점이 불가능하다고 주장했다. 한 텍스트의 일관된 주제를 부정하고 텍스트 안에 담긴 여러 목소리의 대화적 관계를 강조한 바흐친은 셰익스피어 작품 속에 담긴 여러 계층의 언어에 주목하며 셰익스피어를 라블레, 세르반테스와 함께 카니발적인 인생관을 지닌 작가로 지명했다.[16] 그의 극 속에는 세상에서 소외되고 핍박받는 자들이 지배 담론에 저항하는 울분의 목소리가 상당수 포함되어 있다.

셰익스피어는 그 어떤 이데올로기적 담론에 대해서도 그 담론을 옹호하거나 유포하지 않고 그 담론의 진위에 질문을 던지는 중립적 자세를 취한다. 따라서 그의 극세계는 사회가 규정한 이데올로기의 수동적인 소비의 장이라기보다는 오히려 능동적이고 도전적인 생산의 장이었다고 보는 것이 옳을 것이다. 이 장에서 살펴본 세 작품에서도 셰익스피어는 당대의 반유대주의, 가부장주의, 식민주의 양상을 묘사하되 샤일록, 캐서리나, 캘리번 등 타자들의 절규를 통해 지배 담론에 비판적 시선도 던지면서 일정한 거리를 유지하며 재현하고 있다.

장피에르 시몽, 헨리 퓨젤리가 그린 「폭풍우」를 동판화로 제작,
1797, 샌프란시스코, 샌프란시스코 미술관 소장

# 영웅 없는 영웅 이야기

『줄리어스 시저』

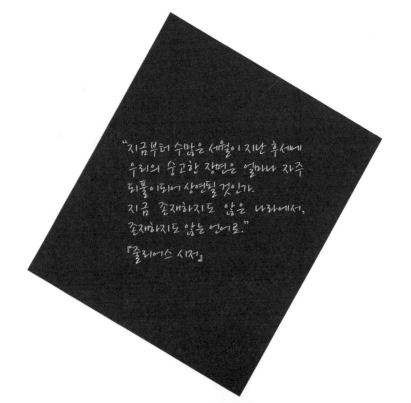

"지금부터 수많은 세월이 지난 후세에
우리의 숭고한 장면은 얼마나 자주
되풀이되어 상연될 것인가.
지금 존재하지도 않은 나라에서,
존재하지도 않는 언어로."

『줄리어스 시저』

## 인간적인 영웅

셰익스피어는 많은 역사극을 남겼는데 영국 사극이 총 열 편이며, 로마 역사를 바탕으로 한 『안토니와 클레오파트라』『줄리어스 시저』(*Julius Caeser*) 『코리올레이너스』(*Coriolanus*)를 남겼다. 로마극은 비극기로 넘어가기 직전에 주로 집필되었다. 그래서인지 로마극에는 사극의 특징과 비극의 특징이 공존한다. 이 작품들은 역사 그 자체보다는 특수한 역사적 상황에서 경험하는 인간적 고뇌와 갈등을 더 비중 있게 다룬다. 그래서 영국 사극은 그냥 사극으로 분류되는 데 비해 로마 사극은 흔히 비극으로 분류된다.

이 로마 사극에서 특이한 것은 우리들에게 영웅으로 알려진 인물들이 한결같이 인간적 결함과 나약함을 지닌 모습으로 재현되고 있다는 것이다. 그런 면모가 그들을 역사 속 영웅이 아니라 비극의 주인공으로 만들어준다. 셰익스피어의 로마극들은 모두 영국의 번역가 토머스 노스(Thomas North) 경이 1579년에 번역한 플루타르코스의 『그리스와 로마의 영웅전』에 크게 의존하고 있다. 따라서 비교적 플롯의 독창성이 떨어지는 편이지만 원전에 제시된 것보다 좀더 복잡하고 개성 있게 비극적 인물들의 성격을 묘사해 높은 평가를 받는다. 셰익스피어는 이 극들을 통해 정치의 본질적 문제도 탐구하지만 그와 함께 특정한 정치적 상황에 처한 인간의 행위뿐만 아니라 내적 갈등도 예리하게 관찰한다.

특히 『줄리어스 시저』는 공화정의 위기로 인해 제1삼두정치 말기에 정치적 이해 갈등이 표면화되던 상황을 배경으로 한다. 셰익스피어는 시저를 비롯하여 브루투스, 안토니우스(Antonius) 등의 역사적 인물들을 탐구하며 주요 인물들을 한결같이 양면성을 지닌 존재로 묘사하고 있다. 인물창조에 뛰어난 재능을 지닌 셰익스피어는 이렇게 희대의 영웅들을 장점과 단점, 강점과 약점을 지닌 복잡한 인간상으로 재현해냈다. 이 장에서는 『줄리어스 시저』의 주요 인물들의 묘사를 통해 셰익스피어의 인간에 대한 깊은 통찰력을 살펴볼 것이다.

## 전쟁영웅 시저의 '비르투스'와 그 이면

고대 로마에서는 '비르투스'(virtus, 남성다움 또는 용맹함)와 '명예'를 절대적 가치로 여겼고 이 두 미덕은 고대 로마 사회를 지배했다. 플루타르코스는 로마에서의 '비르투스'의 의미와 가치를 다음과 같이 설명한다.

이 시대의 로마에서 용맹은 모든 다른 가치 중에서도 가장 명예로운 것이었다. 그것은 덕 그 자체의 이름인 비르투스로 불렸으며 그 보편적 이름 위에 모든 다른 특수한 덕성들을 포괄했다.[1]

그런데 『줄리어스 시저』에서 시저는 바로 '비르투스'의 화신으로 그려지고 있다.

극은 로마 제1삼두정치의 집정관 중 한 명인 줄리어스 시저가 정적 폼페이우스를 물리치고 로마로 개선하는 장면에서 시작된다. 그는 이 싸움에서 로마에 어떤 물리적 이익을 가져온 것은 아니나 로마의 절대적 가치인 비르투스를 과시함으로써 로마 최고의 명예를 획득할 수 있었다. 그래서 로마 시민들은 입성하는 시저를 대대적으로 환영한다.

그런데 귀족들 중에 시저의 권력 독점을 시기하고 우려하는 세력들이 있었다. 캐시어스와 카스카(Casca) 같은 귀족들은 세력을 규합하여 시저를 암살함으로써 그의 독재 권력을 봉쇄하고자 한다. 이때 시저의 야심에 대한 이들의 우려가 정치적 라이벌들의 음해라고만 볼 수는 없다. 왜냐하면 폼페이우스가 시저에게 패했다는 것은, 그들의 공화정 권력 구조가 이미 붕괴되어 시저가 권력을 독점할 우려가 있음을 의미하기 때문이다. 게다가 개선식에서 이미 안토니우스는 시저에게 왕관을 바치기도 한다. 하지만 시저는 세 번이나 그 왕관을 거부한다. 시저가 왕관을 거절하자 시민들은 환호성을 질렀고 그런 시민들을 보고 시저는 불쾌해한다. 이를 통해 셰익스피어가 시저를 전제 권력에 대해 탐욕과 허영심을 지니고 있는 자로 설정함을 알 수 있다. 또한 시저의 명령에 안토니우스는 "시저가 '이렇게 해라'라고 하면 그건 이루어진 것입니다"(제1막 2장 9-10행)라고 대답하는데 이는 시저가 이미 전제군주와 다름없는 절대권을 행사하고 있음을 말해준다.

　실제로 시저는 자신을 흔히 절대 권력자를 상징하는 사자, 올림퍼스 산, 북극성 등에 비유함으로써 이미 전제군주의 태도를 보인다. 가령 시저 암살음모자들이 의사당에서 시저를 살해하기 전에 메텔루스 심버(Metellus Cimber)의 동생 푸블리어스 심버(Publius Cimber)의 귀양생활을 철회해달라고 청원하자 시저는 "자네는 올림퍼스 산을 쳐들 작정인가?"(제3막 1장 74행)라고 한다든지, "나는 북극성처럼 확고부동하다"(제3막 1장 60행)는 거만한 말투로 그들의 청원을 거부한다. 이때 북극성이나 올림퍼스 산은 별 중의 별, 산 중의 산으로 최고를 나타낼 때 흔히 비유하는 것이다. 시저가 이런 일련의 이미지로 자신을 표현하는 것은 "자신에게 절대성을 부여하고 신격화하고 싶은 욕망"의 표출로 볼 수 있다.[2] 이런 그의 언행들은 시저 암살 음모자들의 행동에 정당성을 부여하고 명분을 제공한다.

　셰익스피어는 전쟁영웅이자 남성다움과 용맹을 상징하는 시저를 신체뿐 아니라 정신적으로도 아주 나약한 인간으로 묘사한다. 시저는 간질을 앓고 왼쪽 귀도 먹었을 뿐만 아니라 미신에 크게 의존하는 인물이다. 예를 들어 그는 아내 칼퍼니아(Calphurnia)의 불임을 고치기 위해 루페르칼리아 축제[3]의 전차 경주에 참가하는 안토니우스에게 경주 도중에 그녀를 치고 지나가달라고 부탁한다.

> **시저** 달릴 때에 잊지 말고, 칼퍼니아를 가볍게 쳐주게, 안토
> 니우스.
> 노인들 말로는 아이를 못 낳는 여자는
> 이 제일(祭日 : 루페르칼리아 축제일) 경주 때 누가 쳐주면,
> 불임증의 저주를 떨쳐버린다고 하니까.
> (제1막 2장 6-9행)

시저는 이렇게 미신을 맹신할 뿐만 아니라 점술에도 크게 의존한다. 시해되기 전날 밤에 시저의 아내는 잠을 자면서 "사람살려요! 사람들이 시저를 죽여요"(제2막 2장 3행)라고 잠꼬대를 한다. 시저는 잠자리에서 나와 점쟁이에게 사람을 보내 운수를 알아보게 한다. 점쟁이의 불길한 점괘를 듣고는 의사당에 나가지 않기로 결심한다. 캐시어스는 이런 시저의 나약한 면을 이미 파악하고 있다.

> **캐시어스** 시저가 오늘 나올는지 모르겠소.
> 요사이 미신쟁이가 되었거든.
> 이전엔 환상이니 꿈이니 징조니 따위를
> 전혀 믿지 않았는데,
> 최근의 명백한 징조들과

오늘밤의 이 괴변,

점쟁이들의 권유 때문에

어쩌면 오늘 의사당에

나타나지 않을지도 모르오.

(제2막 1장 193–201행)

　'미신쟁이'라는 표현 등을 통해 셰익스피어가 시저를 겉으로 보이는 비르투스에 비해 실제로는 마음이 심약한 인물로 그리는 것을 알 수 있다.

　게다가 시저는 아첨에 약한 인물이기도 하다. 암살 음모자 가운데 디시우스(Decius)라는 자는 캐시어스가 위와 같이 시저가 의사당에 나오지 않을 것을 걱정하자 자신이 아첨으로 그를 의사당에 나오게 하리라 장담한다. 디시우스가 암살 음모자들에게 말하는 장면에서 볼 수 있듯이 그는 아첨이 사람을 어떻게 움직이는지를 잘 간파하고 있다.

**디시우스**　외뿔소를 속이려면 나무를 이용하고

곰은 거울로, 코끼리는 함정으로 속이고

사자는 올가미로, 인간은 아첨으로 속일 수 있는 법입니다.

(제2막 1장 204–206행)

디시우스는 시저가 불길한 점괘 때문에 의사당에 나가지 않기로 결심한 순간에 그를 찾아온다. 시저에게 칼퍼니아의 사나운 꿈자리 때문에 의사당에 나가지 않기로 했다는 말을 들은 디시우스는 온갖 감언이설을 동원하여 칼퍼니아가 꿨다는 흉몽을 길몽으로 바꾸어 해석한다. 그리고 원로원이 그날 시저에게 왕관을 바치기로 결의했다는 정보를 흘린다. 그러자 시저는 결국 의사당으로 향한다. 디시우스가 왕관을 운운하자 마음을 바꾸는 시저의 모습에서 달콤한 말에 쉽게 속는 면모와 왕권에 대한 욕망을 엿볼 수 있다.

이렇게 비르투스의 화신이면서도 그 이면에 나약한 면모를 지닌 시저를 셰익스피어는 공적일 때와 사적일 때의 모습을 다르게 그리고 있다. 그는 공적인 자리에서는 대단히 대범하고 용감한 척 행동하지만 사적으로는 미신을 믿고 의존하는 나약한 자다. 개선식 때 군중들 앞에서 한 점쟁이가 "3월 15일을 조심하십시오"[4](제1막 2장 18행)라고 예언하자 시저는 의연하게 "저자는 몽상가다. 내버려두고 가자"(제1막 2장 24행)라고 일축한다. 암살당하는 날도 의사당으로 가는 도중 아르테미도러스(Artemidorus)라는 자가 암살음모자들의 이름을 하나씩 거론하며 그자들을 조심하라고 경고하는 쪽지를 시저에게 건넨다. 그러면서 시저에게 당장 읽어보라고 권유한다. 그러나 시저는 그 권유를 뿌리치고 만다. "3월 15일을 조심하라"고 예언한 점쟁이가 아직 3월 15일이 끝나지 않았다고 거듭 경고하는데도, 시저는 그의 경고도 무시한다. 또한 아내 칼퍼니아가 꿈자리가 사나웠다는 이유로 의사당에 나가지 말라고 만류하자 시저는 다음과 같이 호기롭게 대답한다.

> **시저** 비겁한 자는 죽기까지 몇 번이든 되풀이해서 죽지만
> 용감한 자는 단 한 번 죽음을 맞이하는 법이오.
> (제2막 2장 32-33행)

이처럼 시저는 겉으로는 대범한 척 말하지만, 사실 아내의 잠 꼬대가 걱정되어 이미 하인을 점쟁이에게 보낸 터였다. 이런 이중적인 모습에서 개인으로서의 시저와 공인으로서의 시저 사이의 극단적인 괴리가 역력히 드러난다. 로마 비르투스의 화신이라 여겨질 정도로 용감한 시저의 나약한 이면이 드러난 그는 역사 속에 박제된 모습이 아니라 더욱 생생하게 살아 있는 인물로 다시 태어난다.

결국 시저는 의사당에 있는 폼페이우스의 동상 밑에서 암살 자들에 둘러싸여 수없이 많은 칼에 찔려죽는다. 암살자 가운데 서 자신이 그토록 총애하던 브루투스의 모습을 발견한 순간 시 저는 삶에 대한 의지를 버린 채 죽음을 받아들인다. 이때 시저 가 "브루투스, 그대마저?"(Et tu, Brute?, 제3막 1장 77행)라고 외 친 절규는 아주 유명한 대사가 되었다. 시저가 자신이 제거한 폼페이우스의 동상 밑에서 암살자들에 의해 살해된 데서는 아 이러니가 느껴진다. 이는 극 말미에 암살자 대부분이 시저를

빈첸초 카무치니, 「시저의 죽음」, 연도 미상, 볼로냐, 볼로냐 현대 미술관 소장

찔렀던 칼로 자결하는 데서도 느끼게 되는 아이러니한 역사의 순환이다. 이렇게 이 극의 전반부는 전제군주를 꿈꾸는 시저가 가진 외적 비르투스의 이면을 통해 전쟁영웅 시저의 양면성을 보여준다.

## 도덕적 영웅 브루투스의 양면성

한편 극의 중후반부터 셰익스피어는 도덕적 영웅 브루투스의 인간적 한계에 집중한다. 극 초반에 로마 귀족과 로마 시민들의 존경과 신뢰를 한 몸에 받던 브루투스는 공화주의라는 이상을 실현하기 위해 시저 암살음모에 가담한다. 하지만 지나친 이상주의와 관념주의에 빠진 브루투스는 정치의 현실에 부딪혀 그 한계를 드러낸다. 그의 도덕적인 면모가 오히려 현실인식을 방해하는 요소로 작용하고 비극에 일조하는 모습을 보면서 독자/관객은 비애를 느끼게 된다.

시저 암살공모자들은 자신들이 도모하는 거사에 대의명분을 부여하기 위해 로마 시민들에게 대단한 존경을 받고 있는 브루투스를 암살음모에 끌어들인다. 그들에게는 자신들의 행동을 미화시켜줄 브루투스의 인품이 필요했던 것이다. 암살음모자 중 한 명인 카스카의 다음 대사는 브루투스가 얼마나 로마 시민들에게 존경받는 인물인지를 알려준다.

**카스카** 아, 브루투스는 시민들의 가슴속 우상이오.

우리가 하면 죄로 보이는 것도

그분이 지지해주면 마치 뛰어난 연금술처럼

미덕이자 훌륭한 행위로 변할 것이오.

(제1막 3장 157-60행)


이뿐만 아니라 셰익스피어는 암살음모에 가담하는 리가리우스(Ligarius)라는 자가 병상에서 일어나 무조건 브루투스의 뒤를 따르는 에피소드를 통해 로마인들이 브루투스에 대해 지니고 있는 경외감을 부각시킨다.


**리가리우스** 로마인들이 섬기는 모든 신을 걸고

나는 이제 내 병을 버리리다. 로마의 영혼이시여!

……

당신은 마법사같이 나의 빈사 상태의 정신을

일으켜 깨웠습니다. 자, 명령하십시오, 돌진하라고.

불가능한 것과도 싸우겠습니다.

……

앞장서십시오, 새 용기에 불타며 따라가겠습니다,

내용도 모르는 일이지만, 브루투스가 선도자라는 것,

이것만으로 충분하니까요.

(제2막 1장 320-34행)

이렇게 로마인들의 맹목적인 존경을 받던 브루투스는 고결한 성품의 소유자이지만 조작된 음모에 쉽게 넘어가는 모습을 보인다. 그는 시저를 존경하고 사랑했으나, 사람들이 시저를 왕으로 추대하여 공화정을 무너뜨릴 것을 걱정했다. 그래서 시저에 대한 사랑과 로마에 대한 충성 사이에서 갈등을 겪는다. 캐시어스는 갈등하는 브루투스의 마음을 돌리기 위해 마치 시민들이 보낸 것처럼 위조편지를 만들어 브루투스의 창문에 던진다. 그 편지들 가운데 하나에는 "브루투스여, 그대는 잠자고 있다. 깨어나라. 그리고 자신을 보라. 로마는 장차…… 외쳐라, 타도하라. 바로잡자!"(제2막 1장 46-47행)라고 썼다. 대단히 선동적인 이 편지를 읽은 브루투스는 캐시어스의 계략에 쉽게 넘어가 위조편지에 담긴 내용들이 로마 시민의 뜻인 양 받아들인다. 그래서 다음과 같이 맹세한다.

**브루투스** 오, 로마여. 그대에게 맹세하마.

그렇게 해서 바로잡을 수만 있다면, 이 브루투스의 손으로 기어이 그대의 소원을 성취시켜줄 것이다.

(제2막 1장 56-58행)

시저가 디시우스의 감언이설에 설득되어 의사당에 나가기로 결심하는 모습과 캐시어스 일당들이 브루투스에게 로마 시민의 뜻을 운운하자 브루투스가 암살음모에 가담하는 모습에서 우리는 유혹에 약한 인간의 본성을 보게 된다. "유혹을 물리칠 수 있는 강한 사람이 과연 있을까?"(제1막 2장 309행)라는 캐시어스의 대사에도 인간의 이런 나약함에 대한 인식이 담겨 있다. 플루타르코스의 원전에서는 진짜 로마 시민들이 브루투스에게 편지를 보낸 것으로 되어 있다. 그런데 셰익스피어는 그것을 캐시어스가 날조한 편지들로 바꿈으로써 도덕적 영웅 브루투스의 오판을 부각시킨다. 이렇게 셰익스피어는 시저뿐만 아니라 브루투스에게도 양면적 요소를 부여하고 있다. 브루투스는 분명 고결한 자질과 고매한 인격의 소유자이지만, 캐시어스 일당이 조작한 현실을 진실이라고 생각하고 그대로 받아들이는 우(愚)를 범한다.

또한 브루투스는 지나친 이상주의에 빠져 시저 암살의 고결한 대의명분만 믿고 가변적인 현실을 예측하지 못한다. 거사 전에 암살음모자들이 맹세를 하자고 제안하자 브루투스는 다음과 같이 말한다.

**브루투스** 아니오, 맹세는 필요 없소. 시민들의 염려,
　　　우리의 심적 고통, 시대의 포악―이것들로
　　　동기가 부족하다면, 일찍이 계획을 포기하고
　　　각자 돌아가서 그저 잠이나 주무시오.
　　　……
　　　수상한 놈이 불의의 음모를 꾸밀 때나

맹세는 필요한 거요. 허나 우리의 경우
우리의 명분이나 행동에 맹세가 필요하다고 생각하는 것은
우리 일의 정당함, 정신의 고매함을 더럽히는 것이오.
(제2막 1장 114-24행)

이 대사를 통해 브루투스가 시저를 암살한 순수한 동기를 엿볼 수 있으나 그의 이런 순수한 이상주의는 차차 현실의 벽에 부딪혀 한계를 드러내고야 만다.

예를 들어 시저를 암살하기 전 공화주의자들은 거사 후 후환을 없애기 위해 시저의 최측근이던 안토니우스도 죽여야 한다고 주장한다. 하지만 브루투스는 너무 많은 피를 흘리는 것은 고결한 대의명분을 위한 거사에 불명예가 될 수 있다며 그 의견에도 반대한다. 결국 동료들이 우려하는데도 안토니우스를 제거하지 않을 뿐만 아니라 안토니우스가 시저를 추모하는 연설을 하도록 허락하기까지 한다. 그만큼 브루투스는 거사의 대의명분에 일말의 거리낌이 없었고 이 세상을 정당한 명분이 통하는 곳으로 믿었던 것이다. 이것은 치명적인 실수였다. 캐시어스는 브루투스가 미처 보지 못하는 예리함으로 다음과 같이 지적한다.

**캐시어스**  (낮은 목소리로) 브루투스 한마디만.
당신은 무슨 일을 하려는지 모르고 계시오.

안토니우스가 추도사를 하도록 승낙해선 안 되오.

그의 추도사로 민중이 얼마나 선동될는지

생각해보셨소?

(제3막 1장 231-35행)


이 극에서 브루투스는 본인의 고결한 이상주의적 기질 때문에 다른 사람이나 상황을 제대로 읽지 못하는 모습을 여러 차례 드러낸다. 그는 정치적 판단을 내려야 할 때마다 현실적인 상황에 근거하기보다 이론적이고 추상적인 관념의 지배를 받는다. 이런 브루투스와는 대조적으로 캐시어스는 정황 판단에 있어 아주 날카로운 시각을 지닌 인물로 묘사되어 있다. 그런 캐시어스의 예리함을 시저는 두려워한다.


**시저** 내 주위에는 살찐 사람들만 있게 하게.

머리를 곱게 빗고 밤잠을 잘 자는 사람들 말이야.

저기 저 캐시어스는 여위고 굶주린 상을 하고 있어.

너무 사색을 하거든, 저런 자는 위험해.

……

저자는 독서를 많이 하고 관찰력이 대단하며

남의 행동을 바닥까지 꿰뚫어보거든.

연극도 싫어하고 안토니우스 그대와 달리

음악도 듣지 않지.

별로 웃지도 않거니와,

그런 자는 자기보다 훌륭한 사람을 보면

마음이 편치 않거든. 그러기에 그런 자는

대단히 위험하단 말이야.

(제1막 2장 189-207행)

시저가 인정한 대로 예리한 관찰력을 가진 캐시어스의 평가는 적확했다. 거사 뒤 안토니우스는 상황이 자신에게 불리하자 암살음모자들에게 승복하는 태도를 취한다. 그러고는 시저의 장례식에서 연설할 기회를 얻어낸 뒤 민심의 방향을 바꾸어놓는다. 결과적으로 안토니우스는 캐시어스의 우려대로 "교활한 모사꾼"(제2막 1장 158행)이었음이 밝혀진다. 그런데 문제는 거사 과정에서 캐시어스가 늘 브루투스의 추상적이고 이론적인 주장에 끌려가고 만다는 것이다.

브루투스는 안토니우스의 연설 뒤 로마 시민들이 자신의 충심을 이해하지 못하고 등을 돌린 데다 역모가담자들이 사적인 이해관계에서 암살을 추진했음을 깨닫고 흐려진 대의명분에 고통스러워한다. 캐시어스에게 던지는 다음 대사에는 동지들의 부정한 행위에 대한 원망으로 가득하다.

**브루투스** 위대한 줄리어스의 피를 흘린 것은 정의 때문이 아니었소?

그의 몸에 손을 댄 사람 중에 정의를 위하지 않고,

그를 찌른 비열한 자가 있었소?

이 세계 최고의 인물을, 도둑들을 옹호했다고 해서

살해한 우리가 더러운 뇌물에 손을 더럽히고

우리 권한에 있는 높은 관직을

이 한 줌에 불과한 돈에

팔아야 되겠습니까?

(제4막 3장 19-26행)


이 대사 속에 브루투스의 순수한 의도와 이상주의가 고스란히 담겨 있다. 개인적 이익이 아니라 공공의 이익과 정의를 위해 일으킨 자신의 순수한 거사를 욕보인 동료들의 불순한 목적과 추잡한 행동에 그는 절망한다. 그러면서도 캐시어스에게 군자금을 요청하는 브루투스의 모습은 아이러니를 느끼게 한다.


**브루투스**  나는 더러운 수단으로 돈을 마련하지 못하는 사람이오.

하늘에 맹세하지만 나는 차라리 내 염통을 녹여

핏방울로 동전을 만들겠소.

가난한 백성들의 맨주먹에서 부정한 방법으로

옹색한 돈푼을 짜내기보다는.

내가 금전을 요청한 것은 사병들에게 급료를 지불하고자

그런 것인데

　　　당신은 그걸 거절했소.

　　(제4막 3장 71-77행)

　　병력을 움직이려면 더러운 뇌물을 받은 캐시어스에게 군자금을 청할 수밖에 없는 것이 현실이다. 여기서 브루투스의 고결한 이상이 냉정한 현실 앞에 얼마나 무력한지를 엿볼 수 있다. 즉 브루투스가 지닌 이상주의는 현실 정치세계에서는 한계를 가질 수밖에 없는 것이다. 전투 전략을 짤 때도 브루투스는 캐시어스의 의견을 받아들이지 않고 악수(惡手)를 두고 만다.

　　결국 필리피(Philippi)에서 전쟁이 불리한 상황으로 치닫자 브루투스를 포함한 암살주도자들 대부분이 스스로 목숨을 끊는다. 안토니우스는 브루투스의 시신 앞에서 그의 고결함을 다음과 같이 칭송한다.

**안토니우스**　이분은 그들 동료 중에서 가장 고결한 분이었소.
　　이분 외의 모든 암살자는 결국 대(大) 시저에 대한
　　질투심에서 궐기했던 것이오. 순수한 정의감과
　　만인의 공익이란 동기에서 일당에 가담한 것은
　　오직 이분뿐이었소. 그의 일생은 관대하고,
　　성품은 혼연히 조화 융합되어
　　대자연도 일어서서 "이분이야말로 진정한 인간이로다!"

390

하고 전 세계에 과시할 수 있을 정도였소.

(제5막 5장 68-75행)


　안토니우스가 이렇게 칭송해 마지않지만 브루투스는 결국 실패한 영웅인 셈이다. 로마의 자유와 시민들의 공리를 기대하며 도덕적 명분에 바탕을 둔 브루투스의 행동은 로마에 광란의 무질서와 내전만을 불러왔다. 결국 시저 암살음모를 진압한 안토니우스, 옥타비아누스(Octavianus), 레피두스가 제2삼두정치의 세 집정관으로 득세하는 결과만 낳았다. 궁극적으로 브루투스는 셰익스피어의 섬세한 필치에 의해 도덕적 영웅성을 지녔으나 현실 정치감각의 결여로 파멸하는 비극적 주인공으로 생생하게 재현된 것이다.

　셰익스피어 극의 인물 분석으로 유명한 비평가 브래들리는 『셰익스피어 비극론』(Shakespearean Tragedy)에서 햄릿과 브루투스의 공통적인 성격을 논하며 두 주인공 모두 대단히 지성이 높고 명상적이라고 평한다. 두 사람은 너무 철학적이어서 위기를 맞이했을 때 올바르게 대응하기 위해 고뇌한다. 그리고 둘 다 그런 위기 상황에 성공적으로 대처하지 못하고 파멸한다. 하지만 그들의 파멸은 다른 작품의 주인공처럼 격정에 의한 것이 아니라 지성적인 성품 때문에 발생한다.[5]

　아르놀트 하우저(Arnold Hauser)는 도덕적 이상이 현실과 양립할 수 없는 데서 셰익스피어의 비극이 비롯된다고 말했다.[6]

장 레옹 제롬, 「시저의 죽음」, 1867, 볼티모어, 월터스 미술관 소장

이 극은 브루투스라는 인물의 이상이 현실에 부딪혀 깨지는 과정에서 느끼는 인간적 갈등과 고뇌에 초점이 맞추어져 있다. 도덕적 의무감에 충실했던 브루투스의 삶은 현실적인 정치감각을 지닌 안토니우스와 옥타비아누스에게 패하고 만다. 하지만 그는 지금까지도 고매한 도덕적 영웅으로 칭송받으며 빛나고 있다. "패전의 이날에도 나는 옥타비아누스와 안토니우스가 악랄한 승리로 얻은 영광보다 더욱 빛나는 영광을 차지할 것이다"(제5막 5장 36-38행)라는 브루투스의 마지막 대사는 결코 공허한 자만심이 아니었다.

## 시저파의 영웅, 안토니우스의 양면성

극 후반부에서는 역모 진압의 영웅이었던 안토니우스의 비굴한 면모와 현실적 정치 능력을 함께 볼 수 있다. 시저 암살 후 역모 진압의 영웅으로 떠오른 안토니우스는 꼿꼿한 브루투스의 모습과 대조적으로 기회주의자의 면모를 보여준다. 다음은 안토니우스의 하인이 브루투스 앞에 무릎 꿇고 안토니우스의 말을 전하는 장면이다.

**하인** 이렇게 브루투스 님, 무릎을 꿇으라고 주인님이 명령하셨습니다.
　　　이렇게 엎드리라고 마르쿠스 안토니우스 님이 명령하셨

습니다.

　이렇게 엎드려 이렇게 말씀 올리라고 분부하셨습니다.

　브루투스는 고결하시고, 현명하시며, 용감하시고, 정직하
신 분이오.

　시저는 강력하고, 대담하며, 왕자의 기개를 지녔으며, 애
정이 많으신 분이시다.

　나는 브루투스를 사랑하고 존경하며,

　시저를 두려워하고 경애하노라.

　만약 브루투스께서 안토니우스의 신상의 안전을

　보장하시고, 시저의 횡사가 부득이했던

　까닭을 해명해주신다면 마르쿠스 안토니우스는

　죽은 시저보다는 산 브루투스를 경애할뿐더러,

　이후부터 고귀하신 브루투스와 운명을 같이 하여

　새로운 안개 정국을 타개하는 데

　성심껏 이바지하겠노라고,

　안토니우스 주인님은 말씀하셨습니다.

　(제3막 1장 123-37행)


　이렇게 비굴하게 브루투스의 선처를 청하던 안토니우스는
군중의 민심을 얻자 시저의 양자인 옥타비아누스, 레피두스와
연합하여 시저 암살자 진압에 나선다. 그런데 안토니우스 세력
이 모여 가장 먼저 한 일은 살생부를 작성하고 시저의 유산을

분배하는 것이었다. 이때 그들은 서로의 친족까지도 살생부에 올림으로써 냉혹한 정치의 일면을 보여준다. 레피두스가 자리를 뜨자, 안토니우스는 그의 자격을 운운하며 그와 정권을 똑같이 나눠 갖는 데 대해 회의적인 의견을 표명한다.

> **안토니우스** 저 사람은 보잘것없는 하찮은 사람이오.
> 심부름꾼이 제격이니 우리가 천하를
> 삼등분해서 그에게 한몫을 준다는 건
> 적당치가 않을 것 같소.
> ……
> 그자는 그저 도구로나 생각합시다.
> (제4막 1장 12-21행)

이렇게 이기적이고 타산적인 역모 진압세력의 모습에서 공익을 위해 분연히 일어선 브루투스의 순수함 같은 것은 찾아볼 수가 없다. 이로써 셰익스피어는 우회적으로 브루투스의 숭고한 정신을 부각시키며 아울러 역모 진압영웅 안토니우스의 부정적 면모를 보여준다. 또한 공화주의자들의 시저 암살이 새로운 사회 건설에 실패하고 또 다른 권력의 부정적 양상을 낳았음을 보여주기도 한다.

이 극에서 '감성'과 '활력'을 대변하는 안토니우스는 여러 면에서 '이성'과 '논리'를 대표하는 브루투스와 대비되는 존재다.

그는 음주가무와 스포츠 등 육체적 활동을 즐기며 사람들과 어울리는 것을 좋아하는 인물이다. 반면 브루투스는 전쟁터 막사에서도 독서를 하며 명상을 즐기는 등 정신적 활동에 빠져 지내는 조용한 인물이다. 브루투스는 절제 습관을 지녔지만, 안토니우스는 '유흥'과 '운동' 등 온갖 삶의 활기를 누리는 사람이다. 브루투스가 이성적이고 냉철한 사고력을 지녔다면, 안토니우스는 감성적이고 열정적이며 신체 활동이 민첩하다. 브루투스가 원칙과 규율을 덕목으로 삼는 자라면, 안토니우스는 도덕적 규범 따위에서 자유로운 인물이다. 물론 이들의 이런 성격은 플루타르코스의 『영웅전』에서 제시된 것과 같지만, 셰익스피어는 이런 대비를 강조하여 더 극적으로 재현하고 있다.

다음에 살펴볼 장례식 연설에서도 두 사람은 극명한 대비를 이룬다. 브루투스의 연설은 논리적이고 이성적인 데 비해 안토니우스의 연설은 즉흥적이고 감정적이다. 브루투스가 먼저 연단에 올라 로마 시민들을 향해 다음과 같이 거사의 대의명분을 밝힌다.

**브루투스**  만약 시저의 친구가 왜 브루투스가 시저에게
    역모를 일으켰냐고 묻는다면 저의 대답은 이렇습니다.
    브루투스가 시저를 사랑하지 않은 것이 아니라
    로마를 더 사랑한 것이라고. 여러분은 시저가 죽고
    만인이 자유롭게 사는 것보다 시저가 살고

만인이 노예로 죽는 것을 원하십니까?

시저가 날 사랑했기에 그를 위해 울었고,

그가 영광스러웠기에 그를 위해 기뻐했고,

그가 용감했기에 그를 존경했습니다.

그러나 시저가 야심가였기에 난 그를 죽였습니다.

(제3막 2장 20-29행)


브루투스의 연설은 압축적이고 격식을 갖춘 어조이며 대단히 수사적이고 논리적이다. 자신의 행위가 사사로운 감정보다 독재를 막고 공화정을 지키고자 하는 열망에서 비롯된 것임을 강조한 브루투스의 연설에 감동하여 시민들은 환호하면서 "브루투스를 시저로 추대하라"(제3막 2장 51행)고 외친다. 어떤 비평가는 군중 속에서 터져 나온 이 외침은 우매한 대중이 공화주의를 옹호하는 그의 연설을 이해하지 못했음을 보여주므로 그런 면에서 그의 연설은 실패한 연설이라고 평가한다.

브루투스에 이어 연단에 오른 안토니우스는 로마 시민들의 감성에 호소한다. 그는 우선 눈물을 흘려 군중의 심금을 울린 뒤에 난자되어 피로 얼룩진 시저의 시신을 보여주며 로마 시민들의 감정을 자극한다. 그러고는 자신이 왕관을 바치자 거절했던 시저의 모습을 상기시키며 시저가 왕이 되고자 하는 의사가 없었다고 주장한다. 이때 안토니우스가 사용하는 수사는 그의 기회주의적 면모를 드러낸다.

**안토니우스** 생전에 시저는 수많은 포로를 로마로 데려와서

그 포로들의 몸값을 받아 국고 수입을 늘렸습니다.

시저의 이와 같은 태도가 야심적으로 보였습니까?

빈민들이 울면, 시저도 울었습니다.

야심이란 더 냉혹한 마음에서 생겨나는 것입니다.

그런데 브루투스는 시저를 야심가라 합니다.

브루투스는 고결한 분이시긴 합니다.

여러분도 다들 보셨겠지만 지난 루페르칼리아 제전 때

내가 세 번이나 왕관을 바쳤는데, 시저는 세 번이나 물리

쳤습니다.

과연 이것이 야심일까요? 허나 브루투스는 시저가

야심을 품었다고 합니다.

물론 브루투스는 공명정대한 분이십니다.

(제3막 2장 80-91행)


안토니우스는 브루투스가 시저를 야심가라고 주장한 것이 잘못된 것임을 일일이 주장하면서 말끝마다 그에 대한 칭송을 붙이는 교묘한 수사를 구사한다. 이런 수사를 통해 자신을 균형 잡힌 사고를 지닌 존재라는 이미지로 구축한다. 그러고는 마지막으로 시저가 자신의 사유재산을 로마 시민들에게 각자 75드라크마씩 나눠주고 자신의 사유장원을 증여하겠다는 유서를 낭독한다. 청중들의 현실적 이익에 호소한 이 유언장 낭

독은 방금 전까지 독재자를 처단한 고결한 암살 행위로 여겨지던 것을 일순간 잔인한 반역 행위로 둔갑시킨다. 감정과 말초 신경을 자극하는 감성적이고 선동적인 안토니우스의 연설이 이성적이고 논리적인 브루투스의 연설보다 군중의 심리를 움직인 것이다. 결국 브루투스의 자기확신에 찬 이상주의는 냉엄한 현실의 벽에 부딪히고 만다.

## 민중의 양면성

셰익스피어는 비단 개인뿐만 아니라 로마 군중까지도 양면적으로 제시하고 있다. 셰익스피어는 여러 작품에서 민중을 권력의 향방을 결정하는 역할을 하는 주체로 그린다. 그러면서도 민중을 변덕스럽고 어리석으며 불안정한 집단으로 묘사할 때가 많다. 그들은 무질서하고 이기적이며 때로는 폭도의 모습을 보인다. 그들은 전쟁터에서는 겁쟁이처럼 도망치기 바쁘고, 죽은 병사의 물건을 훔치는 비도덕적인 자들이며, 올바른 판단 능력도 부족한 집단으로 그려진다. 셰익스피어는 또 다른 로마 비극 『코리올레이너스』에서 이런 민중을 "머리가 여럿 달린 다수"(제2막 3장 15행), "떼거지로 울부짖는 잡종개들"(제3막 3종 121행), "변덕스럽고 악취를 내뿜는 군중"(제3막 1장 69행) 등으로 표현한다.

극 초반에 시저가 폼페이우스를 제거하고 로마에 입성하자 로마 시민들은 일손을 멈추고 거리로 몰려나와 환영한다. 하지만 이들의 대표라 할 수 있는 호민관 플라비우스(Flavius)와 마룰러스(Marullus)는 동족인 폼페이우스를 제거하고 돌아온 시저를 개선장군처럼 환영하는 시민들의 어리석음을 질책한다.

> **마룰러스** 축하라니 왜?
>
> 어딜 정복이라도 하고 돌아오는가?
>
> 인질이라도 전차의 장식이 되어 따라오는가?
>
> 이 목석같은 것들, 아니 목석보다도 더한 것들!
>
> (제1막 1장 32-35행)

원전인 플루타르코스의 『영웅전』에는 이 장면이 다르게 기록되어 있다. 그곳에서는 시저가 동족인 폼페이우스와 그의 자손들을 죽인 것에 분노하여 로마 시민들이 시저의 동상에 모욕을 가한 것으로 묘사한다. 그런데 셰익스피어는 로마 시민들이 그의 개선식에서 환호하는 모습으로 그린 것이다. 플라비우스는 이런 민중을 우매해 독재자를 날아오르게 만드는 '깃털' 또는 '날개'에 비유한다.

> **플라비우스** 나는 돌아다니면서,
>
> 저 천한 것들을 거리에서 내쫓을 테니,

당신도 저것들이 모여 있는 것을 보거든 그렇게 해주시오.
저것들은 시저 날개의 깃털이나
미리 뽑아내버리면, 그리 높이는 못 날 테지만
내버려두면 사람의 시계(視界) 밖까지 높이 날아올라
우릴 전부 노예같이 굽실거리게 하고 말 거요.
(제1막 1장 69-75행)

이렇게 셰익스피어는 군중을 몹시 변덕스럽고 우매한 무리
로 묘사하고 있다. 군중들은 시저 암살자들과 시저 지지자들
사이에서 변덕스럽게 움직인다. 브루투스의 연설을 듣고는 그
를 시저로 추대하자고 외치며 시저가 폭군이었다고 동조하던
여론은 바로 다음 순간 안토니우스의 연설을 듣고는 돌변한다.
방금 전 암살자들의 대의명분에 찬동했던 민중들은 한순간에
시저를 암살한 자들을 색출하여 죽이는 폭도로 변한다. 이 장
면에서 민중들은 역모와 전혀 무관한 사람까지 죽이는 광란의
모습을 보인다. 예를 들어 '신나'(Cinna)라는 시인은 역모자와
이름이 같다는 이유만으로 살해된다.

**시민3** 이름을 대라, 사실대로.
**신나** 사실대로 말해서 내 이름은 신나요.
**시민1** 이놈을 찢어 죽여라. 음모자 중 한 놈이다.
**신나** 나는 시인 신나요. 시인 신나란 말이오.

**시민4** 엉터리 시를 쓴 죄로 이놈을 찢어 죽여라. 엉터리 시를
쓴 죄로.

**신나** 나는 음모자 신나가 아니오.

**시민4** 그런 건 상관없어. 이름이 신나가 아닌가. 저놈 가슴에서
이름만 도려내고 나서, 돌려보내자.

**시민3** 찢어 죽이자. 찢어 죽여.

(제3막 3장 26-35행)


셰익스피어는 이렇게 여러 작품에서 군중을 쉽게 부화뇌동
하고 비이성적인 행동을 하는 존재로 그린다. 그러나 민중은
정치의 향방을 결정하는 강력한 힘을 지닌 존재이기도 하다.
또 때로는—예를 들어 『코리올레이너스』의 군중처럼—귀족들
의 부당한 착취와 억압에 항거하여 자신들의 주권을 주장하는
정치 세력으로서의 면모도 보인다.

『줄리어스 시저』에서도 셰익스피어는 권력 지형의 변화 속
에서 결국 승리를 거두려면 민심을 얻어야 함을 보여준다. 거
사 후 안토니우스 세력이 득세하는 데 가장 큰 영향을 준 것도
바로 민심이었다. 셰익스피어는 이렇게 민중이 정치권력에 막
강한 영향력을 행사하는 존재임을 인정하면서 그들이 좀더 이
성적이고 분별력을 지녀야 함을 강조한다.

## 인간적인 너무나 인간적인

많은 비평가는 이 극을 셰익스피어가 강력한 군주제의 필요성을 로마의 역사에 빗대어 설파한 정치극이라고 평가했다. 맥캘럼(M.W MacCallum)은 "당시 엘리자베스 시대 보통 사람들의 마음속에는 강하고 질서정연한 정부 아래에서 국가적 통일을 이루는 것에 대한 열망이 있었다"고 주장했고[7] 홍유미도 "셰익스피어는 튜더 왕조의 시민으로서 로마의 역사적인 사건을 다루면서 강력한 절대군주를 바라는 자기 시대의 요청을 작품 속에서 구현하고 있다"고 주장했다.[8] 왕권을 둘러싼 피비린내 나는 내란, 즉 장미전쟁을 경험한 영국인들에게 강력한 군주제에 대한 갈망은 어쩌면 당연한 것일지도 모른다. 하지만 정치적 영웅과 도덕적 영웅의 인간적인 약점들을 제시하며 복잡한 인간상을 탐구하는 이 극을 단순히 군주제를 옹호하는 정치극이라고만 보기는 어렵다.

우선 이 극에서 시저는 로마를 강대국으로 만든 국가적 영웅임에 틀림없으나, 완벽한 인간은 아니다. 간질을 앓고 왼쪽 청력을 잃은 시저는 육체적으로 나약할 뿐만 아니라 권력에 대한 탐욕과 야망까지 지녀 로마의 자유에 위협적인 존재다. 도버 윌슨(Dover Wilson)은 시저가 강력하고 경외스러운 존재로 그려지기는 했으나 칭송받을 만한 위인으로 그려지지는 않았다고 주장했다.[9]

로마 시민의 자유와 공화정을 수호하기 위해 시저를 암살하는 데 가담한 브루투스도 대단히 고결한 도덕적 인물이지만 그에 못지않은 결함을 지니고 있다. 그는 지나치게 이상주의적이며 현실감각이 부족하여 정치적으로 오판을 자주 내린다. 그는 동료 모반자들이 내세운 대의명분에 도사린 사적인 탐욕을 탐지하지 못할 뿐만 아니라 충동적이고 사리사욕에 따라 움직이는 군중들의 행동방식도 예측하지 못한다. 따라서 시저를 죽여 로마에 자유와 평화를 안기려던 자신의 순수한 의도나 이상과 달리 오히려 로마에 광란의 무질서, 전쟁의 공포만 불러오고 만다. 결국 셰익스피어는 지나친 이상주의도 복잡하고 어수선한 현실에서 결코 바람직하지 않음을 보여주고 있다.

세계사에서 영웅으로 칭송받는 두 인물의 인간적인 면모에 집중한 이 작품은 그로 인해 더욱 호소력을 갖고 공감을 자아내는 작품이 되었다. 극 중반에 캐시어스는 시저를 암살한 뒤 다음과 같이 읊조린다.

**캐시어스** 지금부터 수많은 세월이 지난 후세에
　　　우리의 숭고한 장면은 얼마나 자주 되풀이되어 상연될 것인가.
　　　지금은 존재하지도 않는 나라에서, 존재하지도 않는 언어로.
　　　(제3막 1장 111-13행)

이런 캐시어스의 주장은 현실이 되었다. 이 극은 전 세계에서 수없이 재현되었다. 가장 최근의 예가 바로 2012년 베를린 영화제 황금곰 상을 수상한 이탈리아의 감독, 타비아니 형제의 「시저는 죽어야 한다」(Caesar must die)일 것이다.[10]

# 셰익스피어 정염(情炎)의 시

## 『소네트집』『비너스와 아도니스』『루크리스의 겁탈』

"대리석도, 군주의 도금한 기념비도
이 막강한 시보다 오래남지 못하리라.
더러운 시간의 때 닦아내지 않은 묘석보다
그대 이 시 속에서 더 밝게 빛나게 되리.
파괴의 전쟁이 동상들을 쓰러뜨리고,
난리로 석공의 작품들 뿌리 뽑힐 때
마르스의 칼도, 전쟁의 타오르는 불길도,
그대 기억 한 살아 있는 기록
태우지 못하리니."
『소네트집』

## 시인 셰익스피어

셰익스피어는 희곡 외에 시집을 세 편 남겼다. 그 가운데 그리스 로마 신화에서 소재를 가져온 설화시 『비너스와 아도니스』(*Venus and Adonis*, 1592)와 『루크리스의 겁탈』(*The Rape of Lucrece*, 1593~94)은 페스트 때문에 런던의 연극 공연이 중단되었던 시기에 쓴 것이다. 서문에 친필 서명을 넣은 유일한 책인 이 두 시집을 셰익스피어는 그의 후원자로 알려진 젊은 귀족 사우샘프턴 백작, 헨리 리즐리(Henry Wriothesley)에게 헌정했다. 한편 1590년과 1600년 사이에 쓰인 것으로 알려진 셰익스피어의 『소네트집』은 총 154편의 소네트가 수록되어 1609년에 출간되었다. 이 시집은 W.H라는 이니셜을 지닌 후원자에게 헌정되었다. 하지만 이 또한 『비너스와 아도니스』 『루크리스의 겁탈』을 헌정한 리즐리의 이니셜을 바꿔 쓴 것이라는 주장이 계속 제기되었다.[1]

16세기 영시는 중세 문학과 달리 남녀간의 사랑이 주요 소재였다. 르네상스 시대에는 중세 금욕주의에 반발하며 중세 유럽인들의 생활을 지배하고 있던 영적인 생활, 피안의 세계, 인간의 원죄 및 회개 등에서 해방을 추구한다. 그와 함께 육체적 존재로서의 인간을 찬미하고 생의 기쁨과 육욕의 해방을 구가한다. 결국 서구 르네상스는 고대 문명이 부활하는 시대일 뿐만 아니라 자유분방했던 고대의 관능이 소생한 시대이기도 했던 것이다.

셰익스피어는 바로 이런 시대정신과 시대상을 수용하여 자신의 작품 속에서 다양한 성양식과 관념을 재현하고 있다. 그는 아주 노골적으로 성문제를 논하기도 하고 이중 의미를 통해 성적 함축을 은밀히 담아내기도 했다. 셰익스피어가 그려낸 성애 문제는 르네상스 시대의 성문화나 성풍속을 잘 알려주는 단서다. 나아가 당대의 끝없는 에로티시즘의 팽창을 작품 속에 재현한 것이기도 하다. 그 정점에 바로 시집 세 편이 존재한다. 이 장에서는 각기 다른 사랑과 욕정을 그려내고 있는 셰익스피어 시집을 비교·분석할 것이다.

## 『소네트집』: 셰익스피어 동성애 논란을 야기한 사랑의 노래들

소네트란 이탈리아어 '소네토'(sonnetto)에서 유래한 것으로 '작은 노래'라는 뜻이다. 15세기 이탈리아에서 유행했던 소네트는 페트라르카[2]가 완성한 14행의 연애시였다. 여성의 아름다움에 대해 남성이 열렬히 찬미한 소네트에서 사랑은 세속적 정욕이라기보다는 정신적 고양의 수단이었으며 여성은 성욕을 만족시키는 대상이라기보다 영적 안내자였다. 이들의 시 속에서 남성은 이상적 존재인 여성에게 헌신적인 사랑을 표현하지만 여성의 태도는 늘 고고하며 냉랭하다. 이에 남성은 정욕에

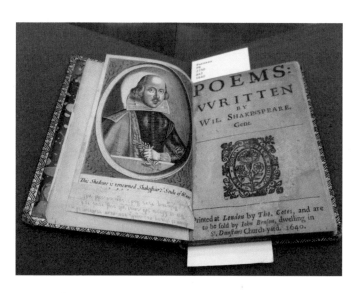

1640년판『소네트집』

휘말리지 않고 사랑과 상대의 아름다움으로 영혼은 신성한 고양 상태에 이르게 된다. 이들 시 속에서 여성은 성녀로 승화되는 경우가 많았다.

소네트는 16세기 중반에 토머스 와이엇(Thomas Wyatt)이 영국에 처음 소개했다. 1590년대에는 4-4-4-2의 압운 체계(rhyme scheme)로 마지막 2행 연구에 요약과 결론을 담은 영국 특유의 시 형태로 자리 잡게 된다. 셰익스피어는 형식상 기승전결의 논리를 갖춘 영국 특유의 소네트에 내용 면에서 또 다른 시도를 감행한다. 즉 화려한 수식으로 여성의 아름다움을 찬미하던 전통적인 소네트 관습에서 탈피하여 고결한 찬미의 대상으로 젊은 귀족청년을 제시한 것이다. 전통적인 소네트에는 시인과 시를 바칠 이상형의 여인이 등장하지만 셰익스피어의 소네트에는 시인, 젊은 귀족청년, 흑발의 검은 여인(dark lady)이 등장하며 이 세 사람 사이의 우정·사랑·질투에 대해 노래하고 있다.

『소네트집』에 실린 총 154수 중 처음 126수는 아름다운 귀족청년에게 말을 거는 것이고, 그다음 부분은 검은 여인과의 관계를 묘사한 것이다. 젊은 귀족청년과 시인의 사랑은 플라토닉하게, 검은 여인과 시인과의 사랑은 육욕적인 관계로 그려진다. 때로는 젊은 귀족청년과 다른 시인들의 관계, 또는 검은 여인과 귀족청년의 관계에 질투심을 느끼며 괴로워하는 시인의 모습이 그려질 때도 있다. 이 때문에 소네트 연작은 셰익스피어와 젊은 귀족 사이의 동성애 논란을 불러일으켰을 뿐만 아니라 그 청년이 누구인지에 대한 논란도 계속됐다. 그러나 잘 알려진 바와 같이 르네상스 문인은 후원자의 후원에 의존해서 문학 활동을 했다. 그리고 시인이 자신의 후원자를 화려한 언어로 찬미하는 것은 관례였다. 이 시집에서도 시인이 찬미하고 있는 'Young Man'이 시인의 후원자임을 드러내는 구절들이 종종 눈에 띈다.

셰익스피어는 젊은 귀족청년을 묘사한 앞의 시편들에서 흔히 기존 소네트에 등장하는, 이상적인 연인을 묘사하는 수사법을 사용한다. 가령 'Young Man'은 너무나 아름다워 "남성의 눈을 유혹하고 여자들의 영혼을 놀라게 할" 정도라고 쓰기도 한다(20번 8행).

시인은 많은 시에서 이 'Young Man'의 아름다움을 예찬하고 그런 아름다움이 세월의 작용으로 시들어가는 것을 안타까워한다. 이에 시인은 시를 통해 청년의 아름다움을 불멸로 영속화시키고자 한다. 'Young Man'의 아름다움은 시인의 예술적 창조에 끝없는 영감을 제공한다. 다음 104번 소네트는 시간이 파괴할 젊은이의 아름다움에 대한 것이다.


104

아름다운 임이여, 그대 내게 항상 청춘입니다.
나 그대 눈 처음 보았을 적 그 모습 그대로

그대 아름다움 항상 같아 보이니까요.

세 번의 추운 겨울이 숲에서 여름의 화려함 흔들어 떨치고,

세 번의 아름다운 봄철이 노란 가을로 넘어가는 것

계절의 변화 속에서 나는 보았습니다.

여전히 풋풋한 젊은 그대 처음 본 후

세 번의 사월 향기가 세 번의 뜨거운 유월에 타올랐습니다.

아, 그러나 아름다움은 시곗바늘처럼

그 발자국 아무도 모르게 숫자판에서 달아납니다.

내겐 항상 멈춰 있는 듯했던 그대 달콤한 모습도

움직이며 나의 눈 속이고 있습니다.

태어나지 않은 미래여, 이것 두려워 내 말하노라.

그대가 태어나기 전에 아름다운 여름 죽었어라.[3]

시인이 'Young Man'을 처음 만나고 3년이 흘렀다. 그는 처음 보았을 때나 지금이나 변함없이 아름답다. 하지만 시인은 세월이 이 아름다움을 변모시킬 것을 염려한다. 이렇게 대부분의 소네트에서 젊은 귀족의 아름다움에 대한 찬미와 동시에 그 아름다움을 소멸시킬 시간의 파괴적 힘과 죽음, 짧은 인생에 대한 명상이 이루어진다. 그의 많은 소네트도 시간의 무참한 파괴 작용을 강조하고 있다. 바로 이 점이 셰익스피어 소네트 연작이 구축한 독특한 세계다. 단순한 사랑의 노래가 아니라 삶의 허망함과 유한성에 대한 성찰이 담긴 것이다.

시인은 노화와 찰나적 인생을 극복할 수 있는 여러 가지 방법을 이 소네트 연작에서 제시한다. 그 첫 번째 방법으로 결혼을 통한 번식을 권유한다. 1~17번 소네트에서 시인은 'Young Man'에게 결혼을 통해 자신을 닮은 후손을 얻을 것을 권한다.

1

더없이 아름다운 것들로부터 우리는 증식을 바란다.
그리하여 미의 장미 결코 시들지 않고
무르익은 것들 시간 좇아 사그라질 때
그 나어린 자식이 아비의 기억 간직할 수 있도록
그러나 자신의 빛나는 두 눈과 언약 맺은 그대는
스스로를 연료 삼아 불꽃 사르며
풍요로움을 기근으로,
스스로를 그토록 무참한 적으로 만드는구나.
지금 이 세상의 참신한 장식이요,
화려한 봄철의 유일한 전령인 그대가
자기만의 봉오리 속에 스스로의 정자 매장하고
아, 사랑스러운 어리석은 이여, 아끼느라 허비하다니.
세상을 동정하라. 아니면 그대 무덤가에서
이 세상에 진 빚 먹어치우는 탐식가나 되라.

1-4행에서 시인은 자손을 통한 미의 승계만이 아름다움이

소멸되지 않고 번식하는 방법이라고 권유하고 있다. 그리고 나머지 행에서는 자기애에 빠져 파멸한 나르키소스의 신화를 이야기하며 불모와 기근을 가져오는 독신주의를 비난한다. 지금은 아름다움과 젊음을 지니고 있으나 시간의 파괴에 대비하여 자신을 닮은 자손을 낳아 이 세상에 아름다움을 영속시키는 의무를 다하라고 충고한다.

셰익스피어는 이보다 훨씬 많은 소네트(18~58번)에서 삶의 찰나성에 맞서는 시(예술)의 영원성을 강조한다. 이 소네트들에서 시인은 젊은 귀족의 미와 덕을 시로 남겨 불멸화한다. 다음 두 시는 시의 영원함을 노래한 소네트다.

18

그대를 내 여름날에 비할까요?

그대는 그보다 더 사랑스럽고 온유합니다.

거친 바람이 오월의 사랑스러운 꽃망울 흔드는

여름 한철 너무나 짧습니다.

하늘의 눈 때로 너무 뜨겁게 빛나고

그 황금빛 빈번히 흐려지지요.

아름다운 것들은 하나같이 아름다움 속에서 이울고

우연이나 자연의 주기 속에서 장식 벗는 법.

허나 장차 영원한 시행 속에서 그대 시간의 일부가 될 때

그대 그 영원한 여름 시들지 않고

그대 그 아름다움 잃지 않을 것이요,

죽음도 그대 제 그늘 속 헤맨다고 뻐기지 못할 것입니다.

사람이 숨 쉬고 눈이 볼 수 있는 한 오래도록

이 시 살아서 그대에게 생명 줄 것입니다.


55

대리석도, 군주의 도금한 기념비도

이 막강한 시보다 오래 남지 못하리라.

더러운 시간의 때 닦아내지 않은 묘석보다

그대 이 시 속에서 더 밝게 빛나게 되리.

파괴의 전쟁이 동상들을 쓰러뜨리고,

난리로 석공의 작품들 뿌리 뽑힐 때

마르스의 칼도, 전쟁의 타오르는 불길도,

그대 기억한 살아 있는 기록 태우지 못하리니.

죽음과 모든 것을 망각으로 떨치는 적에 맞서

그대는 걸어가리라, 이 세상 끝나는 심판의 날까지.

모든 후손의 눈 속에도

그대에 대한 칭찬 깃들어 있으리라.

그대 부활하는 심판의 날까지 그대 이곳에 살아

연인들의 눈 속에 머무시기를.


이 소네트들에서 시인은 시의 영속성과 가치를 노래하며 시인으로서의 자부심을 드러낸다. 18번 시의 전반부에서는 모든 것의 절정인 여름날보다 상대가 더 아름답다고 찬미하고 중반부에서는 그런 아름다움도 시간 앞에서는 시들고 변함을 안타까워한다. 후반부에서는 자신의 시 속에 묘사된 'Young Man'의 아름다움은 영원하리라고 주장한다. 55번 시에서는 시간의 작용에 의해 파괴되거나 퇴화되는 조각상, 묘비 등 다른 예술품들과 비교하며 영속할 시의 강인함을 노래하고 있다. 특히 마지막 2행 연구에서는 최후의 날까지 살아남을 시에 대해 언급함으로써 시의 영속성을 강조하고 있다.

이렇게 젊은 남성의 아름다움에 대한 예찬과 그것이 시간에 의해 붕괴될 것에 대한 안타까움을 노래한 시편들과 함께 다른 시인들과 이 젊은 귀족과의 관계에 대한 시인의 질투심을 그린 소네트도 있다. 78번 소네트는 시인의 시작법을 도용하여 자신이 사랑하는 젊은 귀족의 후원을 받아 활동하는 경쟁 시인에 대해 명확하게 언급하고 있다.


78

나의 뮤즈로 나는 빈번히 그대 불렀고

나의 시에서 그처럼 호의적인 도움 받았노라.

그래서 낯선 시인들도 나의 방식 따랐고

그대의 후원 아래 그들의 시 유포했도다.

벙어리 큰 소리로 노래하도록

육중한 무식 높이 비상하도록 가르친 그대의 눈
식자의 날개에 깃털을 더해주었고
훌륭함에 이중의 영광 안겨주었다.
그러나 내가 그리는 것 가장 자랑스레 여기시라.
그 영감 그대 것이고 그대에게서 태어났으니.
다른 시인들 작품에서 그대 한낱 문체만 고쳐주어도
예술은 그대 아름다움으로 빛을 발한다.

이 시의 전반부는 자신의 아류인 경쟁 시인들[4]이 젊은 귀족의 후원으로 가식적인 작품 활동을 하는 것에 대한 질투심을 담고 있다. 하지만 후반부는 'Young Man'이 지닌 아름다움과 미덕이 시인의 예술적 성취를 높이는 뮤즈임을 고백하며 상대에 대한 미화와 찬미를 극대화하고 있다.

이렇듯 126번까지 화자는 젊은 남성을 이상화하고 미적 투사의 대상으로 삼고 있지만 "검은 여인"[5]이라 칭한 여성 연인과의 관계를 묘사할 때는 여인의 모습도, 그녀와의 육욕적 관계도 다소 부정적으로 그리고 있다. 페트라르카식 소네트에서 흔히 여성은 찬미해야 할 이상적 아름다움의 소유자로 그려지고, 그 아름다움은 상대 남성의 정신을 고양시키는 존재다. 하지만 셰익스피어의 검은 여인은 남성들의 이성을 마비시키고 육욕에 사로잡히게 만드는 존재다. 이렇게 셰익스피어는 전통적 소네트의 관습에서 일탈한다.

130

내 연인의 눈동자 전혀 태양 같지 않노니
산호가 그녀의 붉은 입술보다 붉구나.
눈이 희다면 그녀 젖가슴은 담갈색이요,
머리칼이 줄이라면 그녀 머리에는 검은 줄 자라네.
알록달록 붉고 흰 장미 나 보았지만
그녀의 뺨에는 그런 장미 없도다.
내 여인이 뿜어내는 입김보다
향수가 더 향긋하여라.

당대 미녀의 전형적인 모습은 하얀 피부에 금발, 빛나는 눈을
가진 여인이었지만 이 시의 여성은 피부도 검고 머리색도 검은
색으로 기존 미녀와는 외모가 매우 다르다. 이는 셰익스피어가
전통적인 소네트에서 여성들을 묘사했던 과장된 비유법을 의
도적으로 해체하고 있는 것이다. 게다가 그녀는 많은 남성에게
추파를 던지는 난잡한 여성으로 셰익스피어는 그녀의 배신과
부정을 비난한다.

137

그대 눈 먼 바보, 사랑의 신이여, 내 눈에 무슨 짓 했기에
보면서 볼 것 보지 못한단 말인가?
아름다움이 무엇인지, 어디에 있는지 알면서도

내 눈은 최고의 것 최악의 것으로 받아들인다.

너무나 편파적인 시선으로 상한 눈이

온갖 사람들 항해하는 항구에 닻을 내렸더니

그대 어이하여 거짓된 눈으로 낚시를 만들어

내 마음의 판단 낚아챈단 말인가?

내 마음 드넓은 세상의 공유지임을 번연히 알면서

그대 어이하여 사유지라 생각한단 말인가?


이 소네트에서 셰익스피어는 검은 여인을 뭇 남성들이 닻을 내리는 항구에 비유하면서 그녀의 정숙치 못한 행실을 비꼬고 있다. 셰익스피어는 또 정욕(lust)과 사랑(love)을 구분하고 있는데 젊은 남성에 대한 시인의 사랑은 고상하고 바람직한 사랑으로, 검은 여인과 시인, 검은 여인과 젊은 남성 사이의 사랑은 위험하고 저속한 정욕으로 규정한다. 129번 소네트에서 셰익스피어는 인간의 허기진 정욕의 본질에 대해서 논한다.


129

치욕의 허리에 정력 낭비하는 것이 성교입니다.

충족되기 전까지 색욕은 맹세 저버리고,

살인적이고, 잔인하고 비난받아 마땅하며

잔혹하고 극단적이며 거칠고 사정없고 믿을 수 없습니다.

즐기자마자 이내 경멸의 대상이 됩니다.

미친 듯 추적하지만 손에 넣자마자

미친 듯 증오하는 대상이 되지요.

삼킨 자 광란케 하려 일부러 놓아둔 미끼 집어삼킨 듯

넋 나간 듯 좇지만 손에 넣어도 매한가지.

가졌거나 갖고 있거나, 가지려 하는 동안에도 막무가내.

맛볼 땐 황홀하지만 먹고 나면 진정 고통이오.

전에는 기쁨을 예감하나 후에는 꿈처럼 허망한 것.

이 모든 것 세상 사람들 잘 알지만, 아무도 알지 못합니다.

지옥으로 인도하는 이 황홀한 천국 피하는 법.


이 소네트에서는 페트라르카의 시에서 흔히 볼 수 있던 사랑에 대한 이상은 찾아볼 수 없고 육욕에 사로잡힌 사랑은 고통과 위험을 수반하는 부정적인 것으로 그려지고 있다. 'Young Man'과 교감하는 영적인 사랑은 아름다운 시를 낳는 창조적 행위로 승화되지만, 'Dark Lady'와의 관계는 오로지 소모적이고 파괴적인 정욕으로 묘사된다. 시인은 이런 사실을 인지하지만 그녀에게서 벗어날 수 없다. 그런데 젊은 귀족 역시 그녀의 악마적 유혹에서 벗어나지 못해 시인은 두 사람의 정사로 더욱 고뇌하고 갈등한다.


144

위안과 절망이라는 두 개의 사랑 나 가졌으니,

두 천사처럼 이들은 항상 나 유혹한다.

선한 천사는 미남자요

악한 천사는 검은 여인.

나를 곧장 지옥으로 이끌어가고자 내 악한 여인

내 곁에서 나의 선한 천사 떼어놓으려 유혹하고

나의 성자 타락시켜 악마로 만들고자

더러운 허영으로 그의 순수함 꾀어낸다.

나의 천사가 악마로 변할는지 않을는지

의심스러워도 정확히 말할 수는 없도다.

그러나 두 사람 서로 친구이니 나를 떠나서는

한 천사 다른 천사의 지옥 속에 있을 것.

정확히는 모르니 반신반의하며 사는 수밖에,

악한 천사가 선한 천사 불길에서 끌어내기 전까지.


이 시에서 악한 천사인 검은 여성은 선한 천사인 젊은이를 유혹하는 존재로 그려지고 있다. 이런 설정을 통해 시인이 'Dark Lady'에 대해 지니고 있던 혐오와 두려움을 알 수 있다. 시인은 젊은이가 여자의 유혹에 넘어갔는지 확신할 수 없지만 그런 의심 속에 시달리고 있다. 5행과 12행의 '지옥'이란 단어는 이중 의미로 두 사람이 성적 관계를 가졌음을 암시한다. 이렇게 셰익스피어는 'Dark Lady'를 묘사하는 시에서는 대단히 성적이고 외설스런 어조를 사용하고 있다.

서구 가부장 이데올로기는 흔히 열정은 여성에게 속하는 속성으로, 이성은 남성에게 속하는 속성으로 이분화했다. 또한 르네상스 시대에는 남성간의 우정을 세상에서 가장 고귀한 형태의 사랑으로 여겼다. 남성들 사이의 완벽한 영적·지적 교감을 높이 찬양했으며 특히 시인들은 그들의 후원자인 귀족들을 미와 덕의 화신으로 이상화했다. 셰익스피어는 이런 당대의 사고방식을 투영하여 남성간의 사랑은 지고지순하게, 이성간의 사랑은 불같은 육욕 관계로 그렸다.

셰익스피어는 전통적인 소네트의 형태뿐만 아니라 내용도 파격적으로 변형한 것이다. 즉 셰익스피어는 의도적으로 반(反)페트라르카적인 요소를 삽입하여 사랑의 영적인 면과 육욕적인 면을 모두 노래하면서 새로운 정념의 영역을 구축한 것이다.

## 『비너스와 아도니스』: 욕망의 주체로서의 여성

세 편의 시집 중 가장 먼저 출간된 『비너스와 아도니스』는 고전 신화에 나오는 비너스와 아도니스 신화를 소재로 쓴 1,194행의 장편 설화시다. 이 신화는 오비디우스(Ovidius)의 『변신이야기』(*Metamorphoses*)에서 오르페우스가 들려주는 짧은 이야기다. 오비디우스 원전에서 비너스와 아도니스는 함께 숲 속을 달리면서 사냥을 즐기곤 하다가 지치면 함께 누워 사랑을 나누는 다정한 사이다. 비너스는 사랑하는 연인이 다칠까 아도니스에게 늘 작은 사냥감만을 사냥하고 곰, 멧돼지, 사자 같은 사나운 짐승들은 피하라고 신신당부한다. 그런데 비너스가 올림퍼스 산으로 오른 사이에 아도니스가 멧돼지의 엄니에 받혀 죽는다. 슬픔에 잠긴 비너스는 아도니스의 피에 넥타르(神酒)를 뿌린다. 그러자 거기서 핏빛 아네모네가 피어난다.

셰익스피어는 이 신화를 비틀어 아도니스가 비너스의 간절한 사랑을 완강히 거부하는 것으로 설정한다. 클라크 헐스(Clark Hulse)는 셰익스피어의 설정이 티치아노 베첼리오(Tiziano Vecellio)가 그린 그림을 보고 영감을 얻은 것이라고 주장한다.[6] 사냥을 떠나려는 아도니스에게 매달리며 붙드는 비너스의 모습에서 사랑을 구걸하는 여신의 영감을 얻었다는 것이다.[7] 아도니스는 오로지 사냥에 대한 욕망에 사로잡혀 여신의 애걸에는 아랑곳하지 않는다.

자신을 거부하는 아도니스에게 사랑을 구걸하는 비너스의 애정 표현을 담은 『비너스와 아도니스』는 셰익스피어의 작품 중에서도 에로티시즘이 가장 노골적이고도 강하게 묘사되어 있는 작품이다. 셰익스피어는 사랑의 환희와 기쁨에 대한 이미저리로 가득 찬 비너스의 농익은 수사를 통해 독창적인 에로틱 문학을 창조해냈다. "상사병에 걸린"(love-sick) 여신 비너스에게서 당시 보편적인 시 관습이었던 여성 특유의 도도함이나 냉정함은 찾아볼 수 없다. 여신으로서의 권위와 품위도 찾아볼 수 없다. 마치 『소네트집』의 검은 여인처럼 여신은 욕정에 목말라하는 부정한 여인일 뿐이다.

성역할의 전도는 주인공 언어의 전복도 가져온다. 비너스는 흔히 남성들의 구애 언어로 아도니스를 설득하는 데 비해 아도니스는 여성적인 목소리로 저항한다. 비너스는 유혹의 언어로 아도니스의 정염을 불러일으키려 안간힘을 쓴다. 다음 부분은 비너스의 도색적이고 관능적인 언어의 극단을 보여준다.

'사랑하는 님이여' 비너스는 말한다. 내 그대를
이 상아처럼 하얀 울타리 안에 가두었으니,
나는 공원이 되겠어요. 그대는 나의 사슴이 되세요.
원하는 대로, 산에서든 골짜기에서든 풀을 뜯으세요.
내 입술에서도 풀을 뜯으세요. 내 입술이 마르면,
좀더 아래로 내려오세요. 맛있는 샘물들이 있는 곳으로요.
(235-40행)[8]

비너스의 이런 비유는 우리에게 익숙한 시적 수사를 완전히 전복시킨다. 보통의 시에서 여성은 남성들의 추격을 당하는 암사슴으로 묘사된다. 그런데 비너스는 자신의 육체를 숲으로, 자신의 품에 붙들려 있는 아도니스를 그 숲에서 온갖 자양분을 섭취하며 노니는 사슴에 비유하고 있다.

때로는 비너스의 격정이 잔인하고 사나운 맹수의 탐욕에 비

티치아노 베첼리오, 「비너스와 아도니스」, 1553~54, 개인 소장

유되기도 한다. 초반부에서 욕정에 사로잡힌 비너스는 아도니스를 강제로 말에서 끌어내려 함께 쓰러진다. 아도니스를 곁에 누인 비너스의 행동은 굶주린 독수리에, 그리고 아도니스는 비너스의 욕정에 희생되는 먹이처럼 묘사된다.

> 마치 굶주림에 사나워진 배고픈 독수리가
> 노획물의 깃털과 살과 뼈를 쪼아 먹고,
> 목구멍이 차거나 먹이가 없어질 때까지
> 두 날개를 흔들어대며 게걸스럽게 삼켜버리듯
> (55-58행)

> 전리품의 달콤함을 맛본 뒤 여신은
> 미친 듯이 약탈하기 시작하네.
> 얼굴에서 김과 연기가 나고, 피는 들끓네.
> 물불 안 가리는 욕정이 필사적인 용기를 불러일으키네.
> 망각의 늪에 빠져, 이성은 뒷전으로 몰아내고
> 부끄럼의 순수한 홍조도, 명예의 실추도 잊은 채.
> (553-58행)

셰익스피어는 계속해서 타오르는 비너스의 욕정을 "탄탈로스가 느끼는 고통보다도 더 심한 고통"으로 비유한다(666행). "여름 더위에 행인이 겪는 그 어떠한 갈증도 비너스의 이 갈증

426

보다는 더하지 못했으리라"(97-98행)는 표현처럼 비너스가 시지프스나 탄탈로스와 같이 느끼는 갈증과 목마름을 표현한 구절들이 이 시에 넘쳐난다. 비너스의 이런 육체적 욕망에 아도니스는 소녀처럼 부끄러워하고 그녀의 품안에서 벗어나려고 버둥댄다. 그때 아도니스는 여성의 언어로 비너스의 탐욕에 저항한다.

볼품없는 미완성의 옷을 입고 다니는 사람이 어디 있어요?
잎사귀 하나 돋아나기도 전에 싹을 떼어버리는 사람이 어디 있어요?
싹이 트는 시기에 조금이라도 다치면
한창 때에 이미 시들어버려 아무 가치 없는 것이 되고 만다고요.
(415-18행)

이는 마치 아직 채 꽃피지 않은 소녀가 자신의 순결을 상대 남성에게서 보호하고자 할 때 사용할 만한 수사다. 아도니스는 비너스의 격정에 대해 그건 사랑(love)이 아니라 정욕(lust)이라며 비난한다.

그걸 사랑이라 부르지 말아요. 사랑은 땀 흘리는 욕정이
지상에서 자기의 이름을 빼앗아간 이래 하늘로 달아났으

니까요.

　순진한 사랑의 가면을 쓰고 욕정이 신선한 아름다움을
　먹어치워 사랑을 더럽히고 말았어요.
　몸 달아오른 욕정이 사랑을 더럽히고 강탈하고 말았어요.
　유충이 연한 잎사귀를 갉아먹듯이.
　(793-98행)


　아도니스는 사랑의 가면을 쓴 욕정이 아름답고 순수했던 사랑을 더럽히고 그 자리를 빼앗아 버렸다는 것이다. 이렇듯 비너스가 육체적인 사랑을 강조하는 데 비해 아도니스는 순결한 사랑을 추구한다. 이 설정은 『소네트집』에서 셰익스피어가 설정한 'Young Man'과 'Dark Lady'의 사랑의 속성과 유사하다. 다음 연에서 아도니스는 계속해서 사랑과 정염을 비교한다.


　사랑은 비 온 후의 햇살처럼 포근하지만
　욕정의 결과는 햇빛 걷힌 후의 폭풍이지요.
　사랑의 부드러운 봄은 언제나 신선한 채 있지만
　욕정의 겨울은 여름이 채 반이 지나기도 전에 와버리지요.
　사랑은 포식하는 법이 없지만 욕정은 폭식하다 죽지요.
　사랑은 모두가 진실이지만 욕정은 날조해낸 거짓으로 가득하지요.
　(799-804행)

이렇게 이 시의 대부분은 비너스의 호색적인 유혹과 이에 대한 아도니스의 항변으로 구성되어 있다. 반복적인 욕망과 좌절의 순환 구조를 지닌 이 시에 사건의 진전은 없고 단지 결론 없는 두 사람의 사랑관에 관한 논쟁만이 있을 뿐이며 인물들의 성격도 발전하지 않는다. 셰익스피어는 이렇듯 플롯도, 사건도, 인물의 발전도 최소화한 단순한 구조 속에 오로지 농익은 사랑의 환희와 기쁨에 대한 이미저리로 가득 찬 비너스의 수사를 거창하게 배치해 독창적인 에로틱 문학을 창조했다.

아도니스의 묘사에는 나르시시즘에 빠져 사랑을 나눌 줄 모르는 젊은이와 흡사한 점이 많이 발견된다. "아도니스가 시냇물에서 자기 그림자를 들여다보면 물고기들이 그 그림자에다 황금빛 아가미를 벌리곤 했다"(1099-1100행)는 대목에서도 아도니스와 나르키소스의 연계가 드러나지만 다음 부분에서는 그 상관성을 좀더 구체적으로 논하고 있다.

그대의 마음이 자신의 얼굴에 반한 건가요?

그대의 오른손이 그대의 왼손과 사랑에 빠질 수 있다는 건가요?

그렇다면 그대 자신에게 구애하고, 그대 자신한테서 거절도 당하세요.

그대 자신의 자유를 빼앗고 도둑맞았다고 불평하라고요.

나르키소스는 그렇게 자기 자신을 버렸고

냇물에 비친 자신의 그림자에 키스하려다 죽었지요.

(157-162행)

또한 셰익스피어는 차가운 아도니스를 생명력과 번식력이 없는 목석이나 강철 따위에 비유하고 사랑의 거부가 가져오는 불모의 결과를 거론한다. 소네트에서처럼 비너스는 나르키소스적 자기 사랑은 죄라고 말하고 세상에 나왔으니 사랑을 통해 후손을 낳아 세상을 살찌울 의무가 인간에게 있음을 강조한다. 이는 소네트 1-17번과 거의 흡사한 주장이다.

자기 자신만을 위해 자라는 것들은 성장의 남용이에요.
씨는 씨에서 나오고, 아름다움은 아름다움을 낳아요.
당신도 태어났으니, 자식을 낳는 것은 의무라고요.

(166-68행)

어찌하여 그대는 대지가 생산해놓은 것을 그저 먹기만 하나요?
자손을 생산하여 대지를 살찌우지도 않으면서.
자연의 이치상 그대는 자식 낳을 의무가 있어요.
그래야 그대 자신이 죽은 뒤, 그대 후손들이 삶을 이어가지요.
그리되면 그대는 죽더라도 사는 것이요,
그대를 닮은 존재 속에 여전히 살아 있는 것이지요.

(169-74행)

    연인의 안위를 간절히 기원했지만 비너스는 결국 사랑하는 연인을 잃는다. 비통한 마음으로 사랑에 대한 저주를 내리는 동안 아도니스의 몸이 스러져 사라지고 그 자리에 아네모네가 피어난다. 여신은 그 꽃가지를 꺾어 자신의 가슴에 품으며 "향기로운 아버지의 아름다운 딸아, 작은 슬픈 일에도 눈물 흘리는 것이 네 아버지의 버릇이었단다. 자기 자신으로 자라는 것이 그의 욕망이었단다"(1177-79행)라고 말함으로써 다시 한 번 아도니스의 죽음이 그의 나르키소스적 욕망 때문이었음을 밝힌다. 프랭크 매길(Frank Magill)은 결국 셰익스피어가 이 시에서 궁극적으로 전하고자 하는 메시지는 소네트 연작과 마찬가지로 생식을 통한 존재의 연속이라고 주장했다.[9]

    비너스는 여러 신화 속에서 성적으로 대단히 자유분방하고 부정(不貞)한 이미지를 지니고 있다. 그녀는 남성들에 의해 여성에게 부여된 온갖 부정적 이미지를 한 몸에 담고 있는 문화 기호인 셈이다. 비너스 여신은 신들 중 가장 못생긴 대장장이신 헤파이스토스의 아내이나 그녀는 군신 아레스, 디오니소스, 포세이돈, 헤르메스 등 숱한 신들과 염문을 뿌린다. 그녀는 신들뿐만 아니라 인간들과도 사랑을 나누는데 트로이의 안키세스와 사랑을 나눠 로마 건국신화의 주인공인 아이네이아스를 낳기도 한다. 셰익스피어는 이런 신화 속 여신의 이미지를 충

존 윌리엄 워터하우스, 「아도니스를 깨우는 비너스」, 1900, 개인 소장

분히 이용하여 정염에 목마르고 욕정에 불타는 여성의 이미지를 창출하고 대단히 선정적이며 농염한 에로티시즘 문학세계를 창출해냈다.

노암 플린커(Noam Flinker)는 이 시에 대해 "신화의 진지함에 대한 대단히 희극적인 거부"라고 묘사했다.[10] 또한 유진 캔텔루프(Eugene Cantelupe)는 다음과 같이 주장했다.

물론 (시의) 포커스는 아도니스가 아니라 비너스에게 맞춰져 있다. 그는 전혀 흥미롭거나 매력적인 캐릭터가 아니다. 그의 남성미와 젊음은 그저 비너스가 르네상스 스타일, 낭만적 문학 관습, 신플라톤주의적인 사랑관 등을 풍자하는 말이나 행동을 하도록 자극할 뿐이다.[11]

고전이 지닌 경직성과 권위와 관습을 전복시킨 셰익스피어의 『비너스와 아도니스』는 대단히 실험적이고 과감한 작품으로 비평적 글쓰기 행위의 표본이라고 볼 수 있다. 셰익스피어는 당대의 많은 문헌을 차용·변용함으로써 관습적이고 상투적인 성역할과 사랑을 신성시하던 습관에서 벗어나 당대 글쓰기 양식뿐만 아니라 사회적 관습에도 도전하는 글쓰기를 시도한다. 솔직한 성애 표현들로 가득한 이 시는 초간부터 1640년까지 16판이나 출간될 정도로 독자들에게 대단히 인기가 많았다.

# 『루크리스의 겁탈』: 로마 제정을 종식시킨 성 스캔들

　『루크리스의 겁탈』은 한 여성의 강간 사건으로 로마 초기의 정치체제가 왕정에서 공화정으로 바뀐 사건을 다루고 있으며 『비너스와 아도니스』보다는 좀더 진지하고 무거운 작품이다. 셰익스피어가 『비너스와 아도니스』의 헌사에 "맹세하건대 한가한 시간을 이용해서 더 장중한 노고로 당신께 보답하겠노라"고 기약하여 쓴 이 시는 로마의 마지막 왕자 타르퀸(Tarquin)이 루크리스를 강간해 왕정이 붕괴되는 로마사의 한 장면을 배경으로 남성의 성적 욕망과 여성의 정절 문제를 그리고 있다. 프린스(F.T. Prince)는 『비너스와 아도니스』와 『루크리스의 겁탈』을 비교하면서 전자는 도덕적 긴장감에서 벗어난 기쁨을, 후자는 엄격한 도덕적 교화를 목적으로 한 작품이라고 했다.[12] 아마도 인물들의 비극적 결말과 함께 도덕적 교훈을 담고 있다는 점에서 이 시를 『비너스와 아도니스』보다 "장중한 시"라고 볼 수 있을 것이다. 하지만 이 작품은 언어가 지나치게 수사적이며 주제가 너무 진지하고 교화적인 탓에 『비너스와 아도니스』만큼 인기를 얻지는 못했다.

　전체 시는 겁탈이 일어나기 전 겁탈자 타르퀸이 겪는 갈등을 주로 다루고, 겁탈 후에는 슬픔에 젖은 루크리스의 한탄이 주를 이룬다. 시에는 타르퀸과 루크리스의 대화보다는 각자가 느끼는 심리적 갈등의 비중이 훨씬 크다. 공성욱은 이들이 느끼는 갈등을 영국 르네상스 시대에 만연했던 "종교적 윤리와 세속적 본능의 대립과 갈등"으로 보았다.[13] 그는 타르퀸은 욕망에 충실했던 "르네상스적인 인물의 전범이요, 루크리스는 중세적 가치를 대변한다"고 말했다.[14]

이 시는 극히 개인적인 사건을 다루지만 그 결과는 로마 정치체제의 변화라는 공적인 사건으로 확장된다. 셰익스피어의 묘사도 사적 욕망의 문제에 대한 논의에서 통치자의 도덕적 자질이라는 문제로 옮겨간다. 나아가 여성의 정절을 남성의 명예로 여기거나, 여성을 남성들이 소유하는 물건으로 여기던 가부장 사회의 여성관 문제로도 옮겨간다.

로마의 왕과 귀족들이 아르데아(Ardea) 시를 공격하던 날 밤, 군의 주요 인물들이 왕의 아들 타르퀸의 막사에 모여 각자 자기 아내의 덕을 찬양한 데서 사건이 비롯된다. 그 가운데 콜라틴(Collatine)이 아내 루크리스의 정절을 격찬하고 그런 그의 주장이 사실임이 입증되자 뭇 사내들은 그를 부러워한다. 이때 아름답고 정숙한 루크리스는 남성들이 소장할 가치가 있는 "훌륭한 보석"(rich jewel)에 비유된다. 타르퀸은 자신보다 신분이 낮은 자가 그런 훌륭한 보석을 지닌 것이 부당하다 여기며 질투심을 느낀다. 결국 그는 홀로 전쟁터에서 빠져나와 루크리스를 겁탈하러 간다.

소네트를 비롯한 당대의 시에서는 흔히 사랑하는 상대를 과장해 미화하는 관습이 유행했다. 타르퀸이 겁탈하기 전 잠든

루크리스의 모습을 보고 그 아름다움을 칭송하는 대목에서도
이런 관습을 엿볼 수 있다.

> 그는 생각했다. '이 여자 남편의 천박한 혀는 그렇게도
> 자기 아내를 찬양했어도 결국은 인색한 낭비나 같달까,
> 잘 한답시고 오히려 자기 아내의 미를 모욕했구나.
> 그녀의 미는 그의 졸렬한 말솜씨로는
> 도저히 표현해내지 못할 만큼 뛰어나니 말이다.'
> (78-82행)

> 불의 화살같이 빛나는 아름다운 태양의 광선이,
> 구름 사이로부터 튀어나와서, 우리의 시력을 앗아가듯이,
> 커튼을 열었을 때 그의 눈은 더 굉장한 빛에
> 눈부셔서 눈을 감고 말았다.
> (372-75행)

이외에도 "밤이슬을 연상케 하는 진주알 같은 땀까지 나 있
었다"(163행), "그녀의 젖가슴은 푸른 바다에 둘러싸여 있는
상아의 지구 같았다"(164행) 같은 시구들도 같은 예로 볼 수
있다. 루크리스의 뺨, 머리, 눈, 가슴 등 신체 각 부위에 대한 타
르퀸의 묘사에서는 여자의 아름다운 외모를 표현하는 판에 박
힌 비유들이 자주 등장한다. 예를 들어 "석고처럼 흰 피부"나

"산호같이 빨간 입술" 등의 비유법은 아름다운 여성의 외모를 그리는 데 흔히 쓰이는 표현들이다.

타르퀸은 이렇게 아름다운 루크리스를 욕망한다. 셰익스피어는 타르퀸의 심적 갈등을 통해 인간이 지니는 탐욕의 속성을 논한다.

> 욕심이 많은 자는 그들이 갖지 못한 것을 취하기를
> 너무 좋아해서, 그들이 갖고 있는 것을 낭비하고
> 그것을 수중에서 놓치고 만다.
> 그래서 더 많이 바랄수록 더 줄어들 뿐,
> 혹 더 얻더라도, 과함은
> 질리게만 할 뿐, 그래서 여전히 우울하니
> 그들은 허기와 과식을 오가며 늘 가난할 뿐이다.
> (134-40행)

루크리스를 겁탈하기 전, 타르퀸도 친척이자 친구의 아내를 탐하는 자신의 행위가 불러올 불명예와 그 욕정의 허망함을 잘 알고 있다. 그래서 욕망과 양심 사이에서 갈등한다.

> 나의 비행은 너무나 더럽고 너무나 비열하다.
> 이 비행은 내 얼굴에 새겨져서 영원히 살아남게 될 거다.
> 그렇다, 설사 내가 죽더라도 추행은 살아남아,

나의 황금빛 가문에 흉한 흔적을 남기게 될 것이다.

……

내가 탐하는 것을 손에 넣는다면, 대체 무엇을 얻는단 말인가?
꿈과 한숨과 거품같이 허망히 사라지는 기쁨을 얻을 뿐이다.
(202-12행)


타르퀸은 자신이 저지를 육욕의 욕구가 어떤 결과를 낳을지
잘 인지하고 있는 것이다. 하지만 "미(美)가 탄원할 때는 그 어
떤 웅변가도 벙어리가 된다"(268행), "욕정은 오직 미를 응시
하는 눈만을 가지고 있고, 법과 의무에 위배될지언정 자신의
눈에 비치는 것에 반하고 마는 것"(167-68행)이라는 대사를
통해 욕정에 굴복하는 자신을 합리화한다. 결국 미에 대한 탐
닉, 욕정에 불타는 사내는 미의 노획자가 되기로 결심한다. 이
때 그는 추잡한 욕정을 채우려는 자기 모습을 마치 영웅적인
정복자 이미지로 미화한다.


욕정은 나의 지휘관이다. 나는 이 지휘관을 따른다.
그의 화려한 군기가 나부끼는 곳에서는
겁쟁이도 용감하게 싸우고 있지 않은가?
(271-273행)


그 깃발 아래 내가 성벽을 타고 오르려 하오.

당신의 한 번도 정복된 적 없던 성을.

(481-82행)


　루크리스의 몸은 욕정에 사로잡힌 남성의 공격을 받는 성이 된다. 전쟁과 강간은 둘 다 완력에 의한 정복이라는 점에서 유사하다. 욕정에 의한 비열한 행동을 용감하게 전진하는 전쟁영웅 이미지로 미화하는 것은 타르퀸의 자기합리화다. 하지만 셰익스피어는 그런 타르퀸이 헤쳐 나가는 장애물을 바람, 바늘 등으로 설정해 그가 사용하는 전쟁 메타포를 희화화한다.


　그녀의 침실과 그의 정욕 사이의 자물쇠들은

　각기 그에게 강제로 밀려 자신의 걸쇠를 뒤로 밀어버린다.

　……

　바람은 그를 못 가게 하려 그의 횃불과 싸우고,

　횃불의 연기가 그의 얼굴로 불어와,

　그의 이 행동을 소멸시키고 있네.

　……

　불이 밝혀지자마자, 불빛에 그는 보았네.

　바늘이 꽂혀 있는 루크리스의 장갑을,

　그는 장갑이 놓여 있던 골풀에서 장갑을 집어들 때,

　잡으려는 순간, 바늘은 그의 손가락을 찌른다.

　(302-19행)

이 장면은 영웅 서사시를 희극적으로 패러디한 의사(擬似) 서사시(mock-epic)로써 이런 장치를 통해 셰익스피어는 비도덕적 정복자인 타르퀸의 권위와 명예의식을 고의적으로 해체한다.

한편 타르퀸의 욕정의 표적이 된 루크리스는 상대를 설득도 해보고 애걸도 해본다. 군주의 자질을 논하며 설득하기도 한다.

> 전하는 이 행위로 인해 공포로만 사랑받는 왕이 될 것입니다.
> 하지만 행복한 군주들은 항상 사랑으로 경애받고 있습니다.
> 전하는 더러운 범죄인들을 용서해줄 수밖에 없을 것입니다.
> 그들이 전하 안에서 같은 죄의 증거를 알아본다면,
> 그게 두려워서라도, 전하의 욕망을 포기해주세요.
> 군왕은 거울, 학당, 책입니다.
> 거기에서 백성들의 눈은 배우고, 읽고, 보는 것입니다.
> (610-16행)

루크리스의 이 대사는 셰익스피어가 그리는 바람직한 군주상이기도 하다. 하지만 욕망의 노예가 된 타르퀸은 만약 자신의 요구를 거절하면 그녀와 노예 한 명을 죽인 뒤 두 사람이 불륜을 저질렀다고 세상에 알릴 것이라고 협박한다. 이에 루크리스는 남편의 명예를 지키기 위해 타르퀸의 욕정을 받아들일 수밖에 없게 된다. 타르퀸의 이런 협박이 대단한 힘을 지니는 것은 아내의 순결이 곧 남편의 명예가 되는 가부장 이데올로기

티치아노 베첼리오, 「타르퀸과 루크리스」,
1571, 케임브리지, 피츠윌리엄 박물관 소장

때문이다. 결국 루크리스는 "목숨보다 순결한 것"을 잃고 만다 (174행). 그리고 타르퀸은 허망한 욕정을 채운 채 "음울한 개선자"가 되어 떠난다. 셰익스피어는 다시 욕정이라는 것이 얼마나 허망한 것인지를 노래한다.

> 그러나 그녀는 생명보다 소중한 것을 잃었다.
> 그는 곧 잃게 될 것을 얻었다.
> 이 강제된 동맹은 더 심각한 갈등을 낳고,
> 이 순간적인 기쁨은 몇 달간의 고통을 낳고,
> 이 뜨거운 욕망은 차가운 경멸로 바뀐다.
> 순수한 정숙함은 그녀의 보고에서 강탈당했고
> 도둑인 정욕은, 예전보다 더 가난해졌다.
> (687-93행)

역설로 가득 찬 이 대사는 충족과 동시에 고갈되는 욕정의 속성에 대한 도덕적 훈계요, 어리석은 욕정의 노예가 되는 것에 대한 경고라고 볼 수 있다. 이런 점에서 이 시는 도덕적 메시지를 담는 '장중한' 시가 된다.

허망한 욕정의 희생물이 된 루크리스는 남편과 그의 가문에 끼칠 불명예를 두려워한다.

> 나의 좋은 이름, 저 더럽힘 없는 명성을,

사랑하는 남편 콜라틴을 위해 오점 없이 보존케 해다오.
만약 이 이름이 세상 사람의 논란의 화젯거리가 되는 날이면,
남편의 가문에서 돋아난 가지는 시들어버리고
부당한 오명이 남편에게 뒤집어씌우고 말리라.
(820-24행)

루크리스의 절규를 통해 그녀가 여성의 정절을 최고의 미덕
으로 찬양했던 중세적 가치관에 사로잡혀 있음을 알 수 있다.
또한 아내의 정절이 곧 남편 명예의 표상이 되는 로마 문화도
엿볼 수 있다. 루크리스는 이런 남성 중심적인 로마의 가치관
아래에서 여성들의 부당한 처지를 다음과 같이 한탄한다.

남성들은 화강암, 여성들은 밀랍 같은 마음을 가져
그들은 화강암의 의지대로 모양이 만들어진다.
그 약한 것은 눌리고, 낯설게 찍어낸 모습은
강제, 사기와 기술에 의해 만들어진다.
그러니까 그들을 그 사악함의 주인으로 부르지 마시길.
밀랍을 악으로 여기면 절대 안 될 법.
비록 거기에 악의 모습이 찍혀 나오더라도.
(1240-46행)

결국 남성 중심적 사회에서 여성의 정체성은 자유의지로 만

들어지는 것이 아니라 남성의 시선에 의해 만들어지는 것이다. 악의 모습이 찍혀 더러워진 루크리스는 남편의 명예를 지키기 위해 자살을 결심한다. 비록 그 악의 형상을 찍은 것은 타르퀸이라는 남성이지만 피해자인 여성은 그 형상으로 인해 비난의 대상이 된다. 이런 불명예를 피하고자 루크리스는 남편과 아버지에게 타르퀸에게 당한 치욕을 알리고 복수의 맹세를 받은 로마 귀족들 앞에서 자결한다. 이 장면을 목격한 브루투스는 루크리스의 비극을 공론화하여 타르퀸 왕가의 폭정과 만행에 항거하는 기폭제로 삼는다.

자, 우리의 숭고한 대신전에 두고,
이렇게도 부당하게 더러워진 정숙한 피에 두고,
비옥한 대지에 풍요로운 수확을 가져다주는 하늘의 아름다운 태양에 두고,
로마에서 우리가 향유한 국민의 온갖 권리에 두고,
방금 자신의 수모를 호소하고 자결한 정숙한 루크리스의 영혼에 두고,
그리고 피투성이가 되어 있는 이 단검에 두고,
맹세코 우리는 이 정결한 부인의 죽음에 복수합시다.
(1835–41행)

자결한 루크리스의 몸은 로마 시내 곳곳을 돌면서 타르퀸 왕

정을 전복하는 힘을 모으는 매개체가 된다. 김수진은 이 시가 "남성들이 힘과 명예를 지키려는 권력 구조에서 여성의 몸이 도구화되는 것을 보여주었다"고 주장했다.[15]

베리의 지적처럼 셰익스피어가 이 시를 헌사한 사우샘프턴 백작은 공화주의에 관심이 많은 인물이었다.[16] 셰익스피어는 로마사를 소재로 글을 써 정치적 논란을 교묘히 피하면서 후원자의 정치적 이념에 동조하고 있는 것인지도 모른다. 어쨌든 이 시는 『비너스와 아도니스』와는 메시지가 대조적이지만 제어되지 않는 남성의 욕정이 불러온 비극이라는 소재로 볼 때는 또 하나의 정염의 시다. 하지만 이 시는 『비너스와 아도니스』에 비하면 주제도 내용도 고루한 편이다. 주제나 내용뿐만 아니라 비유나 이미지리도 상당히 진부한 표현들이 많이 사용되었다. 그런 탓에 『비너스와 아도니스』만큼 인기를 누리지는 못했다.

셰익스피어가 남긴 시집 세 편은 각기 다른 종류의 정염을 묘사하고 그 어조나 스타일, 메시지도 각기 다르다. 『소네트집』과 『비너스와 아도니스』는 모두 젊은 청년의 아름다움에 대한 찬미와 여성의 욕정을 그리고 있다는 점에서 유사하다. 하지만 강간을 소재로 한 『루크리스의 능욕』에서는 앞의 두 시와 달리 욕정의 화신이 남성으로 설정되어 있다. 이를 통해 셰익스피어는 남녀를 막론하고 인간은 욕정의 노예임을 말하고 있는 듯하다.

셰익스피어는 소네트 연작에서 육신의 필멸과 시를 통한 불멸성을 대비하며 자신이 쓴 시의 영속성을 노래했다. 그의 주

개빈 해밀턴, 「루크리스의 죽음과 브루투스의 맹세」,
1723~98, 뉴헤이븐, 예일대학교 브리티시 아트센터 소장

장대로 4백 년이 지난 지금도 그는 세상에서 가장 사랑받는 서정 시인으로 남아 있다. 인간의 정염에 대한 일관된 관심과 주제를 다양하게 변주하며 아름다운 시어와 기발한 이미저리를 구사하는 능력으로 셰익스피어는 시인으로서 불멸의 명성을 획득한 것이다. 시드니나 스펜서같은 영국 시인들은 이탈리아 소네트의 전형적인 관습에서 벗어나고자 노력하여 형식적인 면에서 영국 특유의 체계를 확립했다. 하지만 내용 면에서는 아름다운 여인에 대한 찬미와 사랑을 읊는 기존의 관습에서 크게 벗어나지 못했다.

셰익스피어는 전통적인 시 관습에서 벗어나 파격적인 작품을 남겼다. 특히 소네트 연작에서 셰익스피어는 단순히 사랑이라는 주제에 천착한 것이 아니라 그와 함께 삶의 가장 필연적인 경로인 노화와 죽음에 대한 통찰도 함께 담아냈다. 그뿐만 아니라 시의 불멸성이나 영속성을 집요하게 논함으로써 끊임없이 자기성찰을 꾀하며 시라는 장르 자체의 가치와 의의를 탐색한다.

## 영국의 르네상스 시대, 천재작가를 낳다

1 앙드레 모루아, 신용석 옮김, 『영국사』, 기린원, 1997, 208쪽.

2 Theodore Spencer, *Shakespeare and the Nature of Man*, New York: Macmillan, 1961, p.29.

3 영국 성공회는 온건한 칼뱅주의로, 로마 가톨릭과 엄격한 칼뱅주의인 청교도 사이의 중도적 노선을 취했다. 이에 비해 청교도는 영국 국교회 내에 남아 있는 로마 가톨릭적인 제도와 의식 일체를 배척했다. 그들은 칼뱅주의에 의한 투철한 개혁을 주장했고 1559년에 엘리자베스 1세가 내린 통일령에도 순종하지 않았다. 엄격한 도덕성, 주일의 엄수, 향락의 억제 등 금욕적 삶을 주창한 그들은 제임스 1세와 찰스 1세 시대에 비국교도로서 심한 박해를 받았다. 그러다 마침내 청교도 혁명(The Civil War, 1642)을 일으켜 찰스 1세를 처형하고 정권을 획득하여 전쟁영웅인 크롬웰을 호국경으로 공화정 체제를 수립하였으나 크롬웰이 사망한 뒤 정권을 유지하지 못하고 1660년에 다시 왕정이 복고되었다.

4 헨리 8세의 아들 에드워드 6세(Edward VI, 1547~53)는 열렬한 신교도로 예배통일법과 일반 기도서의 제정 등 신교정책을 추진했다. 하지만 그 뒤를 이어 왕위에 오른 헨리 8세와 첫째 왕비 캐서린 사이의 딸 메리 1세(Mary I, 1553~58)는 열렬한 구교도로서, 즉위한 다음 해에 구교의 나라인 스페인의 펠리페 2세와 결혼하여, 구교 부활에 주력했으며 많은 신교도를 처형했다. 그 때문에 후세에 '피의 메리'(Bloody Mary)라고

불렸다.

5 바다위(M.M. Badawi), 전팔근·이상오 옮김, 『셰익스피어의 배경』, 한신문화사, 1995, 46쪽에서 재인용.

6 앙드레 모루아, 같은 책, 234쪽.

7 앙드레 모루아, 같은 책, 259쪽, 260쪽.

8 1573년에 30파운드를 갚지 못해 존 셰익스피어에게 체포 영장이 발부되었다는 기록이 남아 있다. 또한 1592년에는 매달 한 번씩 교회에 나가지 않은 사람들의 명단에 그의 이름이 등장하기도 한다. 아마도 빚 때문에 체포될까봐 두려워 출석하지 않은 것으로 추정된다.

9 이경식, 『셰익스피어 4대 비극』, 서울대학교출판부, 1996, 26쪽에서 재인용.

10 그 가운데 존 플레처(John Fletcher)와 공저한 작품이 두 편 있고 아직까지 셰익스피어 작품인지 아닌지를 논의 중인 작품도 있다.

11 앙드레 모루아, 같은 책, 272쪽.

12 블랙프라이어스 극장은 나중에 셰익스피어 후기극이 공연되는 실내극장과는 다른 것으로 1576년 엘리자베스 1세 때 '교회의 어린이 극단'(The Children of Chapel Royal)의 단장 리처드 패런트(Richard Farrant)가 수도원 회당의 건물 중 일부를 임대해서, 자신의 극단이 궁정에서 공연하기 전에 공연하는 사설극장으로 사용했다.

13 이 두 형제는 1576년에 '시어터'(The Theatre)라는 최초의 대중 극장을 세운 제임스 버비지(James Burbage)의 아들로 유명한 연극배우였다.

14 알란 포제너, 김경연 옮김, 『셰익스피어』, 한길사, 1998, 49쪽.

15 M.M. 바다위, 같은 책, 14쪽.

16 알란 포제너, 같은 책, 109쪽에서 재인용.

17 당시 극장에 관한 논란에 대해서는 E.K. Chambers, *The Elizabethan Stage, Book 2*, Oxford & New York: Clarendon Press, 2009 참조.

## 1 문학계의 모나리자

**1** 1200년경에 문법가인 삭소 그라마티쿠스(Saxo Gramaticus)가 쓴 『덴마크의 역사』(*Historiae Danicae*)에 실린 암렛(Amleth) 왕자의 전설과 1570년 프랑스의 프랑수아 드 벨포레(François de Belleforest)가 쓴 『비극 설화집』(*Histoires Tragiques*)에 이 이야기가 수록되어 전해졌다.

**2** 여석기, 『나의 햄릿 강의』, 생각의 나무, 2008, 23쪽.

**3** 러시아의 소설가 투르게네프는 인간의 유형을 '햄릿형 인간'과 '돈키호테형 인간'으로 나누었다. '햄릿형 인간'은 어떤 행동을 하기 전에 신중하게 생각하는 사람을 말하고, '돈키호테형 인간'은 생각보다 행동을 먼저 하는 사람을 말한다. 투르게네프의 설명에 의하면, 햄릿형 인간은 논리적이고 체계적인 생각을 통해 시행착오를 줄일 수 있지만 너무 생각이 많은 탓에 머릿속 생각을 쉽게 실행에 옮기지 못한다. 반면 돈키호테형 인간은 일을 밀어붙이는 추진력은 있지만 즉흥적인 감정이나 성급한 결정으로 시행착오를 반복한다.

**4** A.C. Bradley, *Shakespearean Tragedy*, London: Macmillan, 1985.

**5** Michael Mangan, *A Preface to Shakespeare's Comedies*, London: Longman, 1996, p.123.

**6** 이외에도 5막 구성, 유령 등 초자연적인 요소, 무운시, 잔인한 유혈 장면 등을 메신저를 이용하여 경제적으로 처리하는 테크닉도 세네카의 영향이라고 본다.

**7** 말장난은 단어의 다의성과 동음이의성을 이용한 언어유희로 상대의 말을 의도적으로 왜곡해 해석하는 것이다.

**8** Terry Eagleton, *Rereading Literature: William Shakespeare*, Oxford: Blackwell, 1995, p.71.

**9** Philippa Berry, "Hamlet's Ear," *Shakespeare Survey* 50, 1998, pp.57~64.

**10** Phyllis Gorfain, "Towards a Theory of Play and the Carnivalesque in *Hamlet*," *Shakespeare and Carnival: after Bakhtin*, ed. Ronald Knowles,

London: Macmillan, 1998, p.162.

11  Michael Mangan, *A Preface to Shakespeare's Tragedies*, Cambridge: Cambridge UP, 1993, p.127.

12  Anna Brownell Jameson, *Shakespeare's Heroines: Characteristics of Women: Moral, Poetical and Historical*, New York: Gramercy, 2003, p.112.

13  Michael Mooney, *Shakespeare's Dramatic Transactions*, Dunham & London: Duke UP, 1990, p.78.

## 2 부조리한 세상에 대한 랩소디

1  알란 포제너, 김경연 옮김, 『셰익스피어』, 한길사, 1998, 61쪽.

2  원전 『레어 왕』(*King Leir*)에서는 "제 의무를 치장된 말로 나타낼 수 가 없습니다"(I cannot paynt my duty in words)라고 되어 있다. 빈 센트 페트로넬라는 원전의 대사는 셰익스피어가 개작한 대사만큼의 효과를 주지 못한다고 주장한다(Vincent F. Petronella, "An Eclectic Critical Approach: Sources, Language, Imagery, Character, and Themes," *Approaches to Teaching Shakespeare's King Lear*, ed. Robet H. Ray, *MLA*, 1986, p.40). 셰익스피어는 의도적으로 거너릴과 리건의 언어를 장황하 게 설정하고 코델리아의 답변을 단음절의 한 단어로 설정함으로써 다변 과 침묵을 극단적으로 대조시키고 있다(권오숙, 『셰익스피어와 후기 구 조주의』, 동인, 2007, 111쪽).

3  Margreta de Grazia, "Shakespeare's View of Language: an Historical Perspective," *Shakespeare Quarterly* 31, 1978, p.386.

4  Jan Kott, *Shakespeare our Contemporary*, London: Methuen, 1965, p.121.

5  김종환, 『셰익스피어와 현대비평』, 계명대학교출판부, 2009, 127쪽.

6  Lori M. Culwell, "The Role of the Clown in Shakespeare's Theatre," http://shaksper.net/scholarly-resources/library-of-essays.

7  윤정은, 『셰익스피어의 인간 이해』, 이화여대출판부, 1993, 178쪽.

8 몽테뉴, 손우성 옮김, 『수상록』, 동서문화사, 2007 참조.

9 윤정은, 같은 책, 186쪽.

10 Edward Dowden, *Shakespeare: A Critical Study of His Mind and Art*, New Delhi: Atlantic Publishers and Distributors, 2005, p.55.

11 Frank Kermode, *The Age of Shakespeare*, London: Weidenfeld & Nicolson, 2004, p.45에서 재인용.

12 윤정은, 같은 책, 145쪽에서 재인용.

## 3 어리석은 인간의 권력욕

1 이태주, 『셰익스피어 4대 사극』, 범우사, 2006, 494쪽에서 재인용.

2 이태주, 같은 책, 485쪽, 486쪽.

3 실제 역사적 사건을 살펴보면 요크가 왕자들에 의해 살해된 헨리 6세의 장례식은 1471년이고 그의 며느리인 앤 네빌(Anne Nevil)에 대한 리처드의 구애와 결혼은 1472년, 형 클래런스의 처형은 1478년, 형 에드워드 4세의 죽음은 1483년으로 총 십여 년에 걸친 사건들이었다.

4 그런데 리처드 3세는 정말 곱사등이었을까? 그동안 이는 튜더 왕조가 조작한 튜더 신화에 불과하다는 주장들이 제기되어왔다. 리처드 3세의 초상화에서 그가 곱사등이였다는 사실을 확인할 수는 없었지만 튜더 왕조 시기에 쓰인 많은 역사서는 그를 신체적 기형으로 그리고 있다. 그 가운데 『리처드 3세』의 원전 중 하나인 토머스 모어의 『리처드 3세의 역사』에는 리처드가 키가 작고 다리가 불균형하며 등이 굽고 왼쪽 어깨가 오른쪽보다 훨씬 높은 데다 얼굴이 못생겼다고 묘사되어 있다. 그런데 최근에 그의 것으로 확인된 유골이 발견되었는데 실제로 등뼈가 심하게 휘어져 있음이 밝혀졌다.

5 소문에 리처드는 이중의 의미를 담고 있었을 것이다. 이때 'G'자로 시작하는 이름을 가진 자는 클래런스 공작과 리처드 자신을 동시에 의미할 수 있다. 왜냐하면 리처드는 글로스터 공작(Duke of Gloucester)이었기

때문이다.

6  Peter Saccio, *Shakespeare's English Kings*, Oxford UP, 1976, p.168.

7  Alexander Leggatt, *Shakespeare's Political Drama: The History Plays and the Roman Plays*, London: Routledge, 1988.

8  엘리자베스 여왕이 권력을 유지, 강화하기 위해 다양한 연극적 기제들을 사용한 것은 유명한 사실이다. 그녀는 나라의 중요한 일로 행차할 때마다 스펙터클한 장면을 연출했다고 한다. 그리고 성모마리아나 디아나의 이미지를 빌려 처녀여왕의 이미지를 구축하는가 하면 전장에서는 갑옷을 입고 군인들의 사기를 돋우었고 외국 사절 앞에서는 가슴이 파인 드레스를 입어 성적 매력을 풍기기도 했다고 한다. 이렇듯 자신의 모습을 다양하게 연출하여 권력 유지에 애썼던 것이다. 그래서 셰익스피어가 리처드를 통해 여왕의 연극성을 풍자했다는 지적도 있다.

9  실제로 앤 왕비가 리처드에 의해 사망한 것인지는 아직 밝혀지지 않았다. 다만 1485년에 그녀가 사망했을 때 리처드가 독살했다는 소문이 돌았다고 한다.

10  두 명의 등장인물이 각기 경구적인 시행을 번갈아 읊는 대화로 등장인물들이 격렬하게 논쟁하는 모습을 보여주거나 장면의 감정을 고조시키는 수단으로 이용한다. 등장인물들은 번갈아가며 정반대 주장을 표명하고 다른 뜻을 제시하거나 말을 비꼬기 위해 상대방의 말꼬리를 잡는다.

11  제임스 1세의 처남인 덴마크 국왕 크리스천 4세가 영국을 방문했을 때 궁정에서 초연된 것으로 알려진 이 극은 제임스 1세의 조상인 뱅쿠오와 관련된 스코틀랜드의 역사를 다루고 있다. 원전에서와 달리 제임스 1세의 조상인 뱅쿠오를 미화하고 있다. 그리고 왕권찬탈자의 비참한 최후를 그린 이 극은 흔히 제임스 1세의 통치 이데올로기인 왕권신수설을 극화한 것이라 평가받는다.

12  맥베스의 무훈을 보고받은 던컨 왕은 크게 감동하여 그를 높이 찬양하고 그의 은공에 대한 보상으로 역모죄로 참형시킨 코더 영주의 작위를 그에게 하사한다. 그런데 재미있게도 맥베스는 코더 영주의 작위만 물

려받은 것이 아니라 그의 역심까지도 물려받는다.

13 사전을 찾아보면 'jesuit'이란 단어의 뜻으로 '음흉한 사람, 궤변가'가 나온다.

14 『햄릿』『리처드 3세』에서 본 것처럼 셰익스피어 극에서는 비명횡사한 자들의 혼령이 가해자 앞에 나타나 괴롭힌다. 이 극에서도 암살당한 뱅쿠오의 유령이 연회장에 나타나 맥베스를 두려움에 떨게 만든다.

15 갑상선종을 일컫는 다른 말로 예전에는 왕족이 만지면 치유된다고 믿었다. 왕족이 만져 치유하는 관습은 영국의 참회 왕 에드워드와 프랑스의 필리프 1세 때부터 시작되었다.

16 Leonard Tennenhouse, *Power on Display: The Politics of Shakespeare's Genres*, London: Metheun, 1986, p.130.

17 Terry Eagleton, *Rereading Literature: William Shakespeare*, Oxford: Blackwell, 1995, p.5.


## 4 의처증 3부작

1 1566년 출간된 『백 개의 이야기』는 열 개의 주제 아래 각각 열 개씩의 이야기를 묶어 총 1백 편의 이야기를 엮은 것이다. 그 가운데 「베니스의 무어인」은 '남편과 아내의 부정'편에 일곱 번째로 수록된 작품이다.

2 원전에서는 기수가 무어인 장군의 아내를 짝사랑하는 것으로 설정되어 있다. 하지만 무어인 장군이 두렵기도 하고 그의 아내가 접근을 허용하지 않자 애증으로 인한 복수심에서 음해를 한다.

3 무어인(Moor)은 오늘날 영어권에서는 모로코인을 가리키는 말이다. 이 단어는 라틴어의 '마우리'(Mauri)에서 유래했는데 당시 로마인들이 오늘날의 알제리 서부지역과 모로코 북동부지역으로 이루어진 로마의 속주 모리타니의 주민들을 일컫는 용어였다. 셰익스피어의 극에는 오셀로와 『타이터스 앤드로니커스』(*Titus Andronicus*)의 흑인 악당 아론(Aron), 『베니스의 상인』에 나오는 모로코 군주가 등장한다. 이들 신체

에 대한 묘사를 통해 셰익스피어는 'Moor'를 흑인 무어인을 이르는 단
어로 사용하고 있다.

**4** Arthur Kirsch, *Shakespeare and the Experience of Love*, London & New
York: Cambridge UP, 1993, p.32.

**5** James Calderwood, "Signs, Speech, and Self", *Shakespeare's Middle
Tragedies: A Collection of Critical Essays*, ed. David Young, New Jersey:
PrenticeHall, 1993, p.147.

**6** Harold Goddard, *The Meaning of Shakespeare*, Chicago: Chicago UP,
1960, p.266.

**7** 셰익스피어는 부당한 대우를 받으면서도 항거하지 못하는 여주인공과
사회적으로 열등한 위치에 있는 여주인공을 위해 노여움을 표출하는 여
성을 쌍(double)으로 등장시키는 극적 기술을 종종 사용한다. 『오셀로』
의 데스데모나와 에밀리아, 『겨울 이야기』의 헤르미오네와 폴리나, 『헛
소동』의 헤로와 베아트리스가 그 예다. 남성의 비논리성을 신랄하게 비
판하는 에밀리아와 폴리나는 "침묵한 여주인이 제기할 수 없었던 심판
의 목소리"를 대신하고 셰익스피어는 이런 캐릭터를 통해 여성의 적개
심과 반항의 감정을 표출할 기회를 제공한다(Marilyn Williamson, *The
Patriarchy of Shakespeare's Comedies*, Detroit: Wayne State Univ. Press,
1986, pp.107~119 참조).

**8** Donna C. Woodford, "'Exit, Pursed by a bear': Maternal Imagery
in Shakespeare's *The Winter's Tale*," *English Language Notes*, 2002,
pp.27~31 참조.

**9** 양털깎기 축제는 계절의 순환을 축하하는 풍요 의식으로써 후반부의 내
용이 전반부의 생명 파괴에서 벗어나 생명 소생으로 넘어갔음을 상징적
으로 보여준다.

**10** 이 조각상 장면은 오비디우스(Ovidius)의 『변신』(*Metamorphosis*) 중 피
그말리온(Pygmalion) 신화에서 모티프를 빌려온 것으로 여겨진다. 피
그말리온은 자신이 조각한 '갈라테아'라는 이름의 여인상을 심히 사랑

하여 아프로디테 여신에게 그와 같은 여성을 만나게 해달라고 간절히 기원한다. 여신이 그 소원을 들어주어 그 조각상이 사람으로 변신하여 두 사람은 결혼한다.

11 원전인 『팬도스토』에서는 아내가 죽고 팬도스토는 장성한 딸과 사랑에 빠진다. 나중에 딸임을 알게 된 팬도스토는 자살한다.

12 Rene Girard, *A Theater of Envy: William Shakespeare*, Oxford: Oxford UP, 1991, p.308.

13 Robert M. Adams, *Shakespeare: The Four Romances*, New York: W.W. Norton, 1989, p.79.

14 Ynestra King, *What is Ecofeminism?*, New York: Ecofeminist Resources, 1992, p.29.

15 Terry Eagleton, *Rereading Literature: William Shakespeare*, Oxford: Blackwell, 1995, p.65.

16 Terry Eagleton, 같은 책, p.65.

17 친디오의 산문에서 무어인은 기수와 함께 아내를 모래를 채운 양말로 때려 죽인다. 그러고는 천장을 무너뜨려 사고로 위장한다. 이런 살해가 데스데모나의 가족들에게 알려져 그들은 무어인을 살해해 복수한다.

18 Valerie Traub, "Jewel, Statues, and Corpses: Containment of Female Erotic Power in Shakespeare's Plays," *Shakespeare and Gender*, eds. Deborah E. Barker & Ivo Kamps, London & New York: Verso, 1995, p.131.

19 Gayle Greene, "'This that You Call Love': Sexual and Social Tragedy in *Othello*," *Shakespeare and Gender*, eds. Deborah E. Barker & Ivo Kamps, London & New York: Verso, 1995, p.54에서 재인용.

20 Gayle Greene, 같은 책, pp.50~61.

## 5 셰익스피어의 상상력 세계

1 'metatheatre'란 작가가 자신의 창작물, 즉 극예술이 갖는 사회적 가치와
효용 등에 대해 논하면서 연극이 현실이 아니라 예술적 가공물임을 드
러내거나 창작 과정을 자의식적으로 드러내는 극을 일컫는다. 제임스
콜더우드(James Calderwood)는 셰익스피어의 작품은 도덕적·사회적·
정치적 주제들을 다룬 극인 동시에 극예술 자체에 대한 극이라고 주장
했다.

2 Andrzej Cirocki, "The Influence of The World of Fantasy on
Shakespeare's and Sowacki's characters: Psychological Portraits," *Rivista
di Poesia Comparata*, Vol.32 no.22, 2005, p.35.

3 여왕이 인도 왕에게서 훔쳐온 소년을 너무 애지중지하자 이에 질투심을
느낀 오베론 왕이 그 아이를 자신의 시종으로 달라고 조른다. 그런 오베
론 왕의 요구를 여왕이 거부했기 때문에 요정 여왕과 요정 왕은 다투게
된다. 아이 바꿔치기 또는 아이 훔쳐오기(changeling)는 당시에 요정들
이 부리는 조화 가운데 하나로 여겨졌다.

4 그리스 신화에 나오는 이야기로 피라무스와 티스베는 이웃집에 살면서
서로 사랑했으나 부모님의 반대로 만날 수 없었다. 그래서 두 사람은 두
집을 가로막고 있는 담장에 난 구멍으로 사랑을 나누었다. 그러던 어느
날 두 사람은 한밤중에 우물가에서 만나 도망을 치기로 약속한다. 티스
베가 먼저 우물가에 도착하여 피라무스를 기다리고 있는데 사자가 나타
났다. 두려움에 사로잡힌 티스베는 근처 동굴로 달려가 숨었다. 그 사이
사자가 티스베가 떨구고 간 너울을 피 묻은 입으로 갈기갈기 찢고는 사
라졌다. 뒤늦게 약속 장소에 온 피라무스는 피 묻은 티스베의 너울을 보
고 그녀가 사자에게 잡아먹힌 줄 알고는 절망하여 자결한다. 나중에 동
굴에서 나와 그 비참한 현장을 본 티스베도 피라무스를 따라 자결했다.
이 가련한 연인을 불쌍히 여긴 신은 그들이 흘린 피로 물든 나무에서 검
붉은 오디 열매가 열리게 한다.

5 아마존 여전사들의 여왕 히폴리타가 자신의 나라를 정복한 테세우스와 결혼하는 이야기는 초서의 『캔터베리 이야기』 중 '기사 이야기'에 등장한다. 그러나 플루타르코스 『영웅전』의 '테세우스' 편에서는 포로로 잡혀오는 것이 히폴리타가 아니라 여동생 안티오파(Antiopa)다.

6 박성환, 「*A Midsummer Night's Dream*과 셰익스피어의 시적 상상력」, 『부산대학교 논집』, 10집, 1999, 9쪽.

7 안종훈, 「*The Tempest*에 나타난 'Metatheatre'의 미학」, 『한국드라마학회지』, 14집, 2000, 166쪽.

8 안종훈, 같은 글, 164쪽.

9 Nigel Wood, *The Tempest*, Busselton, WA: Viva Books, 2003, p.1, p.2.

10 자코비언 시대는 제임스 1세 시대를 말한다.

11 June Schlueter, *Metafictional Character in Modern Drama*, New York: Colombia UP, 1982, p.2.

12 Leah Scragg, *Discovering Shakespeare's Meaning*, London: Macmillan, 1988, p.89.

13 한상옥, 「*The Tempest*에 나타난 작가의 예술적 자의식 연구」, 『고전르네상스영문학』, 2권, 1994, 94쪽.

14 이후 1612~13년 사이에 쓰인 『헨리 8세』(*Henry VIII*)는 존 플레처(John Fletcher)와 공동집필한 것이다.


## 6 셰익스피어의 법률 희곡

1 13세기 말경 영국의 보통법 법원은 손해배상금 지급과 재산소유권 회복을 위한 민사소송의 경우에만 구제수단을 이용할 수 있도록 제한을 두어 더욱 새롭고 복잡한 상황의 요구를 충족하기 위한 구제 형태의 확장과 다양화를 거부했다. 이에 실망한 소송당사자들은 국왕에게 구제를 청했다. 이러한 청원은 14세기 초에 이르러 직접 대법관에게 제출되었고, 14세기 중엽이 되면서 대법관부(Chancery)는 새롭고 독자적인 법원

으로 인식되었다. 대법관에 의한 새로운 형평법은 여러 구제수단을 형성하기에 이르렀다. 이러한 새로운 형평법상의 구제수단들은 보통법이 제공하는 구제수단의 협소한 엄격성과 대조되었다. 그러나 형평법상의 구제수단 발전은 독자적인 보통법 법원의 영역을 침해하지 말라는 법관들과 의회의 정치적 압력에 의하여 지체되었다. 그래서 대법관은 보통법에 적절한 구제수단이 있는 사안에 대해서는 심리하지 않겠다고 양보할 수밖에 없었다. 그러나 16세기 중반부터는 대법관들이 형평법을 확립된 일련의 규범으로 형성하기 시작했다. 17세기 중반에 이르러 행정법 법원(Court of Chancery)에 의하여 집행되던 형평법이 국법의 일부로 인식되면서, 형평법은 집행 과정상 정의를 구현하던 차원에서 구체적인 법칙에 따라 정의를 실현할 수 있게 되었다(브리태니커 백과사전 '형평법' 항목 참조).

2 부족한 전문적인 법 용어나 법률사 등은 상당 부분 안경환의 저서 『법, 셰익스피어를 입다』에 의존했음을 밝힌다.

3 안경환, 「"법률가를 몰살하자": 셰익스피어의 진의는?」, 『법과 사회』 15-1, 1997, 230쪽, 231쪽.

4 안경환, 『법, 셰익스피어를 입다』, 서울대학교 출판문화원, 2012, 15쪽.

5 안경환, 같은 책, 14쪽에서 재인용.

6 Daniel Kornstein, *Kill All the Lawyers?*, Princeton: Princeton UP, 1997, p.xi.

7 Daniel Kornstein, 같은 책, p.15.

8 안경환, 같은 책, 43쪽에서 재인용.

9 이 장면은 실제 헨리 6세 치세 동안에 일어난 것이 아니라 리처드 2세 재위 기간인 1381년에 켄트 지역에서 일어난 폭동이다. 셰익스피어는 라파엘 홀린셰드가 『연대기』에서 기록하고 있는 이 폭동 장면을 고스란히 차용하고 있다. "폭도들은 법률가, 판사, 배심원들을 무자비하게 살상하고 감옥문을 부수고 죄수들을 석방하였으며 법학원과 법률가 숙소를 침입하여 건물, 책, 서류 등을 불 지르고 일체의 법을 폐지할 것을 구

호로 내세웠다"고 기록되어 있다(Daniel Kornstein, 같은 책, p.32, p.33).
그런데 이 장면에 대한 정반대의 해석도 존재한다. 즉 이 장면은 법치주의를 비난한 것이 아니라 오히려 법치주의를 옹호하는 장면이라는 것이다. 미국 연방대법원 판사를 지낸 존 폴 스티븐스(John Paul Stevens)는 법률가 몰살을 외치는 인물인 백정 디크가 희화화된 인물이고 잭 케이드의 반란 자체가 영웅의 정당한 혁명이 아니라 불법 폭동이라는 점을 주장의 근거로 들고 있다. 또한 제4막 7장에서 폭도들은 케이드가 새 시대 영국법의 제정자가 될 때 그가 만들 법에 대해 "그 법은 아픈 법이 되겠지"('t will be sore law, 제4막 7장 6행), "구린내 나는 법이 될 거야"(it will be stinking law, 제4막 7장 8행), "물어뜯는 법령이 나올 것 같아"(Then we are like to have biting statutes, 제4막 7장 13행) 등의 반응을 보인다. 이 장면들은 모두 셰익스피어의 법치주의 옹호설을 뒷받침하는 장면으로 인용된다(안경환, 같은 책, 51~53쪽 참조).

10 Daniel Kornstein, 같은 책, p.66.

11 Daniel Kornstein, 같은 책, p.68.

12 안경환, 같은 책, 66쪽.

13 Daniel Kornstein, 같은 책, p.69.

14 Daniel Kornstein, 같은 책, p.66에서 재인용.

15 Daniel Kornstein, 같은 책, p.66.

16 Daniel Kornstein, 같은 책, p.70.

17 George W. Keeton, *Shakespeare's Legal and Political Background*, New York: Barnes Noble, 1967, p.136, p.137.

18 안경환, 같은 책, 83쪽.

19 Paul M. Perell, "Deceived with Ornament: Law, Lawyers and Shakespeare's *The Merchant of Venice*," http://www.lsuc.on.ca/media/third_colloquium_paul_perell.pdf(2015. 5.20), p.10.

20 1604년에 집필된 이 작품 속 비엔나의 상황은 당시 런던의 현실을 투영했다고 알려져 있다. 제임스 1세는 즉위하자마자 대대적인 사창 단속

령을 내렸고 이듬해에 혼인법을 개정했다(A. Kernan, *Shakespeare*, *The King's Playwright: Theatre in the Stuart Court*, Yale UP, 1995, p.50, p.51).

21 Constance Jordan, "Interpreting Statue in *Measure for Measure*," Proceeding of 'Shakespeare and Law: a conference', The University of Chicago Law School, 2009, p.10.

22 마리아나는 앤젤로의 약혼녀였으나 그의 오라버니가 탄 배가 바다에 빠져 그녀의 지참금이 물에 잠겨버리자 그녀를 부정한 여자로 몰아세워 파혼한다. 여기서도 앤젤로가 대단히 비도덕적 인물임을 알 수 있다. 만인이 청렴과 도덕의 화신으로 여기며 비엔나 공국에서 법과 정의를 구현하는 주체였던 앤젤로는 사적으로는 이렇듯 비열하고 속물적인 사람이었던 것이다. 공작은 잠자리 바꿔치기를 통해 이저벨라의 순결을 지키고 애초의 연인이었던 앤젤로와 마리아나가 결합되게 할 계기를 마련한 것이다.

23 프랭클린 루스벨트 내각의 법무장관과 뉘른베르크 전범재판의 판사를 지낸 프랜시스 비들(Francis Biddle)은 이 어구를 자신의 회고록 『찰나의 권세』(*In Brief Authority*) 제목으로 삼았다(안경환, 같은 책, 170쪽).

24 안경환, 같은 책, 142쪽에서 재인용.

25 안경환, 같은 책, 168쪽에서 재인용.

26 안경환, 같은 책, 157쪽.

27 Daniel Kornstein, 같은 책, p.65.

28 Nicholas Knight, *Shakespeare's Hidden Life: Shakespeare at the Law 1585~95*, Mason & Lipscomb, 1973, p.284, p.285.

29 안경환, 같은 책, 79쪽.


## 7 셰익스피어의 사랑극

1 Simon Callow, *Shakespeare on Love*, London: Frances Lincoln, 1998.

2 리사 홉킨스는 셰익스피어의 희극은 모두 결혼의 축제 분위기로 끝

나고, 비극은 모두 결혼과 함께 시작된다고 했다(Lisa Hopkins, *The Shakespearean Marriage: Merry Wives and Heavy Husbands*, Palgrave Macmillan, 1997, p.133 참조).

3  애나 제임슨, 이노경 옮김, 『셰익스피어의 여인들』 I, 아모르문디, 2006, 140쪽, 141쪽.

4  이탈리아의 시인 프란체스코 페트라르카(Francesco Petrarch)가 쓴 시집 『칸초니에레』는 일부를 제외하고 대부분 그가 평생 동안 짝사랑한 라우라(Laura)를 향한 연정을 노래한 소네트집이다. 이 소네트들에서 페트라르카는 사랑을 거절당해 느끼는 비탄과 아름다움의 덧없음을 노래한다. 라우라가 사랑을 거부해 고통을 겪은 그는 온갖 수사를 동원하여 라우라를 이상화하고 신격화한다. 그의 이런 소네트들은 서양 문학사 연애시의 한 전형이 되었다.

5  Irene Dash, *Wooing, Wedding, and Power: Women in Shakespeare's Plays*, New York : Columbia UP, 1981.

6  애나 제임슨, 같은 책, 138쪽.

7  John B. Harcourt, "'Children of Divers Kind': A Reading of *Romeo and Juliet*" in *Shakespeare and Gender: The Scholarly Literature*, eds. Stephen Orgel and Sean Keilen, New York: Garland, 1999, pp.135~137.

8  Dieter Mehl, *Shakespeare's Tragedies*, Cambridge: Cambridge UP, 1986, p.169.

9  디도와 아이네이아스의 슬픈 사랑 이야기는 로마의 건국 신화라 할 수 있는 베르길리우스(Vergilius)가 쓴 서사시 『아이네이스』(*Aeneis*)에 실려 있다. 아프리카 북부 해안도시인 카르타고를 건설한 전설적 여왕 디도와 베누스 여신과 안키세스라는 트로이 왕족 사이에서 태어난 아이네이아스는 서로 사랑에 빠져 아이네이아스가 디도 여왕의 카르타고 건설을 도우며 함께 지낸다. 그런데 유피테르는 메르쿠리우스를 보내 자신의 운명을 잊고 사랑에 빠져 지내는 아이네이아스를 꾸짖는다. 메르쿠리우스는 아이네이아스에게 자신의 왕국을 건설하는 것을 잊었느냐고 질책

한다. 신들의 이러한 경고와 명령에 충격을 받고 비로소 자신의 운명을 상기한 아이네이아스는 여왕과의 감미로운 생활을 접고 신탁의 명에 따라 떠나게 된다. 절망한 디도는 자결한다.

**10** 안젤름 그륀 외, 전헌호 옮김, 『아래로부터의 영성』, 분도출판사, 2008, 54쪽.

## 8 셰익스피어와 타자

**1** Michel Foucault *The History of Sexuality*, Vol. 1, trans. Robert Hurley, New York: Phantheon Books, 1978, pp.92~94.

**2** John Dover Wilson, "*The Merchant of Venice in 1937*," *Shakespeare's Happy Corredies*, London: Faber & Faber, 1969, p.105.

**3** H.B. Charlton, *Shakespearian Comedy*, London: Methuen, 1984, p.128, p.129.

**4** 1933년에만 나치는 이 극을 20여 회 공연했다고 한다. 그리고 1934~39년 사이에 30여 회 공연을 했다는 기록이 남아 있다.

**5** Edwin Wilson, *Shaw on Shakespeare*, London: Cassell, 1962, p.180에서 재인용.

**6** 당대에도 이 작품에 대한 파장은 컸던 것 같다. 이는 셰익스피어 생전에 이미 존 플레처(John Fletcher)가 이 극을 역으로 패러디하여 홀아비가 된 페트루치오가 두 번째 아내에 의해 길들여지는 내용의 『여성의 승리, 길들인 자 길들여지다』(*The Woman's Prize*; *or The Tamer Tamed*)라는 극을 썼던 데서도 알 수 있다.

**7** Kathleen McLuskie, "The Patriarchal bard: Feminist Criticism and Shakespeare: *King Lear* and *Measure for Measure*," *Political Shakespeare: New Essays in Cultural Materialism*, eds. Jonathan Dollimore and Alan Sinfield, Ithaca & London: Cornell UP, 1985, p.102.

**8** Brian Morris, "Introduction," *The Taming of the Shrew*, ed. Morris Brian,

New York: Routledge, 1988, p.115.

**9** Dale Spender, *Man Made Language*, London: Routledge, 1981, p.12.

**10** 에두아르트 푹스, 이기웅·박종만 옮김, 『풍속의 역사 II: 르네상스』, 까치, 1993, 75쪽.

**11** Leah Marcus, "The Shakespearean Editor as Shrew-Tamer," *Shakespeare and Gender. A History*, eds. Deborah E. Barker & Ivo Kamps, London & New York: Verso, 1995, p.224.

**12** 그린블랫을 비롯한 신역사주의자들은 타자의 야만성과 비정상성은 지배권력이 생산한 인위적인 개념이라고 생각한다. 정치적 권력을 가진 지배 담론은 항상 지배세력에 대항하고 전복적인 타자의 존재를 '비정상'이라고 규정하며 '타자'의 목소리를 억압하고 봉쇄하려 한다(김종환, 『셰익스피어와 타자』, 동인, 2006, 26~35쪽 참조).

**13** 이 대사에서 우리가 주목해야 할 또 다른 사실은 당시에 이미 아메리카 대륙의 인디언을 동물처럼 전시하는 관행들이 벌어졌음을 언급하는 내용이다. 그런데 그 어조가 다분히 부정적임을 놓쳐서는 안 된다.

**14** St. Rosemary Educational Institution, "William Shakespeare's *The Tempest*: Caliban Analysis," http://schoolworkhelper.net/, St. Rosemary Educational Institution, Last Update: 2015, Web. Retrieved on: Wednesday 12th August 2015, http://schoolworkhelper.net/william-shakespeare%e2%80%99s-the-tempest-caliban-analysis/

**15** Michael Bakhtin, *Rablais and His World*, trans. Helene Iswolky, Bloomingston: Indiana UP, 1984.

**16** Ronald Knowles ed., *Shakespeare and Carnival: after Bakhtin*, Hampshire: Palgrave Macmillan, 1998, p.10.

## 9 영웅 없는 영웅 이야기

**1** Phyllis Rackin, "*Coriolanus*: Shakespeare's Anatomy of 'Virtus'", *Modern*

*Language Studies*, 13-2, 1983, p.69에서 재인용.

2 이행수, 「『줄리어스 시저』: 힘에의 의지」, 『셰익스피어 비평』 43-2, 2007, 342쪽.

3 매년 2월 15일에 열리는 로마의 축제로 다산(多産)을 기원한다. 축제는 제사장 루페르키가 여러 마리의 염소와 한 마리 개를 산 제물로 바치면서 시작된다. 루페르키는 희생된 동물의 가죽으로 가죽끈을 만들어 가죽끈으로 여자들을 때리는데 가죽끈에 맞은 여자들은 임신하게 된다고 믿었다.

4 영어로 "Beware of the Ides of March"라고 하는데 이 대사는 이후 흉사에 대비하라는 뜻의 숙어가 되었다.

5 A.C. Bradley, 앞의 책, p.28.

6 아르놀트 하우저, 염무웅·반송완 옮김, 『문학과 예술의 사회사』, 창비, 2005, 180쪽.

7 Mungo William MacCallum, *Shakespeare's Roman Plays and Their Background*, London: Macmillan, 1910, p.76.

8 홍유미, 「*Julius Caesar*: 이행기 로마의 정치비극」, 이화여자대학교 석사학위, 1988, 9쪽.

9 Dover Wilson, *The Essential Shakespeare: A Biographical Adventure*, London: Bentley House, 1943, XXV.

10 이탈리아 거장 형제 감독인 파올로 타비아니와 비토리오 타비아니가 만든 이 영화는 중범죄 재소자들이 6개월간 『줄리어스 시저』를 연습하고 공연하는 과정을 보여준다. 연기 도중 출연 죄수들의 얼굴에는 점점 자신의 삶이 배어나오고 극 중 배역을 통해 자신의 삶에 대해 회한과 당혹스러움을 느끼게 된다. 연극이 끝난 후, 그들은 각자의 감방으로 돌아가지만 더 이상 연극을 경험하기 전과 같은 사람이 아니다. 한 죄수가 "예술을 경험하고 나니 이 방이 감옥이 되었구나"라는 대사를 읊조리는데 이 대사는 오래도록 가슴에 남아 공명한다.

## 10 셰익스피어 정염(情炎)의 시

1 또 다른 주장은 펨브르크 백작인 윌리엄 허버트(William Herbert)의 이니셜이라는 주장이다.

2 평생 'Laura'라는 한 여성을 사랑한 페트라르카는 『칸초니에레』(*Canzoniere*)라는 소네트 연작에 그녀에 대한 찬미와 그녀를 향한 자신의 사랑을 담았다.

3 소네트 번역은 박우수 옮김, 『소네트집』, 열린책들, 2011을 참조하여 필요한 부분은 필자가 일부 수정했다.

4 경쟁 시인들이 누구인지에 대해서도 논의가 많았는데 조지 채프먼(George Chapman)과 크리스토퍼 말로가 가장 유력한 후보로 거론되었다.

5 'Young Man'의 정체만큼이나 이 검은 여인이 누구인지에 대해 많은 주장이 있었다. 실존했던 여류 시인, 궁녀 등이 거론되기도 했고 일각에서는 단순한 '문학적 창조물'이라는 견해도 있었다.

6 이 그림에서 비너스 여신이 사냥을 떠나려는 아도니스를 붙잡고 있다. 그녀는 가지 말라고 애원하듯이 그에게 매달려 있다. 아도니스의 표정에는 경멸의 표정이 엿보인다. 큐피드가 화면 뒤편에서 잠들어 있는데 이것은 비너스의 탄원에 대한 아도니스의 거부를 상징적으로 나타낸 것이다.

7 Philip C. Kolin ed., *Venus and Adonis: Critical Essays*, London: Routledge, 1997, p.301에서 재인용.

8 이 시집의 번역은 이재호 옮김, 『비너스와 아도니스』, 시와 진실, 1997을 참조하되 필요한 부분은 수정했다.

9 Frank N. Magill ed., *Masterplots*, Vol.12, Englewood Cliffs: Salem Press, 1976.

10 Noam Flinker, "Canticles as erased convention in *Venus and Adonis*," *The Song of Songs in English Renaissance Literature*, Woodbridge: D.S. Brewer, 2001, pp.88~99.

**11** Eugene B. Cantelupe, "An Iconographical Interpretation of *Venus and Adonis*, Shakespeare's Ovidian Comedy," *SQ* 14: 2, 1963, p.145.

**12** F.T. Prince, *The Arden Shakespeare: The Poems*, London: Methuen, 1977, p.82.

**13** 공성욱, 「『루크리스의 능욕』의 변호: 기존의 평가와 서술양식을 중심으로」, 『셰익스피어 비평』 39-1, 2003, 9쪽.

**14** 공성욱, 같은 글, 10쪽.

**15** 김수진, 「『루크리스의 능욕: 여성의 몸과 '명예'」, 『영미연구』 20, 2004, 48쪽.

**16** Philippa Berry, "Woman, Language, and History in *The Rape of Lucrece*," *Shakespeare Survey* 44, 1992, p.34.

# 셰익스피어 희곡 간략 소개

## 비극편

『타이터스 앤드로니커스』(*Titus Andronicus*)

1593년경에 쓰인 초기 비극으로 고대 로마를 배경으로 하고 있다. 로마 비극 작가 세네카의 영향을 가장 많이 보여주는 잔인한 유혈 복수극이다. 로마의 대장군 타이터스 앤드로니커스가 자신의 딸을 능욕한 고트족의 왕자들에게 복수하는 내용이다. 강간, 신체 절단, 인육 요리 등 선정적 내용이 많이 들어 있다.

『로미오와 줄리엣』(*Romeo and Juliet*)

1594년에 초연된 『로미오와 줄리엣』은 반델(Bandell)이 이탈리아어로 쓴 것을 아서 브룩(Arthur Brooke)이 1562년에 영역한 『로메우스와 줄리엣의 비극적 전기』(*Tragicall Historye of Romeus and Juliet*)를 원전으로 쓴 비극이다. 이 극은 초기 비극으로 후기의 4대 비극과 달리 주인공들의 비극적 성격으로 인해 비극이 발생하는 것이 아니라 타고난 환경과 운명의 장난에 의해 비극에 빠지는 '운명비극'이다. 로미오와 줄리엣은 원수 집안의 자제지만 운명의 장난처럼 서로 첫눈에 반한다. 그렇게 그들의 사랑은 시작부터 불운의 싹을 잉태하고 있었다. 게다가 로미오가 뜻하지 않게 줄리엣의 사촌오빠를 살인하게 되는가 하면 줄리엣의 가짜 죽음을 전하는 사자가 로미오에게

닿지 못하는 등 계속되는 우연으로 사랑은 어긋나기만 한다. 결국 이러한 짓 궂은 운명의 장난으로 사랑이 좌절된 두 연인은 자살하고 만다. 이 극은 사랑 이야기의 대명사로 대단히 많은 인기를 누렸다.

## 『줄리어스 시저』(*Julius Caesar*)

1599년에 집필된 이 극은 플루타르코스의 『영웅전』이 원전인 로마 사극으로 시저가 정적인 폼페이우스를 제거하여 권력의 정상에 올랐을 때 브루투스 등에게 암살되는 내용을 다룬 것이다. 하지만 이 극은 시저보다는 시저 암살에 가담한 로마의 이상주의 정치가 브루투스에게 초점이 맞춰져 있다. 시저는 극의 전반부에서 암살되고, 극의 주요 내용은 시저의 암살 전후로 브루투스가 겪는 심리적 갈등과 고민을 다룬다. 따라서 사극보다는 비극으로 분류된다.

## 『햄릿』(*Hamlet*)

4대 비극 작품 가운데 가장 먼저 집필된 『햄릿』은 삭소 그라마티쿠스(Saxo Gramaticus)의 『덴마크의 역사』(*Historiae Danicae*)와 작자 미상의 극 『원 햄 릿』(*Ur-Hamlet*)이 원전으로 중세 때부터 덴마크 사람들에게 전해지던 슬픈 왕자의 전설을 소재로 한 극이다. 『햄릿』은 셰익스피어의 4대 비극 가운데 서도 최고의 작품으로 손꼽히는데 그것은 이 극이 인간의 가장 보편적인 주 제인 삶과 죽음의 본질을 논의하고 있기 때문이다. 형을 살해한 동생, 그 동 생과 형수의 근친상간적 결합 등 부조리한 일들이 벌어지는 세상에서 섬세 한 감수성을 지닌 주인공은 염세주의에 빠진 채 아버지의 복수를 지연하면 서 실존적 고뇌를 한다. "약한 자여, 그대 이름은 여자니라!" "인간은 만물의 영장" "사느냐 죽느냐, 그것이 문제로다" 등 지금도 많은 사람에게 회자되는 명문들의 보고다.

## 『트로일러스와 크레시다』(Troilus and Cressida)

1602년경에 호메로스의 『일리아드』와 초서의 서사시 『트로일러스와 크리세이드』를 원전으로 쓴 극이다. 트로이 전쟁을 배경으로 크레시다가 트로이 왕자 트로일러스의 사랑을 배신하는 이야기다. 이 극은 처음에는 역사극으로 분류되었지만 크레시다가 변절한 이유 등이 명확히 제시되지 않아 지금은 문제극으로 분류되고 있다.

## 『오셀로』(Othello)

1604년에 초연된 『오셀로』는 이탈리아의 지랄디 친디오(Giraldi Cinthio)가 쓴 『백 개의 이야기』 중 제3권 제7화 「베니스의 무어인」을 원전으로 삼아 쓴 비극이다. 베니스와 사이프러스 섬을 배경으로 무어인 장군 오셀로가 악인 이아고의 계략으로 아내의 정조를 의심하여 살해하는 이야기다. 이 극에서는 질투심이라는 병리적 심리가 고귀한 이성의 소유자였던 오셀로를 광기에 몰아넣고 급기야 살인마로 만드는 과정이 그려진다. 지금까지의 비극과 달리 『오셀로』는 충성심 같은 공적인 문제가 아닌 개인 가정의 갈등을 다루고 있다. 이 극은 다문화 가정의 비극으로 오셀로가 광기에 사로잡히는 데는 흑인 용병인 그가 베니스 사회의 타자였다는 점도 영향을 미친다.

## 『리어 왕』(King Lear)

1604년에서 1605년 사이에 초연된 것으로 알려진 『리어 왕』은 홀린셰드의 『연대기』 중 브리튼 편에 수록된 「리어 왕의 전기」와 1594년에 상연된 바 있는 작자 미상의 『레어 왕』(King Leir)을 원전으로 쓴 작품이다. 이 극은 위선적인 딸들의 거짓 사랑을 믿고 권력과 재산을 물려준 뒤 비극적 파멸을 맞는 늙은 왕의 이야기다. 비록 기원전 8세기 브리튼의 전설적인 왕 리어의 이야기지만 극 속에서 다루고 있는 상황은 중세 봉건귀족 사회에서 근대 자본주의 사회로 전이되는 영국의 과도기적 혼란 세태다. 셰익스피어는 이 극에서 사회·경제적 대변혁기의 갈등과 가치관의 혼란을 잘 보여준다. 셰익스피어의 극 중 감정의 격렬함이나 비극성이 가장 장대한 이 극은 스타일 면에서 주플롯과 부플롯, 두 개의 플롯이 미학적으로 구성되어 있다. 부플롯에서 리어 왕의 충신이었던 글로스터 백작은 리어 왕과 마찬가지로 어리석은 판단력으로 서자 에드먼드의 비열한 권모술수에 속아 적자 에드가를 내치고 온갖 수난을 당한다. 이렇게 글로스터의 부플롯은 리어 왕의 주플롯과 긴밀히 상호연계를 이루고 주제를 변주하며 그 주제를 심화시켜준다.

## 『맥베스』(Macbeth)

권력이라는 헛된 야망에 이끌린 맥베스가 왕을 시해하고 왕위를 찬탈하는 과정과 그것이 초래한 비극적 파멸을 그린 이 극은 라파엘 홀린셰드의 『영국, 스코틀랜드, 아일랜드의 연대기』 중 스코틀랜드 편의 「맥베스 전기」를 원전으로 하여 1606년경에 쓴 작품이다. 제임스 1세의 처남인 덴마크 국왕 크리스천 4세가 영국을 방문했을 때 궁정에서 초연된 것으로, 일각에서는 이 극이 제임스 1세의 통치 이데올로기인 왕권신수설을 극화한 것이라고 주장한다. 하지만 셰익스피어는 이 극에서 정치적 문제보다는 사악한 죄악을 저지르는 인간들의 양심과 도덕적 갈등 등 심리적인 부분에 더 집중하고 있다. 셰익스피어의 비극 중 가장 짧고(2,082행), 내용이 대단히 빠르게 전개되며 마녀나 유령, 예언이나 마법 같은 초자연적 요소가 많이 등장하는 것이 특징이다.

## 『아테네의 타이몬』(Timon of Athens)

1605~1608년 사이에 집필된 극으로 고대 그리스의 아테네를 배경으로 하고 있다. 역시 플루타르코스의 『영웅전』이 원전이다. 그리스 아테네의 대부호이자 명장이었던 타이몬 공은 사람들에게 베풀기를 좋아하여 결국 파산

하고 만다. 그동안 그에게 수많은 신세를 졌던 사람들은 모두 그를 외면한다. 이에 인간에 대한 심한 혐오감에 사로잡힌 타이몬은 속세를 떠나 홀로 숲 속에서 살다 죽음을 맞이한다. 셰익스피어 생전에 이 극은 단 한 번도 공연되지 않았다고 한다. 그것은 이 극이 분수에 맞지 않는 관용, 무분별한 낭비, 방탕한 사치 등에 대한 비난을 담고 있어 후원자가 없어 상연되지 못했을 것으로 여겨진다.

## 『안토니와 클레오파트라』(Antony and Cleopatra)

1607년에 초연된 이 극은 플루타르코스의 『영웅전』에 상당히 의존하여 완성된 로마 사극이다. 셰익스피어는 안토니의 성격과 클레오파트라의 성격뿐만 아니라 대사에도 플루타르코스의 글을 많이 차용했다. 그러다 보니 플롯상의 독창성은 상대적으로 떨어진다. 그러나 플루타르코스의 산문을 시적인 운문으로 절묘하게 옮겨놓았으며, 클레오파트라와 안토니를 대단히 생동감 넘치는 인물로 살려놓았다. 또한 사랑의 광상시라고 할 정도로 사랑의 격정에 휩싸인 두 주인공의 맹목적인 행로를 잘 그려냈다. 로마의 대장군이자 삼두정치의 한 명인 안토니와 이집트의 여왕 클레오파트라의 사랑을 다룬 이 극에서 두 사람은 사랑으로 인해 로마와의 악티움 해전에서 패배한 뒤 자신들의 모든 권력과 명예, 부를 잃고 자살한다.

## 『코리올레이너스』(Coriolanus)

1607~1608년경에 플루타르코스의 『영웅전』을 원전으로 쓴 비극이다. 이웃 도시 코리올레스에 사는 볼스키족이 로마를 침략했을 때 그들을 정벌하는 큰 공적을 세워 코리올레이너스라는 명예로운 이름을 얻은 로마의 귀족 카이우스 마르티우스의 몰락을 다룬다. 코리올레이너스는 원로원 의원들에 의해 집정관으로 추대되었으나 대단히 오만하여 시민들에게 옷을 벗어 전장에서 입은 상처를 보여주어야 한다는 관습을 따르지 않으려 했다. 그로 인

해 추방명령이 내려지자 그는 분노에 사로잡혀 볼스키족 장수가 되어 로마로 쳐들어온다. 결국 어머니의 설득으로 로마를 공격하지 않고 협정을 맺고 돌아가 볼스키족들에게 살해된다. 셰익스피어는 이 극에서 군주제에서 공화정으로 넘어가는 과도기의 귀족과 민중의 갈등을 잘 보여주는 동시에 코리올레이너스라는 개인의 품성에 대해 치밀하게 탐구한다.


# 희극편

## 『베로나의 두 신사』(*Two Gentlemen of Verona*)

1592~93년에 집필된 낭만희극으로 전형적인 이탈리아식 애정 모험극이다. 절친 사이인 프로테우스와 발렌타인이 밀라노 공작의 딸 실비아를 사이에 두고 연적 관계가 된다. 프로테우스에게는 줄리아라는 연인이 있었으나 그는 실비아를 사랑하게 되면서 친구 발렌타인과 연인 줄리아를 배신한다. 우여곡절 끝에 발렌타인과 실비아, 프로테우스와 줄리아 두 쌍의 연인들은 서로의 잘못을 용서하고 원래의 짝과 행복하게 결합한다. 사랑과 우정, 계략과 음모가 줄거리의 전개를 복잡하게 만들지만 결말은 화해와 축복으로 맺어지는 낭만희극의 전형적인 형식을 띠고 있는 초기작이다.


## 『말괄량이 길들이기』(*The Taming of the Shrew*)

1592~94년 사이에 쓰인 이 극은 널리 알려져 있고 공연 무대에도 자주 오르는 극 중 하나로 천하의 말괄량이를 길들여 유순한 아내로 만든다는 내용이다. 현대의 양성평등 정서에 어울리지 않지만 여전히 인기 있는 극인데 그건 아마 부부간의 기(氣) 싸움을 통해 양성간의 팽팽한 긴장과 언어 배틀, 셰익스피어 특유의 재치 있는 말장난, 개성 있는 인물들의 생동감이 극 전체에 유쾌한 웃음과 활기를 부여하기 때문일 것이다. 셰익스피어의 작품 중 유일

하게 서극이 있는 극으로 「말괄량이 길들이기」라는 본극은 서극 속 주인공 술주정뱅이 땜장이 슬라이를 위해 공연되는 극중극이다.


『실수연발』(*The Comedy of Errors*)

1594년에 쓰인 초기 희극으로 플라우투스의 『메나에크무스 형제』 (*Menaechmi*)를 원전으로 쓴 것이다. 흔히 상황희극이라고 하는 장르로써 극의 사건이 인물의 성격에 의해서 벌어지는 것이 아니라 쌍둥이 형제와 그들의 쌍둥이 하인 때문에 벌어지는 소동을 그린 것이다.


『한여름 밤의 꿈』(*A Midsummer Night's Dream*)

1595년에 집필된 이 극은 셰익스피어 작품 중 시인의 상상력이 가장 많이 발휘된 작품이다. 요정들의 환상적인 세계를 아주 세밀하게 묘사하여 요정들의 노래와 춤, 마법 등 낭만적이고 몽환적인 내용으로 가득 찬 극이다. 또한 사랑의 묘약으로 연인들의 사랑을 이루어지게 한다는 한 편의 꿈같은 이야기다. 게다가 이 극은 요정 왕 오베론과 요정 여왕 티타니아의 사랑, 아테네 군주인 테세우스와 히폴리타의 사랑, 아테네 귀족 자제들의 사랑, 아테네 직공들이 공연하는 극중극 속 피라무스와 티스베의 사랑 등 서로 다른 계층에 속하는 연인들의 서로 다른 사랑 이야기가 대비를 이루며 사랑의 어려움과 극복이라는 주제를 변주하고 확장하는 치밀한 극구조로 되어 있다.


『베니스의 상인』(*The Merchant of Venice*)

1596~97년 사이에 쓰인 것으로 알려진 『베니스의 상인』은 바사니오와 포샤의 낭만적인 사랑 이야기와 안토니오와 샤일록의 비정한 법정 이야기가 교묘하게 엮여 있는 희극이다. 그래서 이 작품은 남녀간의 사랑이 주제인 낭만희극으로 분류되기도 하고 정의, 법, 종교 등의 어두운 주제를 다루는 문

제극으로 분류되기도 한다. 극의 배경도 냉엄한 생존 경쟁이 벌어지는 상업 도시 베니스와 사랑과 낭만의 섬 벨몬트로 나뉘어 있다. 이 극은 유대인 샤일록을 둘러싸고 셰익스피어의 인종차별주의에 대한 논란이 계속된 작품이다. 채무인 안토니오의 살 1파운드를 베고야 말겠다고 집요하게 계약 이행을 요구하는 인육재판 장면은 세계 문학사상 가장 유명한 장면이다. 그래서 많은 비평가는 셰익스피어가 이 극에서 기독교 사회의 타자라고 볼 수 있는 유대인 샤일록을 대단히 부정적으로 묘사하고 있다고 비난했다. 하지만 셰익스피어는 당대의 반유대주의 양상을 묘사하되 샤일록의 절규를 통해 반유대주의에 비판적 시선도 던지며 일정 거리를 유지하고 있다.

## 『윈저의 즐거운 아낙네들』(Merry Wives of Windsor)

1597년경에 쓰인 이 극은 『헨리 4세』에 등장했던 희극적 인물 폴스태프를 주인공으로 한 가벼운 소극(素劇)으로 일설에는 엘리자베스 여왕이 폴스태프를 너무 좋아해서 사랑에 빠진 그를 보고 싶다고 요구하여 쓴 작품이라고 한다. 윈저 궁전에서 초연한 것으로 추정되는 이 극은 노병 폴스태프가 포드 부인과 페이지 부인에게 같은 내용의 연애편지를 보냈다가 그 아낙네들한테 희롱을 당하는 내용이다. 당시 영국의 시민생활을 그린 셰익스피어의 유일한 희곡으로 이색적이게도 전편을 거의 산문으로 썼다.

## 『사랑의 헛수고』(Love's Labour's Lost)

1597년 또는 1598년 크리스마스 때 엘리자베스 1세 여왕 앞에서 초연된 것으로 알려진 궁정희극으로 줄거리는 비교적 가볍고 간단하다. 나바르 왕인 퍼드넌드와 세 명의 신하가 욕망을 끊고 학문에만 전념하자고 맹세한 찰나에 프랑스의 공주가 세 명의 시녀를 거느리고 방문하자 왕 일행이 이들에게 마음을 빼앗겨 맹세를 깨는 내용이다. 이 희극은 궁정 문화의 위선과 속물적 근성을 생생하게 묘사함으로써 귀족 사회를 풍자하는 풍속희극(comedy of manners)이다. 별 내용이 없다는 구성상의 결함이 있으나, 궁정 문화의 우아한 분위기와 풍자적 기지에서 가치를 발휘한 극이다.

### 『헛소동』(*Much Ado about Nothing*)

1598~99년 사이에 쓰인 낭만희극으로 주플롯에 해당하는 클라우디오와 헤로의 사랑의 고난이 베네디크와 베아트리체의 코믹한 사랑과 대비를 이루는 극구조를 지니고 있다. 클라우디오 백작은 메시나 군주 레오나토의 딸 헤로와 사랑에 빠지지만 사악한 돈 존(Don John)의 음모에 빠져 결혼식장에서 약혼녀가 부정한 여인이라고 폭로하고 파혼을 선언한다. 하지만 우여곡절 끝에 그녀의 정조가 증명되어 두 사람은 다시 결합을 한다. 반면 군인 베네디크와 헤로의 사촌 베아트리체는 서로 앙숙처럼 싸우지만 주변의 속임수에 빠져들어 서로 상대방이 자신을 사랑한다고 믿고 결국은 자신의 사랑을 고백한다.

베네디크와 베아트리체의 생동감 넘치고 기지 넘치는 말싸움과 사랑싸움은 어둡고 무거운 헤로와 클라우디오의 사랑 이야기가 주는 긴장을 해소하는 역할을 한다. 다른 셰익스피어의 낭만희극들처럼 이 두 쌍의 사랑 이야기에 형제간의 갈등, 음모 등 어두운 요소가 결합되어 있다. 또한 가부장 사회에서 여성의 순결에 대한 남성들의 강박관념을 잘 보여준다.

### 『십이야』(*Twelfth Night*)

1599년과 1600년 사이에 집필된 이 극은 쌍둥이 남매로 인해 유쾌한 소동이 벌어지고 혼란 뒤에 모든 갈등과 무질서가 사라지는 축제희극이다. 십이야(十二夜)란 크리스마스 축제 기간의 마지막 날로 크리스마스로부터 12일이 지난 1월 6일, 즉 공현축일을 말한다. 이날은 아주 즐겁고 유쾌하게 즐기는 축일로 흔히 악의 없는 장난과 농담을 하는 날이다. 이 극에서 토비 벨치(Sir Toby Belch) 경 일당이 올리비아의 집사인 말볼리오를 골려먹는 것도 이 축제의 유희 가운데 하나다.

이 극에 등장하는 인물들은 거의 모두 사랑의 열병을 앓고 있다. 올시노 공작의 시종인 세자리오로 남장한 비올라는 주인을 사랑하고, 올시노 공작은 죽은 오빠를 조상하기 위해 근신 중인 올리비아를 사랑하고, 올리비아는 올시노 공작의 심부름꾼인 세자리오를 사랑하면서 그들의 관계는 복잡하게 얽히고설킨다. 결국 비올라의 쌍둥이 오라버니 서배스천의 등장으로 모든 갈등이 해소된다. 셰익스피어는 이 극에서 사랑은 사람들을 분별없고 어리석게 만들지만 그래도 우리의 인생에 반드시 필요한 것임을 강조한다.


## 『좋으실 대로』(As You Like It)

1599년부터 1600년 사이에 쓰인 것으로 알려진 낭만희극으로 1590년에 발행된 토머스 로지(Thomas Lodge)의 산문 로맨스 『로절린드 유퓨즈의 주옥 같은 귀문』을 원전으로 한 것이다. 다른 희극들과 마찬가지로 권력찬탈과 질시, 반목 등의 무거운 주제와 복잡한 사랑 문제가 결합되어 있다. 극 초반에 프레더릭 공작의 궁정(또는 도시)에서 발생한 권력찬탈과 질시, 반목, 추방 등의 갈등은 극 중반에 등장인물들이 치유와 화해의 마법을 지닌 숲으로 대거 이동하면서 반전을 겪게 된다. 결국 도시에서 있었던 모든 배반과 배신에 대한 용서와 화해가 이뤄진 뒤 극 말미에는 행복한 결혼식이 열리고 전 공작은 다시 자신의 옛 지위를 되찾는다.


## 『끝이 좋으면 다 좋아』(All's Well That Ends Well)

1601~1606년 사이에 쓰인 극으로 윌리엄 페인터(William Painter)의 『쾌락의 궁전』(The Palace of Pleasure)에 수록된 설화를 소재로 쓴 극이다. 헬레나는 명의(名醫)인 아버지가 세상을 떠난 뒤 후견인 로실리온 백작부인의 집에 얹혀 살면서 백작부인의 아들인 버트램을 짝사랑하게 된다. 헬레나는 프랑스 왕의 난치병을 고쳐주고 그 대가로 버트램과의 결혼을 허락받지만 버

트램은 헬레나를 받아들이지 않고 떠나버린다. 그러나 헬레나의 적극적인 계략으로 마침내 버트램도 헬레나를 아내로 인정하게 된다. 자신을 받아들이지 않는 남편을 차지하기 위해 다른 여자 대신 몰래 잠자리에 들어간다는 등 다소 황당한 설정 때문에 문제극으로 분류된다.

### 『자에는 자로』(*Measure for Measure*)

셰익스피어가 한창 비극을 쓰던 시기인 1603~1604년 사이에 집필된 희극으로 다른 희극들처럼 흥겹고 재미있지 않은 어둡고 신랄한 문제극이다. 이 극은 엄격한 법치주의를 주장하지만 정작 자신은 성상납이라는 위법을 저지르는 타락한 권력자에 대한 이야기다. 원래 "measure for measure"란 성경에 나오는 표현으로 "너희가 심판하는 그대로 너희도 심판받고, 너희가 되질하는 바로 그 되로 너희도 받을 것이다"(「마태복음」7장 1절~5절)라는 성결 구절에서 따온 제목이다. "함부로 남을 심판하지 마라"는 메시지를 담은 이 구절을 제목으로 삼은 이 극에서 셰익스피어는 '법'으로 대변되는 정의와 '용서와 화해'를 구현하는 자비의 문제, 권력자의 올바른 자질을 논하며 인간의 행동에 대한 법적·도덕적 판단이 갖고 있는 맹점 등의 문제를 다루고 있다.

### 『페리클레스』(*Pericles*)

1608년에 집필된 이 극은 존 가우어의 『사랑의 고백』 중 「티레의 아폴로니우스 이야기」를 원전으로 한 것이다. 티레의 왕 페리클레스가 온갖 비극적 운명을 겪다가 결국에는 잃었던 아내와 딸을 만나 행복하게 재회한다는 전형적인 낭만극 구조를 띠고 있다. 셰익스피어의 첫 낭만극으로 오랜 시간 바다 위에서 겪는 모험과 방랑, 자식과의 이별과 만남, 초자연적인 경험, 비극적 상황에서 행복한 결말로의 전환, 해설자 가우어(Gower)의 등장 등 로맨스 전통을 가장 많이 따른 작품으로 알려져 있다.

『심벨린』(*Cymbeline*)

1609~1610년 사이에 쓰인 낭만극(로맨스)으로 심벨린 왕과 신하의 갈등, 심벨린의 딸 이모젠과 포스튜머스의 사랑과 의심, 고대 브리튼과 로마의 갈등과 전쟁 등 다중의 사건이 복잡하게 얽혀 있다. 이모젠이 아버지가 반대한 포스튜머스와 결혼함으로써 사건이 발생한다. 심벨린 왕에게 추방된 포스튜머스는 로마인들의 음모로 아내의 정절을 의심하게 되고 그로 인해 자신의 부하에게 이모젠을 살해하라는 명령을 내린다. 하지만 결국 아내가 순결한 여성이었음을 뒤늦게 깨닫고 남장을 한 채 목숨을 유지하던 아내와 재회하고 재결합한다. 가족의 결별과 재결합이 극적으로 진행되는 플롯에서 비현실적이고 허무맹랑한 낭만극의 특징이 잘 나타난다.

『겨울 이야기』(*Winter's Tale*)

로버트 그린(Robert Greene)의 『펜도스토』에서 소재를 빌려 1611년에 집필한 후기 로맨스극이다. 시칠리아의 왕 레온테스가 절친인 보헤미아의 왕 폴릭세네스와 아내 사이를 의심하여 자신의 갓난 딸을 부정의 열매라 생각하여 죽이게 하고 아내까지 죽음으로 몰고 간 이야기다. 하지만 로맨스 장르가 늘 그렇듯이 극적인 반전이 일어나는데 극 말에 죽은 줄 알았던 아내와 딸이 살아 있어 용서와 화해로 재결합하게 된다. 이 극의 3막까지의 전반부는 시칠리아 궁정에서 발생한 질투, 증오, 불화로 인한 파괴의 세계를 그리고 있고 후반부는 보헤미아의 양털깎기 축제의 사랑과 즐거움, 시칠리아에서의 용서와 화해 및 재결합, 환생으로 구성되어 있다. 계절도 전반부는 겨울이고 후반부는 봄으로 설정되어 대칭 구조를 이룬다.

『폭풍우』(*Tempest*)

셰익스피어의 대표적인 낭만극이자 셰익스피어가 단독으로 집필한 마지막

극이다. 1611년 11월 1일에 '왕의 극단'(King's Men)에 의해 제임스 1세의 어전에서 공연됐다는 기록이 남아 있으며 1609년 버뮤다 섬에서 조난된 난파선 이야기를 소재로 쓴 극이다. 동생에게 부당하게 쫓겨난 밀라노의 공작 프로스페로가 딸과 함께 섬에서 살면서 마술을 익혀 요정 아리엘과 원주민 괴물 캘리번을 부리며 그 섬을 지배한다. 결국 동생 일행에게 폭풍을 일으켜 복수할 기회를 갖게 되나 용서해준다는 이야기다.

20세기 후반부터 탈식민주의 비평이 유행하면서 셰익스피어가 신대륙의 원주민을 악마화하고 영국의 식민 지배를 옹호한 극이라는 비판을 받기도 했다.


## 사극편

### 『헨리 6세』 1, 2, 3부(*Henry VI*, Part I/II/III)

셰익스피어가 가장 먼저 집필한 작품으로 라파엘 홀린셰드의 『영국, 스코틀랜드, 아일랜드의 연대기』를 원전으로 하여 15세기에 일어난 장미전쟁을 그린 영국 사극이다. 강력했던 헨리 5세가 죽은 뒤 그의 유약한 아들이 헨리 6세로 통치하는 동안 왕가인 랭카스터 가문과 그 친척이자 경쟁자였던 요크 가문의 권력투쟁으로 30여 년의 내란을 겪게 된다. 헨리 6세와 그의 태자의 죽음으로 에드워드 4세가 이끄는 요크가의 승리로 끝난다. 밑도 끝도 없는 음모와 배신, 이해하기 힘든 갑작스런 심리 변화 등 구성이 다소 산만한 느낌을 준다. 인물의 묘사에서도 아직 개연성과 치밀함이 떨어져 초기극의 한계를 보여준다.

### 『리처드 2세』(*Richard II*)

1592년경에 집필된 영국 사극으로 홀린셰드의 『영국, 스코틀랜드, 아일랜드의 연대기』를 원전으로 쓴 것이다. 무능하고 인기 없는 왕 리처드 2세에게 부당하게 추방되고 재산까지 몰수당한 사촌 볼링브로크가 반란을 일으켜 신민들의 지지를 받아 무혈로 리처드 2세를 폐위시키고 왕권을 차지한다. 극 전체가 산문이 아닌 운문으로 되어 있고 고뇌하는 리처드 2세의 감성적 대사가 넘쳐난다.

## 『리처드 3세』(Richard III)

1592~93년 사이에 홀린셰드의 『영국, 스코틀랜드, 아일랜드의 연대기』를 원전으로 장미전쟁의 마지막 순간을 극화한 사극이다. 에드워드 4세의 동생인 리처드가 에드워드 4세의 짧은 통치 이후에 형과 조카들을 암살하고 왕권을 찬탈한다. 왕위에 오른 리처드 3세 통치 아래에서 귀족들의 반란으로 영국은 다시 내란에 휩싸인다. 마침내 랭카스터가의 외척이자 튜더 왕조의 시조가 된 리치먼드 백작인 헨리 튜더가 리처드 3세를 보즈워스 전투에서 물리치고 왕권을 차지한다. 이 극은 왕권찬탈자의 이야기를 다룬 면에서 『맥베스』와 비슷하나 리처드 3세는 맥베스가 보여주는 내적 고뇌와 갈등을 지니지 못하고 심리적 복잡성과 깊이가 떨어지는 단순한 악한에 그치며 초기극의 한계를 보여준다.

## 『존 왕』(King John)

1598년 이전에 쓰인 것으로 알려진 영국 사극으로 홀린셰드의 『영국, 스코틀랜드, 아일랜드의 연대기』를 원전으로 한 것이다. 영국 역사에서 존 왕은 프랑스 전쟁에서 패하고 교황과 대립하여 파문을 당하는 등 실정을 많이 하여 영국 귀족들에 의해 강제로 왕권이 제한되고 귀족들의 권리를 보장하는 마그나카르타에 서명한 비운의 왕이다. 하지만 셰익스피어는 존 왕이 한 수도사에게 독살된 뒤 귀족들이 그의 시신 앞에서 그의 아들 헨리를 왕으로 모시고 충성할 것을 맹세하는 장면을 설정해 존 왕을 실정 왕이 아니라 교황 등

외부 세력으로부터 국치를 세우려 시도한 왕으로 묘사하고 있다.

## 『헨리 4세』 1, 2부(*Henry IV*, Part I/II)

1596~97년 사이에 홀린셰드의 『영국, 스코틀랜드, 아일랜드의 연대기』를 원전으로 하여 쓴 영국 사극이다. 셰익스피어 사극 가운데 가장 인기 있는 극으로 역사적 사실을 다루는 사극에 탕아에서 이상적 군주로 발전하는 왕자라는 민담적 요소와 폴스태프를 중심으로 한 희극적 요소를 첨가하여 셰익스피어만의 독특한 사극세계를 창조해냈다. 실제 역사를 토대로 역모와 내란이라는 주제를 다룬 사극이지만 이 극이 대중적 인기를 누린 이유는 왕과 귀족들의 권력 다툼이라는 주플롯보다 핼 왕자와 폴스태프 일당이 벌이는 희극적 부플롯이 대중들의 흥미를 끌었기 때문이다. 폴스태프는 셰익스피어가 창조한 인물 가운데 가장 희극적인 인물로 재치와 해학이 넘치고 대단히 활력적이다. 주제 면에서도 그의 역할이나 대사는 왕권과 모반을 둘러싼 용맹과 비겁, 명예 등 주플롯의 주제에 대한 뛰어난 패러디로 볼 수 있다. 『헨리 4세』 2부는 헨리 4세가 죽고 왕위에 오른 핼 왕자가 폴스태프 일당을 거부하고 국가의 질서를 확립하는 데 몰두한다.

## 『헨리 5세』(*Henry V*)

1599년에 쓴 영국 사극이다. 영국인이 가장 사랑하는 왕으로 등극한 핼 왕자를 이상적인 군주로 그리고 있다. 그는 신하들의 권유에 따라 프랑스에 전쟁을 선포하여 아쟁쿠르 전투에서 승리한다. 프랑스 왕 샤를 6세의 딸 카트린과 결혼을 하고 평화조약을 맺는다. 이 극에서 셰익스피어는 헨리 5세를 정의감과 엄격함, 의무감, 정치가적 능력, 탁월한 전쟁 수행능력 등을 지닌 이상적인 군주상으로 묘사하고 있다. 고대 그리스극처럼 코러스가 막마다 등장하여 해설을 하는 것이 특징이다. 『리처드 2세』 『헨리 4세』 1, 2부와 함께 랭커스터 4부작에 속한다.

『헨리 8세』(*Henry VIII*)

셰익스피어가 1612~13년 사이에 존 플레처(John Fletcher)와 함께 홀린셰드의 『영국, 스코틀랜드, 아일랜드의 연대기』를 원전으로 하여 마지막 작품으로 쓴 영국 사극이다. 이 극은 헨리 8세의 일대기가 아니라 캐서린(Catherine) 왕비와의 이혼에서부터 시작하여 앤 불린(Anne Boleyn)이 엘리자베스 여왕을 낳는 시기까지를 다룬다. 앤 왕비가 엘리자베스를 낳자 헨리 8세에 의해 울시 대신 새로운 고문으로 추대된 캔터베리 주교 크랜머가 강보에 쌓인 공주를 축복하는 것으로 막이 내린다.

## 시집

『비너스와 아도니스』(*Venus and Adonis*)

세 편의 시집 중 가장 먼저 출간된 『비너스와 아도니스』는 고전 신화에 나오는 비너스와 아도니스 신화를 소재로 쓴 1,194행의 장편 설화시다. 이 신화는 오비디우스의 『변신 이야기』에서 오르페우스가 들려주는 짧은 이야기다. 셰익스피어는 기존 신화와 달리 아도니스가 비너스의 간절한 사랑을 완강히 거부하는 것으로 설정하고 있다. 셰익스피어는 정염에 목마르고 욕정에 불타오르는 여신을 통해 대단히 선정적이고 농염한 에로티시즘 문학세계를 창출해냈다. 이로써 셰익스피어는 관습화되고 상투적인 성역할과 사랑의 신성함에서 벗어나 당대 시적 관습뿐만 아니라 사회적 관습에도 도전하는 글쓰기를 시도한다. 솔직한 성애 표현들로 가득한 이 시는 초간부터 1640년까지 16판이나 출간될 정도로 독자들에게 대단히 인기가 많았다.

『루크리스의 겁탈』(*The Rape of Lucrece*)

『루크리스의 겁탈』은 한 여성의 강간 사건으로 로마 초기의 정치체제가 왕정에서 공화정으로 바뀐 사건을 다루고 있으며 『비너스와 아도니스』보다는 좀더 진지하고 무거운 작품이다. 루크리스는 콜라틴의 아내였는데, 로마 왕의 아들 타르퀸에게 능욕당하여 아버지와 남편에게 복수를 부탁하고 자결한다. 그러자 귀족과 민중이 들고일어나 타르퀸 일가를 로마에서 추방한다. 그 결과 로마의 왕정이 끝나고 공화정이 성립된다. 시에는 겁탈이 일어나기 전에는 겁탈자 타르퀸이 겪는 갈등이 주로 나타나고 겁탈 후에는 슬픔에 젖은 루크리스의 한탄이 작품의 대부분을 차지한다. 하지만 이 작품은 언어가 지나치게 수사적이고 주제가 너무도 진지하고 교화적인 탓에 『비너스와 아도니스』만큼 인기를 얻지는 못했다.

### 『소네트집』(*Sonnets*)

『소네트집』은 총 154편의 소네트가 수록되어 1609년에 출간되었다. 하지만 이 시들의 창작 연도, 수록된 시의 배열 순서 등에 대해 많은 논란이 있다. 이 시집에 수록된 시들 중 120여 편은 젊은 남성을 향한 흠모와 찬미의 내용을 담고 있어 셰익스피어 동성애 논란을 일으켰다. 이 시집은 시인, 젊은 귀족청년, 검은 여인 이 세 사람 사이의 우정·사랑·질투에 관해 노래한 것이다. 그 가운데 셰익스피어는 시간과 죽음, 짧은 인생에 대한 명상을 하며 더불어 삶의 찰나성에 맞서는 시의 영원성을 강조한다.

# 셰익스피어를 알기 위해 더 읽어야 할 책

권오숙, 『셰익스피어, 그림으로 읽기』, 예경, 2008.

셰익스피어의 작품들은 지금도 정통 연극을 비롯해 영화, 뮤지컬, 오페라, 발레 등 다양한 방식으로 수없이 재현되고 있다. 그러나 대중이 읽을 만한 셰익스피어에 대한 대중서는 전무하다. 이 책은 이런 현실을 직시하고 대중들에게 셰익스피어 극을 소개하고 그 극들을 소재로 그려진 그림들을 소개함으로써 셰익스피어 작품을 쉽게 이해할 수 있게 안내한다.

김종환, 『셰익스피어와 타자』, 동인, 2006.

셰익스피어의 작품에 반영된 타자의 목소리를 살펴보는 책이다. 중심문화 주변부에 존재하는 타자를 논의의 중심으로 끌어올린 신역사주의, 문화유물론, 페미니스트 비평의 타자 분석틀을 참조하여 셰익스피어 작품에 나타난 타자의 목소리를 듣고 이를 드러내고자 했다. 권력의 타자, 인종적 타자와 종교적 타자, 성적 타자를 집중적으로 논의하고, 나아가 타자 재현과 담론에 내포된 정치성을 논의한다.

박우수, 『셰익스피어의 역사극: 언어, 구조, 아이러니』, 열린책들, 2012.

셰익스피어 사극 속에 숨어 있는 언어의 함의와 구조를 분석함으로써 셰익스피어의 숨은 의도와 새로운 해석의 틀을 제시한다. 수년간 셰익스피어의 역사극에 천착한 연구자는 그동안 셰익스피어의 역사극에 대해 각국의 수많은 평론가가 제기한 주장의 부족한 (또는 그릇된) 면을 조목조목 지적하며 그 허점을 메우고 독자와의 간극을 좁힌다. 또한 제대로 알려지지 않았던 등장인물들의 면면을 분석함은 물론 그들의 이름이나 자주 사용하는 단어, 문장을 꺼내 작품의 이해를 돕는다.

박홍규, 『셰익스피어는 제국주의자다: 박홍규의 셰익스피어 다시 읽기』, 청어람미디어, 2005.

셰익스피어의 작품에 나타나는 제국주의적 면모를 조명한 책이다. 셰익스피어의 문학에 나타나는 서양의 문화를 철저히 우리 시대의 비평 시각에서 다시 읽어내고 있다. 오리엔탈리즘적인 차별과 멸시로 가득한 그의 희곡 작품들을 살펴보고, 제국주의적 침략과 지배를 어떤 내용으로 합리화하는지 비판적으로 검토했다.

버지니아 펠로스, 정탄 옮김, 『셰익스피어는 없다』, 눈과마음, 2008.

이 책은 셰익스피어 진위 논란을 소재로 다룬 팩션 소설이다. 저자는 이 책에서 영국 르네상스기의 최고 지성인이자 철학자·정치가인 프랜시스 베이컨이 진짜 셰익스피어임을 주장하며 그 근거들을 제시한다. 또한 엘리자베스 여왕 통치 시대의 영국사와 베이컨의 출생과 죽음에 이르는 숨겨진 개인사의 질곡들을 흥미롭게 풀어낸다.

스탠리 웰스, 이종인 옮김, 『셰익스피어: 그리고 그가 남긴 모든 것』, 이끌리오, 2007.

이 책은 1562년 셰익스피어의 출생 기록부에서 시작해 셰익스피어의 생애와 작품세계, 그리고 그가 후대에 미친 영향, 셰익스피어 산업의 미래까지 그리고 있다. 다시 말해 과거의 '셰익스피어', 현재의 '셰익스피어', 그리고 미래의 '셰익스피어'를 모두 평하고 있는 것이다. 셰익스피어의 희곡들은 연극뿐 아니라 음악, 미술, 무용, 영화로도 수없이 재현되었다. 이런 셰익스피어의 무궁무진한 영향력을 모두 밝히는 것이 이 책의 목적이다.

안경환, 『법, 셰익스피어를 입다』, 서울대학교 출판문화원, 2012.

셰익스피어 대표작 12편을 법률가의 시선으로 해부한 책이다. 법학자 안경환이 인류의 고전, 셰익스피어를 읽고 현재의 법을 돌아본 것이다. 『햄릿』 『리어 왕』 『오셀로』 『베니스의 상인』 등 셰익스피어가 남긴 희곡 12편에 담긴 당시 법의 모습을 통해 작금의 법에 메시지를 전한다. 이 책은 법의 가치가 모든 사람의 고유한 아픔에 귀를 기울이고 약한 자의 눈물을 닦아주는 데 있음을 믿고, 법률가가 시인이 되는 세상을 꿈꾸는 한 법학자의 발원문(發願文)이기도 하다.

애나 제임슨, 서대경 옮김, 『셰익스피어의 여인들』 I, 아모르문디, 2006.
　　　―, 이노경 옮김, 『셰익스피어의 여인들』 II, 아모르문디, 2007.

셰익스피어의 희곡에 등장하는 여성 인물들을 본격적으로 다룬 최초의 비평서로, 빅토리아 시대의 여류 작가인 애나 제임슨은 이 책에서 셰익스피어의 문학을 통한 여성성의 탐색을 지향한다. 이 비평서는 당대 영국 문단을 찬사와 비판으로 양분되어 들끓게 만들었다. 현대의 페미니즘 시각으로 보면 제임슨의 시각에는 많은 한계가 있으나 여성 인물들을 남성 캐릭터에 딸린 부속적인 존재로만 다룬 당대 비평에 비하면 대단히 파격적인 시도로 볼 수 있다.

안병대, 『셰익스피어 읽어주는 남자』, 명진출판, 2011.

"인간이 존재하고 무대가 존재하는 한 셰익스피어는 불멸이다!" 라고 주장하는 저자는 30년 동안 셰익스피어를 연구한 학자다. 이 책은 셰익스피어의 4대 비극을 통해 저자가 던진 인생의 화두를 점검해보고, 인생의 본질에 대한 뜨거운 질문과 성찰을 하고 있다. 저자는 셰익스피어 비극을 삶, 죽음, 인간, 우주에 대한 세상에서 가장 강렬한 명상록이라 표현했다. 이 책은 "셰익스피어 비극은 또 다른 이름의 희망"이고, "셰익스피어 비극은 슬픔이 있으되 우울하지는 않다"는 재해석의 메시지를 따뜻하고 섬세한 목소리로 전달한다.

여석기, 『나의 햄릿 강의』, 생각의 나무, 2008.

셰익스피어의 작품 중 우리에게 가장 잘 알려진 작품을 꼽으라면 "사느냐 죽느냐, 그것이 문제로다"라는 명언으로 유명한 『햄릿』일 것이다. 『햄릿』은 이렇게 널리 알려진 고전이지만 의견이 분분하고 다양한 해석이 가능해 작품을 이해하기란 여간 어렵지 않다. 이 책은 평생을 셰익스피어 연구에 몰두했던 저자가 셰익스피어 작품 중에서도 가장 난해하고 수수께끼를 많이 내포하고 있는 『햄릿』의 고전성을 쉽게 이해할 수 있게 통합적인 강의 내용을 담은 것이다. 주요한 독백과 장면, 캐릭터 등을 꼼꼼히 살펴본다.

한국 셰익스피어 학회, 『셰익스피어 작품 해설』 I, 범한서적, 2000.
　　　　　　　　 ―, 『셰익스피어 작품 해설』 II, 범한서적, 2002.

이 시리즈는 셰익스피어 교수들이 영문과 학생들과 셰익스피어에 관심을 가진 일반인, 연극인들을 위해 집필한 셰익스피어 작품해설서다. 셰익스피어의 작품을 간결하고 알기 쉽게 기술한 책으로 1권에는 총 20작품, 2권에는 총 17작품이 수록되어 있다.

**한영림, 『셰익스피어 공연 무대사: 글로브 극장에서 글로벌 극장으로』, 동인, 2007.**

16세기 후반에 셰익스피어의 작품들이 주로 공연되었던 글로브 극장부터 20세기 후반에 재창조된 새 글로브 극장까지 시대별 문화적 특성에 따라 변화와 발전의 과정을 겪었던 공연 양상을 역사적으로 조망한 책이다. 셰익스피어 공연 무대역사를 통사적으로 다룬 문헌이라는 점에서 학문적 의의가 있다.

# 셰익스피어를 이해하기 위한 용어해설

**무운시**(無韻詩, blank verse) 셰익스피어가 그의 극에서 사용한 운문 형식이다. 무운시란 각운(脚韻)이 없는 시로, 연이 나눠지 않고 한 행에 약강의 음보가 5개 들어 있다. 이를 약강 오보격(弱强五步格, iambic pentameter)이라 한다. **29, 451**

**대학재사**(university wits) 당시 영국에서 연극 대본을 쓴 사람은 크게 두 부류가 있었다. 한 부류는 대학에서 고전 교육을 받고 연극을 쓴 '대학재사'(university wits)고 또 한 부류는 극장에서 배우로 활동하면서 극작을 한 사람들이다. 이들은 각각 문학적 전통에 통달한 작가라는 이점과 실전을 통해 무대를 잘 알고 있다는 이점을 내세우며 경쟁 관계를 이루었다. 로버트 그린은 전자에 속하는 작가였고 셰익스피어는 후자의 부류에 속했다. **28, 193, 480, 515**

**삼일치의 법칙** 아리스토텔레스 등 고대 문예 비평가들은 희곡 속의 사건은 다음 세 가지 원칙을 지켜야 내용에 개연성이 생긴다고 주장했다. 첫째는 하루를 넘지 않아야 한다는 시간의 통일, 둘째는 한 장소에서 이루어져야 한다는 장소의 통일, 셋째는 일정한 길이의 한 사건이어야 한다는 행위의 통일이다. **506, 507**

**말놀이**(pun) 셰익스피어는 작품 속에서 동음이의어나 다의어 등을 이용하여 자주 말놀이를 한다. 유머러스한 효과를 내기 위해 한 단어를 두 개 또는 그 이상의 의미를 암시하도록 사용하는 것이다. 셰익스피어는 이런 말놀이를 통해 관객에게 웃음을 일으키기도 하고 그 어떤 것도 고정된 하나의 의미가 있는 것이 아니라 다양한 의미로 해석이 가능하다는 것을 보여주기도 한다. 이런 말놀이는 셰익스피어 시대 관중들에게 인기가 있었다. **88, 114**

**왕권신수설** 군주의 절대 권력을 옹호하는 정치 이데올로기로 절대왕정시대의 군주들이 자신들의 권력을 확고부동하게 하기 위해 사용했다. 그들은 왕의 권력은 신이 부여한 것이므로 절대적이며, 감히 지상의 세력이 왕의 행동을 견제할 수 없다고 주장했다. 셰익스피어 시대가 절대왕정시대였기에 당시의 왕권신수설은 지배적인 담론이었다. **24, 172, 173, 174, 454, 472**

**청교도(Puritan)** 영국 성공회는 온건한 칼뱅주의로 로마 가톨릭과 엄격한 칼뱅주의인 개신교 사이의 중도적 노선을 걷는다. 이에 비해 청교도는 영국 국교회 내에 남아 있는 로마 가톨릭적인 제도와 의식 일체를 배척했다. 그들은 칼뱅주의에 의한 투철한 개혁을 주장했고 1559년에 엘리자베스 1세가 내린 통일령에도 순종하지 않았다. 엄격한 도덕성, 주일의 엄수, 향락의 억제 등 금욕적 삶을 주창한 그들은 제임스 1세, 찰스 1세 시대에 비국교도로서 심한 박해를 받았다. 그러다 마침내 1642년에 청교도 혁명을 일으켜 정권을 획득했으나, 오래 정권을 유지하지 못하고 1660년에 다시 왕정이 복고되었다.

청교도들은 극장을 쾌락을 추구하는 자들이 모여 퇴폐와 풍기 문란을 조장하는 공간이라고 생각했다. 또한 극장을 부도덕함을 조장하고 견습공들을 생업에서 태만하게 만드는 악의 소굴로 여겼다. 또한 남자가 여자 역을 하고 저급한 배우가 신성한 왕의 역할을 하는 것이 엄격한 성적·계급적 구별을 무너뜨려 사회질서를 어지럽힌다고 생각했다. 그러나 무엇보다도 청교도들이 극장을 탄압한 것은 주말에도 연극이 공연되어서 사람들이 교회에 예배를 보러 가는 대신 극장으로 몰려들었기 때문이다. 그래서 청교도들은 극장을 탄압했는데, 그들이 세력을 잡은 공화정 시절에는 극장이 모두 폐쇄되었다. **22, 34, 37, 39, 49~51, 282, 285, 449**

**궁내부 대신 극단과 왕의 극단** 셰익스피어 당시에 배우들은 신분이 아주 불안정했다. 배우들은 부랑아로 분류되었는데, 당시에 부랑아들은 시가 운영하고 있는 집단 수용소에 수용되었다. 그래서 배우들은 왕을 비롯한 고위 공직자의 후원을 받고 그들 집에 속한 하인으로 신분의 보장을 받아야만 자유로이 공연을 하러 다닐 수 있었다. 엘리자베스 여왕 시대에는 셰익스피어가 속한 극단이 궁내부 대신의 후원을 받아 '궁내부 대신 극단'(Lord Chamberlain's Men)이라고 불렸다. 그러다 제임스 1세가 왕위에 오른 뒤에는 제임스 1세가 후원자가 되어 '왕의 극단'(King's Men)으로 승격되었다. **29, 31, 35, 40, 481, 516, 517**

**블랙프라이어스 극장**(Blackfriars) 1603년에 셰익스피어가 속한 궁내부 대신 극단이 실내극장인 블랙프라이어스를 임대하면서부터 관객들이 분류되기 시작했다. 관람료가 더 비싼 사설극장인 블랙프라이어스는 좀더 수준 높은 고급 관객들이 찾았다. 무대 또한 훨씬 정교해져서 새로운 극적 실험 등을 할 수 있었다. 그래서 이 극장에서는 로맨스 또는 희비극이라고 불리는 귀족적인 새로운 레퍼토리들을 준비했다. 셰익스피어가 후기에 로맨스 장르를 쓰는 이유는 이런 극장의 변화 탓도 있다. **36, 40, 450**

**글로브 극장**(The Globe) '지구 극장'이라는 뜻의 글로브 극장은 1599년에 리처드 버비지(Richard Burbage)와 커스버트 버비지(Cuthbert Burbage) 형제가 세웠다. 런던의 시 외곽 지역인 사우스워크(Southwark)에 세워진 이 극장은 8각형 모양이었으며 수많은 셰익스피어 작품을 공연하는 본거지였다. 이 극장은 런던의 대표적인 극장 네 곳 중 하나로 평가받을 정도로 규모가 컸다. **31, 39~41, 45, 95, 491, 516**

**이 세상 모두가 연극 무대**(Totus Mundusagit Histrionem) 글로브 극장 지붕에는 헤라클레스가 자신의 짐인 세상, 즉 지구를 짊어지고 있는 모습 위에 '이 세상 모두가 연극 무대'라는 뜻의 라틴어 문구가 쓰인 띠가 둘러진 깃발이 걸렸다. 플라톤 시대부터 유래된 이 사상도 셰익스피어 주요 주제 가운데 하나다. 즉 셰익스피어는 수많은 대사를 통해 우리의 인생을 한 편의 연극에, 인간들을 배우에 비유하곤 했다. **45, 171**

**세네카 극** 로마의 비극 작가인 세네카는 셰익스피어 시대 극작가들에게 큰 영향을 미쳤다. 다음과 같은 그의 특징들은 셰익스피어를 비롯한 당대 작가들의 극에서 흔히 볼 수 있다. 첫째, 언어가 아주 장황하고 수사적이다. 둘째, 대부분 유혈적이고 폭력적인 복수극이다. 그리고 살인, 근친상간, 유아 살해 같은 선정적인 내용들이 많이 들어 있다. 셋째, 5막 구성으로 되어 있다. 셰익스피어 극들도 모두 5막으로 구성되어 있다. 넷째, 유령이나 마녀 같은 초자연적 인물들이 등장한다. **16, 26, 65, 451, 469**

**화약음모 사건** 1605년에 가톨릭에 대한 제임스 1세의 박해정책에 항거하여 가톨릭교도들이 의사당 지하실에 화약을 묻어놓고, 제임스 1세와 그의 가족, 대신과 의원들을 죽이려 했던 사건이다. 로버트 케이츠비(Robert Catesby)가 주동하고 가이 포크스(Guy Fawkes) 등이 가담했다. 그런데 음모자 가운데 한 사람이 누설하여 발각되었다. 이 음모에 가담했던 사람들은 모두 처형됐고, 이 사건으로 가톨릭 세력에 대한 경계는 더욱 강화되었다. 『맥베스』에서 문지기가 말하는 'equivocator'란 하나님을 팔아 역모를 꾸민 이 음모자들을 가리키는 것이다. **164, 517**

**신역사주의** 문화비평가인 스티븐 그린블랫(Stephen Greenblat)이 처음 사용한 문화비평 용어다. 프랑스의 철학자 미셸 푸코(Michel Foucault)의 영향을 받은 신역사주의자들은 모든 지식인이 자신들이 살고 있는 시대의 지배 담론에서 자유롭지 못하다고 생각한다. 신역사주의자들은 셰익스피어가 당대 지배계급의 이익에 봉사하면서 체제를 옹호하는 담론들을 생산하거나 강화, 확산했다고 평가했다.  **173, 175, 339, 467, 465, 487**

**인클로저 운동** 15세기 중엽 이후에 영주나 대지주가 목축업이나 집약농장을 경영하기 위해 땅에 담이나 울타리 등의 경계를 표시하여 사유지화한 것을 말한다. 인클로저란 공동으로 이용되고 있던 중세 장원에 울타리를 치거나 담을 쌓아서 사유지임을 명시한 것이다. 영주와 농민들 상호간의 합의에 따라 이루어진 농민들의 인클로저도 있지만 문제는 영주들의 독단적인 인클로저였다. 영주들은 양을 치는 목장을 만들기 위하여 자신들의 경지와 공동지에 울타리나 담을 둘렀다. 양을 치는 것이 곡물 재배보다 적은 노동력으로 높은 이윤을 보장해주었기 때문이다. 그러나 토지를 잃은 농민들은 도시로 가서 노동자가 되거나 도시 빈민이 되었다. 이런 인클로저는 자본주의의 이기적인 탐욕을 보여주는 전형적인 예다. 토머스 모어는 『유토피아』에서 "양이 사람을 잡아먹는다"라든가, "탐욕스러운 자들의 국토의 노략질"이라는 표현으로 인클로저 행위를 비난했다.  **18, 264**

**르네상스형 자아창출자** 영국의 르네상스 시기는 경제력이나 권력을 추구하여 신분상승을 도모하는 새로운 자아창출의 시대였다. 신분이 세습되는 중세 시대와는 달리 근대 자본주의 사회에서는 개인이 부와 권력을 통해 출세할 수 있었다. 따라서 부와 권력에 대한 인간의 욕망과 탐욕으로 온갖 음모, 허위, 사기, 권모술수 등이 난무하게 된다. 『리어 왕』에서 에드먼드는 서자라는 신분조건을 뛰어넘어 권력과 재산을 차지하고자 수단과 방법을 가리지 않는다. 형과 아버지를 팔아 그들의 권력과 재산을 차지하는 에드먼드는 전형적인 르네상스형 자아창출자라고 할 수 있다.  **105, 150**

**곰놀리기**(bear-baiting) 곰놀리기는 당시에 아주 인기 있는 유흥거리여서 많은 사람이 즐겼다. 곰 한 마리를 나무 기둥에 묶어놓고 여러 마리의 개가 공격하게 하는 것으로 오늘날의 투계, 투견처럼 인간들의 잔인한 취향을 엿볼 수 있는 문화다. 셰익스피어는 이 곰놀리기에 대해 그의 작품 속에서 여러 번 쓰고 있다. **22**

**극적 아이러니**(dramatic irony) 극 속의 등장인물은 모르고 있는 것을 관객이 알고 있는 상황을 극적 아이러니라고 한다. 『오셀로』에서 관객은 이아고가 어떤 말을 하거나 행동을 할 때 그 본심과 의도를 알지만 다른 등장인물들은 전혀 그것을 눈치채지 못한다. 『리어 왕』에서 에드먼드가 형을 음해할 때도 앞서 나오는 에드먼드의 독백으로 관객들은 그가 사악한 음모를 꾸미고 있다는 것을 안다. 하지만 글로스터 백작은 그의 계략에 넘어가 에드가를 의심한다. 이때 관객은 극적 아이러니를 느낀다. **103, 104, 184**

**카타르시스** 아리스토텔레스가 『시학』(*Poetics*)에서 쓴 용어다. 비극 속 주인공의 비참한 운명은 관중의 마음에 '두려움'과 '연민'의 감정을 유발하는데 그 과정에서 사람들의 마음이 순화된다는 일종의 정신적 정화작용을 가리키는 용어다. **75**

**오쟁이 진(뿔 달린) 남편** 아내가 바람이 나면 남편의 머리에 뿔이 돋는다고 믿었던 서양 풍습에 나오는 뿔 달린 남편, 즉 오쟁이 진 남편을 말한다. 셰익스피어의 작품 속에는 희극·비극을 막론하고 이에 대한 언급이 아주 많이 나온다. **179, 185, 214**

**극중극**(play-within-play) 『햄릿』의 「쥐덫」처럼 연극 안에서 다시 연극을 하는 것을 극중극이라고 한다. 셰익스피어는 여러 작품에서 극중극 형식을 사용한다. 『햄릿』에서는 클로디어스의 마음 속 비밀을 캐내기 위한 도구로 극중극을 활용하며, 『한여름 밤의 꿈』에서는 직업조합(길드)의 장인(匠人)들이 준비하는 코믹극을 통해 여러 관객층의 다양한 취향을 만족시켜준다. 「말괄량이 길들이기」도 슬라이라는 술주정뱅이 땜장이를 위해 공연되는 극중극이다. **34, 60, 67, 72, 75~77, 223, 233, 245, 246, 252, 255, 348, 361, 475**

**햄릿형 인간과 돈키호테형 인간** 러시아의 소설가 투르게네프는 인간의 유형을 '햄릿형 인간'과 '돈키호테형 인간'으로 나누었다. '햄릿형 인간'은 어떤 행동을 하기 전에 신중하게 생각하는 사람들을 말하고, '돈키호테형 인간'은 생각보다 행동을 먼저 하는 사람들을 말한다. 투르게네프에 따르면 햄릿형 인간은 논리적이고 체계적인 생각을 통해 시행착오를 줄일 수 있지만 너무 생각이 많은 탓에 머릿속 생각을 쉽게 실행에 옮기지 못한다. 반면 돈키호테형 인간은 일을 밀어붙이는 추진력은 있지만 즉흥적인 감정이나 성급한 결정으로 시행착오를 반복한다. **451**

**햄릿과 오이디푸스 콤플렉스** 프로이트는 『햄릿』과 소포클레스의 『오이디푸스 왕』을 심리학적으로 연구하여 오이디푸스 콤플렉스라는 유명한 이론을 만들었다. 햄릿은 '복수'라는 자기의 임무를 인식하고 있으나 극이 끝날 무렵까지 그 복수를 이행하지 못한다. 프로이트는 이런 햄릿의 복수 지연을 '오이디푸스 콤플렉스' 때문이라고 설명한다. '오이디푸스 콤플렉스'란 아들이 어머니에 대해 무의식적으로 성적 애착을 갖게 되어 아버지를 증오하는 심리를 말한다. 결국 햄릿은 아버지를 살해하고 어머니를 차지하고 싶은 자신의 무의식적인 소망을 행동으로 옮긴 숙부 클로디어스를 죽일 수가 없었다는 것이다. **91**

**페트라르카**(Francesco Petrarca, 1304~74) 이탈리아의 시인으로 1327년에 라우라라는 여인을 만나 평생 그녀를 향한 연심을 시로 썼다. 그것을 모은 것이 바로 「칸초니에레」라는 소네트집이다. **311, 408, 417, 420, 422, 463, 467**

**소네트**(sonnet) 이탈리아에서 생긴 14행으로 이루어진 정형시다. 규칙적인 각운 체계를 갖고 있으며 단테와 페트라르카에 의해 크게 발전했다. 셰익스피어도 154편의 소네트를 남겼다. **16, 17, 37, 407~420, 422, 424, 428, 430, 431, 435, 445, 447, 463, 467, 485, 499**

**장미전쟁** 영국의 왕족인 랭커스터 가문과 요크 가문 사이의 왕위쟁탈 전쟁을 말한다. 장미전쟁은 30년 동안 계속되었다. 장미전쟁이라는 이름은 랭커스터 왕가가 붉은 장미를, 요크가가 흰 장미를 각각 집안의 상징으로 삼은 것에서 유래한 것이다. 요크가의 리처드 3세가 1485년 보즈워스 전투에서 랭커스터가의 헨리 튜더에게 패함으로써 이 전쟁은 종식된다. 헨리는 요크가의 엘리자베스 공주와 결혼하여 두 왕가의 오랜 반목을 종식시키고 화합을 꾀했다. 그리고 헨리 7세로 왕위에 올라 튜더 왕조를 열고 왕권을 군건히 다지기 위해 절대왕정을 실시했다. **13, 15, 136, 151, 152, 403, 481, 482**

**격행대화**(stichomythia) 두 명의 등장인물이 번갈아가며 각기 경구적인 시행을 번갈아 읊는 것으로 흔히 상대방의 말에 반대 견해를 표명하거나 다른 뜻을 제시하기 위해 아니면 상대의 말을 비꼴 때 사용한다. 등장인물들이 격렬하게 논쟁하거나 감정을 고조시키는 수단으로 이용하기도 한다. **151**

**마키아벨리**(Niccolò Machiavelli) 16세기 이탈리아의 역사학자이자 정치이론가로, 바람직한 군주상을 제시한 『군주론』으로 근대 정치사상을 펼쳤다. 정치는 도덕과 구별되는 고유의 영역임을 주장한 것이 와전되어 마키아벨리즘이라는 단어가 탄생했다. 이는 곧 목적을 달성하기 위해 수단과 방법을 가리지 않는 태도를 말한다. 로마 교황청은 그의 책들을 금서로 규정했다. **17, 137, 330**

**낭만희극**(romantic comedy) 주로 젊은 남녀의 사랑 이야기가 주제인 낭만
희극으로는 『베니스의 상인』 『한여름 밤의 꿈』 『말괄량이 길들이기』 『좋
으실 대로』 『십이야』 『헛소동』(*Much Ado about Nothing*) 등이 있다. 복잡
하게 얽힌 젊은 남녀의 사랑이 시련과 고통을 겪고 성숙한 사랑으로 맺어
져 유쾌하고 행복한 결혼식 축하연으로 끝날 때가 많다. 대부분의 낭만희
극은 "갈등과 고통이 발생하는 도시(또는 궁정)세계에서의 도피→치유력
을 지닌 숲에서의 변모→용서와 화해를 통한 궁정으로의 귀환"이라는 극
구조를 공유하고 있다. 이때 도시는 각종 음모와 배신이 넘치는 고난과 갈
등의 공간이고 숲은 목가적 요소를 지녀 상처를 치유하고 정신적으로 성
숙해지는 공간이 된다. 또한 낭만희극에서는 여자 주인공들이 남장(男裝)
을 하고 길을 떠나는 플롯이 자주 등장한다. **50, 298, 299, 304, 358, 474,
477, 478**

**문제극**(problem comedy) 해피엔딩으로 끝나면서도 정통 희극과는 달리 암
울한 색조가 짙은 희극을 어두운 희극, 문제극이라고 한다. 셰익스피어는
주로 4대 비극을 쓴 시기에 이런 희극을 썼다. 이 극에서는 심각한 요소가
희극적 요소를 능가하고 속임수, 배반, 성욕 등 인간의 사악한 본성을 다룬
다. 결말에 등장인물들이 죽거나 파멸되지 않기 때문에 희극으로 분류되지
만 극에서 다루어지는 상황은 대단히 비극적이다. 『자에는 자로』 『끝이 좋
으면 다 좋아』 『트로일러스와 크레시다』가 이 장르에 속하는 극이다. **24,
281, 471, 479**

**낭만극**(romance) 1608년부터 1611년까지는 흔히 셰익스피어의 완숙한 낭
만극 또는 희비극(tragicomedy) 시대로 분류한다. 바로 앞 시기에 격정
적인 비극의 세계를 그렸던 셰익스피어는 이 시기에 갑자기 용서와 화해
가 존재하는 목가적 세계를 그려낸다. 비극에서는 주인공들이 자신의 과
오에 대한 뒤늦은 인식을 하며 파멸하는 데 비해 낭만극에서는 그런 과오
에 대한 인식과 참회 뒤에 상실한 것들을 되찾고 용서와 화해 속에 끝난

다. 낭만극이란 중세 귀족문학인 로맨스의 계보를 잇는 것으로 다소 비현실적이고 낭만적인 요소들이 담겨 있다. 이런 낭만극에는 머나먼 이국적 배경이 많이 등장하며 환상적이고 신비로운 이야기와 초자연적인 인물과 사건이 등장한다. 그러다 보니 플롯이 다소 인위적이고 현실감이 부족하기도 하다. 이 극은 한결같이 전반부에서는 비극적인 플롯으로 진행되다가 갑자기 반전이 일어나 행복한 결말을 맞는다. 그래서 이 극들을 '희비극'이라고도 부른다. 『폭풍우』『심벨린』『겨울 이야기』『페리클레스』가 이 장르에 속한다. **47, 479, 480**

**풍속희극**(comedy of manners) 풍속희극은 궁정 문화나 귀족들의 행동방식에 대해 생생하게 묘사함으로써 귀족 사회에서 남녀의 윤리의식, 풍습, 사회적 품위에 관심을 갖는 인물들의 위선적인 언행 불일치 등을 보여준다. 그들의 위선을 조롱하는 풍자적이고 위트 있는 대화가 특징이다. 셰익스피어 작품 중에는 『사랑의 헛수고』(*Love's Labour's Lost*)가 이 장르에 속한다. **476**

**소극**(笑劇, farce) 관객에게 의미 있는 메시지 전달이나 인간성에 대한 심도 있는 통찰보다는 웃음을 주고자 만든 극으로 우스꽝스러운 상황이나 대사, 행동 등으로 웃음을 유발한다. 『헨리 4세』에 등장하는 희극적 인물 폴스태프가 주인공으로 등장하여 유부녀들을 유혹하다 그들에게 당하는 이야기인 『윈저의 즐거운 아낙네들』(*Merry Wives of Windsor*)이 이에 속한다. **37, 476**

# 셰익스피어에 대해 묻고 답하기

### 1. 셰익스피어의 명성은 대영제국이 만들어낸 허상인가?

셰익스피어가 세계적 명성을 획득한 시기는 대영제국의 팽창기이기도 하다. 그래서 셰익스피어가 누린 인기는 영국의 문화적 우월성을 강조하려는 정치적 의도에서 비롯된 현상이라는 주장도 있었다. 18세기와 19세기에 셰익스피어의 작품들은 끊임없이 무대에서 상연됐으며 화가들은 앞다투어 그의 작품 속 장면들을 그렸고 작가들은 그의 언어와 스타일로 글을 썼다. 그는 신격화되어 세계 최고작가라는 타이틀을 거머쥐었다. 그리고 그 영향으로 아직까지도 최고의 작가라는 이미지를 갖고 있다.

그런데 셰익스피어 우상화는 영국의 제국주의가 정치적 목적을 위해 만든 조작된 신화라는 주장이 나오고 있다. 물론 전혀 틀린 주장은 아니다. 하지만 이는 영국뿐만 아니라 독일과 프랑스 같은 다른 유럽 국가에서도 나타났던 광범위한 우상화 현상의 국부적인 단면만을 부각시킨 다소 편협하고 위험한 주장으로 느껴진다. 셰익스피어 우상화 현상은 의도적이고 체계적으로 진행된 것이 아니라 다방면에서 자연발생적으로 번져나간 사회 현상이었다. 셰익스피어의 작품 속 판타지 요소와 자연친화적인 면, 인간의 내면에 대한 깊이 있는 통찰 등이 당시의 낭만주의 감수성과 통하면서 열풍이 불기 시작한 것이다.

낭만주의는 인간의 감정과 본능, 직관적 통찰력을 중요시했다. 그들은 사회보다 개인을 중시했으며 이성과 법칙보다는 감정과 비이성, 신비, 직관, 상징 등을 더 중시했다. 낭만주의의 핵심이 되는 미학적 신념을 두 가지만 말한다면 첫째는 자연에 대한 동경 및 찬양이요, 둘째는 창조적 상상력일 것이다. 그런데 셰익스피어는 이 두 가지 신념을 모두 담은 모델을 제공하고 있었다. 많은 희극 작품 속에서 셰익스피어가 제시하고 있는 초록 숲은 풍경화가들에게 영감을 주었으며 마녀, 요정, 유령 등은 몽상과 환상적인 소재를 좋아하는 낭만주의자들의 상상력을 자극했다.

또한 다양하고 심리적으로 복잡한 인물의 창조는 18~19세기의 낭만파들이 추구한 개인주의나 인간의 내면, 감정에 대한 관심과 함께 끊임없는 공감대를 형성했다. 이런 점에서 셰익스피어의 창조력은 독일, 프랑스 등 전 유럽의 낭만주의에 영감을 주었고 낭만주의의 전범으로 열렬히 찬양되었다.


## 2. 셰익스피어는 가짜다?

우리가 읽고 있는 셰익스피어의 작품이 스트랫퍼드-어펀-에이본 출신의 시인의 작품이 아니라는 주장이 빅토리아 시대부터 제기되어왔다. 가장 먼저 그런 의구심을 드러낸 사람은 제임스 윌모트(James Wilmot) 목사로 그는 프랜시스 베이컨이 실제 저자였다고 주장했다. 이후에도 꾸준히 가짜 셰익스피어설이 존재했고 진짜 저자를 밝히려는 연구들이 있어왔다. 그런 의심을 제기한 학자들은 논란의 근거로 셰익스피어 관련 기록에 그가 문인이었다는 기록이 전무하다는 점, 생전에 궁정에서도 공연할 정도로 대단한 극작가였던 그의 사망을 추모하는 조사가 한 줄도 발견되지 않았다는 점, 유서에서 아내에게 침대를 남기는 등 재산 분배에 대한 상세한 지시를 남기면서도 소장한 책들의 처분이나 자필 원고에 대한 언급이 전무하다는 점을 들고 있다. 마지막으로 대학교육도 받지 못한 자가 단지 천재적 상상력만으로 법학, 지리학, 역사, 고전 등의 전문 지식을 담은 작품들을 썼을 수는 없다는 점이다.

그동안 38편의 희곡을 쓴 진짜 작가로 거론되어온 사람은 엘리자베스 여왕과 제임스 1세 치세 기간에 정치가와 사상가로 활동했던 프랜시스 베이컨(Francis Bacon), 선배 극작가 크리스토퍼 말로(Christopher Marlowe), 셰익스피어 후원자로 알려진 옥스퍼드 백작, 에드워드 드 비어(Edward de Vere), 셰익스피어의 먼 친척이었던 헨리 네빌(Henry Neville) 등이다. 이 중 가장 강력한 후보로 거론되는 사람은 에드워드 드 비어고 그를 진짜 작가라고 주장하는 사람들을 옥스퍼드파라고 한다. 1920년, 토머스 루니(Thomas Looney)는 『셰익스피어는 에드워드 드 비어로 밝혀졌다』(*Shakespeare Identified in Edward de Vere*)라는 저서를 출간했는데 심리학자 프로이트가 그의 주장을 강력히 지지했다. 1984년에 찰튼 오그번(Charlton Ogburn)도 『신비에 쌓인 윌리엄 셰익스피어』(*The Mysterious William Shakespeare*)에서 같은 주장을 하고 있다.

옥스퍼드파가 에드워드 드 비어를 진짜 셰익스피어라고 주장하는 근거도 여러 가지가 있다. 첫째는 그가 옥스퍼드에서 최상의 교육을 받은 풍부한 재력과 경력의 소유자이면서 시와 극작 등 문인으로서 당대에 인정받았다는 점이다. 둘째는 그의 초기 시와 서간문들이 다수 남아 있는데 셰익스피어의 문체와 흡사하다는 점이다. 비단 문체뿐만 아니라 그의 인생 체험과 유사한 대목들이 셰익스피어의 작품들에서 보인다. 특히 『햄릿』의 폴로니어스는 그의 장인이자 엘리자베스 여왕의 비서관이었던 윌리엄 세실(William Cecil)경을 풍자한 것이라는 데 많은 학자가 동의한다. 셋째로 그가 셰익스피어라는 가명을 사용한 것에 대해 그의 문장(紋章)에 '창을 휘두르는'(shake-spear) 사자가 그려져 있었으며 그의 별명이 'spear shaker'였다는 것이다.


## 3. 왜 셰익스피어를 언어의 마술사라고 부르는가?

셰익스피어는 작품에서 2~3만 개라는 방대한 어휘를 구사한 것으로 알려져 있다. 그가 구사한 어휘 중에는 새롭게 만든 어휘도 있고 기존의 단어들을 새로운 형태와 의미로 조합한 복합어도 많았다. 그가 사용한 신조어들은 지금도 상당수 사용되고 있다. 따라서 셰익스피어는 영어 어휘를 다채롭고 풍요롭게 하는 데 크게 기여한 작가로 공인받고 있다.

셰익스피어 극의 대사는 대부분 운문으로 쓰여 있다. 그래서 대사 하나하나가 아름다운 시며, 인생의 지혜를 담은 경구들이다. 시적 감흥이 샘물처럼 솟아나던 그는 그것을 때로는 아름답게, 때로는 힘차고 웅변적으로 읊었다. 많은 사람은 그 대사들의 시적인 아름다움과 그 안에 담긴 철학에 매료되어 그것들을 암송하고 낭송했으며 많은 유명 인사의 명연설에서 셰익스피어 대사를 쉽게 찾을 수 있다.

또한 무대장치나 효과가 발달하지 못했던 당시 극장의 한계를 극복하기 위해 관객들의 마음속에 생생한 그림이 떠오르도록 사용한 온갖 수사법과 뛰어난 이미저리도 셰익스피어 작품이 사랑받는 또 다른 이유다. 그의 언어가 지닌 비유와 상징은 그의 극들을 시적 드라마의 경지로 끌어올린다. 아울러 그의 재치 있고 풍부한 고전 인유들은 우리들의 지적 호기심을 자극하여 고전의 세계에 관심을 갖게 해준다. 이렇게 언어에 대한 탁월한 감각을 그의 작품들이 보여주기 때문에 그는 언어의 마술사라는 평가를 받는다.

## 4. 왜 유럽과 영국의 신고전주의자들은 셰익스피어를 "학식이 부족한 천재"라고 평했는가?

셰익스피어의 작품들은 단일 플롯, 단일 장소, 하루만의 사건이라는 고전 규범의 삼일치 원칙에서 벗어나는가 하면, 비극에 희극이 섞여 있고 권선징악이라는 시적 정의(poetic justice)도 구현하지 않는다. 17세기에 프랑스의 문인 볼테르를 비롯한 신고전주의 작가들은 이런 고전 규범들을 무시했다는 이유로 셰익스피어를 비난했다. 그들은 삼일치 법칙의 준수 여부를 극비평의 표준으로 삼았다. 특히 볼테르는 셰익스피어가 삼일치 법칙을 준수하지 않은 것은 무지의 소치라고 단정하고 셰익스피어를 야만인이라고 신랄히 공격했다. 다른 비평가들도 셰익스피어를 무법의 시인(lawless poet) 또는 불규칙의 시인(irregular poet)이라고 평했다. 영국의 신고전주의자 새뮤얼 존슨(Samuel Johnson)은 그가 펴낸 『셰익스피어 전집』 서문에서 셰익스피어를 "규범을 깬 천재"라고 묘사했지만 한편으로 그가 형식화된 규범들을 거부하고 삶의 양상을 진실하게 보여주었다고 찬양하기도 했다.

5. 셰익스피어 작품들이 영국 무대에서 사라진 시절이 있다던데 언제, 왜 그랬는가?

고전 예술규범을 따르고자 했던 신고전주의 양식에서 볼 때 셰익스피어 작품들은 규범에 따라 정교하게 만들어진 유럽극들에 비해 거칠고 세련되지 못하다는 평가를 받았다. 그래서 달라진 기호를 지닌 왕정복고기의 지식인들에게 셰익스피어는 학식이 부족한 천재처럼 여겨졌다.

이런 평가에 따라 왕정복고기에 대대적으로 셰익스피어 작품에 개작이 행해졌다. 개작은 대체로 셰익스피어 대사를 간소화하고 복잡한 플롯을 간단명료하게 고치고, 고전적 규범에 충실하면서 시적 정의를 실현하는 등 당대의 미학적 감수성을 담아내도록 이루어졌다. 또한 당시의 관객들은 늘 탄압을 받던 선(善)이 마지막 순간에는 승리를 거두는 데서 기쁨을 느꼈기 때문에 그런 도덕적 감수성에 맞게끔 개작을 했다. 그뿐만 아니라 좀더 화려해진 무대나 여성 배우의 기용과 같은 무대의 변화에도 맞게 고쳐졌다.

1681년에 테이트가 개작한 『리어 왕』은 이 시기에 어떻게 셰익스피어 작품을 당대의 기호에 따라 개작했는지 보여주는 대표적인 작품이다. 테이트는 『리어 왕』『리처드 2세』(Richard II), 『코리올레이너스』를 공연용으로 개작했다. 그중에서도 처음 공연된 이후 150년 동안이나 셰익스피어의 원작 대신 공연된 『리어 왕』은 가장 유명하고 가장 성공한, 그러면서도 셰익스피어를 가장 악의적으로 개작한 작품으로 간주된다. 물론 『리어 왕』만 이런 모진 개작의 경험을 당한 것은 아니다. 18세기에는 존 드라이든(John Dryden)이 『안토니와 클레오파트라』(Antony and Cleopatra)를 재구성한 『모두가 사랑을 위해』(All for Love, 1667)가 연극 무대를 지배했다. 드라이든은 신고전주의 대가답게 이 극을 '삼일치 원칙'을 준수하여 개작했다. 총 42장에 이르던 원작의 복잡하고 방대한 내용을 과감히 압축하고 단순화했다. 등장인물도 셰익스피어 원작보다 삼분의 일로 줄이고 시간도 마지막 날, 단 하루로 줄였으며 내용도 두 사람의 사랑에만 초점을 맞추었다. 그러다 보니 셰익스피어 원작이 지닌 클레오파트라의 복잡한 성격이나 '사랑의 세계 vs 정치의 세계' '정욕 vs 이성' '이집트 vs 로마'의 대립을 통한 원숙하고 장엄한 스케일은 찾아볼 수가 없게 되었다.

6. 셰익스피어는 '영국성'(Englishness)을 보여주는 작가라고 하는데 '영국성'이란 무엇인가?

18세기 예술가들은 셰익스피어를 '예술'과 반대되는 '자연'이란 차원에서 해석했다. 그들은 셰익스피어가 예술적인 시인이 아니라 자연의 시인이라고 보았다. 당시 프랑스 드라마계는 아리스토텔레스를 비롯한 고대 문예론자들이 주장한 규범들에 얽매여 대단히 형식적이고 단조로웠다. 반면 그런 고전 규범에서 자유롭게 일탈한 셰익스피어 극에는 생기와 활기가 있었다. 그래서 영국인들은 프랑스의 인위성과 반대되는 영국의 자연주의, 프랑스의 고답적인 것에 반대되는 영국의 근대적인 면모를 셰익스피어를 통해 주장하고자 했다. 영국의 민족주의자들은 셰익스피어 극의 특징을 영국적 문화 정체성으로 내세우고 프랑스의 고전주의 경향을 문화적 속물근성으로 공격했던 것이다.

즉 셰익스피어의 영국적인 면이란 여러 예술규범으로부터의 해방, 고전 작품과의 거리두기 등을 말한다. 셰익스피어는 권위적이고 결정적이며 규범적인 구조에서 벗어난 불규칙의 천재요, 너무나 독창적이고 복잡해서 규범과 정형화된 구조를 뛰어넘은 작가다. 이런 특징들은 모두 대륙 문학의 조류와 정반대되는 요소들이다. 따라서 셰익스피어 작품은 라틴, 프랑스, 이탈리아 문학과 반대되는 영국적 순수함과 토착성을 지닌 민족 문학을 상징하게 된다. 결국 영국인들이 셰익스피어를 통해 내세우고자 했던 '영국성'은 모든 인위성을 뛰어넘는 자연스러움인 것이다.

# 셰익스피어에 대한 증언록

그는 한 시대를 위한 작가가 아니라 만세(萬世)를 위한 작가다.

■ 벤 존슨(Ben Jonson), 제1 이절판 서문 중


간단히 말해서, 기지로 가득 찬 그의 책에는
우리가 진정 듣고 싶은 소리가 가득하고
우리가 진정 보고 싶은 가치가 넘쳐나네.
페이지마다 있는 아름다운 시행은 저 오래된 황금의 동전처럼
그다음 시대로 또 그다음 시대로 이어져 내려가네.

■ 레너드 딕스(Leonard Digges)


존슨 씨(벤 존슨)가 스페인의 커다란 갈레온 배라면, 셰익스피어는 영국의
전함이라고 생각한다. 존슨 씨는 학문에서는 훨씬 더 높은 수준에 있지만, 실
적 면에서는 느리다. 셰익스피어는 덩치도 작고 돛도 가볍지만, 어떤 물결, 어
떤 바람 앞에서도 기지와 상상력을 발휘하여 적절하게 방향을 잡을 수 있다.

■ 토머스 풀러(Thomas Fuller)


전반적으로 보아 현대 언어는 셰익스피어의 그것보다 훨씬 세련되었기
때문에, 그의 어휘나 표현은 이제 이해하기 어렵다. 그리고 우리가 이해하는
어휘나 표현들도 비문법적이거나 거칠기 일쑤다. 그의 전반적인 스타일은
비유법이 너무나 많아서 애매모호하면서도 허례허식이라는 느낌을 준다.

■ 존 드라이든(John Dryden)

그는 고대와 현대의 시인들을 통틀어 가장 크고 가장 포괄적인 영혼을 가진 시인이다.

■존 드라이든


그는 아주 야누스 같은 시인이다. 그는 항상 두 가지 얼굴을 지니고 있다. 그래서 그의 한 면을 찬미하려는 순간 다른 면을 경멸하게 된다.

■존 드라이든


그것(『리어 왕』)은 줄에다 꿰지 않고, 잘 닦아놓지 않은 보석더미였다. 나는 그 무질서 속에서 황홀한 빛을 보았고, 곧 보물을 발견했다는 걸 알았다.

■네이훔 테이트(Nahum Tate)


셰익스피어의 희곡들은 엄정한 비평적 의미에서 볼 때에 비극도 희극도 아닌, 독특한 종류의 작품이다. 그것은 이 세상의 성격을 있는 그대로 반영한다. 다양한 배분과 무수한 조합을 가진 선과 악, 기쁨과 슬픔을 보여준다. 어느 하나를 잃으면 어느 하나를 얻게 되는 세상의 이치를 표현한다. 그 희곡 속에서 잔치를 하는 사람은 와인 쪽으로 달려가고, 상을 당한 사람은 재빨리 망자를 묻는다. 어떤 사람의 악의가 때때로 다른 어떤 사람의 장난기에게 패배한다. 허다한 장난과 많은 혜택이 아무런 의도 없이 행해지고, 또 방해받는다.

■새뮤얼 존슨(Samuel Johnson)


이것(『햄릿』)은 조잡하고 야만적인 희곡으로, 프랑스와 이탈리아의 최하층 대중들도 용납하지 못할 것이다. 햄릿은 2막에서 광인이 되고, 그의 연인은 3막에서 광인이 된다. 햄릿은 쥐를 잡는다는 핑계로 연인의 아버지를 죽인다. 여주인공은 강물에 몸을 던져 자살한다. 무대 위에서 무덤을 파는 장면이 나온다. 산역꾼들은 죽은 자의 두개골을 손에 들고서 그들다운 재담을 지껄인다. 햄릿은 그들의 역겨운 재담에 역시 역겨운 답변을 지껄인다. 이런 일이 벌어지는 동안에 배우들 중 한 사람이 폴란드를 정복한다. 햄릿, 그의 어머니, 의붓아버지는 무대에서 함께 술을 마신다. 그들은 식탁에서 노래를 부르고, 서로 싸우고, 서로 때리고, 서로 죽인다. 여기에 이르면 이 작품이 술 취한 야만인의 상상력이 빚어낸 것이 아닐까 하는 생각을 하게 된다. 그런데도 이 극은 위대한 천재에게 걸맞는 숭고한 솜씨를 포함하고 있다. 자연이 셰익스피어의 머릿속에 아주 강력하고 웅장한 것과 아주 천박하고 혐오스러운 것—재치라고는 조금도 없는 투박한 자가 생각해낼 수 있는 것—을 함께 배치해놓은 듯하다.

　■볼테르(Voltaire)


　나는 셰익스피어의 작품 첫 페이지 단 한 장을 읽고는 평생 그의 사람이 되었다. 단 한 작품을 읽은 뒤 나는 갓 태어난 눈먼 아이처럼 서 있었다. 기적 같은 손길이 그 아이에게 한순간에 빛을 부여했다. 나는 비로소 내 존재가 무한히 확장되었음을 분명히 보았고 느꼈다. 나는 조금도 주저하지 않고 고전주의 극들을 거부했다. 이제 내게 장소의 일치는 감옥처럼 짜증나는 것이 되었고 시간과 행위의 일치는 내 상상력에 지워진 족쇄 같았다. 나는 자유로운 대기 속으로 뛰어들었고, 처음으로 내가 손과 발을 소유한 존재라는 사실을 깨달았다.

　■괴테(Goethe)


　셰익스피어는 모든 것을 뒤섞어 넣는다. 행과 행을 이어 붙이고, 파격적인 문장과 비유를 구사한다. 하나의 아이디어가 껍질을 깨뜨리고 나오려 하자, 또 다른 아이디어가 부화하여 노출되기를 요구한다.

　■찰스 램(Charles Lamb)


　특히 문학적인 업적을 이루는 데 도움이 되며, 셰익스피어가 그토록 많이 지녔던 자질, 그러니까 부정적 가능성(negative capability). 다시 말해서 불확실한 것들, 불가사의한 것들, 의심 등의 한가운데에서도 사실과 원인을 성마르게 따지지 않고 존재할 수 있는 능력.

　■ 존 키츠(John Keats)


그분이다! 그분이다!

우리가 숭배하는 신은!

그분에게 이 노래와 이 전당을 바친다.

그분은 우리 모두의 경외와 칭송을 받아 마땅하신 분!

　■ 데이비드 개릭(David Garrick)의 '스트랫퍼드에서 셰익스피어 전당 건립과 셰익스피어 동상 건립에 부치는 시' 중


셰익스피어는 인도제국과도 바꾸지 않겠다.

　■ 토머스 칼라일(Thomas Carlyle)


어쩔 도리 없이 덧붙여야 할 말은 셰익스피어를 즐길 수 없는 사람은 불쌍하다는 것이다. 그는 수천 명의 유능한 사상가들을 제치고 살아남았으며, 앞으로도 수천 명을 더 제칠 것이다. 도대체 어떤 재주를 지녔기에 그럴 수 있을까? 첫째는, 이야기하는 재능이다(누군가가 먼저 그에게 이야기를 해준다는 조건 아래). 둘째는, 언어를 다루는 능력이 탁월하다. 천재적인 표현에서는 물론이거니와 언어를 무감각하게, 그리고 어리석게 남용하는 경우에도 그것이 두드러지게 나타난다. 셋째는, 유머 감각이다. 넷째는 특이한 성격의 등장인물에 대한 감각이다. 다섯째는, 그의 영혼 속에 펑펑 솟구치는 힘이다. 이 힘이야말로 이 천재가 지닌, 좋기도 하고 나쁘기도 하고 이도 저도 아닌 재능의 바탕이다. 그는 이런 재능들을 효과적으로 발휘하여 우리로 하여금 무척 신명나게 만들어준다. 그리하여 그가 창조한 허구의 장면과 인물들이 실제적인 삶보다 더 현실적이 된다. 이런 경험을 통해, 실제 삶에 대한 우리의 인식은 평범함을 초월하여 깊고 선명하게 된다.

　■ 조지 버나드 쇼(George Bernard Shaw)

셰익스피어 희곡 하나하나의 완전한 의미는 그 자체로는 알 수 없다. 그 희곡을 집필한 연대, 다른 셰익스피어 희곡들과의 관계, 전체 셰익스피어 희곡에서 차지하는 순서 등을 종합적으로 고려해야만 알 수 있다. 우리는 어떤 희곡 하나를 알기 위해서는 셰익스피어의 희곡 전부를 알아야만 한다.

■ 엘리엇(T.S. Eliot)

나는 글쓰기를 끝내자마자 셰익스피어를 읽는다. 그때마다 내 마음은 멍하고 붉고 뜨겁다. 그다음에 나는 놀란다. 그가 글을 펼쳐나가는 솜씨, 속력, 말을 지어내는 재주가 얼마나 경이로웠는지 나는 미처 깨닫지 못했다. 그러다가 문득 그의 글이 내 글을 훨씬 앞지른다는 것을 알았다. 시작은 같을지 모르나 이내 그가 앞서고, 난리를 쳐가며 용을 쓰고 온 정성을 다 바쳐도 내가 도저히 생각하지 못하는 것들을 그는 해낸다…… 내 말이 틀리지 않다면, 실로 셰익스피어는 문학 전체를 뛰어넘었다.

■ 버지니아 울프(Virginia Woolf)

셰익스피어를 읽을 때면 나는 경이로움에 사로잡힌다.
그렇게 하찮은 사람들이 그렇게 아름다운 언어로
생각하고 소리치다니.

■ 로런스(D.H. Lawrence)

누군가 셰익스피어가 다른 작가들에게 빚을 졌다고 비난하면 랜도(Landor)는 셰익스피어가 원작자보다 더 창의적이라고 대답했다. 셰익스피어는 죽은 몸에도 숨을 불어넣어 살아나게 한다.

■ 랄프 왈도 에머슨(Ralph Waldo Emerson)

# 셰익스피어 연보

| | |
|---|---|
| **1558** | 엘리자베스 1세 등극. |
| **1564** | 존 셰익스피어의 셋째 아이이자 장자로 윌리엄 셰익스피어 출생. 4월 26일에 세례를 받음. 동료 작가 크리스토퍼 말로도 이 해에 출생. |
| **1573** | 셰익스피어의 후원자인 사우샘프턴 백작이 되는 헨리 리즐리 출생. |
| **1576** | 영국 최초의 공공극장인 시어터 극장 건립. |
| **1582** | 셰익스피어, 여덟 살 연상인 앤 해서웨이와 결혼. |
| **1563** | 장녀 수잔나 탄생. |
| **1585** | 쌍둥이 햄닛과 주디스 출생. |
| **1586** | 이때부터 1592년까지 행방이 묘연함. |
| **1587** | 영국으로 망명와 있던 스코틀랜드의 메리 여왕이 반란 혐의로 처형됨. |
| **1588** | 프랜시스 드레이크경이 스페인의 무적함대인 아마다호를 무찌름. |
| **1589** | 『헨리 6세』 1부 집필. |
| **1590~91** | 『헨리 6세』 2, 3부 집필. |
| **1592** | 대학 출신 극작가 로버트 그린이 「엄청난 후회로 사들인 서 푼짜리 지혜」라는 팸플릿에서 셰익스피어의 유명세를 비난함. 런던에 흑사병이 창궐. 7월부터 1594년 6월까지 극장 폐쇄. 극단들은 지방순회 공연을 다님. 『리처드 3세』, 시집 『비너스와 아도니스』 『실수 연발』 집필. |
| **1593** | 후원자인 사우샘프턴 백작에게 헌정한 『비너스와 아도니스』 출 |

간.『타이터스 앤드로니커스』『말괄량이 길들이기』집필.

1594    시집『루크리스의 겁탈』출간. 역시 사우샘프턴 백작에게 헌정함.

『베로나의 두 신사』『사랑의 헛수고』『존 왕』집필.

여왕의 전의(典醫)인 로데리고 로페즈가 여왕 독살 혐의로 처형됨.

'궁내부 대신 극단' 창설.

1595    『리처드 2세』『로미오와 줄리엣』,『한여름 밤의 꿈』집필.

1596    아버지 존 셰익스피어가 문장을 허락받아 '신사'로 서명할 수 있
게 됨.

아들 햄닛 사망.

『베니스의 상인』『헨리 4세』1부 집필.

1597    스트랫퍼드의 대저택 뉴플레이스 매입.

『윈저의 즐거운 아낙네들』집필.

글로브 극장 설립.

1598    『헨리 4세』2부,『헛소동』집필.

1599    『헨리 5세』『줄리어스 시저』『좋으실 대로』집필.

에섹스 백작이 아일랜드 평정에 나섰다가 실패 후 여왕의 명에
반하여 귀국했다가 연금됨.

풍자물 출판 금지령 선포.

1600    『햄릿』집필.

1601    1600년에 석방된 에섹스 백작이 쿠데타를 일으킨 전날 밤 요청하
여『리처드 2세』공연.

에섹스 백작이 반란죄로 처형되고 셰익스피어의 후원자인 사우
샘프턴 백작도 이 반란에 연루되어 수감됨.

『십이야』『트로일러스와 크레시다』집필.

1602    『끝이 좋으면 다 좋아』집필.

1603    엘리자베스 여왕 사망. 스코틀랜드의 제임스 6세가 제임스 1세로
등극하여 스튜어트 왕조 시작. '궁내부 대신 극단'이 '왕의 극단'
이 됨.

| 1604 | 『자에는 자로』『오셀로』집필. |
|------|------|
| 1605 | 『리어 왕』집필. |
| | 제임스 1세의 종교 탄압에 반발하여 화약음모 사건 터짐. |
| 1606 | 화약음모 사건의 주동자인 가이 포크스와 예수회 가네트 신부 처형됨. |
| | 『맥베스』『안토니와 클레오파트라』집필. |
| 1607 | 『코리올레이너스』『아테네의 타이몬』『페리클레스』집필. |
| 1609 | 『심벨린』집필. |
| 1610 | 『겨울 이야기』집필. |
| 1611 | 『폭풍우』집필. |
| 1612 | 존 플레처와 함께 『헨리 8세』집필. |
| 1613 | 존 플레처와 함께 『고결한 두 친척』집필. |
| | 『헨리 8세』공연 중 글로브 극장에 화재가 나서 소실됨. |
| 1614 | 글로브 극장 재개관. |
| 1616 | 4월 23일에 사망. |
| 1623 | 셰익스피어의 아내 앤 해서웨이 사망. |
| | 존 헤밍과 헨리 콘델에 의해 36개의 극이 수록된 최초의 극전집인 제1 이절판 출간. |

지은이 **권오숙**權五淑

한국외국어대학교 영어과를 졸업한 뒤 동 대학원에서 셰익스피어 4대 비극
을 연구하여 박사학위를 받았다. 현재 한국외국어대학교, 덕성여자대학교,
서울과학기술대학교에서 셰익스피어를 비롯한 영문학과 고전문학, 문학번
역 등을 가르치고 있다. 한국셰익스피어학회의 교육이사로서 셰익스피어를
중심으로 한 인문학 강연과 저술 활동을 활발히 하는 등 셰익스피어 대중화
에 힘쓰고 있다.

주요 연구 업적으로는 『셰익스피어와 후기 구조주의』(2008 문화체육관광
부 선정 우수학술도서), 『셰익스피어 그림으로 읽기』(2005 한국학술진흥재
단 선도연구자 지원사업 선정), 『청소년을 위한 셰익스피어』(2011 대한출판
문화협회 선정 올해의 청소년 도서), 『그녀들은 자유로운 영혼을 사랑했다』
(공저, 2012 대한출판문화협회 선정 올해의 청소년 도서), 『여성 문화의 새
로운 시각』 5, 7, 8권(공저, 2011 문화체육관광부 선정 우수학술도서) 등이
있다. 오스카 와일드의 『살로메』와 윌리엄 셰익스피어의 『맥베스』 『오셀로』
등을 번역했으며 「『베니스의 상인』과 『이춘풍전』의 비교문학적 연구」 등 다
수의 논문이 있다.